TERRITÓRIOS DAS MULHERES

Blucher

TERRITÓRIOS DAS MULHERES

Enquetes sobre as relações entre psicanálise e feminismos

Urias Arantes

Territórios das mulheres: enquetes sobre as relações entre psicanálise e feminismos

Publisher Edgard Blücher
Editor Eduardo Blücher
Coordenação editorial Jonatas Eliakim
Produção editorial Luana Negraes
Preparação de texto Milena Varallo
Diagramação Negrito Produção Editorial
Revisão de texto Maurício Katayama
Capa Leandro Cunha
Imagem de capa iStockphoto

Blucher

Rua Pedroso Alvarenga, 1245, 4º andar
04531-934 – São Paulo – SP – Brasil
Tel.: 55 11 3078-5366
contato@blucher.com.br
www.blucher.com.br

Segundo o Novo Acordo Ortográfico, conforme 5. ed. do *Vocabulário Ortográfico da Língua Portuguesa*, Academia Brasileira de Letras, março de 2009.

Dados Internacionais de Catalogação
na Publicação (CIP)
Angélica Ilacqua CRB-8/7057

Arantes, Urias

Territórios das mulheres : enquetes sobre as relações entre psicanálise e feminismos / Urias Arantes. – São Paulo : Blucher, 2021.

428 p.

Bibliografia

ISBN 978-85-212-1931-6 (impresso)

ISBN 978-85-212-1932-3 (eletrônico)

1. Psicanálise – feminino. I. Título.

20-0267 CDD 155.333

Índice para catálogo sistemático:
1. Psicanálise : feminino

Para Helen,
que me guiou até a fronteira dos espaços das mulheres.

Conteúdo

Prefácio[1]

> *Mais moi, Sybille véritable, je t'annonce que jamais la Cité que tu fonderas avec notre aide ne sombrera dans le néant; elle sera au contraire à jamais prospère, malgré l'envie de tous ses ennemis; on lui livrera maints assauts, mais elle ne sera jamais prise ni vaincue.*
>
> Christine de Pizan (1405)

Este livro não é apenas uma coletânea de textos entre os quais haveria certa coerência justificando a reunião deles em um volume único. Ele não é um ensaio que teria analisado e desenvolvido um problema segundo uma necessidade interna para demonstrar uma tese. Na realidade, este livro se inscreve ao mesmo tempo nessas duas possibilidades: seu projeto é o de expor as partes redigidas de um percurso que levou, talvez provisoriamente, do nascimento de uma questão que parecia (e parece ainda) como importante – a

1 Uma versão em francês deste livro foi publicada em 2019 com o título *La cité des dames: enquête sur les relations entre la psychanalyse et les féminismes* (Paris: L'Harmattan).

psicanálise teria falhado no encontro com os feminismos? – até a abertura de um espaço ainda mais amplo de interrogação. Mais ou menos como o aventureiro que atravessa um território acreditando que o terreno está bem balizado e que acaba descobrindo encruzilhadas, espaços imprevistos e que exigem novas explorações.

Retrospectivamente, o percurso apresenta algumas semelhanças com a trajetória possível de uma análise: acompanha-o em permanência o sentimento de algo inacabado, de não ter chegado ao fundo das questões, mas igualmente o sentimento de um percurso aleatório ou então ditado por uma obscura necessidade. E quase sempre revelando mais lacunas do que lugares plenos. Esquece-se frequentemente que o prefixo *ana-* contém três direções ou modos de decomposição ou resolução (*-luein*, dissolver): "de baixo para o alto", "para trás" (ou "em sentido inverso") e "de novo". Se há progresso, então trata-se muito provavelmente de um efeito aparente e ilusório. O percurso de uma análise é sobretudo circular, e a persistência das repetições é frequentemente irritante. Uma versão otimista do percurso consiste em pensá-lo como escavação do campo das relações complexas entre a psicanálise e os feminismos, e que a recompensa do pesquisador é a descoberta de algumas pepitas preciosas. Mas a imagem mais provável é a da toupeira que cava galerias para aprender, aos poucos, que há sempre outras galerias a serem cavadas, que a miopia e o presbitismo fazem parte integrante da condição das toupeiras.

Mas, então, por que o propor ao leitor? Porque a partir do momento em que a interrogação pareceu se projetar além das relações entre psicanálise e feminismos, a partir do momento em que ela levou para além da psicanálise e dos feminismos, se impôs a necessidade de convidar outros garimpeiros e toupeiras a reconsiderar o trajeto percorrido e a se interessar pelos horizontes abertos. Está em jogo, penso, o presente e o futuro da psicanálise e dos feminismos, duas dimensões fundamentais, mas talvez não exclusivas, da aventura democrática moderna. Pode-se levantar a questão de saber se não foi a ilusão (ou o fantasma) de seu caráter exclusivo que conduziu (e conduz ainda) a psicanálise a manifestar certo desprezo pelos feminismos. Mas o que achar dos feminismos críticos da psicanálise ou dos que se apropriaram dela para pensar a condição das mulheres? Não se encontra igualmente feministas afirmando que o combate feminista é o único caminho para um futuro melhor? O que está em jogo concerne a outras dimensões para além da psicanálise e dos feminismos: essas dimensões são políticas, sociais e, mais profundamente, culturais. E surpreende que os feminismos modernos parecem ter encontrado no seu desenvolvimento essas outras dimensões, enquanto a psicanálise parece mais preocupada em defender aquisições teóricas e clínicas anteriores.

Se não há, rigorosamente falando, análise de uma análise, dada a singularidade radical da primeira, não é impossível que o leitor venha a inventar seu próprio percurso a partir das marcas deixadas por uma outra trajetória. Trata-se talvez de dar sentido – de generalizar? – à experiência feita. Não há, provavelmente, outras maneiras de continuar um trabalho teórico para os feminismos e para a psicanálise. Pois a teoria se alimenta da confrontação, embora ela não se reduza ao debate. Psicanálise e feminismos têm em comum o esforço para manter sob tensão a teoria e a prática. Essa tensão talvez seja o destino ou a condição para qualquer pensamento.

Essas enquetes começaram com a redação de uma pequena série de textos dominados pela questão da institucionalização da psicanálise, isto é, a necessidade que conhecem os psicanalistas de se reunir em grupos, associações, escolas, institutos e de se submeter à autoridade de um chefe ou de um mestre. Há, naturalmente, exceções. O efeito previsível é uma série de exclusões, excomunhões e anátemas. Se a clínica psicanalítica exige e se enriquece com o diálogo entre clínicos, se é importante que o analista submeta sua escuta à escuta de um outro analista, é indiscutível, por outro lado, que a institucionalização da psicanálise forneceu a ocasião para lutas internas e externas pelo poder, para formas autoritárias de controle das práticas e das teorias, problemas que se manifestam principalmente a propósito da formação dos analistas. Pois é nesse domínio que a questão do poder é mais visível. O culto do chefe pode ganhar formas que levantam sérias dúvidas sobre a capacidade dos analistas de se associarem democraticamente e deixarem de lado seus pequenos narcisismos. Embora não haja objetivamente nenhuma razão sugerindo que um psiquiatra é menos capaz de se tornar um psicanalista como os outros, o fato é que, na França, o exercício da psicanálise é majoritariamente ocupado por psiquiatras e neurólogos, e tal fato parece introduzir nas associações de psicanálise o caráter próprio aos duros combates de poder dos médicos, ao mesmo tempo que um desprezo mal disfarçado diante dos profanos vindos da filosofia, da antropologia, da psicologia, da literatura, do serviço social etc. Adam Phillips constata que os laços íntimos de parentesco entre a invenção da psicanálise e os fundamentos da democracia moderna não parecem ter efeitos significativos sobre a instituição psicanalítica.

Veio em seguida a surpresa diante da presença crescente de discursos apocalípticos a propósito dos desenvolvimentos da sociabilidade contemporânea. Os psicanalistas franceses têm aí um papel importante, pois falam quase todo o tempo de declínio, alienação, destruição da subjetividade, perda de critérios e referências, submissão voluntária (e plena de gozo) ao reino dos objetos, do consumo, do virtual: resumindo, dos caminhos abertos para a desumanização. Vários psicanalistas não hesitam em assumir o tom dos profetas do Velho Testamento e predizem os piores castigos ao esquecimento da palavra e da vontade divinas, isto é, a palavra e a vontade do Pai. Há certamente alguns analistas que conservam e cultivam a abertura de espírito e de escuta diante das novas questões. Mas são marginalizados. Outros preferem consagrar sua energia à explicação de textos, sobretudo dos textos lacanianos compreendidos como o Novo Testamento que tornou inútil o Velho, ou seja, os textos freudianos. Mais do que nunca, os psicanalistas parecem se refugiar nas associações reprodutivas, verdadeiras fortalezas contra a confrontação e o debate com outras elaborações suscitadas pelas transformações da sociabilidade contemporânea. Por outro lado, mesmo que reconheçam a dívida da psicanálise para com a clínica das mulheres, de Freud a Lacan, da histeria à paranoia, os psicanalistas tendem a considerar ainda os movimentos de emancipação das mulheres com um tom meio divertido, meio irônico, como se as feministas não pudessem manter um discurso digno de escuta a propósito das mulheres. Pois os psicanalistas, embora não saibam o suficiente e reconheçam o enigma, sabem certamente mais do que as próprias mulheres. As exceções servem para tornar ainda mais problemática a surdez dominante.

Foi assim que se abriu o campo das enquetes, com um apelo reforçado pelo fato de que, considerando a contemporaneidade, a ignorância das exigências democráticas modernas parece funcionar junto com a ignorância dos percursos e da importância dos feminismos na modernidade. A pergunta acabou se formulando em termos de saber se o "fim" dos feminismos e as transformações profundas das formas da família e da sociabilidade não permitem igualmente colocar em questão o "fim" da psicanálise.

Os ensaios reunidos aqui são notas escritas ao longo dessas enquetes. Se não há nada que mereça o caráter de uma resposta clara e definitiva, pelo menos afirma-se o que não é ainda um "método" de investigação, mas uma nova exigência no modo de abordar os problemas no vasto campo do saber das coisas humanas: a complicação. A ideia reforçada e que espera novas explorações de que o sentido do que advém e se desenvolve só se deixa captar e formular não graças à procura das causas, mas pela atenção a uma multiplicidade de direções que se aproximam e se afastam, se cruzam ou formam nós. Em outros termos, que as narrativas são múltiplas e multiplicadoras. E, como a análise, sem fim.

Goze! Notas sobre a nova economia psíquica[1]

> *Contra a realidade social, vestida e opressora, cadastrada por Freud – a realidade sem complexos, sem loucura, sem prostituições e sem penitenciárias do matriarcado de Pindorama.*
>
> Oswald de Andrade, *Manifesto Antropofágico* (1928)

> *A língua é minha pátria/ E eu não tenho pátria/ Tenho mátria/ E quero frátria*
>
> Caetano Veloso, *Língua* (1984)

Estas páginas são o resultado de dois encontros que ocorreram mais ou menos ao mesmo tempo: com Raphaël e com alguns textos de Charles Melman e Jean-Pierre Lebrun. Elas não tentam reconciliar teoria e clínica pretendendo que uma seja a prova ou a verdade da outra. O que importa é a reflexão sobre o que se manifesta da

1 Agradeço os *Cadernos de Psicanálise* (CPRJ), que me autorizaram a reprodução, com modificações pontuais, deste texto já publicado no n. 36, jul./dez. 2014.

psicanálise e do político quando teoria e clínica não se ignoram. Assim, se a preocupação teórica parece avançar, a clínica não está nunca muito longe. No entanto, nada aqui tem uma pretensão conclusiva, mas significa um esforço de formulação de problemas que a psicanálise, hoje, não pode ignorar, sob pena de perder o trem que está passando.

1

Vi Raphaël uma meia dúzia de vezes em situação escolar e todas as vezes foi ele mesmo quem solicitou a entrevista. Ele falava pouco e pedia desculpas por ter "um nó na garganta". Como eu já havia encontrado sua mãe anteriormente, pude reconstruir parcialmente o quadro dos laços afetivos de Raphaël. A mãe, funcionária pública, vivia exclusivamente para o filho – "dei-lhe tudo" – depois que o pai abandonou a casa e fundou uma nova família logo após o nascimento de Raphaël: "Acho que não suportou meu amor por Raphaël. Queria ser o único homem da minha vida". O menino encontrava o pai regularmente, embora os pais não se falassem quase nunca. O pai lhe dava frequentemente dinheiro, "foi tudo o que me deu", comentou Raphaël. Não havia muita conversa durante as visitas e Raphaël concluiu que seu pai "não gostava muito das palavras". Havia ainda a namorada, filha única de um casal em que o pai era "autoritário" e a mãe "esmagada". Conforme Raphaël, o pai tinha feito a mesma coisa com a filha: "ele a esmagou completamente". Por voltas de seus 15 anos, Raphaël começou a fazer fugas, primeiro do domicílio da mãe, em seguida da instituição onde um juiz o tinha colocado contra a vontade da mãe, mas de acordo com a vontade de Raphaël. Ele dormia então na rua – "eu tinha medo, eu tinha pesadelos" – e voltava antes que a polícia começasse a procurá-lo. A título de explicação dizia: "*j'en ai marre*" [estou de saco cheio"/"não aguento mais].[2] Essa expressão voltava com frequência, com suas ambiguidades semânticas (tédio, desgosto, náusea, associação possível com *mer*).[3]A pedido da mãe, o pai tentou falar com o filho, mas Raphaël lhe respondeu que não compreendia porque esse interesse agora pela sua vida. Duas ou três experiências com drogas não pareciam ter provocado efeitos significativos. Declarou que não tinha mesmo nenhum interesse pela coisa. Raphaël era bom aluno, teve bons resultados no *bac*,[4] apesar de uma atitude considerada "esquisita" pelos camaradas e professores.

No fim do ano escolar, Raphaël desapareceu mais uma vez. As buscas foram inúteis e a mãe entrou em crise. O pai parece não ter reagido. Algum tempo mais tarde, recebi um cartão-postal de uma cidade portuária europeia: "*j'ai largué les amarres*" ["cortei as cordas"]. Anunciava, assim, seu embarque como marinheiro em navio de carga para uma volta ao mundo.

Lembro-me que logo em nosso último encontro, Raphaël chegou a uma espécie de conclusão e declarou: "*je veux aller vivre au bord de la mer*" ["quero ir morar na beira do mar"]. Como em outros momentos, não fiz perguntas nem comentários. Minhas raras "respostas" consistiram quase sempre em sublinhar uma frase com um movimento de cabeça ou repetir uma palavra pronunciada. Se às vezes o silêncio se impunha, era evidente que Raphaël refletia, furiosamente. Havia nele muita cólera. Penso que precisava de minha presença para poder pensar e que me comunicava fragmentos que eram momentos de impasse ou de conclusão: "*j'en ai marre*", "minha namorada, seu pai a esmagou completamente", "meu pai

2 Conservo a expressão em francês por causa das associações que aparecerão em seguida.

3 *Mer*, o mar, em francês é feminino e foneticamente não se distingue de *mère*, mãe.

4 O *baccalauréat* é o exame nacional que conclui os estudos secundários e dá acesso à universidade.

está se lixando". Mas também como momentos de compreensão: "tenho um nó na garganta", "não aguento mais minha mãe, se a abandono, ela morre, ela me ama demais". Eu me contentava de sublinhar. Quando chegou o momento que ouvi como a manifestação de um desejo, sublinhei *bord* [beira], *port* [porto], *au bord de la mer* [à beira do mar (e não dentro)], lá onde há portos que permitem a partida, mas também o retorno, a ida e a volta. Essa simples observação de geografia afetiva parece ter funcionado no sentido de seu desejo – uma autorização? um reconhecimento? – e ele rompeu as cordas. Não sei se Raphaël simplesmente fugiu – como seu pai fizera diante da empreitada devastadora da mãe – ou se descobriu seu caminho. Um pouco dos dois, certamente.

2

Em *L'homme sans gravité*, Melman (2002b) afirma que a psicanálise freudiana contribuiu também ao declínio atual do patriarcado quando Freud favoreceu a difusão, em *Le malaise dans la culture* (1928b), de um ideal de civilização não repressiva. Como se sabe, para Freud, o mal-estar existe por causa da repressão excessiva que a cultura exerce sobre as pulsões sexuais. A consequência é uma incompatibilidade entre cultura e felicidade. Ora, continua Melman, pode-se verificar hoje os efeitos do relaxamento da moral social e cultural: dado que a repressão é mais fraca, a coisa perde seu interesse, o reprimido torna-se mais leve. Ao mesmo tempo, desaparece o prazer e abre-se a perspectiva da lógica materna, lógica do *amor* que substitui progressivamente a lógica patriarcal do *dever*. Desponta, assim, o tempo de uma satisfação sem limites (o que implica também em insatisfação sem fim): peça o impossível! Goze!

A emergência do matriarcado como forma de transmissão é favorecida também pelo modelo econômico que promove, promete

Parte I
Encontros

"God created man", she repeated. "And then he had a better idea."

Kate Atkinson (2010, p. 50)

e permite uma (in)satisfação sem termo. No entanto, o reino das mães sempre existiu: por que a psicanálise nunca se interessou por ele? Melman pensa que essa censura está relacionada ao desejo de que a vida se transmita independentemente do sexo, um desejo que a ciência está aos poucos realizando. O declínio do patriarcado e os efeitos que esse declínio produz sob forma de uma nova clínica exige que se abordem atualmente as questões abandonadas ou censuradas.

Melman explica que, para o menino, a lógica do patriarcado significa o sacrifício da mãe por amor do pai e, como consequência, uma grande ambiguidade diante do pai. Quando o menino amar uma mulher, ela será uma substituta da mãe e, quando for pai, o menino permanecerá na posição de filho. Esse jogo de substituições produz um casal no qual reina "uma insatisfação constitutiva" (2009, p. 224). Para o casal, a ambiguidade diante do pai permanece no sacrifício do desejo individual em nome da procriação. Em outros termos, o desejo individual é marcado pela repressão e só se manifesta com a autorização fornecida pela autoridade do pai. A lei do pai é a lei do *dever*. Essa é a origem das neuroses que manifestam sempre o ódio do pai e da sexualidade. Ora, afirma Melman, o poder político encontra seu fundamento igualmente no Nome-do-pai, e assim o protesto contra as injustiças sociais são, de fato, protestos dirigidos contra o pai, que é causa das dificuldades, que é indiferente ou incapaz de resolvê-las.

A lógica do matriarcado é totalmente outra, posto que dirigida pela dimensão do *amor*. Tal amor é provocado pela fragilidade do outro: fraqueza do poder da mãe sobre a criança diante do pai e fraqueza da criança diante da mãe. A mãe não exige do menino um sacrifício, mas, sobretudo, que se torne um verdadeiro homem. Ele lhe transmite o que ela não possui, "as insígnias da virilidade". Para o menino, haverá mesmo assim sacrifícios em nome do amor fundado sobre a fragilidade: tornar-se um *Don Juan* ou renunciar à sexualidade.

Para a menina, a coisa é um pouco mais complicada, segundo Melman. Ela não sabe o que sua mãe espera dela e, dado que não existem "insígnias da feminilidade", onde é que ela pode recebê-las? Não do pai: caso aconteça, trata-se de incesto. Para a menina, resta a "posição especular" diante da mãe, a mãe como ideal inacessível. Essa posição de inferioridade pode desaparecer com a maternidade, mas a questão da feminilidade permanece incerta para a menina.

Resumindo: a autoridade paterna (e, segundo Melman, qualquer autoridade) não faz referência à mãe, mas aos antepassados, talvez a um terceiro exterior (a nação, a divindade); a autoridade materna só faz referência à maternidade, para a criança ela é sem limites, isto é, arbitrária.

O retorno da lógica materna e sua tendência atual a predominar ao mesmo tempo que o apagamento da figura paterna é algo que se observa particularmente nos jovens: os valores tradicionais de dinheiro e de honra são desvalorizados, pois os pais não são mais a referência. Trata-se agora de inventar uma nova vida. A relação com o dinheiro mudou: os pais devem fornecê-lo, trata-se de um direito dos filhos, que não devem nada. Outros efeitos são observáveis: não podendo mais se autorizar dos outros, os jovens se autorizam deles próprios e tornam-se desse modo inteiramente responsáveis. Há menos exigência de conformidade ao pai ideal; há mais solidariedade. Frequentemente, a situação produz uma procura ativa "da destruição subjetiva" (2009, p. 234). Com o uso de drogas, por exemplo.

A psicanálise só pode constatar a tendência ao desaparecimento das neuroses tradicionais e mesmo das psicoses. Elas cedem o lugar aos estados *borderline*. Com o recuo da repressão provocado pelo recuo da lei do pai, as psicoses diminuem em função de uma experiência real dos limites, de limites reais, orgânicos, que o corpo opõe ao gozo. Manifesta-se, assim, uma insatisfação fundamental, um vazio que nada nem ninguém podem preencher, mas que é impossível não tentar suprimir. A esse respeito, são significativas as experiências com a cocaína em *Bright Light, Big City*, de Jay McInnerney (1984), assim como a do consumo de imagens para os jovens do *Bling Ring*, de Sofia Coppola (2013). Nos dois casos, observa-se que o sexo é praticamente secundário. Em registro mais complexo, pode-se lembrar o universo ficcional de Bret Easton Ellis, de *Less than Zero* (1985) a *American Psycho* (1991).

Para Charles Melman (2002b), o patriarcado (transmissão com castração) e matriarcado (transmissão sem castração) são estruturas em relação dialética: o enfraquecimento de uma esclarece os efeitos e o funcionamento da outra. Com o declínio da figura do pai, "promotor do desejo" (p. 26), um mundo está desabando: a repressão e o desejo cedem lugar ao gozo e à perversão, a representação à presentação;[5] intervém igualmente a abolição da diferença de sexos, a predominância das práticas sem nenhuma autoridade fundadora; a política não tem mais sentido e é substituída pelo *management*. Novas formas de sociabilidade horizontal se desenvolvem. É a grande liberação, o que implica que o pensamento se esteriliza, posto que só pode se desenvolver no sujeito dividido. A possibilidade de um "fascismo voluntário" (2002b, p. 46) está aberta. A psicanálise nada pode fazer diretamente, mas pode

5 Na sessão de 05.03.1958 (*Les formations de l'inconscient*), Lacan distingue pela primeira vez *desejo* e *gozo*, este sendo a tela de fundo e o horizonte do outro. O gozo também está implicado na relação entre o desejo e o significante. É o ponto de partida de um percurso difícil. A melhor referência que conheço nesse sentido é *La jouissance au fil de l'enseignement de Lacan* (Jadin & Ritter, 2009).

"indicá-lo, fazê-lo aparecer" (2002b, p. 44), o que significa clinicamente "tornar existente . . . esse lugar vazio que permite ao sujeito a organização de sua palavra que, de outra maneira, é incoerente e fonte de sofrimento" (2002b, p. 221).

O caso de Raphaël aparece então sob nova luz e se abre a considerações sobre o coletivo. Pois há convergência entre a nova economia psíquica e o modelo social e econômico dominante do neoliberalismo.

3

J.-P. Lebrun (1997) sublinha no mesmo sentido que o declínio da função paterna tem por consequência a perturbação das três operações fundamentais de constituição do sujeito: a castração primária (inscrição da linguagem na realidade psíquica), a castração secundária (intervenção do pai real) e a validação (o sujeito assume o sentido do processo de castração em particular na adolescência). A ponte entre o pai simbólico todo-poderoso e o pai real impotente se faz graças ao pai imaginário que a criança deve perder para passar do mundo das coisas ao mundo das palavras. Se o pai imaginário permanece, a criança recusa a ideia de que o pai imaginário não é Deus: ela não poderá "entrar na lei da linguagem", o pai não poderá assumir "a tarefa essencial de presentificar, representando-a, a organização simbólica que nos caracteriza como humanos" (Lebrun, 1997, p. 63).

Os efeitos dessa falha na castração se manifestam na mutação no laço social que pode ser reconhecida na expansão do igualitarismo, da permutabilidade dos lugares, da simetria dos estatutos, da reciprocidade dos direitos, da parentalidade que não leva em conta a diferença sexual, da guarda alternada etc.[6] Ocorre igualmente falha no trabalho da cultura sobre o conflito próprio à criança entre seus desejos incestuosos e de morte e as proibições. Como para Melman (2002), a compreensão do que se manifesta aparece mais claramente na transmissão, isto é, nas modalidades de constituição do sujeito na contemporaneidade.

No horizonte aberto pela perda das referências, um horizonte reforçado pelo discurso científico que desvaloriza a enunciação em proveito do enunciado – a consequência sendo a ruína do julgamento de autoridade – e pela proliferação do liberalismo exacerbado – que anuncia o gozo sem limite do objeto –, há uma desvalorização do político que corresponde à mutação do laço social. O conjunto desses fatores pode ser designado como "crise da autoridade", que, segundo Lebrun (1997), atingiu um de seus apogeus na Revolução Francesa, e foi preparada e antecipada nos progressos do discurso científico a partir de Galileu. Privilegiando esse aspecto em particular, Lebrun sugere que a análise estrutural da *nova economia psíquica* é compatível com a análise que combina o estrutural, o político e o histórico como dimensões intrincadas na emergência das transformações contemporâneas. Não é impossível que as percepções propostas de tais transformações estejam em relação direta com os mesmos pontos cegos.

Para Lebrun (1997), o projeto da Revolução Francesa foi o de apagar a diferença de lugares e impor a igualdade. Os governantes tornam-se, assim, simples representantes do povo que tomou o lugar do rei. O novo poder se funda sobre todos, virtualmente e de modo precário. Sua autoridade é sistematicamente colocada em dúvida, posto que a desincorporação do poder – o poder tornou-se

---

6 A *garde alternée* se refere à decisão do juiz em caso de divórcio, implicando que a residência da criança será feita em partes iguais entre os pais; por exemplo, um mês com o pai, um mês com a mãe.

um *lugar vazio* – faz com que seu ocupante e sua posição sejam frágeis e contestáveis. Nas democracias modernas, se impõe a tendência de transformar os homens de poder em simples gestionários, mais ou menos cercados por especialistas.

O terror foi a "matriz" do totalitarismo enquanto tentativa de controle total do poder em nome do povo. Mas essa forma extrema não é o único perigo ou a única contrapartida da democracia: o imaginário social acabou se tornando uma questão de sondagem de opinião. Acusa-se de "reacionário" quem sustenta um "não" diante do saber dos especialistas.

> *A culpa dos que ocupam um lugar de autoridade porque não podem responder à demanda, o anonimato dos que tomam as decisões, a formidável pressão das exigências econômicas: tudo isso nos leva a dar nosso consentimento para que o navio continue seu caminho conduzido por ele mesmo, e que o comando acéfalo dos saberes tome o lugar de comando por um dos nossos. (Lebrun, 1997, p. 196)*

Ora, a Revolução Francesa deu nascimento ou reforçou uma mutação profunda no laço social, pois o funcionamento coletivo não se refere mais a uma dimensão exterior. Os sujeitos que vivem juntos não se reconhecem como sujeitos diante de um Outro. Os efeitos e os novos sintomas são invenções da subjetividade neoliberal, "aquela que interioriza psiquicamente o modelo do mercado", isto é, a instalação "no adulto da perversão polimorfa da criança" (Lebrun, 1997, p. 17), com a eliminação da enunciação, o desaparecimento do senso dos limites e a perda da faculdade de julgar. As novas patologias são as adições de todo tipo, a toxicomania e os estados *borderline*. As seitas se multiplicam, há recrudescência da transgressão do incesto e do crime de morte. Em outras palavras, nas sociedades neoliberais há mais submissão ao pensamento dominante, mais delinquência, mais dependentes químicos, mais crimes violentos e mais incestos – uma afirmação que mereceria pelo menos que se entre nos detalhes. E que dificilmente pode se fundar sobre comparações.

É crucial, segundo Lebrun (1997), que a psicanálise considere tais mutações tanto na clínica como no social. Trata-se das mesmas pulsões, como Freud afirmou no *Mal-estar na civilização*. A contribuição de Lacan foi mostrar que a base da descoberta freudiana – reconhecimento do inconsciente, da transferência e do primado da sexualidade – são fatos de linguagem, a capacidade humana por excelência. Uma nova perspectiva abriu-se para esclarecer o mal-estar atual: "como nosso social, marcado pelos implícitos do discurso tecnocientífico, secreta uma adesão inconsciente a um 'mundo sem limites' e autoriza assim o não respeito das leis da palavra que nos caracterizam como humanos" (p. 34). Desse ponto de vista, o psicanalista pode se considerar como "médico da civilização", seguindo a expressão de Nietzsche.

4

Melman (2002) e Lebrun (1997) tentam formular a mutação pela qual passam os sujeitos atuais e o modo atual do viver juntos. Os psicanalistas enfrentam a tarefa de compreender o que acontece e de fornecer os instrumentos adequados à clínica e à análise dos fenômenos sociais contemporâneos. Tal esforço tem o mérito inegável de colocar a questão política no seio da psicanálise e da prática dos analistas, um mérito que aparece claramente nos textos de Lebrun. Ele renova, assim, o enfoque da dimensão cultural, a dimensão de psicologia coletiva tão importante para Freud e frequentemente esquecida. Para Melman e Lebrun, a transformação estrutural e histórica que afeta a forma da família – o lugar da transmissão – afeta ao mesmo tempo o laço social e cria novas alianças com o discurso da ciência, com o "democratismo" e com as práticas econômicas do liberalismo excessivo.

A análise das novas modalidades da transmissão, isto é, da constituição de novos sujeitos, mostra o novo mandamento social dos adultos: goze! Em oposição ao desejo e às repressões que ele pressupõe, em oposição à lógica edipiana do sujeito desejante e à travessia do conflito entre o princípio de prazer e o princípio de realidade, o gozo é o programa e a finalidade da nova economia psíquica. Ora, não se trata para os analistas de lamentar o tempo passado, não há retorno, e a psicanálise não tem por função enriquecer o arsenal retórico das forças reacionárias (o que não impede que isso aconteça). O propósito é a compreensão das razões do declínio da função paterna e os efeitos produzidos, repertoriar as transformações sociais e individuais, fornecendo os meios para a interpretação do mal-estar contemporâneo que se manifesta na clínica, assim como reconhecer as respostas que estão sendo elaboradas. Em outros termos: se a época restringe cada vez mais o lugar da escolha e da reflexão, posto que se apagam as diferenças, a psicanálise tem por missão preservar e alimentar essas dimensões essenciais de nossa humanidade. Dimensões inscritas nas leis da linguagem. Alguns autores falam de uma *refundação* da psicanálise, mas, curiosamente, tal tarefa não parece exigir a criação de novos conceitos. A psicanálise freudo-lacaniana disporia dos conceitos pertinentes e suficientes sob a condição que se lhes restitua a dimensão de interrogação e que não se contente de utilizá-los como aquisições definitivas.

Não há dúvida que o convite tem força e se elabora em textos dando provas de coragem e de liberdade de pensamento, qualidades que tendem a se tornar raras entre os psicanalistas. É inútil tentar evitá-lo com argumentos como: a clínica seria pouco significativa, muitos bons analistas não reconhecem em sua clínica os sinais de uma nouvelle economie psychique (NEP) e, de qualquer modo, se fosse verdade, a análise não seria mais operatória hoje e seria preciso se contentar de psicoterapia. É inútil porque, independentemente dos aspectos quantitativos que ocupam um pequeno lugar na prática analítica, é preciso levar em conta o que as questões clínicas provocaram, desde as origens da psicanálise até os progressos fundamentais no trabalho teórico. E isso parece essencial, caso se pretenda que a psicanálise tenha ainda algum sentido. A singularidade de um caso proíbe um enfoque estatístico, mas, paradoxalmente, permite construções generalizantes: basta reler as histórias de caso de Freud para se convencer. A psicanálise se mantém epistologicamente nesse lugar impossível, nesse entre-dois onde ela não pode desprezar nenhuma das duas direções: entre uma singularidade inesgotável e uma generalização sem termo. Essa é também a razão pela qual o convite de Melman (2002) e de Lebrun (1997) implica a abertura de um debate, coisa que se tornou igualmente rara entre psicanalistas confortavelmente instalados em grupos nos quais há mestres e discípulos, mas quase nunca companheiros.

Alguns pontos merecem um exame mais aprofundado. Em primeiro lugar, o enfoque social e/ou político centrado sobre a análise das mutações do laço social e que conduz Melman (2002) e Lebrun (1997) à proposição da emergência de uma NEP, enfoque em parte na continuidade do *Mal-estar*, com seu destaque filogenético ou cultural. Seria a perspectiva, nos dois casos, a mesma? A reflexão sobre a cultura e sobre o que está em jogo em termos de realidade psíquica (ou de imaginário social) não contém outras perguntas e outras dimensões para além do laço social, sobretudo se consideramos a pulsão de morte? Se há uma diferença entre os dois enfoques – rapidamente, enfoque cultural e enfoque político –, será preciso repensar a análise freudiana do mal-estar, cuja tese maior é a incompatibilidade entre a cultura e a felicidade. Mas, justamente, no plano do viver juntos ou do laço social, o que dizer da felicidade atualmente? Particularmente, se levamos em conta os efeitos da mutação sobre as jovens gerações, que parecem, segundo Melman (2002), mais sensíveis às exigências de justiça, de liberdade, de liberação do peso da tradição, com um sentimento mais forte de responsabilidade.

Outro ponto importante diz respeito à noção de matriarcado ou de materno para dar conta de uma estrutura que se ilumina quando a estrutura do patriarcado tende a se enfraquecer. O que surpreende é o silêncio eloquente sobre os movimentos feministas, assim como sobre os acontecimentos de maio de 1968, o que ocorre pelo menos na França. Pode-se colocá-los simplesmente como o que eles não são, a saber, o negativo do patriarcado, ou um simples efeito de superfície que não afeta as estruturas? Assim como o lugar da mulher e dos feminismos que só seria compreensível graças ao que "falta" na mulher? Lembro-me de uma menina que observava um menino no seu banho e colocava o problema de maneira diferente: "não tenho nada, tenho um buraco". Um buraco não é nada? Embora não esteja em pauta uma espécie de misoginia explícita da parte de Melman ou Lebrun, não é o lugar relativamente recente das mulheres na vida da família, na política, no social e na cultura que é mostrado, pensado como "causa" de um novo mal-estar, posto que não corresponde às leis da estrutura?

Nossos dois autores estão de acordo para afirmar que o apagamento da figura do pai arruína os fundamentos psíquicos da autoridade e conduz a uma desvalorização do político. Lebrun estabelece uma relação direta entre essa tese, a emergência da democracia moderna e a possibilidade que ela inaugura, no Terror, de inversão totalitária experimentada historicamente. Lebrun (1997) se refere a Lefort, que fala de Terror em ato nos discursos de Robespierre, mas esquece que há no Terror um discurso justificativo. Mais ainda, ele não considera a possibilidade, também experimentada historicamente, de uma inversão da inversão que lança uma outra luz sobre as transformações da democracia moderna e do que ela produz. A questão da democracia moderna, de seus efeitos sobre os laços sociais e sobre a subjetividade deve ser retomada não apenas para se perguntar se a psicanálise faz parte da mesma aventura, mas também interrogar o fato incontestável de que os feminismos modernos e a democracia moderna nascem ao mesmo tempo.

Resta ainda um problema tão antigo como a reflexão de Platão sobre a cidade ideal, a saber, o pressuposto de uma analogia, talvez mesmo de uma identidade, entre o funcionamento do aparelho psíquico e o funcionamento do social, da psicologia social, diria Freud. Sabe-se que Freud assume igualmente a analogia e nos lembra que as pulsões são transindividuais: mas isso bastaria para sustentar a análise das transformações do social? A estrutura edipiana pode dar conta do novo mal-estar na cultura e permitir a compreensão da natureza e das condições históricas de suas manifestações? Para captar as patologias sociais, assim como as respostas que estão sendo elaboradas atualmente, basta considerá-las como patologias individuais em larga escala? Não se corre o risco de perder de vista o que está em jogo quando vivemos com os outros, particularmente em democracia? Pode-se empregar os mesmos termos para o individual e para o social? Quais são as consequências para a clínica? Se Freud o fez no seu ensaio sobre a filogênese, a operação valeria igualmente no plano político? Como diferenciar esses diferentes planos, que relações podem existir entre eles? O ponto importante aqui parece ser o valor e a força interpretativa de um enfoque estrutural: ao dar-lhe o primeiro plano, como faz

Lacan relendo Freud, a psicanálise pode, enfim, pretender o estatuto de ciência? Há alternativas?

Um vasto programa!

5

Na história de Raphaël, não é possível falar do "ouro" da psicanálise, mas houve certamente momentos analíticos, momentos de manifestação da verdade do sujeito e de seu desejo, momentos de conflito e de contradição. Por exemplo, quando Raphaël fala das ambiguidades do amor materno, mas também de sua própria ambivalência em relação à mãe; ou a propósito da abdicação do pai que produziu no filho uma ambiguidade diferente, mas não menos poderosa. Ainda há a "resposta" que encontrou abandonando a casa da mãe, e em seguida a cidade, para se encontrar onde havia um porto: ele podia partir e também voltar. Ele não inventou uma outra família como o pai, mas escolheu um caminho próprio. Aparentemente os nós foram desfeitos, ou pelo menos relaxaram a pressão: Raphaël podia se separar e partir, sem excluir a possibilidade de um retorno.

A abdicação do pai e o amor invasivo da mãe produziram dois efeitos principais: durante muito tempo, Raphaël satisfez o desejo da mãe, um homenzinho perfeito mergulhado no amor materno irrespirável. O dinheiro que o pai lhe dava funcionava como uma espécie de compensação: por ter abandonado o filho e porque o filho ocupava, ao lado da mãe, uma função que o pai recusara. As fugas de Raphaël ganham assim um duplo sentido: escapar da dupla injunção com a qual pai e mãe esperavam que o filho realizasse o que nem um nem o outro puderam realizar. De um lado, a perda do pai para a mãe. De outro lado, a falta do pai para o ex-marido.

E o esquema funcionou durante vários anos, embora a armadilha fosse perigosa demais para a criança. Raphaël começou a querer sair dessa situação tentando enfrentar o pai autoritário da namorada (acabei deixando de lado esse capítulo particular da história, mas há nele um nó do qual a namorada é um elemento importante e que foi pouco abordado). Em seguida, Raphaël quis partir mais longe, mas não sem antes oferecer à mãe o sucesso nos exames e atingir a maioridade. Para poder inventar sua própria vida era preciso partir, embora talvez ele só estivesse repetindo o gesto do pai. Evidentemente, não há nenhuma garantia de sucesso: partir talvez fosse a condição necessária, mas não suficiente para que Raphaël assumisse sua vida. Foi aí que a análise permaneceu em suspenso. Raphaël escapou da empresa da mãe e da armadilha do pai. Quando pensei que não veria mais Raphaël, concluí que, de qualquer maneira, uma fuga é também uma procura e que o sentido de seu gesto pertencia a Raphaël.

Clinicamente, a questão foi para mim escutar e permitir a enunciação da profunda insatisfação de Raphaël, insatisfação que o amor irrespirável da mãe e a demanda destruidora do pai tinham provocado e alimentado. Escutar também o modo como Raphaël procurava uma saída: fugas repetidas, o namoro, a residência em abrigo para menores. O desejo de conduzir sua própria vida, de desfazer os nós que lhe impediam de existir era evidente para além das tentativas mais ou menos desastradas de saída. Um desejo procurava sua elaboração. Do ponto de vista edipiano, o equívoco do pai era evidente e reforçava a empresa materna. Ignoro as condições de ruptura do casal, mas Raphaël pensava que, com seu nascimento, o pai perdera seu lugar e se sentira estrangeiro. Ele falou uma vez de fotografias dele criança, sempre com a mãe ou sozinho, mas nunca com o pai. Parecia me endereçar o que gostaria de dizer ao pai, o personagem que, na sua história, brilhava pela ausência, uma ausência dolorosa: "eu sou tudo o que minha mãe sempre quis".

O universo de Raphaël não continha ninguém exterior ao território ocupado pelo belo amor entre ele e sua mãe, pelo menos até certo momento. O pai reforçava esse espaço fechado pagando para que o espaço continue fechado. O dinheiro oferecido pagava a dívida da palavra. Consequentemente, ausência de autoridade, ausência de figura amada e temida ao mesmo tempo porque representando a lei. Ou então, para Raphaël, uma lei concebida como pura condenação. Seu pai recusara a função de terceiro termo ou o exercia negativamente, reforçando a relação a dois. Minha função nesse esquema era a de garantir, de alguma maneira, a existência dessa ausência, desse lugar negativo, vazio, como uma referência diante da qual Raphaël pudesse formular pelo menos parte de suas interrogações. Minha presença devia tornar esse lugar ativo, como um espaço aberto de possibilidades. Como o lugar de uma autoridade sem a marca da falta (o desejo incestuoso) e sem a marca da dívida ou da culpa (a morte do pai), um lugar, portanto, de transferência. A hipótese aqui é que o psicanalista instalado nessa posição pela transferência possui outra forma de autoridade, diferente da autoridade paterna, pois sua palavra não é lei, ela não proíbe e não autoriza. Assim, ele pode indicar o lugar do que não tem lugar, razão pela qual o analista é, sobretudo, uma espécie de dimensão. Melman e Lebrun não parecem reconhecê-lo, e talvez seja essa a razão pela qual a reflexão que propõem sobre o declínio da autoridade não presta atenção ao que está em jogo na relação analista/analisando e nas possibilidades abertas pela NEP. O psicanalista não seria o exemplo por excelência de uma outra figura da autoridade? Qual seria seu fundamento, se um fundamento é necessário para que haja autoridade? Está em jogo aqui não apenas os mecanismos da transferência, mas também o "saber" do analista.

Em outros termos, a ausência de uma referência ativa ou o apagamento da figura da lei não implica a ausência ou o apagamento da *dimensão* da lei. Enquanto *dimensão*, a lei não se incarna, mas permanece seu apelo, e esse apelo exige de uma maneira ou de outra a elaboração de respostas. O pai e a autoridade vertical talvez sejam apenas uma das respostas possíveis. A psicanálise é, provavelmente, uma outra resposta. Mas ela pode colocar-se na posição de *mestre* da dimensão aberta?

Em "What is Authority?" (Arendt, 1961), a autora se interroga sobre a experiência moderna da perda de autoridade. Ela propõe, inicialmente, a diferença entre autoridade e poder ou força. A autoridade se aproxima, assim, da noção de legitimidade. Ela afirma também que a persuasão não é a base da autoridade, pois esta é sempre hierárquica, enquanto a persuasão supõe a igualdade. A experiência política romana é convocada para ligar a autoridade a uma experiência de fundação sagrada: a autoridade é sempre a dos fundadores e dos que "aumentam" (*auctoritas* refere-se a *augere*, aumentar) a fundação, o papel atribuído em Roma ao Senado que aconselha sem coagir. Quanto à filosofia e à política, os romanos reconhecem como antepassados, como autoridade, portanto, os gregos. No mundo moderno, a única revolução fundadora foi a revolução americana, pois a Revolução Francesa precisou da violência para fundar um novo corpo político. Os americanos escreveram uma Constituição que não inaugura uma nova ordem, mas confirma e legaliza um corpo político que já existia.

Essa outra figura da autoridade sem coação, cuja figura talvez seja apenas mítica, mas fundada sobre o reconhecimento de uma experiência anterior, uma experiência de começo e de fundação, permite o esclarecimento sobre a autoridade do analista no caso de Raphaël e do que estava em jogo na sua demanda. É *em frente* do analista que ele tenta desfazer os nós que o impedem de existir.

Analista e analisando são iguais diante do que não compreendem, o analista tampouco sabe como dizer o que ainda não foi dito. Mas a posição respectiva não é a mesma e Raphäel o reconhece porque não pergunta nunca o que deve fazer. Também não poderia perguntar ao pai, posto que a demanda do pai ocupava o espaço inteiro das relações. Um espaço que o analista deixava aberto, mas era preciso que estivesse lá, *em frente*, não como se está na frente de um espelho para reconhecer a imagem enviada, não para responder à demanda, mas para poder dizer o que ele já sabia, sem saber que sabia, a propósito de seus impasses e desejos.

Um aspecto fundamental aqui é que "falar diante de" não significa confirmar uma experiência fundadora, mas (re)conhecê-la, formulá-la, desejá-la para si (o que não coincide necessariamente com o que diz o analista) e recomeçar, poder escolher lá onde nenhuma escolha parecia possível. Nesse sentido, é preciso reconhecer que a autoridade do analista não possui nenhum conteúdo ou que só o tem na medida em que lhe dá o analisando. Talvez derive daí que a tarefa fundamental do analista é a de sustentar sua posição como lugar vazio, mas, de qualquer modo, um lugar. Isto é, um lugar que dá lugar ao que parecia não ter lugar.

O que me leva a reconsiderar a análise da experiência moderna da democracia e da Revolução Francesa proposta por Lebrun. Retomando em seu próprio nome algumas das teses de Claude Lefort, Lebrun aceita que a democracia "é, por excelência, o regime político que abre o lugar do vazio, e que pode, por essa razão, realizar a tarefa de transmiti-lo" (2007, p. 120). No entanto, uma transformação ocorreu e a democracia perdeu "sua fisionomia original". O vazio foi preenchido e, portanto, recoberto, daí se seguiu um novo ideal de procura do gozo, procura reforçada pelo triunfo do neocapitalismo liberal. A possibilidade de preencher o vazio e de negar a heteronomia se anunciou inicialmente no Terror, "matriz do totalitarismo". Quando isso não ocorreu, a democracia tornou-se "democratismo". Ora, a questão se coloca em saber se a democracia não revela outras possibilidades para além do totalitarismo ou do democratismo. Em outros termos, se não há uma alternativa concreta "à disjunção que prevalece [entre o geral e o particular], cada um preocupado com o reconhecimento de sua particularidade pela instância do geral sem que esta exija em algum momento a adesão ao seu ponto de vista" (2007, p. 121s). O democratismo, para Lebrun, se confunde com a prevalência do indivíduo absoluto e autônomo: "cada um faz o que quer, com a condição de que não impeça um outro de fazer a mesma coisa" (2007, p. 122). E ele acrescenta que o lugar vazio do qual fala Lefort é agora ocupado pela suficiência de cada um. A dimensão aberta de indeterminação da autoridade e da incerteza quanto à legitimidade do que pode aparecer no lugar vazio não abre outras possibilidades? Não há nada de novo e de diferente nas próprias margens dos totalitarismos e do democratismo?

Lebrun (2007) se engana quando invoca o pensamento de Lefort e a tese sobre a democracia como um regime no qual o lugar do poder está vazio, isto é, um lugar que não pode ser incarnado. Ele parece enganar-se também quando invoca as análises de Marcel Gauchet sobre a ultracontemporaneidade para mostrar as mutações da sociabilidade democrática. Deixando de lado o que opõe Gauchet e Lefort, lembremos que o lugar vazio do qual fala Lefort tem pouco a ver com a conquista de uma imanência, de uma autonomia, e mais com a democracia como um regime no qual o conflito a respeito dos fundamentos do poder, da lei e do saber é institucionalizado. Lebrun confunde o lugar definido anteriormente como sendo o lugar do Grande Outro (Deus, o rei, o pai etc.) e que submetia os sujeitos à heteronomia, e o apagamento ou o declínio das figuras que o incarnavam. Ele concebe assim o acesso à imanência e à autonomia para um sujeito que "pode até mesmo pretender a emancipação total de qualquer figura da transcendência" (2007, p. 121). Isso implicaria o desaparecimento progressivo do conflito, da divisão social, do debate, das resistências a qualquer empresa de dominação – isto é, implicaria o acesso à plenitude autônoma do sujeito. Ora, não é o caso para Lefort, e o totalitarismo comunista, a esse respeito, é guiado pelo fantasma de um poder, de um saber e de uma lei finalmente fundados e unificados pelo Partido. Se a democracia torna possível o fantasma totalitário, pois ela instala a incerteza no coração das subjetividades e do social, é ela que é, ao mesmo tempo, o remédio.

Não é possível acompanhar Lebrun em sua análise do laço social que exclui o terceiro (Deus não existe, não há mais reis, leis ou pais). Ele se mostra pouco atento às "respostas" provocadas pelos desafios da democracia, respostas e desafios que não cessaram de se manifestar. Melman (2002) parece reconhecê-los e sugere que as respostas avancem no sentido da invenção de novas figuras do laço social, e não na direção do fim de qualquer laço com a vitória final do individualismo exacerbado. Pois parece importante compreender que a democracia é também um regime no qual a invenção é possível; é aí que ela revela uma proximidade íntima com a psicanálise. Se a democracia inaugura a possibilidade do totalitarismo, a experiência mostra que ela inventa igualmente a possibilidade de inversão do totalitarismo. Se há inversão da democracia em totalitarismo ou democratismo, há também possibilidade de inversão da inversão, os dois movimentos sendo hoje experiência vivida. Assim, como não perceber que o neoliberalismo triunfante suscita igualmente formas múltiplas de resistência e de vida em comum?

O que escapa às análises de Lebrun é o fato de que a democracia institucionaliza o conflito e que ele não somente abre as portas da invenção de novas formas de resistência ao liberalismo exacerbado, mas também resistência aos esforços para controlar as liberdades fundamentais do cidadão moderno. Não se trata de negar as empresas de domesticação do desejo, de dominação pelo dinheiro ou pela ideologia que se mundializa atualmente. A exteriorização forçada que destrói a subjetividade, a colonização do inconsciente ou do imaginário social são realidades inegáveis. Mas os conflitos não parecem estar desaparecendo, trata-se mesmo do contrário, se se presta atenção às novas formas de conflito que as formas mais tradicionais de oposição, de discussão ou de resistência não reconhecem. E, quando há recuperação da novidade (e isso acontece sempre), a invenção não parece se esgotar.

Curioso paradoxo: a crise da autoridade se multiplica, o que parece sugerir que, se não há mais lei que não possa ser contestada, permanece a exigência de uma *dimensão* da lei, um tema, como se sabe, próprio a Kafka, e que se tornou experiência cotidiana do cidadão moderno. Mas não é porque não se cessa de tentar preencher ou negar o vazio que este não permanece vazio e cessa de manifestar seus efeitos, com mais ou menos força, o que não impede uma mutação das formas de manifestação. No plano clínico, não é a tarefa fundamental do analista permanecer atento a tais sinais? Não é o que deseja o analisando?

No plano social, político e cultural, as exigências dos feminismos que colocam em dúvida pouco a pouco, e profundamente, a legitimidade dos muros entre os quais as mulheres se excluíram ou foram excluídas - e, ao mesmo tempo, ameaçam os fundamentos seculares da masculinidade e de tudo que se construiu sobre ela. Tais exigências não são também efeitos da condição democrática, condição que consiste em abrir os horizontes de uma interrogação sem limite?

6

> *En effet, si la dissymétrie, l'incommunicable, le vide qui nous fait parler (ce que les psychanalystes appellent le réel) n'ont plus de place dans le discours du collectif (ceci d'autant plus que le libéralisme débridé et la société dite de marché, font offre concrète de nous en distraire de mieux en mieux) de quelle manière encore traiter collectivement la jouissance de la haine, comment nous imposer de lui trouver un autre destin que sa réalisation? Comment encore prescrire qu'au jeu du désir, il faut perdre pour gagner?*
>
> J.-P. Lebrun, *L'avenir de la haine* (2011, p. 58s)

Na *Carta VII*, Platão expõe as razões que o conduziram à filosofia. Ele conta como Sócrates, "o homem mais justo daquela época" (324a), foi condenado à morte pela cidade. Platão desejava ocupar-se dos negócios da cidade, como qualquer outro jovem ateniense livre, e assim o fez, confrontando as dificuldades da atividade pública e a corrupção generalizada. Sentiu-se, então, "tomado pela vertigem e pela incapacidade de cessar o exame do meio que permitiria, um dia, a melhoria tanto nesse domínio [dos negócios públicos] como, evidentemente, do regime político no seu conjunto" (325e). A *República* é, em grande parte, a síntese e o resultado de um tal esforço.

A *República* esclarece a natureza da justiça e, como tal ideia é difícil de compreender no plano individual, Platão propõe "um quadro maior e, portanto, mais fácil de apreender" (368e): a cidade. O pressuposto é que a natureza da justiça é a mesma na alma e na cidade. Estudando a genealogia da cidade para melhor apreender a formação da justiça e da injustiça, a pesquisa platônica deriva para a procura da cidade ideal, um caminho sobre o qual o modelo de uma cidade fundado sobre o saber, a verdade e a justiça – em resumo, sobre a razão – acaba se desenhando como uma cidade não democrática, pois sua organização é "naturalmente" hierárquica: os filósofos, os guardiães, o povo. Poderia se imaginar que em tal cidade não haveria lugar para a mentira e a manipulação, coisas indignas de um filósofo, mesmo ocupando o poder. Ora, não é o caso[7] se estiverem em jogo as necessidades eróticas dos guardiões e das guardiãs, posto que a tarefa dos que governam é garantir que os melhores reproduzam os melhores, como sabe qualquer criador de passarinhos ou de cavalos. E, para que isso funcione, "os dirigentes talvez precisem recorrer a uma quantidade considerável de mentiras e de enganos, no que diz respeito ao interesse dos que são governados" (459c). A razão é que as necessidades eróticas talvez sejam mais fortes que as necessidades geométricas de argumentação, e podem introduzir a desordem na cidade. É também a razão do segredo no qual devem ser envolvidos as mentiras e os enganos: "a tropa dos guardiões deve permanecer o mais possível isenta de dissensão interna" (459e).

Esse ponto merece uma atenção particular: na alma individual há uma dissimetria, e mesmo um conflito entre a razão e as paixões que não pode ser contornado pelos mesmos artifícios políticos. Em outros termos, a analogia, a identidade entre a alma individual e o corpo político, não implica apenas uma diferença de escala entre o pequeno e o grande, como Platão pretende. A diferença é relevante, pois, se a primeira pode viver com o conflito, elaborá-lo e lhe dar um sentido, o segundo é incompatível com a dissensão, pois ela coloca em perigo a própria existência do corpo político. O corpo político não pode subsistir se abrigar uma divisão.

7 Uma crônica de R.-P. Droit chamou a atenção sobre essa passagem pouco comentada da *República* (*Le Monde*, 19 jul. 2013).

Claro, isso não invalida a tese sobre a identidade de natureza da justiça na alma individual (a excelência do indivíduo) e no corpo político (a excelência da cidade), mas sugere pelo menos que, em seu funcionamento, em sua realização, há diferenças importantes em jogo. Pode-se encontrar em Freud algo de bastante semelhante, mas que diz respeito à felicidade.

A analogia entre o psiquismo individual e a psicologia social é afirmada por Freud desde *Totem e tabu* (1912), na introdução de *Psicologia das massas e análise do ego* (1921), assim como no *Mal-estar na cultura* (1928b). Mas, nesse último, Freud chama a atenção para o fato de que a analogia dos fins, dos meios e dos efeitos entre processo cultural e desenvolvimento individual não deve ocultar uma diferença fundamental. Se o indivíduo procura sempre a felicidade e a união com os outros membros da comunidade, os processos individuais resultam do jogo dessas duas tendências, sem exclusão de uma ou de outra. Em outros termos, o programa do princípio de prazer – obter a felicidade – se mantém. Ora, tal não é o caso da cultura, que tem "em regra geral uma função restritiva" (Freud, 1928b, p. 84), função que se aplica à procura da satisfação. Desse modo, apenas uma das tendências do indivíduo, a união com os membros da comunidade, coincide com as exigências do processo cultural. E Freud mostra a extensão limitada da analogia, particularmente ao nível do superego cultural. O indivíduo pode chegar a um equilíbrio entre as duas tendências e chamá-lo de felicidade; mas a cultura mantém um outro programa, no qual a procura da felicidade pode funcionar como um obstáculo. Freud conclui pedindo prudência quando se trata de terapêutica cultural: trata-se de uma analogia e "é perigoso não apenas para os humanos, mas também para os conceitos, arrancá-los da esfera onde nasceram" (Freud, 1928b, p. 89).

Encontra-se aqui a célebre *prudência* freudiana quando se trata de avançar rapidamente em psicanálise, mas também seu célebre *pessimismo* quanto ao caráter dos processos culturais. A cultura é essencialmente repressiva em face da natureza das pulsões, uma tese que, como se sabe, será contestada desde o início dos anos 1930, em particular por E. Fromm, suscitando também um vivo interesse no seio da Escola de Frankfurt, sobretudo no trabalho de Horkheimer: um interesse que acabará dando nascimento ao freudo-marxismo, cujo apogeu é *Eros e civilização*, de Marcuse (1955). Esse livro de "caráter experimental" e que não se preocupa com a clínica, segundo seu autor, tem por tese liminar a ideia de uma compatibilidade *por vir* entre a felicidade e a sociedade civilizada, graças à abolição do trabalho alienado. Tal abolição será fruto da maturidade na sociedade industrial avançada da contradição entre as possibilidades de liberação e a realidade da repressão. Considerou-se frequentemente os acontecimentos de maio de 1968 como os primeiros signos da realização da contradição.

Dois pontos importantes a partir daí: a analogia entre processos individuais e processos coletivos é limitada e parece afirmar que a análise dos efeitos de processos coletivos sobre os indivíduos exige instrumentos diferentes daqueles formulados em contato com os processos individuais. Assim, por exemplo, a questão do superego cultural. Quais são as relações com o superego individual, singular? Como se tramam as influências de um sobre o outro, caso tais influências possam ser mostradas na clínica? Em seguida, a impossibilidade de uma terapia cultural no plano teórico e no plano do poder, pois não há autoridade capaz de impor uma terapia às massas (a menos que se considere a violência ou a propaganda como terapias). Freud talvez pense na experiência de Platão em Siracusa. Em outros termos, a análise cultural não parece poder ir mais longe do que o próprio debate cultural do qual ela faz parte. Ora, a clínica das singularidades não tem nada a ver com a discussão.

Diante de tais considerações, as análises de Melman e de Lebrun se mostram frágeis mesmo onde parecem fortes, isto é, quando provocadoras. Passa-se do indivíduo ao coletivo e vice-versa facilmente demais, como se as duas dimensões fossem transparentes historicamente (Lebrun) ou estruturalmente (Melman). É verdade que Lebrun se serve mais particularmente dos avanços lacanianos que reinventam a descoberta freudiana em termos de fatos de linguagem, o que lhe permite desmascarar as armadilhas do discurso tecnocientífico. O mal-estar atual resulta dos efeitos de um discurso que propõe a adesão ao "mundo sem limites", um mundo onde as leis da palavra, definindo a humanidade dos humanos, não são mais respeitadas. É por isso que o psicanalista pode se pretender "médico da civilização" científica.

Ora, privilegiar as leis da palavra significa inscrever a reflexão na dimensão do político, do social e do cultural. Quando Freud analisa os processos culturais, o que lhe interessa é compreender as modificações ou transformações que eles impõem aos jogos pulsionais. Seu quadro de referência é a oposição natureza/cultura. As análises de Melman e de Lebrun se preocupam com o laço social, em outros termos, com o princípio ou o conjunto de princípios geradores das relações que entretêm os homens entre eles e com o mundo – o que parece definir precisamente a herança da filosofia política, segundo Claude Lefort (1986).

A hipótese que gostaria de propor aqui, como um programa de trabalho, é que, quando a psicanálise encontra o político, o social e o cultural, ela não pode mais se contentar com a descrição de mecanismos e com o repertório dos efeitos. Ela toma posição e se engaja em uma direção, talvez mesmo em um combate. Não é a mesma coisa que ocorre no plano clínico da relação analisando/analista, embora a "neutralidade" do analista esteja em relação com uma política (ou uma ética?) psicanalítica. O fato é que as coisas não se põem no mesmo plano. Não se trata absolutamente de afirmar uma separação radical (e ilusória?) dos espaços público e privado, por exemplo, como sustenta Arendt. Mas se um analista é interrogado sobre o casamento homossexual e afirma que pai e mãe são funções simbólicas, culturais, que têm um papel fundamental na formação do sujeito, que seu apagamento ou confusão coloca em perigo a construção da subjetividade adulta e a transmissão de nossa humanidade – quer ele queira ou não, tomou posição! Seu prestígio de *expert* reforça o campo dos que se opõem a qualquer transformação da imagem da família tradicional. E mesmo que afirme apoiar não tanto a família tradicional ou real, mas a matriz da humanização, a família cujo pai é o eixo simbólico – o fato é que está apoiando a invariância de uma estrutura e alertando para o perigo social, político e cultural que é consequência da desobediência a suas leis. Está, portanto, reforçando os argumentos e os movimentos desfavoráveis às transformações da imagem social tradicional. A mesma coisa vale para outros problemas em discussão, como a extensão da PMA (*procréation medicalement assistée*) aos homossexuais. No fundo, afirmando a permanência e a invariância das estruturas, tudo o que pode transformá-las ou simplesmente não as levar em conta aparece como perigo, declínio, apocalipse. E seu discurso torna-se facilmente catastrófico.

É assim que Melman e Lebrun parecem tomar claramente posição em favor do que chamariam uma política do desejo, isto é, uma política do sacrifício contra uma política do gozo, fonte de decadência. Como se o papel do psicanalista fosse o de sustentar o sacrifício e a repressão como preço a pagar por um pecado contra a estrutura.

Mas assim não despertam igualmente um desejo de subversão, para condená-lo, certamente, mas que acaba se manifestando como o reprimido da psicanálise? Um reprimido que conduz os psicanalistas a permanecerem quase sempre surdos à voz das mulheres? Tal desejo reprimido não nos envia historicamente ao nascimento da democracia moderna, que é inseparável do nascimento dos feminismos modernos, mas também da invenção da psicanálise? As vagas sucessivas dos feminismos não anunciam uma radicalidade – uma novidade – que provocou forte resistência, uma resistência que a psicanálise parece ter sempre favorecido?

Anne-Joseph Terwaigne, aliás, Théroigne de Méricourt (1762-1817): revolução e loucura[1]

> *Ce qui m'exaspère dans l'écriture c'est son caractère successif... on voudrait créer à la manière de Dieu – tout d'un seul coup, dans un fabuleux éclat d'énergie.*
>
> Nancy Huston (1996, p. 38)

> *Frères, jurons dans le premier temple de l'Empire, sous ce vaste dais d'étendards consacrés à la religion par la liberté, jurons que nous serons heureux.*
>
> Claude Fauchet, 27.09.1789 à Notre-Dame de Paris[2] (cité par Vovelle, 1985, p. 106)

---

1 Versão um pouco modificada de "Anne-Joseph Terwaigne, aliás, Théroigne de Méricourt (1762-1817): revolução e loucura", publicada na revista *IDE*, *63*, 2017. Agradeço a autorização de retomá-la aqui.

2 Claude Fauchet (1744-1793) foi vicário do arcebispado de Bourges, deputado na Assembleia Nacional e na Convenção. Girondino, foi guilhotinado no início do Terror.

Théroigne de Méricourt faz parte hoje do panteão dos feminismos franceses, ao lado de Olympe de Gouges, Etta Palm, Claire Lacombe, Pauline Léon e outras.[3] O que singulariza Théroigne no seio do "feminismo original" - com suas reivindicações de igualdade de direitos à cidadania, movimento minoritário e pouco reconhecido pelas facções políticas revolucionárias, exceção feita parcialmente dos girondinos - é seu internamento como louca a partir de 1793 até sua morte na Salpêtrière, em 1817.

Durante pouco menos de cinco anos de presença nas cenas revolucionárias, suas atividades deram ocasião ao nascimento de lendas persistentes, em grande parte criadas pela imprensa monarquista, começando pelo nome de Théroigne de Méricourt para ridicularizar uma mulher que nasceu entre os camponeses ardeneses e teve pouca educação. Atribuiu-se a Théroigne um papel importante em datas revolucionárias nas quais o sangue correu. Atribuiu-se a ela, também, uma vida de libertina que não hesitava em oferecer seu corpo aos deputados da Assembleia Nacional e aos homens ricos.

Sob influência dos historiadores positivistas, as lendas serão substituídas, graças à evidência de documentos até então ignorados, por uma percepção mais clara do lugar e do papel de Théroigne durante os primeiros anos da Revolução. São esses documentos em especial que Elisabeth Roudinesco analisa, com uma escuta de psicanalista, em seu belo estudo *Théroigne de Méricourt, une femme mélancolique sous la Révolution* (2010). Roudinesco restabelece os fatos relendo os documentos sobre uma das pioneiras dos

3 Embora a *Histoire des femmes en Occident* (Duby & Perrot, 1992) não seja uma história dos feminismos, é surpreendente que o volume IV, *Le XIX siècle*, cite apenas Olympe de Gouges entre as "feministas" contemporâneas da Revolução. E que a palavra das mulheres seja confiada a Madame de Staël, que não se manifestou em favor das reivindicações feministas, apesar de sua lucidez a respeito da situação das mulheres, particularmente das mulheres de letras.

feminismos franceses e tenta compreender como ela pôde tornar--se louca: qual é a relação que sua loucura trama com a Revolução?[4]

Nosso propósito aqui é o exame desse estudo para sublinhar seu valor, afirmar seu interesse e elaborar questões a respeito do método empregado e da interpretação proposta. Como o método e a interpretação se servem da psicanálise, aparece a questão maior de saber o que a psicanálise pode oferecer à compreensão dos fatos históricos – aqui, em particular, um dos atos de nascimento da democracia e dos feminismos modernos. Mas também a questão de saber o que pode esperar a psicanálise da perspectiva de um historiador. O destino trágico de Théroigne suscita também a consideração sobre o nascimento da psiquiatria, da qual a psicanálise pode ser considerada como uma transformação, talvez mesmo uma revolução.

Começamos pelos fatos: Anne-Joseph Terwaigne nasce no dia 13 de agosto de 1762, em Marcourt, não longe de Liège, em uma família de camponeses ardeneses com um nível de vida confortável. Ela perde a mãe aos cinco anos e, a partir dessa data, começa uma vida de maus-tratos com diferentes membros da família. Aos quinze anos, ela foge de casa e vai trabalhar como vaqueira, antes de tornar-se, anos depois, dama de companhia de Madame Colbert, em Anvers. Segue-se um período de tranquilidade de quatro anos. Madame Colbert a educa, e Théroigne estuda música e canto. Mas, aos 20 anos, ela encontra um oficial inglês sedutor, debochado e rico. Começa então para ela uma vida de boemia e de decadência moral. O que se chama, em francês, de *demi-mondaine*. Financeiramente, sua vida é confortável, em particular após

---

4 No diálogo com Derrida, *De quoi demain* (2001), Roudinesco afirma que a redação de seu ensaio em 1978 teve como tela de fundo Althusser e a geração dos que assistiram ao desmoronamento do ideal comunista "e se viram forçados a abandonar um engajamento, correndo o risco de cair na melancolia" (p. 129).

um arranjo com um investidor parisiense a quem ela confia parte de seu capital contra uma renda substancial. Em 1788, ela viaja pela Itália com um castrado, sinistro personagem que rouba seu dinheiro. Ela já sofre de uma doença venérea. Em maio de 1789, Anne-Joseph é possuída pelo que Michelet chama mais tarde de "amor da ideia, amor da Liberdade e da Revolução" (1854, p. 402). Ela se entrega inteiramente à causa revolucionária.

A imprensa monarquista dá nascimento à lenda de Théroigne como "*catin des patriotes*", "uma amazona libertina, sensual, sedenta de morte e de subúrbios" (Roudinesco, 2010, p. 52).[5] Ela teria redigido um célebre *Cathéchisme Libertin* e liderado o povo nos eventos mais sanguinários do início da Revolução. Ora, os documentos indicam que Théroigne se consagra principalmente ao acompanhar os trabalhos da Assembleia Nacional em Versailles e, em seguida, em Paris, durante a Constituinte, quando ela frequenta regularmente o Palais Royal e as reuniões de algumas seções parisienses. Sua participação nas revoltas populares, com uma única exceção, não foi documentada. Quando Luís XVI vem a Paris, em 17 de julho, Théroigne está presente, vestida como uma amazona, mas não participa da marcha a Versailles de 5 e 6 de outubro. Ela abriu um salão primeiro em Versailles, onde se instalou para poder acompanhar de perto os trabalhos da Assembleia, e em seguida em Paris, quando a Assembleia torna-se Constituinte: ela recebe os deputados e pessoas em visita para a ceia. A partir de novembro, a imprensa monarquista se apropria da imagem de Théroigne e a cobre de todos os tipos de insultos e de baixezas.

No início de 1790, Théroigne funda com Gilbert Romme a *Société des Amis de la Loi*, cuja existência foi curta e não contou com

5 É a imagem que Baudelaire utiliza para transformar Théroigne em heroína revolucionária no poema "Sisina": "Avez-vous vu Théroigne, amante du carnage. . . ." (Baudelaire, 1975, vol. I, p. 60s).

mais de vinte membros. Théroigne é a única mulher do grupo. Em uma reunião, ela se propõe a redigir uma memória que justificaria a igualdade de direitos entre homens e mulheres, trabalho que nunca foi escrito. Roudinesco comenta: "se não é uma verdadeira militante dos direitos políticos, como Olympe de Gouges ou Etta Palm, nem ídolo de um partido, como Madame Roland, ela adquire, no entanto, a consciência de ser uma mulher livre" (Roudinesco, 2010, p. 67). Após o fim da *Sociéte des Amis de la Loi*, Théroigne pede sua adesão como membro com voz consultativa nos Cordeliers. Seu discurso é inflamado e propõe a construção de um Temple de la Nation sobre as ruínas da Bastille. Camille Desmoulin reage com entusiasmo, mas nada acontece em seguida. Como a investigação aberta pelo tribunal do Châtelet acabou encontrando testemunhas que afirmam a presença de Théroigne na marcha a Versailles, Théroigne se sabe ameaçada de prisão. Decepcionada com os patriotas, abandona Paris e volta a Marcourt durante o verão de 1790. Ela se instala em Liège algum tempo depois.

Em janeiro de 1791, as tropas austríacas do imperador Leopold invadem Liège, os patriotas fogem e se reúnem com os soldados franceses. Acusada de espiã dos jacobinos para provocar a queda da monarquia austríaca, Théroigne é capturada por dois oficiais franceses do antigo exército monárquico francês. É feita prisioneira na fortaleza de Kufstein, não longe de Munique, e François de Blanc, um funcionário imperial honesto e zeloso, é encarregado do interrogatório. Ele pede a Théroigne que redija suas *Confessions* (publicadas em 1892 por Strom-Ravelsberg). Seguindo a transcrição fiel de de Blanc, Roudinesco indica que os *Cahiers* incluídos nos documentos austríacos permitem supor o aparecimento "de um signo de perturbação que não existia anteriormente à prisão e que foi revelado ou amplificado pela captura" (Roudinesco, 2010, p. 103). Em julho, de Blanc pede a liberação de Théroigne, que deveria, no entanto, residir em Viena anonimamente e sob controle.

Théroigne consegue obter uma entrevista com o imperador, que a autoriza a sair de Viena, sem informar de Blanc. Em fins de novembro, a instrução termina, Théroigne abandona Viena e viaja para Bruxelles, retomando suas atividades revolucionárias. Em meados de janeiro de 1792, Théroigne volta para Paris e é recebida em triunfo pelos jacobinos: a ordem do dia é a guerra contra a Áustria.

Théroigne é favorável à guerra por ódio contra a aristocracia e, para liberar os Pays-Bas, ela milita pela formação de legiões de amazonas em discurso dos jacobinos de primeiro de fevereiro, discurso retomado e radicalizado em 25 de março na *Sociéte Fraternelle des Minimes*. É o "apogeu de sua glória", anota Roudinesco, seguido pelo começo do fim inaugurado pela acusação feita no Clube dos Jacobinos de "perturbação da ordem pública". Essa acusação é um eco do ataque dos robespieristas contra o feminismo guerreiro e, mais amplamente, contra as mulheres durante as discussões que acompanharam a declaração de guerra contra a Áustria, em 20 de abril de 1792.

No dia 20 de junho, Théroigne teria participado da invasão das Tuileries. Ela ajudou a mobilizar os subúrbios na véspera. A humilhação infligida ao rei provocou um movimento em seu favor na província, e o general La Fayette tenta socorrer a família real, sem sucesso. A situação nas fronteiras é crítica para as tropas francesas. A descoberta da colusão do rei com os inimigos da nação produz uma revolta em Paris e reclama-se a condenação de Louis XVI. Théroigne, vestida como amazona e armada, propõe na seção das Tuileries a formação de um tribunal popular. O povo mata prisioneiros e Théroigne ataca o jornalista monarquista François Suleau, que, tentando matá-la, é massacrado pela massa. Théroigne faz parte da massa que força as grades do carrossel, e, segundo uma testemunha, ela aparece como "uma amazona da palavra, dirigindo seus batalhões femininos". Conforta-se, desse modo, a imagem proposta durante o século XIX de Théroigne, autora "de todos os crimes da Revolução. E a loucura aparecera então como sintoma do 'mal revolucionário', assimilado a uma doença venérea" (Roudinesco, 2010, p. 160).

O período revolucionário posterior a 10 de agosto de 1792 é marcado pela ação da *sans-culotterie* parisiense, na qual as mulheres têm uma importância capital. Théroigne não participa dos massacres, mas a imaginação popular a reconhece em todos os lugares, com uma espada na mão. Provavelmente, ela se dedica nesse momento à redação de suas memórias, mas sem êxito. Parece ter entrado em um estado de apatia, mas acaba reencontrando o caminho dos debates parlamentares. Ela tem problemas de dinheiro que só serão resolvidos em julho de 1793. Para a *sans-culotterie*, Marat é um herói apreciado, particularmente, pelos grupos de mulheres conhecidas pelo nome de "mégères jacobines", "tricoteuses" ou "furies de la guillotine", frequentemente guiadas por militantes politizadas, como Claire Lacombe ou Pauline Léon, associadas aos *Enragés*. Em 1793, esse termo designa os chefes populares que exigem medidas contra o elevado custo de vida. Um dos efeitos desses movimentos é a proibição (provisória, afirma-se) do acesso de mulheres aos "droits de cité" (abril de 1793) e, um pouco mais tarde, a proibição dos clubes femininos, particularmente do *Club des Citoyennes Républicaines Révolutionnaires* (outubro de 1793).

Um pouco antes, Théroigne redigiu um folheto publicado pela primeira vez por Roudinesco (2010, p. 182ss) como testamento político. Théroigne parece ter evoluído para "uma forma idealizada de feminismo" e se identifica claramente como girondina, pedindo a paz e a união interna diante da guerra exterior. Ela dispõe de um *laissez-passer* fornecido pelos amigos girondinos para assistir aos trabalhos da Convenção em tribunas reservadas. No dia 15 de maio, Théroigne é cercada na entrada da Convenção por um grupo de jacobinas, desvestida e chicoteada. A intervenção de Marat parece ter-lhe evitado algo pior. É praticamente a última aparição pública de Théroigne.[6]

Na primavera de 1794, começa a longa reclusão hospitalar de Théroigne. Primeiro, seu irmão pede ao presidente do Primeiro *Arrondissement* sua tutela, pois ela manifesta delírios de perseguição. Antes do acordo oficial, ela é encarcerada como "inimiga da liberdade". Segue-se uma série de novas reclusões: *Maison des folles* do *faubourg Saint-Marceau* (primeiro semestre de 1795), *Hôtel-Dieu* (1797), *Salpêtrière* (dezembro de 1799), *Petites-Maisons* (janeiro de 1800), *Salpêtrière* (dezembro de 1807 até sua morte em 8 de agosto de 1817). Encontrou-se uma carta dirigida a Saint-Just em1795, carta nunca aberta pelo destinatário, e uma outra endereçada em 1801 a Danton (decapitado em 1794).

Quanto à historiografia revolucionária, Michelet é o primeiro a reconhecer que as mulheres tiveram um papel "quase pontifício" (1854, p. 384) na Revolução. Graças a uma "maternidade sobre-humana" (1854, p. 363), elas deram nascimento, a partir da segunda metade do século XVIII, à geração revolucionária e, em seguida, à geração dos grandes inventores. Théroigne encarna a ideia da liberdade e da Revolução, sua loucura sendo uma consequência direta do ataque bárbaro que alguns homens – um lapso curioso de Michelet – lhe infligiram.[7] É preciso a chegada de

---

6 *Les Révolutions de Paris*, de 15 de maio de 1793, narram o incidente : "Depuis plusieurs jours un certain nombre de femmes font la police dans le jardin des Tuileries et dans les corridors de la Convention Nationale, et arrêtent des gens qui leur paraissent suspects. Ce sont elles qui, mercredi 15 du courant, donnèrent le fouet à Théroigne de Méricourt en l'appelant Brissotine". A intervenção de Marat é citada em *Le Courier des Départements* (ver Duhet, 1971, p. 81).

7 A relação entre a agressão sofrida e a loucura é afirmada também, por exemplo, em Rendall (1985, p. 49). Uma peça de teatro de Paul Hervieu, *Théroigne de Méricourt* (1902), criada em 23 de novembro, com Sarah Bernardt representando o personagem principal e no teatro que tinha o nome da artista, as-

Hippolyte Taine para se ver a Revolução pensada com as categorias da patologia mental. Se ele não fala em particular de Théroigne, comenta Roudinesco (2010), é provavelmente porque ela não entra, como Marat, na categoria do "louco lúcido", cuja loucura é tanto mais perigosa porque ela é invisível. A loucura de Théroigne é ordinária, como prova sua reclusão. Ela é só um "grão de areia, imerso nas profundezas instintivas da turba popular" (Roudinesco, 2010, p. 285).

O encontro no trabalho de Taine da psiquiatria e do olhar histórico se renova mais tarde quando, sob a influência da historiografia positiva de Alphonse Aulard e do interesse pela história do feminismo em relação à ação individual ou coletiva das mulheres no processo revolucionário, Léopold Lacour (1900) publica suas pesquisas sobre as origens do feminismo francês. Ele corrige os erros da historiografia, mas a questão da loucura de Théroigne é resolvida com o apelo à tese organicista e hereditária. Ele submete a observação de Esquirol do caso de Théroigne ao doutor Garnier,[8] o qual vai relacionar, no seu diagnóstico, a organicidade à hereditariedade, passando pela degenerescência.

No posfácio de seu estudo, Roudinesco explica que sua participação no colóquio *Les Femmes et la Révolution* (1989) na rubrica *Femmes et Folie* foi recusada e a autora classificada como "psiquiatra foucaultiana cúmplice dos homens" pelas historiadoras ligadas aos *gender studies*: essas historiadoras sustentavam a tese de que a loucura de uma mulher tem uma causalidade orgânica ou é produto de um julgamento da "comunidade dos homens". Ora, a tese de Roudinesco (2010) é que a loucura de Théroigne está

---

socia, na cena final, a loucura de Théroigne reclusa na Salpêtrière ao fracasso da Revolução, um fracasso atribuído a Sieyès: "chassez-le de la grande Convention nationale, où l'on n'était pas digne de siéger quand on n'y est pas mort".

8 Paul-Emile Garnier (1848-1905), médico-chefe da *Infirmerie Spéciale* da Préfecture de Police de Paris.

estruturalmente ligada ao espírito da Revolução sob a forma da melancolia. Em outros termos, seu enfoque não procura explicar a patologia, menos ainda transformar Théroigne em vítima das lendas monarquistas. O que interesse à autora é "compreender como se operou para ela [Théroigne] a entrada na psicose, a partir da perda do objeto ideal ao qual se identificara – a Revolução –, e do qual ela não consegue se separar [*elle ne parvient pas à faire le deuil*] no momento em que a Revolução entra no Terror" (2010, p. 305). Reconhece-se nessa afirmação a tese liberal geralmente aceita de que o Terror foi o túmulo de 1789, mas também a distinção freudiana entre luto e melancolia.

Para Freud, a melancolia é a patologia do luto e seu traço característico (ausente no luto) é "a perturbação do sentimento de autoestima" (Freud, 1915a, p. 147). Nos dois casos, trata-se de uma reação à perda "de uma pessoa amada ou de uma abstração substituta, a pátria, a liberdade, um ideal etc." (1915a, p. 146). Mas na melancolia a perda é inconsciente, o melancólico não reconhece o que perdeu, seu ego torna-se aos poucos pobre e vazio, ele sofre de um "delírio de pequenez". A perda implica o ego, uma parte do qual se opõe à outra: "as autoacusações são acusações contra um objeto de amor que passam do objeto ao próprio ego" (1915a, p. 154). Há também a identificação: a libido liberada na perda não se desloca para um novo objeto, mas se retira no ego e esse se identifica ao objeto perdido. O ego perdido torna-se então objeto, ele se divide entre a crítica do ego e o ego modificado pela identificação. Retrospectivamente, é possível afirmar então que a escolha do objeto foi narcisista, e isso implica que a relação de amor não seja nunca abandonada.

A Revolução foi uma magnífica ocasião para eliminar a desigualdade entre os sexos ocultada pelo sistema desigualitário geral do *Ancien Régime*. A Revolução permitiu assim às mulheres o acesso "à consciência histórica de sua identidade" (Roudinesco, 2010, p. 38). Há, de um lado, a massa de mulheres anônimas e, de outro, as heroínas; mas entre os dois grupos aparece um outro "tragicamente minoritário", que luta pelo reconhecimento das direitos políticos e civis das mulheres: Etta Palm, Olympe de Gouges, Théroigne de Méricourt, Claire Lacombe, Pauline Léon, figuras marginais que incarnam, "mais do que as outras, a forma moderna de uma igualdade que levará mais de um século e meio para se impor na França" (2010, p. 401). É o "feminismo original" (combate legalista pelos direitos civis e políticos, na linha traçada por Condorcet), que se desenvolveu às vezes em "feminismo guerreiro" (demanda de se armar e de criar legiões de amazonas para defender a pátria), "*sans-culotterie* feminina" (contra o inimigo interno) e, por fim, no "feminismo radical" posterior à Revolução (abolição do poder masculino).

Ora, a melancolia de Théroigne se inscreve nesse quadro geral: uma infância feita de maus-tratos e de rejeição, uma vida adulta com homens aproveitadores e viciosos. O destino das mulheres é o sofrimento: a vergonha da doença e a maternidade inseparável da morte (ela perdera sua filha em 1788). É assim que ela oscila entre o tédio do século e seus próprios sonhos de grandeza. "Em outros termos, a busca perpétua de um 'alhures' produz a personalidade cíclica de Théroigne, na qual a exaltação sucede ao tédio, a razão à loucura, a ilusão à decepção, a revolta à perseguição, a errância à fixação e a reclusão à liberdade" (Roudinesco, 2010, p. 108). A Revolução a "curou": ela se estabelece perto da Assembleia e encontra sua "família", se veste como um homem ("para ter a aparência de um homem e fugir desse modo da humilhação de ser mulher", explica Roudinesco (2010, p. 138). Sua feminilidade vergonhosa e frágil torna-se, com sua adesão à Revolução, uma feminilidade viril e triunfante. É na prisão de Kufstein que se manifestam os primeiros sinais de um universo mental dividido.

O retorno a Paris marca sua entrada no "feminismo guerreiro" (discurso de 25 março de 1792), a amazona sendo "o símbolo por excelência da crença no falicismo da mulher" (Roudinesco, 2010, p. 139). No palco revolucionário, a glória de Théroigne atinge seu apogeu e a imprensa monarquista lança sua campanha contra ela. Um ano mais tarde, Théroigne redige e torna público um texto que Roudinesco considera como seu testamento político. O texto desenvolve uma "forma idealizada de feminismo" (2010, p. 186), que constitui o outro lado da amazona, com sua imagem de uma magistratura divinizada da mulher: "a deusa é uma representação reparadora, fusional e conquistadora, a amazona é uma versão sanguinária, dividida, maldita" (2010, p. 187). A queda se aproxima. Nos conflitos que vão conduzir à derrota dos girondinos, Théroigne tem cada vez menos um lugar e acaba entrando no delírio, os ideais revolucionários não mais a protegem. Um parágrafo resume a tese de Roudinesco:

> *A trajetória da Ardenesa responde a uma dialética de reclusão e de liberdade, de razão e de loucura, de exílio e de retorno. Alienada em sua condição de mulher do Ancien Régime, ela conquista com a Revolução o direito a uma outra identidade. O encarceramento na prisão austríaca quase a precipitou na loucura, lembrando-lhe uma outra reclusão mais estrutural ligada à humilhação de ser mulher. A escuta de seu "juiz" e a redação da autobiografia permitiram nesse momento um novo impulso para a liberdade. Mas a reclusão no silêncio consecutivo à humilhação do chicote e à impossibilidade de escrever provoca sua deriva. A loucura se declara abertamente quando Théroigne escreve a carta a Saint-Just, isto é, quando ela escapa à justiça do Ter-*

> *ror ou à loucura da Revolução, pois já fora declarada louca oficialmente por seu irmão. Assiste-se aqui a entrada na loucura legalizada, a qual se transformará em loucura do hospício que coloca um termo à expressão "livre" da loucura, a única que poderia apoiar a Revolução quando esta era ainda uma promessa de liberdade. (2010, p. 205)*

E ainda:

> *Durante vinte e três anos, Théroigne de Méricourt terá vivido o luto da Revolução. Sua morte, em plena Restauração, a envia ao seu destino de mulher melancólica, em que nada pode preencher o lugar vazio deixado pela perda irremediável do objeto ideal. (2010, p. 214)*

De Théroigne de Méricourt, no fim das contas, sabe-se muito pouco: o que dizem os contemporâneos, quase sempre inimigos, os relatórios da polícia, os documentos austríacos e a observação clínica de Esquirol. Dois discursos públicos, uma carta a Saint-Just e uma outra dirigida a Danton, acrescentam-se aos documentos. Mas o personagem interpela o leitor pelo menos em três direções: em relação à loucura, em relação ao feminismo nascente e em relação à Revolução Francesa, sem esquecer as possíveis conexões entre elas. Roudinesco explora o material (exceção feita à carta a Danton), restabelece a verdade dos fatos contra as lendas monarquistas, enfrenta o difícil problema das relações entre participação revolucionária e loucura e situa Théroigne no panteão feminista. Há também no seu estudo uma crítica das representações construídas pelos historiadores, psiquiatras e poetas.

Com as noções de identificação, de ego ideal e de melancolia como luto patológico, Roudinesco construiu uma interpretação rica das relações entre loucura, Revolução e subjetividade e dá um fundamento ao papel histórico de Théroigne como pioneira do feminismo, primeiramente na versão do "feminismo original" e, em seguida, do "feminismo guerreiro". Manifesta-se sem ambiguidade a reivindicação de uma igualdade dos direitos, de não mais ser uma cidadã sem cidadania. Parece igualmente possível falar de um "feminismo utópico, uma espécie de ginecocracia que aparece no testamento político de Théroigne sob a forma de uma magistratura feminina com missão de reestabelecer a união nacional pela sabedoria.

Apesar da riqueza e da força da interpretação proposta, não se pode ignorar que Roudinesco a organiza ao redor da tese segundo a qual o Terror é o fator provocador do despertar da loucura de Théroigne, posto que, com ele, perde-se o ideal revolucionário de liberdade e de igualdade. Revolução e loucura: duas trajetórias paralelas, a primeira ajudando a explicar a manifestação da segunda, a segunda esclarecendo os sentidos da primeira. De um lado, o ideal revolucionário que se perde no Terror, de outro, a expressão livre de uma loucura latente traduzida em revolta positiva e que se perde quando não é mais sustentada pelo ideal revolucionário. Quando a loucura não pode mais se exprimir livremente, a promessa de liberdade e de igualdade cede o lugar para uma psicose crônica que, ao longo dos anos, vai provocar "a letargia repetitiva da demência senil" (Roudinesco, 2010, p. 206).

No entanto, o desequilíbrio é claro: se percebemos como a folia entra em cena, a emergência do Terror como morte, como termo – ou como loucura – do ideal revolucionário, permanece na sombra e parece formular-se apenas como uma evidência.

Ao lado dos textos públicos de Théroigne, seus textos não públicos merecem reflexão. Há, em primeiro lugar, os documentos austríacos: as *Confessions de Théroigne de Méricourt* (publicadas em 1892). Roudinesco comenta a força com que a verdade se apresenta no texto, embora Théroigne não faça referência à filha morta nem à doença venérea. De Blanc compara o texto de Théroigne com os *Dits et Aveux* redigidos pelos aristocratas franceses que levaram Théroigne ao Kufstein e começa a se convencer da inocência da prisioneira. Os *Cahiers* encontrados nos papéis de Théroigne contêm dois tipos de notas: "dissertações perfeitamente racionais a propósito da democracia e da justiça e, de outro lado, pode-se ler uma série de associações livres nas quais a autora descreve fantasmas assassinos surpreendentes" (Roudinesco, 2010, p. 104). Tais notas mostram o universo mental de Théroigne: um mundo de razão e de luz marcado pela experiência revolucionária, ao lado de um mundo de sombras, de loucura e de reclusão. De um lado, a ideia de que uma opinião pública verdadeira na França só poderá existir graças à igualdade universal dos direitos. De outro lado, a imagem de uma casa com rosto de cobre cujo porão é negro; uma mulher esmaga com seus pés um homem representando a tirania; a pedido da mulher, "pegarei um punhal que estará ao lado e atacarei o homem" (2010, p. 105).[9]

Segundo as passagens dos *Cahiers* transcritas por Roudinesco, parece claro que a escritura de Théroigne desenvolve, por um lado, temas que lhe concernem durante sua participação nos debates

9 Não se trata sempre do texto exato das *Confessions*, pois Strom-Ravelsberg transforma as atas do processo em uma narração romanceada e não hesita em introduzir os sentimentos das pessoas implicadas. Ele se interessa pouco pelos fatos evocados. Sua posição é claramente favorável a Théroigne; ele não esconde sua simpatia por de Blanc, assim como seu desprezo pelos aristocratas franceses. Na transcrição do texto redigido por Théroigne, não há nada que faça pensar na clivagem psíquica evidente nos *Cahiers*.

revolucionários, reflexões pessoais inspiradas pelos discursos ouvidos ou lidos e, por outro lado, as imagens de uma "imaginação agitada" (2010, p. 106), na qual se confundem passado e presente. Há justificativas e uma tentativa de construir um julgamento coerente e fundado da Revolução, de sua própria inocência perante os crimes dos quais é acusada. Ela se refere também à condição das mulheres. O esforço de escritura a pedido de de Blanc a mobiliza e a protege, de algum modo, do naufrágio na doença que a ameaça após o encarceramento em Liège. De Blanc a leva a sério, torna-se seu "confessor", e escrever parece então abrir uma referência à Lei, comenta Roudinesco (2010), ou antes a um ideal de justiça que será incarnada logo mais pelo próprio imperador Leopold. Por outro lado, o esforço e a impossibilidade de escrever acompanham a entrada de Théroigne na Revolução. Já no início de 1790, como membro da *Société des Amis de la Loi*, ela exercia a função de arquivista e propôs a redação de um ensaio sobre a igualdade entre homens e mulheres. Para essa camponesa pouco educada, a Revolução parece funcionar como um convite à expressão, mais do que um convite, uma exigência de existir pela palavra escrita e oral. Ela acompanha com paixão as sessões da Assembleia, recebe em sua casa os oradores, frequenta o Palais-Royal e alguns clubes – lugares onde se manifesta e circula uma palavra liberada –, seus cadernos contêm cópias de fragmentos retóricos etc. Ao lado da expressão "livre" de sua loucura, há ainda uma iniciação à liberdade pela expressão. A liberdade e a expressão são coisas que se aprendem e a Revolução forneceu as circunstâncias propícias para tal aprendizagem. É assim que os acontecimentos revolucionários que anunciam a liberação da palavra acabam dando um sentido à vida caótica de Théroigne e a impedem de mergulhar na loucura.

No verão de 1794, já reclusa, Théroigne endereça uma carta a Saint-Just. A carta apresenta uma dimensão de queixa contra a injustiça de sua reclusão e contra a indiferença dos patriotas. Pede para ser liberada e poder, assim, realizar seus grandes projetos de *união*. Esses projetos dizem respeito à expressão e à escritura: "Tenho grandes coisas a dizer" (Roudinesco, 2010, p. 202). Théroigne se queixa de não dispor de papel nem de luz e que, na impossibilidade de escrever, privada de liberdade, a *união* não poderá se concretizar. "Posso ainda reparar tudo, com vosso apoio" (2010, p. 202), isto é, posso ainda salvar a Revolução. Ela lhe pede também dinheiro. Um momento de confusão aparece quando a carta fala dos amigos que Théroigne tem "até mesmo no palácio do imperador" (2010, p. 201).

Roudinesco vê na carta a Saint-Just a justaposição de um discurso inteligível (endereçado a um personagem importante que pode liberá-la) e de um discurso delirante (como se sua reclusão de 1794 fosse a mesma que o encarceramento no Kufstein). Em 1791, ela encontrara o discurso legalista de de Blanc e tinha como referência a realidade da Revolução. Agora, louca, a Revolução não funciona mais como garantia de referência ou como lei simbólica, e Saint-Just não pode liberá-la de sua reclusão física e moral. Mas ela ainda escreve e considera que, se não puder continuar a fazê-lo, ela *e* a Revolução correm um grande perigo. Suas frases são regulares e endereçadas. Se a "loucura se declara verdadeiramente quando Théroigne escreve a carta a Saint-Just" (2010, p. 205), é preciso reconhecer que sua escritura se submete ainda às regras da linguagem articulada.

Mais ainda, seu futuro inteiro, assim como o futuro da Revolução, parece depender da possibilidade de continuar a escrever. Sem isso, a *união* não poderá se estabelecer e não haverá mais os efeitos dos signos de *união*. A liberdade, a expressão e, no mesmo movimento, o futuro da Revolução e da integridade física e moral de Théroigne correm graves perigos. A *união* parece assim referir-se, por um lado, à unidade da nação diante dos inimigos exteriores, mas também ao que pode proteger contra a desintegração psíquica.

Essa desintegração e seus efeitos se manifestam claramente na carta a Danton de 1801 (Théroigne, 1801), um curioso palimpsesto cuja primeira camada de escritura não foi apagada e outras camadas foram sobrepostas. O minucioso trabalho de transcrição distingue duas ou, às vezes, três camadas e revela ainda aqui um certo esforço para manter a coerência do conjunto. Mas a característica mais insistente é a *repetição* de alguns significantes: *écriture*, *les patriotes*, *la République*, *les lois de la tragédie* ou, ainda, *liberté*. A página é endereçada a Monsieur Danton Député – "*on payera le facteur*" – por Théroigne, em Paris. Danton foi guilhotinado em 1794.

Trata-se de uma longa queixa na qual o pedido de papel e de tinta ocupa uma grande parte: "quero sempre escrever, como é o meu direito" (1801, p. 22) e querem me proibir de fazê-lo. Pigeaud, na apresentação de *La Lettre-Mélancolie*, escreve sobre o objeto-carta que este deve ser considerado pelas suas características estéticas e só a totalidade significa. Não há preocupação de "*faire beau*", mas de "*faire plein*", de sobrecarregar a página branca, de não separar o fundo e a forma: "há aglomeração, aglutinação, não se pode separar, se separar de si mesmo, tornando-se dois, por exemplo. . . . a melancolia é a doença da unidade do ser" (1801, p. 17). Théroigne se confunde com ela mesma, se encerra completamente na sua loucura, na impossibilidade radical de escrever que transforma seu corpo em escritura louca na cena do asilo. O que parece se confirmar na observação de Esquirol: "Quis levá-la a escrever, ela desenhou algumas palavras. Mas não pode nunca formar uma frase" (1838, p. 220). Demente a partir de 1810, ela "articula frases entrecortadas de palavras como fortuna, liberdade, comitê, revolução, *coquins*, decreto, *arrêté* etc. Ela se mostra furiosa contra os moderados" (1838, p. 221). Fora do tempo e do espaço, suas frases são trituradas, fragmentadas, escapam a todas as leis (como as leis da tragédia?). Théroigne não existe mais, a Revolução caiu em pedaços, sua subjetividade igualmente, a "belle liègeoise" reduziu-se a uma queixa repetitiva na qual as palavras se repetem mecanicamente. O desejo de expressão ao qual a Revolução teria dado um sentido desapareceu, dá voltas sobre si mesmo, sobre um vazio, e se esgota aos poucos. Da perspectiva das mulheres, a Revolução apareceu como uma promessa de liberdade e de liberação da palavra feminina, uma promessa que a própria Revolução acabou traindo.

Seria interessante retomar aqui a oposição entre as teses de Foucault e de Gladys Swain e Marcel Gauchet sobre o nascimento do asilo e da psiquiatria moderna. A discussão será objeto de um outro trabalho na medida em que tais teses não concernem diretamente ao nó proposto por Roudinesco entre Revolução, feminismo, loucura e psicanálise. O estudo sobre Théroigne fornece mais questões do que respostas – e esse não é o menor de seus méritos.

Primeiramente, Roudinesco nos convida a interrogar com um novo enfoque o Terror revolucionário, sua natureza e sua importância para se compreender a Revolução Francesa. O Terror é o túmulo da Revolução ou sua verdadeira realização? Talvez o caminho interrompido de sua realização? Qual é a promessa que a Revolução manifestou para as mulheres? O Terror impôs silêncio às mulheres, proibiu as associações femininas e as mandou de volta ao espaço feminino tradicional.[10] Os jacobinos desenvolveram teses contrárias às reivindicações de igualdade de direitos políticos e civis das mulheres, mas entre os girondinos, apesar da importância de Condorcet, as mulheres também tiveram adversários da igualdade (por exemplo, Madame Roland). A discussão sobre o

10 Na peça de Hervieu (1902), Marat interrompe a cena da "fessée révolutionnaire" infligida a Théroigne afirmando que "devemos deixar as mulheres fora de nossas disputas políticas" (1902, p. 238).

Terror nasce no mesmo momento em que sua instalação e a ideia de uma "ditadura do proletariado" vão inspirar várias revoluções posteriores e provocar verdadeiras catástrofes humanas, políticas, sociais e econômicas. Mas, colocando em contato o momento da entrada na loucura e o momento de emergência do Terror, não se corre o risco de considerar o Terror como uma espécie de *patologia* revolucionária? Não há uma certa ingenuidade em jogo, caso não se interprete mais em detalhe a própria Revolução? E, do ponto de vista da entrada na loucura, não se pensa então a loucura como atacando do exterior, como um incidente de percurso na história da liberação ou do desejo? Haveria uma incompatibilidade fundamental entre as reivindicações feministas de igualdade e de emancipação e o Terror?

O desejo de palavra que se descobre em Théroigne está em consonância com a eclosão de discursos que acompanha a Revolução? As palavras circulam – inclusive a palavra frequentemente excluída das mulheres –, se cruzam, se opõem e talvez não se tenha nunca falado ou escrito tanto na França antes de 10 de agosto, data do desaparecimento dos jornais monarquistas e da lei de 29 de março de 1793 que autoriza o envio de um jornalista diante do Tribunal revolucionário por ataque à unidade nacional, cara aos jacobinos. Mas qual é a relação entre uma experiência coletiva de liberdade de palavra e a experiência individual de um desejo de expressão? Nos dois casos, pode-se talvez falar de um conflito que opõe diferentes discursos sem que uma instância superior possa impor uma solução. O Artigo 11 da Declaração dos Direitos faz dessa instância uma lei que não parece poder ser enunciada, posto que deve estabelecer os *casos* no quais haveria abuso. Mas um *caso* é particular e a lista de casos inumerável; a noção de abuso permanece aberta à discussão, sem termo final, com a tentação sempre presente de que um discurso se tome como mestre absoluto dos outros e do conflito. Ou então de uma dispersão tal que cada discurso se dá como voz autônoma, sem relação aos outros. A impossibilidade de formar frases não é um sintoma de tal dissociação? A consequência não seria o naufrágio do sentimento de si mesmo?

Freud (1915a) propôs um avanço na compreensão da melancolia com a introdução da ideia de perda inconsciente de um objeto de amor narcisista. Mas tal proposição pode aplicar-se a um grupo social? Pode-se falar de uma sociedade melancólica ou de uma sociedade louca? Há sociedades "incuráveis", como o alfaiate de Pinel? Pode-se perguntar se, em uma sociedade que corre o risco de deslocar-se ante os inimigos exteriores e interiores – um risco ao qual o Terror apareceu como resposta –,justamente ele não corresponde, toda proporção respeitada, ao tratamento filantrópico da loucura proposto por Pinel: opor às paixões desencadeadas uma paixão ainda mais forte, convencer com discursos gentis, mas enérgicos, se possível, e, em caso de furor, empregar a camisola de força e mesmo acorrentar o doente? Curiosa ideia que consiste em supor que o Terror não é a loucura, e sim seu método de tratamento no plano social.

Nas questões que aparecem, a menos importante não é a que diz respeito às mulheres. Pois a Revolução marca também o nascimento de um feminismo moderno, a emergência de uma reivindicação, fundada sobre os Direitos Humanos da igualdade dos direitos civis e políticos entre os dois sexos. Trata-se certamente de um movimento marginal; boas histórias da Revolução não fazem nenhuma menção desses atores. Pode-se mesmo considerar a história de Théroigne como um *fait divers* ao lado da presença marcante de outras mulheres. Mas, retrospectivamente, é difícil não ver que esse fenômeno talvez marginal vai se impor, ganhar uma proporção importante e que os feminismos vão se tornar bem mais do que uma nota de rodapé nas narrativas sobre as origens da democracia moderna. Eles anunciam a questão do exercício do poder e da divisão social de uma perspectiva inédita.

Essa dimensão política parece escapar a Roudinesco, que não considera, em nenhum momento, a Revolução ou os feminismos como dimensões ligadas ao nascimento da democracia moderna. E ela não considera tampouco a psicanálise como inscrita nessa história. O que talvez a impeça de colocar a questão do que a psicanálise pode fornecer para a compreensão das revoluções e a frequente deriva para o Terror. O que pode nos ensinar a psicanálise sobre a persistência da ambiguidade entre recusa e aceitação passiva da submissão?[11]

Do fundo sem fundo da loucura de Théroigne, tais questões exigem escuta e elaboração, "pois todo mundo deve ser e fazer a República" (Théroigne, 1801, p. 401).

11 O que, mais uma vez, levanta o problema da instituição psicanalítica. Roudinesco observa que "as instituições são marcadas pelo luto de uma soberania perdida para sempre [Freud], ou engendradas pelo luto interminável da figura de um mestre [Lacan] ao qual todos querem permanecer fiéis com o risco de reconstruí-la à maneira de um simulacro". Análise para a qual Derrida contribui comentando que muitas instituições psicanalíticas "se preocupam de estatutos e de hierarquia, como a universidade mais tradicional", e que, assim, elas não se inspiram do ensino que propõem para sua própria organização (Roudinesco & Derrida, 2001, p. 294s).

Parte II

Explorações

Like pictures, or like bookes gay coverings made
For laymen, are all women thus arraid.
Themselves are mystique bookes, which only wee
Whom their imputed grace will dignify
Must see revel'd.

John Donne, *Elegie: To His Mistris Going to Bed* (1669)

"*Vous les femmes...*": Enquete sobre a sexualidade feminina[1]

> *Of course, they had male patients, but women were the focus. . . . So there is a real sense in which psychoanalysis was a science – or an artifact – born of the love between men. It began, that is to say, as a conversation between men about women's bodies (and what will change psychoanalysis is the arrival of women psychoanalysts interested in children as well as sexuality).*
>
> A. Phillips (2014, p. 108)

> *En thèse générale: Les progrès sociaux et changements de période s'opèrent en raison des progrès des femmes vers la liberté; et les décadences d'ordre social s'opèrent en raison du décroissement de la liberté des femmes.*
>
> Ch. Fourier (1808, p. 147)

1 Este capítulo retoma com modificações o texto de "'*Vous les femmes...*'. A propósito da sexualidade feminina", publicado nos *Cadernos de Psicanálise – CPRJ*, n. 36, jan./jun. 2016, aos quais agradeço a autorização de republicá-lo.

Vous les femmes, vous mon drame
Vous si douces, la source de nos larmes
Pauvres diables, que nous sommes
Vulnérables, misérables, nous les hommes.

Julio Iglesias (1979)

Posição do problema

Vários textos de Charles Melman e de Jean-Pierre Lebrun - de *L'homme sans gravité* (2002b) a *Les couleurs de l'inceste* (2013) - convocam a atenção dos psicanalistas para os efeitos clínicos, sociais, políticos e culturais das transformações contemporâneas da configuração da família. Na diminuição progressiva e irreversível da autoridade paterna - do Nome-do-Pai como fundamento de toda autoridade e como eixo da transmissão e do acesso à linguagem – no retorno ou na expansão (compensatória?) do matriarcado ou do materno – fonte da (con)fusão e do gozo imediato e gratuito –, os dois analistas percebem a tendência ao desaparecimento no sujeito pós-moderno de neuroses e psicoses em proveito das perversões e dos estados *borderline*. Eles afirmam, em consequência, a necessidade de um novo enfoque clínico capaz de melhor captar as manifestações de uma "nova economia psíquica". Sem que seja preciso, para tanto, forjar novos instrumentos conceituais.

Por outro lado, os próprios fundamentos da vida em comum são ameaçados pela generalização de um consumo sem freio que não deixa mais nenhum lugar para o objeto do desejo, mais nenhum lugar para o vazio, para a palavra e para o julgamento fundado, isto é, o juízo de autoridade. Tudo isso é estimulado, acompanhado e reforçado pelo liberalismo econômico radical e pelo igualitarismo que apaga as diferenças e destrói as hierarquias. Politicamente, na ausência de uma autoridade, o saber técnico, anônimo e cientificamente objetivo substitui as escolhas, os conflitos e os riscos que toda escolha implica necessariamente.

É possível obscurecer ainda mais o quadro que os dois psicanalistas nos oferecem da contemporaneidade. Por exemplo: "Segundo penso, a democracia, com seu ideal de liberdade de escolha, não conduz necessariamente, do ponto de vista psíquico, a um estado maior de satisfação e de felicidade. A aspiração ao rebanho de nossos contemporâneos está aí para demonstrá-lo. . . ." (Melman, 2002b, p. 217s). Ou então:

> *. . . posto que não se vê a necessidade irredutível de produzir uma distância, o "buraco", só é possível avançar progressivamente, mas de modo inevitável, para o apagamento de todos os limites, portanto, para a* hubris, *e, assim, para a Coisa, ou seja, para o risco do inumano. (Lebrun, 2013, p. 316)*

Estamos assim à beira do abismo. *Apocalypse now*!

Os psicanalistas não podem permanecer insensíveis, tampouco se desencorajar diante das novas tarefas exigidas por tais transformações contemporâneas. O que pode ajudá-los no trabalho clínico e na compreensão dos efeitos sociais, culturais e políticos é a consideração dos novos modos da transmissão, isto é, das novas práticas educativas que aparecem nas novas figuras da família, nas quais a criança se humaniza pela submissão às leis da linguagem. Essas novas práticas são justificadas e legitimadas pelas mudanças no estatuto jurídico, social e político da família. Ora, o acesso à linguagem e a submissão da criança à distância entre significante e significado – que representa a possibilidade da castração sem a qual a criança não será jamais um adulto – é uma função paterna, embora seja introduzida e sustentada pela mãe. Os psicanalistas devem, portanto, permanecer atentos aos efeitos produzidos pelo apagamento da função paterna, pela destituição do Nome-do-Pai que arruína o espaço do simbólico. Esses efeitos são reforçados pelos ideais de igualdade suposta entre pai e mãe e de nivelamento das hierarquias tradicionais do patriarcado, o que implica o esquecimento progressivo da palavra fundadora e do lugar (paterno) de exceção.

Como os psicanalistas não têm como vocação fornecer respostas ou sugerir soluções, o discurso tenta compreender e explicitar o que está acontecendo, analisando como se chegou a tal situação e denunciando os perigos latentes. Daí o tom apocalíptico ou profético, se lembrarmos que o profeta fala em nome de um deus cuja vontade teria sido esquecida ou desprezada. A vontade suprema aqui é a lei constituinte da estrutura edipiana revisitada por Lacan.

Mas nada impede que os leitores tirem conclusões e que tais discursos produzam efeitos clínicos, sociais, políticos e culturais.

Para bem compreender o que está em jogo na análise proposta por Lebrun, pode-se retomar um ponto conceitual importante que diz respeito ao projeto político que afirma, ao mesmo tempo, a igualdade entre mulheres e homens e a diferença entre os sexos (por exemplo, Héritier, 2002.) Se Lebrun considera que tal projeto não responde às questões colocadas pela evolução contemporânea das relações entre mulheres e homens, a razão avançada é que "a diferença . . . não basta para fundar uma autoridade", autoridade sem a qual não pode haver legitimidade vertical de um poder e, consequentemente, tampouco "solução pacífica dos conflitos" (Lebrun, 2013, p. 15s). Para sustentar esse argumento, Lebrun se vale de François Jullien e sua tese segundo a qual "a diferença é um conceito identitário" (Jullien, 2011, p. 6). Ora, Lebrun parece compreender mal ou abusar das proposições de Jullien, as quais se inscrevem claramente no espaço próprio de seu pensamento, isto é, "a diversidade das culturas". Se é verdade que Jullien critica o emprego costumeiro da noção de diferença entre as culturas é porque justamente ela se relaciona à noção de identidade, relação com a qual corre-se o risco do etnocentrismo. Para evitar tal perigo, Jullien propõe a noção horizontal e rica de écart (distanciamento?). Ora, o *écart* não tem nada a ver com um apelo a uma autoridade ou uma alteridade radicais, mas antes com um distanciamento que respeita o próprio de cada cultura – e o próprio da cultura é "de se transformar e de passar por mutações" (2011, p. 7). E esse efeito exige pelo menos uma revisão profunda da noção de identidade; enquanto método, o écart "abre um espaço de reflexividade – 'reflexão' no sentido próprio e não figurativo, onde esses pensamentos se olham de frente; e que, pela tensão criada, faz pensar" (2011, p. 7).

Nenhuma transcendência, nenhum apelo a um princípio vertical fundador de hierarquia, a um Outro divino, a uma estrutura ou à invariância do interdito edipiano. Lebrun parece esquecer a prudência recomendada quando se trata de transferir um conceito do espaço no qual um questionamento o exigiu para um outro espaço. Mas também parece esquecer que os conceitos são portadores de efeitos. Assim, por exemplo, Jullien pode lembrar que falar de "identidade cultural francesa" é um engano: "parte-se à procura do que seria um caroço duro – puro – da cultura, mas negando, assim, sua necessária transformação: necessária porque é o que mantém a cultura em vida, portanto, em mutação" (2011, p. 6). Não se poderia dizer a mesma coisa da subjetividade, dos modos de transmissão de nossa humanidade, da família, das relações entre mulheres e homens ou das relações sociais em geral?

Não se dirá que Melman ou Lebrun aderem à misoginia, à falocracia ou ao autoritarismo reacionários quando explicam como o patriarcado assegurava o processo de humanização de criação e sustentação do laço social. Nenhum dos dois parece propor um retorno ao regime patriarcal em sua versão familiar ou coletiva, tampouco propõem uma viagem de volta aos tempos anteriores às transformações mais recentes da democracia. Houve e ainda há progressos, afirmam. A questão formulada é a propósito dos efeitos desse progresso sobre a transmissão de nossa humanidade e do pouco de atenção que dão os psicanalistas às novas interrogações. Tudo se passa como se a procura de uma igualdade sem limites – o que Lebrun chama de *democratismo* – estivesse produzindo o apagamento da alteridade, a expansão da homogeneidade e, assim, a corrupção de uma invariante da condição humana.

Segundo Zafiropoulos (2006), a tese do declínio da família tradicional e de seu chefe pode ser encontrada no próprio Lacan, no seu texto sobre *Les complexes familiaux*, de 1938. Lacan, por sua vez, a encontrou em Durkheim e na lei da contração familiar: a grande família se reduz com o tempo para chegar "à forma conjugal portadora de anomia" (Zafiropoulos, 2006, p. 296).[2] Quando Lacan encontra Lévi-Strauss e elabora a noção de Nome-do-Pai, em 1953, no *Rapport de Rome*, o pai se inscreve no registro simbólico, o que implica que não se trata de um objeto real: "é bem o que demonstra que a atribuição da procriação ao pai só pode ser o efeito de um puro significante, de um reconhecimento não do pai, mas do que a religião nos ensinou a invocar como o Nome-do-Pai" (Lacan, 1966, p. 556). Ora, argumenta Zafiropoulos, se seguimos Lacan, é preciso permanecer atento não tanto ao desaparecimento progressivo do Nome-do-Pai, mas à sua pluralização, uma possibilidade que não depende do fato histórico, "mas de uma possibilidade inscrita na origem de um léxico etnologicamente desenvolvido,

2 A referência é o curso pronunciado por É. Durkheim em 1892, *La famille conjugale*, e que foi publicado na *Revue Philosophique*, n. 90, 1921.

na sincronia como na diacronia, e que se manifesta como uma contribuição à incompletude da função semântica, autorizada pela função simbólica, de se exercer justamente porque não é completa" (Zafiropoulos, 2006, p. 298). Em outros termos, os psicanalistas que falam do declínio da neurose em razão do declínio do pai tomam a multiplicação do Nome-do-Pai como se fosse um declínio da função, confundem assim o simbólico e o real, o lugar vazio e a encarnação, a cultura e a natureza (e acrescento: a democracia com as figuras históricas que ela pode assumir). Eles estão lamentando a perda "da unidade divina do sintoma" que pode se manifestar como incorporação do fundamento de uma configuração familiar, social, política e cultural - e é preciso também perguntar se já não fora uma ilusão, um simples efeito de superfície. Em outros termos ainda: se a figura de Deus-pai se apaga e o mundo se desencanta, isso não quer dizer que se apaga igualmente a dimensão da transcendência. E acrescento: um lugar ou uma dimensão vazios, cuja encarnação plena é (estruturalmente?) impossível, abre não apenas a possibilidade de uma apropriação (ou de uma percepção) fantasmática, mas também a possibilidade de uma pluralidade (em conflito?) de ocupantes pretendentes.

No seu percurso de compreensão da história do pensamento lacaniano, após o estudo do "momento durkheimiano" (1938-1950), Zafiropoulos aborda o "retorno a Freud" de Lacan que passa pelo encontro com Lévi-Strauss e a formulação da questão do pai. Nesse movimento que pretende lançar as bases de uma antropologia psicanalítica, Zafiropoulos encontra a questão feminina elaborada por Lacan a partir de 1951 com a releitura do caso de Dora, leitura incompreensível "se não se levar em conta o que chamamos de transferência de Lacan a Lévi-Strauss" (Zafiropoulos, 2010, p. 12). Sob a luz estimulante dos textos de Zafiropoulos torna-se difícil passar ao lado de uma outra dificuldade - na verdade, duas dificuldades – das teses de Melman, Lebrun e outros, em relação íntima com o emprego problemático da noção de Nome-do-Pai e dos benefícios de um enfoque estrutural. Trata-se, com efeito, da ausência da questão feminina e de um reconhecimento do papel e da importância das mulheres e dos feminismos nas transformações contemporâneas da família e do laço social, assim como das implicações entre tais transformações e a democracia, sem esquecer os efeitos sobre a clínica e a teoria psicanalíticas.

Melman e Lebrun falam frequentemente da função materna, de matriarcado, de materno e de incestuoso, mas sempre do ponto de vista da função paterna, do patriarcado, do paterno ou da autoridade, como se os primeiros fossem apenas o negativo e mesmo a negação dos segundos. Isto é, como se justamente a alteridade ou a diferença do feminino não pudesse aparecer como Outro. E, quando se trata de análise das transformações sociais, os feminismos ou o lugar das mulheres não merecem nenhuma atenção particular. No primeiro caso, como é possível esquecer os protestos das psicanalistas (e dos psicanalistas que as apoiaram) que, desde o início dos anos 1920 do último século, tentaram lançar uma outra luz sobre a sexualidade feminina, uma luz diferente daquela guiada pela inveja do pênis e pela ignorância da vagina? No segundo caso, tudo parece ocorrer como se os feminismos fossem um efeito secundário das transformações na estrutura da família patriarcal (o declínio do pai), ou então como se os ideais feministas – começando pelo ideal de igualdade dos sexos – se limitassem à destruição da dominação masculina. É aí que a questão do regime democrático, de sua natureza e de seus efeitos – sem esquecer sua afinidade com a psicanálise – é escamoteada, formulada no máximo como mais um elemento do processo de mutação das sociedades contemporâneas ocidentais (ver, por exemplo, Lebrun, 1997, pp. 105ss), um simples elemento que dá lugar à possibilidade do totalitarismo, ou vagamente confundido com o neoliberalismo, os dois efeitos correlativos à empresa do feminino.[3]

Tais questões merecem ser retomadas amplamente. Pode-se começar com a teoria da feminilidade em Freud, sem esquecer a primeira reelaboração lacaniana, assim como o debate aberto pelas psicanalistas nos anos 1920 e mais ou menos resumido por E. Jones em 1935. Depois dessa data, a discussão parece perder força pelo menos até os anos 1960, com a "Segunda Onda" dos feminismos. Abre-se então um novo capítulo na relação entre feminismos e psicanálise, relação complexa e conflituosa – um capítulo que não é levado em conta pelos psicanalistas, como provam as dificuldades com que abordam atualmente as novas figuras das relações entre os sexos, da família e da transmissão. Duas transversais completam a ambição dessa análise: a primeira diz respeito ao "declínio" da psicanálise enquanto prática e teoria, um declínio ligado ao interesse decrescente por ela no debate cultural, mas também ao fato de que teoria e prática psicanalíticas parecem ter perdido seu vigor.[4] A segunda transversal é a das transformações da democracia moderna. O alcance dessa problemática pode parecer ambicioso demais. A elaboração o dirá. Por enquanto, trata-se de avançar os primeiros elementos e afinar as interrogações.

---

3 A relação entre democracia, declínio do pai e totalitarismo é formulada por Melman quando prediz "a chegada do totalitarismo com o crescimento do poder das mulheres na vida política". Um sinal claro de tal tendência encontra-se no gabinete de Angela Merkel, que pendurou na parede um retrato de Catarina da Rússia (Vincent, 2007, p. 20)!

4 Já nos anos 1930 Reich estabelecia uma relação entre a popularização da psicanálise nos Estados Unidos e seu declínio (ver Mitchell, 1974, p. 297).

Freud e a sexualidade feminina

Em nota introduzida na edição de 1924 dos *Trois essais sur la théorie sexuelle*, Freud (1905a) acrescenta que reconheceu, em 1923, a existência de uma terceira etapa do desenvolvimento sexual da criança, além da fase oral e a fase anal-sádica. A nova fase se chama fálica. Ela se caracteriza como genital porque há convergência das moções sexuais sobre o órgão genital, mas ainda se está longe da maturidade sexual porque, na fase fálica, meninas e meninos só conhecem o órgão sexual masculino. A fase fálica é assim marcada pelo *primado do falo* e de seu correlato, para a menina, da *inveja do pênis*. O texto de 1923 indicado por Freud, *Sur l'organisation génitale infantile*, inaugura um primeiro conjunto de textos (1923/1925) sobre a sexualidade feminina, uma questão que será retomada alguns anos mais tarde (1931/1932). A discussão a respeito da fase fálica foi conduzida em grande parte pelas psicanalistas e por Ernest Jones. Lacan a retoma em seu seminário e textos de 1957/1958, no quadro de seu "retorno a Freud".

Poderá ser objeto de um outro estudo a reconstrução das vias, dos desvios e da importância do debate ao redor da fase fálica entre os contemporâneos de Freud. É importante insistir em primeiro lugar sobre algumas articulações operadas por Freud, assim como sobre as dificuldades que elas suscitam, antes de abordar os primeiros textos de Lacan sobre a sexualidade feminina. O objetivo é o de formular mais claramente os problemas e a importância do que está em jogo – e que parece ser escamoteado em parte pelo psicanalistas confrontados com a família contemporânea e seus modos de transmissão, lá onde só veem os signos de um declínio do pai, de um retorno do matriarcado, da prevalência do materno e do incestuoso que põe em perigo não só o futuro da psicanálise, caso ela não leve em conta tais transformações, mas também o futuro da democracia e de nossa humana condição.

Os editores da *Standard Edition* assinalam que *Quelques conséquences psychiques de la différence anatomique entre les sexes* (1925) é "*a first re-assessment of Freud's view of psychological development of women*" (SE, 19, p. 243). Trata-se menos de novas descobertas - praticamente todos os elementos presentes foram anunciados previamente –, e sim de um esforço para manifestar mais claramente a articulação entre eles. Esse texto, lido por Anna Freud no congresso de Hamburgo de setembro de 1925, é assim "*the synthesis of these various pieces of knowledge*". A célebre metáfora de Freud - "o continente negro" da sexualidade feminina (Freud, 1926, p. 75) – se refere menos ao caráter enigmático do objeto e bem mais ao pouco de progresso obtido pela psicanálise no conhecimento da vida sexual da menina e da mulher adulta. No ensaio de 1925, os caminhos da sexualidade feminina estão longe de serem descritos (como também os da sexualidade do menino, portanto mais bem explorados, segundo Freud), mas os avanços são significativos. O que se lê frequentemente como uma confissão de ignorância da parte de Freud sobre as mulheres - começando pelo que teria dito ou escrito, segundo Jones, a Marie Bonaparte: "a grande questão permanece sem resposta e à qual eu mesmo não pude nunca responder, apesar de meus trinta anos de estudo da alma feminina, é a seguinte: o que quer a mulher?" (Jones, 1961, p. 445) e que não é datado – não deve de modo algum entender-se como ausência de avanços considerados importantes por Freud. A coerência e a prudência freudianas o conduzem a afirmar que o que se ignora é maior, talvez mesmo mais importante, do que aquilo que já se sabe. Nos *Trois essais* Freud lembra a dificuldade do estudo da vida erótica das mulheres, devido, "por um lado, à ocultação que lhes impõe a civilização, por outro lado, em razão da discrição e da insinceridade convencionais das mulheres" (Freud, 1905a, p. 59). Em 1908, analisando as *Théories sexuelles infantiles*, Freud afirma que as observações feitas dizem respeito sobretudo aos meninos, pois há "circunstâncias externas e internas desfavoráveis (Freud, 1908, p. 16) que impedem ou limitam as observações das meninas. Observemos que a questão atribuída a Freud como não tendo obtido resposta – o que quer a mulher? – é utilizada pelos analistas às vezes como pretexto para ignorar as elaborações das psicanalistas e das feministas. Talvez mesmo para se reconciliar com a própria ignorância.

Se comparamos os textos de 1924 (*La disparition du complexe d'Œdipe*) e de 1925 (*Quelques conséquences de la différence anatomique entre les sexes*) não encontramos teses fundamentalmente diferentes no que diz respeito aos elementos em jogo na pré-história de Édipo e na dissolução do complexo. Mas a atenção se concentra sobre a articulação desses elementos no jogo libidinal e na pré-história edipiana, o que, como se poderia esperar, aprofunda a compreensão. Isso talvez tenha conduzido Freud a dizer, em 1924, que o conhecimento do desenvolvimento sexual da menina ainda é obscuro, enquanto, no ano seguinte, ele afirma que a pré-história do Édipo da menina é mais bem conhecida do que a do menino. Não é difícil perceber que, em 1925, Freud atribuiu um papel importante à noção de *inveja do pênis* e que entreviu também a importância crucial da relação à mãe.

A prevalência do masculino não é uma novidade no pensamento de Freud. Na *Carta 75* a Fliess, Freud indica uma diferença entre menino e menina no que diz respeito à evolução da "repressão normal" (isto é, a desafetação das zonas erógenas, a boca e o ânus). Na puberdade, "um desgosto da sexualidade sem caráter neurótico se apropria das meninas, enquanto a libido se impõe ao menino" (Freud, 1956, carta de 14.01.1897), um desgosto associado ao abandono da região do clítoris, que é uma zona genital masculina até a puberdade da menina. Os *Trois essais* insistem sobre a ideia de que apenas com a puberdade instala-se claramente uma separação entre os caráteres masculino e feminino. Embora haja diferenças ao nível das predisposições – as inibições são mais precoces na menina, assim como a preferência pelas manifestações passivas das pulsões sexuais –, "a atividade autoerótica das zonas erógenas é a mesma para os dois sexos" (Freud, 1905, p. 161). Segue-se daí a tese freudiana do caráter masculino da sexualidade infantil (até a adolescência), assim como a tese sobre a natureza da libido: "de maneira regular e conforme às leis, de natureza masculina" (Freud, 1905, p. 161). E pouco importa o objeto. No entanto, uma nota acrescentada na edição de 1915 dos *Trois essais* esclarece os três sentidos das noções de masculino e feminino: atividade/passividade, sentido biológico e sentido sociológico. Ao que Freud acrescenta que só o primeiro sentido é importante para a psicanálise. O clitóris é assim claramente colocado do lado do masculino no que diz respeito à atividade autoerótica.

Quanto à *inveja do pênis*, Freud a reconhece em 1908, nas *Theories sexuelles infantiles*, em relação com a atividade autoerótica da menina, pois ela se interessa, como o menino, pelo pênis e se sente, em comparação, desavantajada: "é melhor ser um menino" (Freud, 1908, p. 21). Ou como afirmava uma outra menina, considerando um grupo de meninos simulando uma briga: "os meninos são mais divertidos!" Em 1916, em *Quelques types de caractère dégagés par la psychanalyse*, a propósito do monólogo inicial de Richard III – "*Now is the winter of our discontent*" –, Freud explica a empatia que provoca o terrível personagem pelo fato de que "reclamamos todos compensações pelas mortificações precoces de nosso narcisismo, de nosso amor-próprio" (Freud, 1916, p. 111). E ele lembra que esse é também o ponto de partida da pretensão das mulheres a serem dispensadas de muitas exigências ordinárias da vida: "as mulheres se consideram como tendo sofrido um grande prejuízo na primeira infância sem que sejam culpadas, elas foram parcialmente mutiladas e desavantajadas". É também a razão pela qual detestam a mãe, que "as fizeram nascer como mulheres e não como homens" (Freud, 1916, p. 111).

O mesmo motivo se encontra em *Tabou de la virginité*, de 1917, para explicar o costume primitivo de confiar a defloração da mulher a um substituto do pai, evitando desse modo a agressividade provocada pela primeira relação. Freud sublinha a fase em que as meninas invejam o irmãozinho "que possui um signo de masculinidade cuja falta nelas (ou, mais exatamente, sua redução) faz com que se sintam lesadas ou abandonadas" (Freud, 1917a, p. 76). E em *Pour introduire le narcissisme* (1914) Freud situa entre as perturbações às quais se expõe o narcisismo originário da criança o complexo de castração, isto é, o medo de perder o pênis, para o menino, e a inveja do pênis, para a menina. Em 1917, em *Sur les transpositions de pulsions plus particulièrement dans l'érotisme anal*, Freud sustenta que, no fundo de uma neurose feminina, há sempre a inveja do pênis, uma tese que não mudará mais. Quando não há neurose, continua Freud, o desejo infantil de possuir um pênis se transforma em desejo por um homem, isto é, a mulher aceita o homem como "um apêndice do pênis" (Freud, 1917, p. 108). Nesse processo, uma parte do complexo de masculinidade narcisista da menina passa para o lado da feminilidade e um elemento erótico pré-genital é utilizado na fase genital: a mulher *dá* uma criança. O desejo de criança é assim composto de um elemento erótico anal (o excremento é o primeiro presente) e de um elemento genital.

A *Organisation génitale infantile* (1923b) foi escrita para ser integrada à edição de 1924 dos *Trois essais*, o que não aconteceu. Freud contentou-se em acrescentar uma nota relativamente curta. No texto, Freud retoma a afirmação da ausência de genitalidade na primeira infância e reafirma a existência de um único órgão genital para os dois sexos no momento da primeira organização sexual: pênis para o menino, clítoris para a menina. Ora, essa primeira organização sexual não é regida por um primado genital, mas pelo *primado do falo*, uma distinção que terá um grande futuro em Lacan. O falo, explica Freud, não é o pênis ou o clítoris, ele se manifesta na criança como necessidade de investigação, como "curiosidade sexual" que leva a criança a comparar seu órgão com outros, guiada vagamente pela ideia de que "esse membro poderia e deveria ser maior" (Freud, 1923b, p. 115). O processo é descrito no menino e Freud afirma ignorar como se passam as coisas para a menina. No entanto, a tese do primado do falo para os dois sexos, associada ao complexo de castração, terá um efeito significativo quando for articulada à inveja do pênis.

O primado do falo é consequência da afirmação freudiana do caráter masculino da libido, mesmo quando ela se manifesta com uma finalidade passiva. Freud avança assim a tese dita do *monismo sexual*.[5] Enquanto energia, a libido é sempre ativa, o que implica também que a passividade, os fins passivos da libido, se inscrevem no desenvolvimento e não são originários. A distinção aparece com a escolha do objeto, isto é, na fase sádico-anal. Na fase seguinte, fase fálica ou fase da organização genital infantil, o masculino está presente, mas não o feminino, e a distinção vai se fazer em termos de presença ou ausência (ou melhor, redução) do órgão

5 Roudinesco considera que o *monismo sexual* sustentado por Freud obedece à exigência de pensar o feminino "sob a categoria de um universalismo, a única capaz de fornecer um verdadeiro fundamento ao igualitarismo reclamado pelas feministas" (Roudinesco & Plon, 1997, verbete *Feminité*). Por outro lado, segundo o *Dictionnaire*, como não há diferença sexual no inconsciente, não há tampouco correspondência entre a anatomia e o psiquismo, o que reforça a tese de um universal psíquico em contradição com a diferença sexual. Pode-se perguntar então se, em lugar de atribuir à libido um caráter masculino, não conviria considerá-la como *energia neutra*, o que levaria provavelmente a pensar a diferença sexual como derivada e secundária, isto é, uma função do desenvolvimento da libido quando ela chega ao momento de se dividir entre sujeito e objeto. A diferença sexual se tornaria, assim, nos termos de Irigaray (1974), de ordem *relacional*, o que não exclui a referência à diferença anatômica.

genital masculino. É no momento da puberdade que a polaridade sexual corresponde a masculino e feminino: "o masculino reúne o sujeito, a atividade e a possessão do pênis, o feminino perpetua o objeto e a passividade. A vagina recebe agora o valor de alojamento do pênis, e recolhe assim a herança do corpo materno" (Freud, 1923b, p. 116).

No texto seguinte, *La disparition du complexe d'Œdipe* (1923c), Freud indica as primeiras consequências dos progressos obtidos com o primado do falo e seu correlato na menina, a inveja do pênis. Nesse texto importante, Freud analisa a fase fálica do desenvolvimento sexual que coincide com a instalação e o desenvolvimento do complexo de Édipo. Nessa fase, quando o falo domina, a curiosidade sexual, terceira e última encruzilhada do desenvolvimento sexual infantil, implica que o órgão genital masculino assume o papel de conduzi-lo, como presença ou ausência (ou como redução), o mesmo valendo para a ignorância da vagina, antes da fase de latência. Ora, o despertar da genitalidade para o menino e para a menina se associa à percepção da diferença anatômica. Sob o primado do falo, a resposta diante de tal descoberta é diferente: para o menino, o resultado é a ameaça de castração, para a menina, o resultado é uma definitiva inveja do pênis.

Anteriormente, o menino desenvolve uma atitude edipiana diante dos pais apresentando duas possibilidades: passiva – ele ocupa o lugar da mãe para obter o amor do pai; ativa – ele ocupa o lugar do pai para amar a mãe. Nos dois casos, o pênis corre perigo e começa o conflito entre o investimento libidinal e o interesse narcisista. Este acaba levando a melhor, dando assim lugar a uma identificação ao pai, à dessexualização e à sublimação de seus investimentos libidinais. Resulta desse movimento a proteção e o futuro da organização genital, e o preço pago pelo menino é a supressão de seu funcionamento (fase de latência). E Freud se interroga sobre a natureza desse processo, reconhecendo que há mais que uma repressão para o menino, que há destruição e supressão do Édipo, pelo menos nos casos ideais. De qualquer modo, é por aí que passa a fronteira entre o normal (o ideal) e o patológico. Pois, se houvesse apenas repressão, haveria igualmente retorno do reprimido, com seus efeitos patológicos. Sublinhemos ainda que a identificação à autoridade dos pais ou do pai "forma o caroço do superego" (Freud, 1923c, p. 120), marcado pelo rigor do pai, que proíbe o incesto, protegendo dessa maneira o ego e lhe oferecendo os caminhos da repressão e da sublimação posteriores.

A menina não conhece o medo da castração e a percepção visual da diferença anatômica desperta nela a inveja do pênis, acompanhada pelo sentimento de ter sofrido um prejuízo e de ser inferior ao menino. É assim que a menina entra no complexo de masculinidade, com dois efeitos fundamentais: o primeiro sobre a organização genital infantil, o segundo sobre o superego. Se a ameaça de castração permite ao menino a saída do Édipo, a menina entra no Édipo pela via da inveja do pênis. Ela despreza a mãe e quer receber uma criança do pai a título de compensação. Esse desejo será reprimido; quer dizer que vai permanecer no inconsciente e preparar o papel sexual da mulher: receber uma criança de um homem substituto do pai. Idealmente a mulher não se desfaz de verdade jamais do Édipo. No máximo, ela poderá obter uma (in)satisfação sexual na maternidade. Lembrando a frase de Napoleão, para quem a anatomia é o destino, Freud critica a busca de igualdade das feministas. A diferença anatômica que provoca a inveja do pênis faz com que as mulheres, no melhor dos casos, não podendo superar seu Édipo, o reprimam – com os efeitos patológicos previsíveis do retorno do reprimido; elas podem, assim, aceitar um substituto do pai e receber dele a criança-pênis que invejavam, conservando a identificação à mãe. Os efeitos desses processos são visíveis também na formação de um superego menos rigoroso nas meninas, caracterizado igualmente por uma capacidade menor de sublimação.

Freud observa que o pouco de material disponível sobre o Édipo da menina é responsável pelo fato de que "nossa inteligência dos processos de desenvolvimento da menina não é satisfatória, há lacunas e sombras" (Freud, 1923c, p. 122). Ora, em 1925, Freud redige um texto decisivo sob vários aspetos: *Quelques conséquences psychiques de la différence anatomique entre les sexes.* Se não há propriamente elementos novos, a elaboração apresentada é aprofundada e reforçada ao redor da diferença sexual anatômica e da inveja do pênis. O onanismo que se manifesta na fase fálica da menina, sob o primado do falo, não se relaciona inicialmente ao pai, mas à inveja do pênis. Em outros termos, o desejo de ter um filho do pai não é uma realidade primeira e que não pode ser analisada. Quando a menina chega a desejar o pai - portanto, quando entra no Édipo -, ela já tem no seu passado uma longa história ligada à descoberta da diferença anatômica e às consequências psíquicas dessa descoberta. Diferentemente do Édipo do menino, o Édipo da menina é "uma formação de algum modo secundária" (Freud, 1923c, p. 126). Quanto à inveja do pênis, não há dúvida, ela é originária.

Como ocorre com o menino, a percepção da ausência de pênis pela menina é, em primeiro lugar, negada. O menino imagina que o pênis da menina vai ainda crescer, e só mais tarde vai associar a ausência de pênis na menina à ameaça de castração. Associação que o conduz a renunciar à mãe, identificar-se com o pai e sortir desse modo de seu Édipo. A menina, ao contrário, desde o início, está dividida entre a negação - ela tem um! - e a esperança de obtê-lo mais tarde - ele vai crescer! Nos dois casos, a inveja do pênis persiste e conduz ao complexo de masculinidade. Se este acaba por ceder, seus efeitos, no entanto, não desaparecerão mais: sentimento de inferioridade ligado à ferida narcisista, desprezo de seu sexo (partilhado com o menino), desenvolvimento dos ciúmes e de uma relação terna com a mãe (com ou sem compensação, pois é culpa da mãe se a menina não tem um pênis). Mas a consequência mais importante da inveja do pênis é a revolta da menina contra o onanismo, atividade masculina, revolta confirmada na puberdade para ocultar uma boa parte da sexualidade masculina e deixar, assim, um lugar para a feminilidade (que, desse modo, só pode ser uma sexualidade truncada ou de alguma maneira derivada).

É apenas com a inveja do pênis (que funciona ao lado da ignorância da vagina pelo menino e pela menina) e a revolta contra o onanismo que a menina entra no seu Édipo. A inveja do pênis é um enigma porque não tem um desenvolvimento prévio: "De início ela julgou e decidiu. Ela viu isso, sabe que o quer e que não pode obtê-lo" (Freud, 1925, p. 127). A ameaça de castração do menino tem uma história. Quando a menina "renuncia" à inveja do pênis e a substitui por um desejo de criança, ela muda de sexo e de objeto de amor, passando da mãe ao pai. Essa relação acaba também fracassando e sendo substituída pelo desejo endereçado a um substituto do pai e pela identificação à mãe (após tê-la odiado): agora ela deseja um filho que compense a falta de pênis. A inveja do pênis não é verdadeiramente nunca ultrapassada, mas abre o caminho para um jogo de substituições compensatórias que implicam uma dupla mudança: mudança do objeto de amor e mudança de sexo.

Trata-se do caso ideal: a menina tem acesso à maternidade. Quando o complexo de masculinidade não é abandonado e quando ele controla os destinos da sexualidade, a menina tende a identificar-se ao pai (ou ao irmão) e escolhe as mulheres como objeto de amor.

A diferença com o Édipo do menino salta aos olhos. Para o menino, o Édipo desaparece com a ameaça de castração, enquanto a menina entra no Édipo graças à ação do complexo de castração ou de masculinidade elaborado a partir da inveja originária do pênis. Do ponto de vista anatômico e da situação psíquica relacionada, a diferença se estabelece entre uma ameaça de castração e uma castração realizada. O efeito mais importante dessa diferença se verifica durante a dissolução do Édipo: para o menino, idealmente, ele não é apenas reprimido, mas desaparece e os investimentos libidinais são abandonados e, em parte, sublimados. Os objetos são introjetados e formam o caroço do superego. "Nos casos normais – digamos melhor – nos casos ideais, o complexo de Édipo não subsiste nem mesmo no inconsciente, o superego se tornando o herdeiro do complexo" (Freud, 1925, p. 131). Quanto à menina, no melhor dos casos, seu Édipo é reprimido, permanece no inconsciente e, consequentemente, produz efeitos. A razão do fato que ele não desapareça é que, para a menina, a castração já ocorreu, trata-se de um fato natural, assim como a revolta que se exprime como inveja do pênis.

Não exageramos se dissermos que o texto de 1925 é um longo comentário da frase atribuída a Napoleão: a anatomia é o destino. Não se trata de um tipo de determinismo cego porque não há continuidade, para Freud, entre o orgânico e o psíquico, embora esse problema seja complexo e Freud pareça hesitar. Mas tampouco há liberdade de indeterminação, posto que a diferença anatômica é incontornável, com suas questões e possibilidades de resposta, diante das quais cada indivíduo, homem ou mulher, desenvolve sua história singular.

Será necessário analisar os efeitos sociais e culturais, tais como Freud os elabora a partir das diferenças entre o Édipo da menina e o do menino. Mas sabemos já que o pouco de aptidão das mulheres, segundo Freud, para o trabalho cultural se relaciona com uma menor capacidade de sublimação, posto que as mulheres não conseguem se liberar completamente do Édipo. No entanto, como não sublinhar que, como consequência da tese da bissexualidade, Freud lembra frequentemente que "os dois sexos são compostos ao mesmo tempo de traços masculinos e traços femininos" (Freud, 1925, p. 129), isto é, que não existem tipos masculino ou feminino puros, ideais ou normais. Esses tipos são construções teóricas: em outros termos, construções incertas, hipotéticas e que devem se submeter à prova da clínica. O que não impede que se afirme, como faz Freud, que o tipo por excelência da feminilidade se encontre na maternidade e que a mulher é portadora dos interesses sexuais e familiares da humanidade. E que, como na Bíblia, seu ser é derivado do ser masculino: ela não nasce mulher, ela se torna mulher. Apesar dela mesma.

N.

A história afetiva de N. é bastante próxima, sob certos aspectos, da história da jovem homossexual analisada por Freud (1920). Ela pode ajudar a compreender um pouco mais das possibilidades de desenvolvimento edipiano e seus efeitos sobre as relações entre os sexos quando as vias normais ou ideais não se concretizam, o que é o caso mais frequente.

A jovem homossexual está atravessando um momento de grande rivalidade com a mãe pelo amor do pai quando esta engravida. Para se vingar de seu pai, a jovem começa ostensivamente a fazer a corte a uma *cocotte* mais idosa do que ela e bela mulher. Ela reconhece o caráter duvidoso de sua amiga, mas continua a venerá-la e não teme mostrar-se em público com a *cocotte*. Um dia, o pai as encontra na rua e lança sobre elas um olhar furioso. A *cocotte* aprende nesse momento que se trata do pai da jovem e a força a abandoná-la. A jovem se afasta e se joga do alto de uma ponte. Freud compreende que, decepcionada com o pai, a jovem se identifica à mãe, e a substitui pela *cocotte*, escolhendo assim um objeto de amor feminino diante do qual ele toma uma atitude masculina de *amour courtois*. No mesmo movimento, a mãe não é mais a rival, mas um objeto de amor a partir do lugar do pai, uma posição que ela agora ocupa. Quando o olhar furioso do pai desmonta esse cenário libidinal, a jovem realiza sua vingança ao mesmo tempo que seu desejo de ter um filho com o pai (*niederkommen* = *cair* = *parir*).

A história de N. começa nos anos que seguem à puberdade. Em uma situação bastante confusa, N. encontra um homem mais idoso do que ela, viúvo, que aproveita de uma ocasião propícia para beijá-la e acariciá-la. Ela não reage: "Fiquei de mármore, como se estivesse assistindo uma peça de teatro". Para ele, trata-se provavelmente de uma aventura sem consequências maiores, mas N. se impõe, o força a aceitá-la em sua casa sob a ameaça de uma acusação de abuso de menor. Ela consegue assim se instalar com ele e abandona a casa da família. Após muita insistência e muitos conflitos, ela engravida e o velho homem se sente obrigado a lhe propor casamento. O que ela aceita sem saber exatamente por quê. Depois do nascimento de um menino, o casal não mantém mais relações sexuais, mas os conflitos continuam a ser violentos. N. vive paralelamente uma série de aventuras eróticas homo e heterossexuais, todas sem futuro, mas escolhendo quase sempre homens e mulheres casados. Ocasionalmente ela se prostitui. O marido se comporta como se fosse o pai de duas crianças. Pouco tempo mais tarde, N. se apaixona por uma outra mulher e começa uma relação homossexual durável, com projetos de futuro, embora pouco satisfatória no plano erótico e sem abandonar o marido. A situação dura alguns meses, mas N. cruza o caminho de um outro homem casado à procura provável de uma aventura sem consequência. A história se repete: N. se impõe, rompe sua relação homossexual, abandona o marido e começa a insistir para ter um outro filho do novo amante. Este não partilha tal desejo e a relação se transforma em uma série de conflitos, carregados de grande agressividade, sobretudo da parte de N. Ao mesmo tempo, ela recomeça suas aventuras homo e heterossexuais, assim como alguns episódios de prostituição. Ela conta que, quando encontra um desconhecido ou uma desconhecida, se sente profundamente culpada em seguida. O que não parecia acontecer anteriormente. E afirma não sentir nenhum prazer. Um dia ela é agredida seriamente por um homem que encontrou pela internet e com quem ela se encontrara em um hotel. Esse incidente parece ter provocado sua procura de um analista e durante meses ela hesitou entre uma analista ou um analista. "Minha vida é uma catástrofe!" foi sua primeira frase. Sua demanda ao analista foi feita com um tom fortemente provocador: "quero tornar-me definitivamente uma lésbica, um sapatão!". O que transparecia nessa demanda era a vontade de confirmação de uma escolha feita várias vezes, mas que nunca se impusera exclusivamente.

Lembrando fatos passados, N. fala de uma forte rivalidade com uma irmã mais velha com quem partilhara, durante a infância, a mesma cama (pois não havia lugar suficiente para todos), uma irmã que era, segundo N., a preferida da mãe, que se casara cedo e tivera filhos bastante jovem. Ela fala também de uma relação com um irmão mais velho que havia abandonado a casa familiar quando N. tinha 15 anos, um ano antes do encontro com o senhor idoso. A relação com esse irmão apresentava traços incestuosos evidentes. Tanto mais que o pai não tinha um papel importante nas relações familiares, ausente da casa por razões profissionais, dependendo da palavra da mãe – "ele sempre a chamou de 'mamãe'" – para todos os aspectos da vida familiar e que desenvolveu uma doença mortal logo após ter se aposentado. Dos quatro filhos do casal, tudo conduz à ideia de que os dois mais velhos, um rapaz e uma moça, prolongavam o modelo de casal dos pais, enquanto os dois mais jovens – N. era a caçula – se revoltavam contra a família. N. hesitava entre uma espécie de renúncia à feminilidade assumindo uma posição masculina ou uma posição feminina materna. No primeiro caso, ela se identificava ao irmão e à revolta contra o modelo familiar dominado pela mãe, com o apagamento da figura do pai, mas ela detestava, ao mesmo tempo, o irmão por tê-la abandonado e ido embora no momento em que mais precisava dele para definir seu futuro; no segundo caso, ela se identificava à mãe e procurava substitutos do pai e do irmão para submetê-los definitivamente, como seu pai perante a mãe, uma submissão que provocava nela uma forte agressividade contra o pai e contra a mãe. Sua recusa do modelo familiar não podia entrever outras possibilidades senão aquelas fornecidas pelo próprio modelo familiar. Ela passava assim de uma escolha à outra, do pai ou do irmão à mãe, em um movimento circular engatilhado pela puberdade, sem poder encontrar seu lugar e seu desejo na família e diante dos outros. Procurar a ajuda de um analista deveria permitir o reforço de uma escolha aparentemente já feita, mas não consolidada, uma escolha que atribuía ao pai (ou ao irmão) uma posição que não ousaram ocupar, ao mesmo tempo satisfazendo a tendência dominadora que ela invejava da mãe. Em outros termos, ela pedia ao analista que a ajudasse a realizar um acordo entre identificações em conflito. E a viver uma sexualidade que reconciliaria a bissexualidade.

Para N. e para a jovem homossexual de Freud, se dá como ponto de partida uma decepção com o pai ou o irmão, mas também uma forte rivalidade com a mãe, o que leva as jovens à identificação com o pai e ao amor das mulheres, tais como o pai deveria tê-las amado. No caso de N. a identificação, no entanto, parece ser mais flutuante e conflituosa – isso talvez seja menos perceptível no caso de Freud –, pois N. não havia renunciado inteiramente aos homens, tendo desenvolvido a respeito deles uma estratégia que consiste em forçá-los a pagar pelo filho dado, assegurando desse modo uma submissão definitiva: "eu te dei um filho, você tem que ficar comigo!" (ou me pagar em dinheiro!), como sua mãe fizera com o pai: quatro filhos contra uma eterna obediência. Para a jovem homossexual, a escolha do objeto de amor narcisista e o fato de escolher uma mulher de vida socialmente repreensível sugerem a imagem que ela tinha da mulher (e da mãe) enquanto objeto de amor de um homem, assim como o dever masculino de ignorá-lo. Para N. os episódios de prostituição parecem indicar igualmente como ela queria ocupar o lugar de um objeto desprezível, mas que exige uma recompensa. Com as duas jovens o drama edipiano está em pleno desenvolvimento e a história que vivem é francamente uma história com três personagens. O que acaba tornando a homossexualidade feminina muito mais complicada e provavelmente muito mais variada – talvez ela não seja nada mais do que uma variação da heterossexualidade do ponto de vista das mulheres – do que a homossexualidade masculina.

Lacan: 1958[6]

A fase fálica, com o primado do falo e da inveja do pênis para a menina, é o objeto da discussão – "*that bone of psycho-analytical contention*" (Glover, 1950, p. 1040) – conduzida em grande parte pelas analistas contemporâneas de Freud, em particular Karen Horney e Melanie Klein. Segundo Lacan, é Ernest Jones quem resume melhor os pontos essenciais do debate na conferência de 1935, em Viena, sob o título de *Sexualidade feminina primitiva*. Jones compara os pontos de acordo e de desacordo entre Londres e Viena no que diz respeito à compreensão da sexualidade feminina.

---

6 Os textos que interessam aqui foram redigidos entre 1951 e 1958, correspondendo ao "retorno a Freud" e ao esforço lacaniano para articular os fenômenos psíquicos em termos linguísticos de significante/significado.

Examinaremos em outro lugar se a conferência de Jones dá conta das questões levantadas e do que está em jogo na discussão da qual Freud participa e que tenta esclarecer. O fato é que Lacan analisa e discute sobretudo as proposições de Jones e de Klein em relação às teses de Freud, teses que Lacan resume a partir de *Sur la sexualité féminine* (1931) como segue:

> *a menina se apresenta primeiramente ao complexo de Édipo em sua relação com a mãe, e é o fracasso da relação com a mãe que inaugura a relação com o pai, com o que, em seguida, será normativado pela equivalência do pênis, que a menina nunca possuiu, e do filho que ela poderá efetivamente obter e que ela poderá dar no lugar do pênis (Lacan, 1958).*

Ora, a entrada na dialética edipiana começa com a inveja do pênis que corresponde, na menina, à ameaça de castração no menino. Mas, nos dois casos, sublinha Lacan, o que conta é uma questão de renúncia, o ponto comum da estrutura: a inveja do pênis não é uma história de anomalia pulsional, mas a história de uma relação fantasmática da menina ao pênis, na qual o pênis ganha um valor de significante. Em outros termos, o primado do falo para o menino *e* para a menina tem um valor de significante. Em Freud, a percepção da diferença anatômica desperta a "curiosidade sexual" e a necessidade de investigar, isto é, a necessidade de encontrar significados. A razão de o falo poder então ser tomado como um significante central na teoria psicanalítica é que ele inaugura e ordena a elaboração da diferença sexual para o menino *e* para a menina.

Esse aspecto estrutural sublinhado, Lacan mostra que o que funciona em Freud é uma espécie de preconceito que o leva a considerar como natural – despertada pela simples percepção – a inveja do pênis. Lacan já havia feito uma afirmação bastante próxima a propósito do complexo edipiano pensado por Freud quando este o considera "como natural e não como normativa a prevalência do personagem paterno" (Lacan, 1966, p. 223). No uso que faz Freud da inveja do pênis é possível distinguir, segundo Lacan, três sentidos diferentes: (a) o fantasma de que o clitóris seja um pênis, fantasma que pode permanecer durante a vida inteira (mesmo se a menina é privada de pênis); (b) o desejo de pênis do pai na realidade (frustrado pela proibição do incesto e pela incapacidade fisiológica); (c) o pênis simbólico sob a forma de um filho do pai (o que supõe a castração, a amputação simbólica de um fantasma). É aqui que se encontra o correspondente estrutural da castração no menino. Em outras palavras, a simetria entre o menino e a menina se encontra na relação fantasmática na medida em que tal relação ganha um valor significante que tem pouco ou nada a ver com as transformações de uma pulsão natural. E é desse modo que a noção de falo abre para Lacan a possibilidade de ultrapassar as críticas que Jones endereça a Freud e, ainda assim, dar um novo sentido à noção freudiana.

Como Karen Horney afirmara anteriormente, ao contrário do que pensa Freud, a inveja do pênis não é originária, mas uma espécie de formação de defesa contra as pulsões primitivas que se manifestam na relação com a mãe. Esclarece-se desse modo, segundo Jones, o que seria a "posição feminina primitiva" (Lacan, 12/03/1958). Essa posição primitiva feminina consiste em uma atitude de "receber e conservar". A menina não considera sua mãe da mesma maneira que um homem considera uma mulher: como um ser a partir do qual ele obtém prazer, satisfazendo, ao mesmo tempo, os desejos dela de receber prazer. A menina considera a mãe sobretudo como uma pessoa que consegue preenchê-la com coisas que a menina deseja tanto: "uma alimentação ao mesmo tempo líquida e sólida" (Jones, 1969, p. 444). Essa é a análise de Melanie

Klein adotada por Jones. O falo entra bem cedo na experiência da criança, bem antes mesmo que uma suposta fase fálica: o pênis seria um seio mais cômodo, desejado porque mais adequado. Ele provoca assim uma insatisfação com o seio, fato que anuncia "o descontentamento com o clitóris e a inveja do pênis" (Jones, 1969, p. 444). Ora, uma tal apreensão primitiva de seu próprio órgão feminino é reprimida pela filha em razão do fato de que tal órgão é interno e mais difuso, e ela projeta suas angústias sobre o clítoris, mais visível e manipulável.

Lacan designa tal análise como a "dialética" de Jones: a mulher se orienta sempre para o exterior, para a aparência, para o que assegura, donde resulta o desconhecimento da origem (o que Horney designa, por sua vez, como "fuga da feminilidade"). Não existe, propriamente falando, *fase fálica*, mas uma *posição* fálica (Jones, 1969, p. 449) que consiste em "um simples desvio em um ciclo essencialmente instintivo, e a mulher entra em seguida, de pleno direito, na sua posição que é vaginal" (Lacan, 12/03/1958).

O que Lacan critica nas análises de Jones e de Klein, e que ele entrevê em Freud, que, no entanto, não o articulou, é que a relação da criança com a mãe implica três, talvez quatro termos: a criança, a mãe, o pai e o falo como significante da falta. Não há em consequência posição feminina primitiva – se existisse, tal posição só poderia ser "natural" –, mas uma dialética da troca na qual "a mulher deve se propor ou, mais exatamente, se aceitar a si mesma como um elemento de um ciclo de trocas" (Lacan, 12/03/1958). A referência a Lévi-Strauss é evidente. Ora, a criança depende do desejo da mãe, desejo que a mãe significa como falta, isto é, o falo. A relação da criança com a mãe é mediada pelo falo, o que implica que a criança deve renunciar ao pai e à mãe para entrar no circuito das trocas. Caso os conserve como objetos de desejo, este só pode ter como destino sua inversão ou sua perversão. Não haverá então "normativação" possível. Esse termo implica necessariamente a ideia de normal e de norma.

Mas o que quer dizer, para a menina, se aceitar como objeto de troca senão desejar ser desejada? O desejo por excelência da mulher não é, para Lacan, o desejo de ser mãe, como uma compensação impossível de uma falta originaria, como afirma Freud, mas de tornar-se objeto do desejo do Outro em uma rede de relações significantes.[7]

É dessa maneira que Lacan pode reafirmar o primado do falo para além da diferença anatômica: o falo é o significante da falta em um ser de linguagem que significa sua demanda e encontra seu desejo. O desejo da criança de ser o falo da mãe é uma prova definitiva, na medida em que a criança se dá conta assim que a mãe não possui o falo. E é aí que o menino conhece a ameaça de castração e a menina a inveja do pênis.

Zafiropoulos tem razão ao sublinhar que a disjunção operada por Lacan entre a mãe e a mulher implicou a retomada do lugar da mãe no Édipo: "diferentemente de Freud, ele interroga menos o desejo da criança edipiana pela mãe do que o desejo da mãe do qual a criança deve se liberar" (Zafiropoulos, 2010, p. 133). O que quer dizer que a criança, para sua maturação subjetiva, deve renunciar a ser o falo da mãe. A solução freudiana conduz a uma aporia, pois a rejeição da mãe e a entrada no Édipo pela filha tornam inaceitável a ideia de uma identificação da filha com a mãe na dissolução do Édipo: "Com efeito, se a menina entra no Édipo cruelmente decepcionada pela mãe, ela não pode sair dele – caso saia – senão com o mesmo ódio e rejeição, de qualquer modo, não com uma

7 Já na releitura do caso de Dora, Lacan situa o problema para toda mulher como sendo "no fundo de se aceitar como objeto do desejo do homem", e isso "por razões que estão nas próprias raízes das trocas sociais mais elementares" (Lacan, 1966, p. 222).

idealização da mãe" (Zafiropoulos, 2010, p. 84). Como mostra a análise lacaniana do impasse de Dora, de um lado há identificação ao pai, de outro, identificação com a Virgem. Em termos de ter e de ser: (a) ser como o pai e escolher o objeto de amor dele (impasse homossexual); (b) ser objeto do amor do pai, o falo da pureza (impasse virginal). Para sair desse duplo impasse, Lacan articula a dialética de ser e de ter à distinção entre satisfação (gozo de ter) e desejo (registro do ser). O dilema feminino torna-se agora: ter um pênis e, por substituição, um filho, ou ser o falo desejado, significante do desejo do Outro.

> *Sobre esse ponto da excelência do desejo feminino podemos agora afirmar, com certeza, que a posição de Lacan é estritamente oposta à de Freud, que, lembramos, indicava, em 1932, que deveríamos reconhecer o desejo de pênis como o desejo feminino por excelência. Entre Freud e Lacan é preciso, portanto, escolher. (Zafiropoulos, 2010, p. 86)*

Do lado masculino, o dilema é o seguinte: na linha da satisfação, o perigo que ameaça o que ele tem de verdade passa pela identificação ao pai, mas na linha do desejo, onde procura também o falo, ele não o encontra onde o procura e continua a procurá-lo alhures.

Diante desse dilema, a escolha parece impossível e as relações entre os sexos vão de um lado para o outro, instáveis entre a satisfação e o desejo, segundo as histórias e a inventividade individuais. As articulações lacanianas parecem assim fornecer uma compreensão mais clara, menos marcada pelos preconceitos, do que Freud percebia nas relações entre homens e mulheres como sendo radicalmente insolúvel e incontornável. E isso desde o texto de 1908 sobre o casamento e as doenças nervosas.

Ouvertures

É o momento de se tentar uma primeira formulação e de examinar as interrogações que se colocam aqui.

(1) A afirmação de Zafiropoulos segundo a qual a mulher se opõe à mãe e que é preciso escolher entre as duas, entre Lacan, que libera a mulher da armadilha da maternidade, e Freud, que as encerra, parece pouco convincente à luz dos dilemas entre a satisfação e o desejo. Convence pouco também o argumento segundo o qual, após o fracasso da relação com a mãe e a resposta de ódio com a qual a menina rejeita sobre a mãe a culpa pela falta de pênis, em consequência do que não poderia haver idealização da mãe na dissolução do Édipo da menina.

Como ilustra o caso da jovem homossexual e o de N., a relação à mãe não tende a desaparecer após seu fracasso e quando a menina se dirige ao pai na procura de um pênis. Lacan assinala a importância desse fracasso para a menina e para o menino, na medida em que implica o reconhecimento de que a mãe não possui o falo. Para a menina, é enquanto privada de falo que a mãe aparece igualmente, o que lhe permite se desfazer do desejo materno, dirigir-se ao pai (que supostamente o possui, mas proibido), abrindo desse modo os caminhos da feminilidade fora do casal formado pelos pais. A menina entra assim nos dilemas entre satisfação e desejo. Um tal reconhecimento, o qual funciona ao mesmo tempo como renúncia e ultrapassagem, não impede uma identificação posterior à mãe (talvez mesmo a título de compensação). Identificação pode aparecer aqui como um termo exagerado, mas não se pode detectar na travessia do Édipo pelas meninas, em relação à mãe, as raízes de uma certa solidariedade que se observa com frequência entre elas (sobretudo provavelmente quando a menina se torna mãe), talvez mesmo a manifestação de uma espécie de cumplicidade face ao destino comum? Na dialética edipiana não há aparentemente nenhuma razão para que a rejeição da mãe pela filha seja um momento definitivo do processo.

Quanto ao que concerne à dialética entre satisfação e desejo, retraduzida em termos de ter o falo ou de sê-lo, insistamos sobre a distância entre os dois que impede de confundi-los ou de substituir um pelo outro. Do mesmo modo que um significante não adere nunca integralmente a um significado. Freud já lembrava que a satisfação da maternidade é transitória, posto que a criança cresce e se separa. Pelo menos no desenvolvimento ideal do Édipo da menina e do menino. Do lado do desejo, do desejo de ser desejada, pode ser que um elemento importante seja justamente o *dom* de um filho.

(2) Uma pergunta se manifesta com as primeiras elaborações de Lacan no momento de seu "retorno a Freud". Quando ele analisa a estrutura do desejo como desejo do Outro e faz dela a estrutura fundamental do sujeito desejante, ser de linguagem, a análise vale evidentemente para o homem e para a mulher. Mas isso significa que não há diferença estrutural entre o desejo feminino e o desejo masculino, exceto ao nível dos efeitos produzidos pela estrutura sob a lei do primado do falo?

Será preciso, certamente, analisar os desenvolvimentos posteriores de Lacan em relação com a sexualidade feminina para retomar essa problemática do "monismo" ou do "dualismo" do desejo e melhor esclarecer as dificuldades de Freud com os sentidos de masculino e feminino como atividade e passividade (o único sentido que interessa à psicanálise, segundo Freud). Tal sentido parece às vezes puramente convencional e, outras vezes, parece depender de uma espécie de providência natural. Em Lacan, a anatomia não é um destino e o psíquico se articula em plena autonomia (o simbólico é a lei). Mas quando a estrutura ganha uma tal importância não ocorre que ela acabe assumindo o mesmo papel que a natureza? Em que sentido se pode dizer que a estrutura comporta invariantes? A invariância da estrutura tem o mesmo estatuto epistemológico que a invariância da natureza? Não se trataria, no caso da estrutura, sobretudo de um espaço organizado de possibilidades e, no caso da natureza, de um determinismo cego?

(3) Aos defensores da tese do declínio da função paterna e do desaparecimento das neuroses e psicoses em proveito dos estados *borderline* e das perversões, convém lembrar que o ressurgimento do matriarcado e do incestuoso – termos que mereceriam um estudo aprofundado – não pode ser considerado como um simples efeito de compensação que corre o risco de arruinar os fundamentos da sociabilidade e da cultura. Se acompanhamos o movimento das reflexões de Freud sobre o feminino entre 1923 e 1932, ao lado de teses misóginas inegáveis e de um esforço notável para atribuir às mulheres os interesses naturais da humanidade que se reproduz – sacrificando seu desejo e pagando o preço da exclusão do trabalho cultural, talvez mesmo de qualquer tipo de trabalho –, parece evidente que, sob a pressão das psicanalistas, Freud se aproxima da complexidade do pré-genital e da relação à mãe que estrutura a entrada em cena da lei do pai. Para o menino *e* para a menina. Uma entrada em cena, certamente, marcada pelo primado da lei do falo significante. Mas, nesse caso, não se anuncia já em Freud a ideia de que o Édipo é apenas um capítulo das estruturas ou das histórias do desejo? E, se for o caso – o que só um exame detalhado dos últimos textos de Freud sobre a sexualidade feminina deve permitir demonstrar –, o "declínio" do pai sociológico e cultural, da família edipiana, um fato inegável, não é suficiente para apagar o Nome-do-pai ou a função paterna. No entanto, isso implica uma transformação da figura da família que, ao contrário de fazer obstrução à autoridade e ao terceiro, parece multiplicá-la. A família edipiana aparece então como uma possibilidade entre outras.

O declínio do pai aparece exatamente como o que ele representa para além de uma realidade, isto é, uma dimensão; melhor ainda, um significante multiplicador de significados. O Filho já anunciara que havia muitas moradas na casa do Pai. Mas e se o próprio Pai tivesse várias moradas?

Se entendemos como significante o que abre um espaço de significados compossíveis e em conflito, pode-se considerar a dissolução do imperialismo da família patriarcal como um efeito do desejo feminino e tentar reconhecer e valorizar o papel decisivo, mas talvez não exclusivo, dos avanços feministas. Os psicanalistas certamente se equivocam quando permanecem insensíveis à força crítica subversiva e criativa dos feminismos; eles se equivocam quando tentam encontrar os meios de contrabalançar seus efeitos supostamente nefastos, apoiando assim os discursos mais reacionários que florescem nas sociedades contemporâneas. O mal-estar é evidente diante das exigências democráticas de repensar os fundamentos. Passando em revista as surpreendentes reações dos psicanalistas franceses ao primeiro reconhecimento legal da vida em comum de casais homossexuais - em 15.11.1999 teve lugar o voto favorável à criação do *Pacte Civil de Solidarité* ou PACS -, Roudinesco se pergunta "como não ver nessa fúria psicanalítica do fim do segundo milênio senão o anúncio de uma agonia conceitual, pelo menos a incapacidade de seus representantes de pensar o movimento da história?" (Roudinesco, 2002, p. 238). E acrescento: como não ver aí o signo de uma ignorância ou de um desprezo da democracia?

(4) Mas permanece a questão de saber se as transformações ou a invenção de significados não afetam em retorno o campo dos possíveis ordenado pela estrutura. Em outras palavras, e está em jogo um fator importante para a psicanálise: a noção de estrutura permite ainda a elaboração de uma resposta?

Retratos de Dora

> *If men cannot be trusted to legislate for their own sex, how can they legislate for the opposite sex, of whose wants and needs they know nothing?*
>
> Elizabeth Cady Stanton (1869, p. 121)

1. Dora: a cena analítica

A história da análise incompleta de Dora tem por objetivo, segundo Freud, mostrar a eficiência do método da *associação livre*, particularmente para a interpretação dos sonhos, assim como ilustrar a nova teoria do sintoma histérico. Após a reconstituição da anamnese, Freud apresenta alguns resultados da interpretação de dois sonhos de Dora. É durante a interpretação do segundo sonho que Dora suspende o tratamento e Freud reconhece ter contribuído para a interrupção da análise porque não conseguiu "controlar a tempo a transferência" (1905b, p. 115).

Aos 18 anos, Dora é levada por seu pai a Freud para um tratamento psicoterapêutico. A jovem apresenta uma serie longa de sintomas: tosse nervosa, afonia, humor depressivo e *tædium vitae*. Os conflitos com a mãe são frequentes e Dora se mostra agressiva contra o pai, com quem tem uma disputa seguida de desmaio e de crise de amnesia. Pouco depois, os pais descobrem uma carta suicida redigida por Dora. O pai já tinha consultado Freud em razão de uma sífilis contraída antes do casamento. Ele explica a Freud que Dora quer que ele corte suas relações com os K., em particular com Madame K., à qual ele se refere como uma amiga: "somos dois pobres seres que se consolam mutuamente. O senhor sabe que minha própria mulher não é nada para mim". E ele pede a Freud que coloque Dora "em melhores disposições" (1905b, p. 25).

A reconstrução do quadro familiar indica que nessa família rica o pai é a figura dominante, que a mãe é pouco cultivada e sofre de uma "psicose da dona de casa", que o irmão mais velho de Dora e ela já foram próximos, mas que, em seguida, o irmão se afastou dela. Nos conflitos familiares, ele defende a mãe. Dora é mais próxima de seu pai e se ocupou dele durante diferentes doenças (descolamento da retina, tuberculose, sintomas sifilíticos). Dora favoreceu igualmente as relações entre seu pai e Madame K. ocupando-se, por exemplo, dos filhos dos K.

A história dos sintomas de Dora revela uma crise de dispneia aos 8 anos, aos 12 anos cefaleias e tosse nervosa com afonia, que desaparecem aos 16 anos. Aos 18 anos os sintomas reaparecem com força logo após a instalação da família em Viena. Dora relata uma experiência com o Senhor K. aos 14 anos: este aproveitou de uma ocasião propícia para beijá-la na boca. Dora sentiu nojo, fugiu e evitou em seguida encontrar-se sozinha com o Senhor K., mas nada disse aos outros. Dois anos mais tarde, por ocasião de um passeio à beira de um lago, o Senhor K. começa a fazer-lhe uma proposição amorosa. Dora o interrompe, dá-lhe uma bofetada e parte. Dessa vez ela conta o ocorrido à mãe, que conta ao pai. Este pede explicações ao Senhor K., que nega tudo, recebendo o apoio suplementar de Madame K., que acusa Dora de se interessar pelas coisas do sexo e de ter "imaginado" a cena à beira do lago. O pai parece acreditar na versão dada pelos K. Dora insiste com o pai para que cesse toda relação com os K. e ela mesmo não os frequenta mais.

Uma boa ilustração da nova técnica psicanalítica associada à teoria do sintoma histérico se encontra na análise que propõe Freud do nojo sentido por Dora no momento do beijo dado pelo Senhor K. Freud explica que o sintoma não persiste, mas que está potencialmente sempre presente. A teoria traumática elaborada com Breuer explicava o sintoma pela incapacidade de integrar o evento traumático, o que criava um estado hipnoide na doente e determinava uma sequência psicótica anormal. Agora a questão é a reconstituição do processo de formação do sintoma, isto é, de explicar sua especificidade. Quanto ao desgosto experimentado, Dora fala ao mesmo tempo de uma pressão sobre o peito. Nos dois sintomas Freud detecta uma "inversão do afeto": o nojo manifesta dessa forma um deslocamento da sensação genital para um desprazer situado na boca. O outro sintoma - a pressão sobre o peito - mostra que um outro deslocamento entrou em ação: Dora sentiu contra seu corpo o membro endurecido do Senhor K., uma percepção eliminada, reprimida e substituída pela pressão sobre o tórax. A validade dessas reconstruções é reforçada pela recusa de Dora, em seguida, de passar diante de um homem em conversação animada com uma mulher. Os três sintomas se associam desse modo para enviar a uma única experiência, e é a inter-relação dos três - o nojo, a pressão sobre o peito e a "fobia" - que explica a formação sintomática. É também possível associar o desgosto aos conhecimentos que tinha Dora de práticas sexuais orais correntes para os senhores que sofriam de perda da potência, como seu pai.

Mas a reconstrução interpretativa vai ainda mais longe, pois Freud se interroga sobre as razões que fazem com que a sensação tome a forma de um nojo. Trata-se de mostrar como o nojo pode se associar à sexualidade. Freud invoca uma hipótese filogenética: originalmente o nojo está relacionado ao cheiro e à vista dos excrementos. Ora, os órgãos genitais, particularmente os órgãos masculinos, se associam aos excrementos pela sua proximidade. O órgão masculino serve também para eliminar a urina, e essa função é a única conhecida na fase pré-sexual, pois é a mais antiga. Tal via associativa não desaparece completamente graças à educação civilizada. Mas, na singularidade do caso de Dora, tal explicação não pode bastar. A explicação específica só será encontrada quando se puder detectar o reinvestimento dessas associações. Isto é, a análise deve poder mostrar a associação entre o sintoma, as relações entre Dora e o Senhor K. e a história pré-sexual de Dora. Alguns elementos de solução vão aparecer na análise do primeiro sonho de Dora, que, segundo Freud, sugere o retorno de uma inclinação infantil pelo pai com o objetivo de reprimir o amor pelo Senhor K. Dora é incapaz de ceder ao Senhor K. porque esse amor está relacionado, para ela, "ao gozo pré-sexual prematuro e suas consequências, a enurese, o catarro e o nojo" (Freud, 1905b, p. 84). Vê-se bem por aí que, no jogo das associações livres, os caminhos da interpretação são múltiplos.

A interrupção abrupta do tratamento por Dora é interpretada por Freud como repetição da vingança contra o Senhor K. E Freud reconhece que não levou em conta as transferências que aparecem, por exemplo, na análise do primeiro sonho, quando Dora associa o Senhor K., seu pai e Freud, os três sendo fumantes apaixonados. O segundo sonho contém igualmente elementos de transferência, reconhece Freud mais tarde, particularmente na recusa de Dora de ser acompanhada em sua visita à galeria de Dresde, onde vai contemplar longamente a *Virgem* de Rafael. Tal fragmento de sonho se retraduziria como segue: "Já que todos os homens são abomináveis, prefiro não me casar. Tal é a minha vingança" (Freud 1905b, p. 116s). Uma vingança que concerne também aos esforços terapêuticos de Freud, julgados inúteis.

Segundo Zafiropoulos, a recusa de Dora de circular como objeto de troca entre seu pai e o Senhor K. significa também uma revolta da mulher contra a ordem social produzida como "o efeito da dominação das mulheres pelo superego dos heterossexuais, eles próprios dominados pela potência do superego do Pai morto" (Zafiropoulos, 2010, p. 79). Após ter sido acusada de inventar histórias, após ter sido desmentida pelo Senhor K. e traída pela Senhora K., Dora exige de seu pai que cesse todo contato com os K. e o acusa de cedê-la ao Senhor K. em troca de relações íntimas com a Senhora K. – algo que a própria Dora tinha favorecido no início. Ainda segundo Zafiropoulos, a revolta de Dora a conduz à questão de seu ser: o que é ser uma mulher? Em sua busca de resposta, Dora se dirige primeiramente à amante de seu pai, a Senhora K., e, em seguida, à Virgem de Rafael, que ela contempla no museu de Dresde. As duas figuras excluem a figura alternativa da mãe. Para Zafiropoulos isso implica a seguinte tese: "ser uma mulher, para Dora, é sobretudo não ser uma mãe" (2010, p. 80).

É aí que Zafiropoulos coloca seu ponto de partida e sublinha uma dificuldade na interpretação freudiana da feminilidade e sua solução em Lacan. Com efeito, Freud coloca o desejo de filho como substituto do pênis paterno; é a condição de acesso à feminilidade. Ora, isso supõe a identificação à mãe no momento da dissolução do Édipo. A mãe, no entanto, decepcionou a menina na medida em que foi incapaz de dar-lhe o pênis invejado que ela própria não possui, uma frustração que engendra agressividade e ódio. Decepcionada e odiando a mãe, a menina dirige-se então ao pai. Nessa situação, interroga Zafiropoulos, como é possível que a mãe se torne, mais tarde, um ideal do ego? Segundo ele, Dora ilustra justamente tal impossibilidade: só lhe resta, portanto, a possibilidade de se dirigir à amante do pai ou à Virgem.

Há lugar aqui para se perguntar se Zafiropoulos não avança rapidamente demais no emprego de noções complexas tais como *identificação* e *ideal do ego*. Assim, por exemplo, quando fala de "identificação idealizante" – a expressão literal é "identificar-se idealmente" (2010, p. 83). A identificação aparece aqui obedecendo a uma lógica direta de exclusão: uma vez que a mãe frustrou a menina, não há mais possibilidade de identificação, nem mesmo a título compensatório.

A solução lacaniana para tal "aporia" freudiana, ainda segundo Zafiropoulos – a mãe odiada que se torna ideal do ego –, se desenvolve em termos da dialética de ser e de ter. De um lado desse movimento, Dora identifica-se ao pai e deseja a Senhora K. do ponto de vista do pai, como objeto do desejo do pai. Nesse caso, a Outra mulher, a senhora K., torna-se o lugar da feminilidade. Por outro lado, Dora identifica-se à Virgem, a mulher eterna do Pai morto. Existem aqui dois ideais do ego: a identificação ao pai, que conduz ao *impasse homossexual*; a identificação à Virgem, que conduz ao *impasse virginal*. Em nenhuma dessas duas soluções há lugar para a idealização da mãe. O problema de Dora é uma questão de ser, e não uma questão de ter o pai ou o que ele possui: ser como o pai ou ser objeto do pai, "esse falo que causa o desejo do pai" (Zafiropoulos, 2010, p. 84).

E Lacan não hesita a generalizar sua formulação a todas as mulheres apoiando-se na dialética de ser e de ter, de desejo e de satisfação. De um lado, do lado do ter e da satisfação, há para as mulheres o pênis do homem substituído pela criança que, na linha das substituições, conduz à maternidade. De outro lado, do lado do ser e do desejo, a mulher se coloca como o falo desejado, como significante do desejo do Outro, como desejo do desejo do Outro. E Zafiropoulos conclui:

> *constatamos que a revolta de Dora conduz exatamente ao ponto de desencontro, para ela, entre o registro da satisfação que ela recusa (gozo do pênis) e o registro de seu desejo feminino (ser o falo do Pai, a Virgem). . . . Do ponto de vista do ser-mulher, Lacan avança, portanto, no que diz respeito à excelência do ser-feminino, o desejo da mulher contra a satisfação materna. (Zafiropoulos, 2010, p. 86)*

Observemos aqui que o desejo é tomado duas vezes do lado do objeto desejado: desejo do pênis/criança, desejo do desejo do Outro, ainda que a diferença seja significativa, pois desejo do desejo não implica possessão.

A tese principal de Zafiropoulos sobre a sexualidade feminina – que aparece já no subtítulo de seu livro: *a mulher contra a mãe* – repousa assim sobre uma outra tese, isto é, que a dissolução do Édipo da menina não pode ser uma identificação à mãe, posto que esta foi rejeitada anteriormente, uma rejeição da mãe que leva a menina a entrar no Édipo. Na base da aporia de Freud há sempre a inveja do pênis como noção fundamental da sexualidade feminina, inveja que se manifesta quando a menina percebe a ausência de órgão masculino. As psicanalistas contemporâneas de Freud, Melanie Klein em particular, já tinham privilegiado o pré-edipiano e a relação à mãe como momento determinante na estruturação do sujeito.

A primeira dificuldade vem do emprego relativamente confuso da noção de *identificação* e de *ideal do ego* (chamado às vezes simplesmente de *idealização*). Sabe-se que tais noções permaneceram flutuantes nos textos freudianos, o que não surpreende se se consideram as exigências de Freud de avançar cada vez mais profundamente na compreensão do funcionamento do psiquismo humano. Aqui, como frequentemente em outros lugares, Freud abre pistas que não explora. Ele as multiplica. Mas se levamos em conta o capítulo VII da *Psychologie des foules et analyse du moi* (1921), assim como o que se diz nas *Nouvelles Conférences* (1932) a propósito do superego, é difícil admitir a impossibilidade de uma identificação idealizada da mãe pela filha.

No que concerne à identificação, deve-se reconhecer com Freud seu caráter ambivalente na medida em que a forma originária da identificação é expressão do elo afetivo ao objeto com uma dimensão canibalesca. Trata-se então, explica Freud, de ser como a outra pessoa, de tomá-la como "modelo". Quanto ao superego, Freud lhe atribui três funções: a auto-observação, a consciência moral e a função de ideal. Percebe-se claramente aqui a dificuldade de captar a diferença, assim como as relações entre identificação e ideal do ego, embora ambos se encontrem finalmente na noção de superego. Em *Le moi et le ça* (1923a), Freud utiliza os termos ideal do ego e superego como sinônimos e reconhece suas funções de proibição e de modelo ideal. Sob reserva de um estudo mais detalhado e mais aprofundado dos textos, Lacan não parece afastar-se desses desenvolvimentos senão para introduzir o ideal do ego e o superego no plano simbólico, tendo como função de regular o que no ego é imaginário, sobretudo as identificações ("o ego ideal").

Apesar das nuances que ressalta Zafiropoulos na afirmação de Freud – para quem a mãe é a excelência do desejo feminino –, parece difícil aceitar a ideia de que será preciso escolher entre Freud e Lacan (Zafiropoulos, 2010, p. 86). Tanto mais que a dialética do ser e do ter, do desejo e da satisfação com a qual Lacan aborda o "dilema insolúvel" (2010, p. 85: a expressão faz referência a Lacan, 1958, p. 350) da sexualidade feminina - quer dizer, duas respostas entre as quais uma escolha não é possível - mostra que ambos têm a mesma força. E isso é possível pelo fato de que o desejo é considerado do lado do objeto, e não do lado do sujeito desejante, marcado para Freud e para Lacan pela inveja do pênis.

A causa da doença de Dora é justamente o não reconhecimento desse dilema insolúvel entre a mãe e a mulher causa do desejo do homem. Ela rejeita a mãe e sua posição de objeto de troca. A análise freudiana não explora o detalhe das relações entre Dora e sua mãe, nem esclarece o quadro geral das relações entre a Senhora K., o Senhor K., a mãe e o pai de Dora. Mas parece legítimo perguntar se a "ausência" da mãe na interpretação freudiana não determina as alternativas de Dora entre a posição homossexual e a posição da Virgem. O que parece autorizar a questão seguinte: a "ausência" da mãe não é o que determina também a ausência de homem na perspectiva desejante de Dora, assim como o fantasma de uma fecundação sem homem, o fantasma de uma partenogênese? Pois é preciso não esquecer que a Virgem é também mãe. Tudo se passa como se Dora, recusando a mãe, recusa ao mesmo tempo ser uma mulher. E a questão se coloca de saber se Dora está doente e se queixa ou recusa os homens com uma forma de protesto contra as três posições exclusivas nas quais os homens colocam as mulheres: a mãe, a amante, a virgem?

Há ainda um outro ponto a ser desenvolvido. Segundo Zafiropoulos, a ausência de idealização simbólica da mãe no inconsciente das meninas (e dos meninos) permite a compreensão da perplexidade das meninas na dissolução do Édipo e, no plano da cultura, a ausência de um "monoteísmo feminino". O superego ou ideal do ego se funda sobre a imagem do pai. E a referência aqui é a resposta que dá Nicole Loraux à questão de saber: o que é uma deusa? (Loraux, 2002).

Nesse belo ensaio, pleno de humor e de ironia, Loraux sustenta a tese de que não há deusas das origens entre os gregos e que os fiéis da Deusa-Mãe alimentam um fantasma "dotado de uma surpreendente faculdade de resistência" (2002, p. 69) cuja função é a de satisfazer "a nostalgia de origens indiferenciadas" ou então, como diria Freud, "as deusas-mães nasceram provavelmente na época da limitação do matriarcado como uma compensação para as mães rejeitadas a um posição secundária (Freud, 1939, p. 174).

Ora, Loraux mostra que, relendo a *Teogonia* de Hesíodo, encontram-se no começo duas mães, Gaia e Noite, a primeira precedendo de pouco a segunda, logo após Abismo, designado como neutro. Gaia engendra Urano, o céu, como um companheiro (e não como um filho) e inaugura a série de procriações por amor dos deuses e dos homens. Noite engendra por cissiparidade (fissão binária) a série de grupos femininos e de "abstrações" comportando tudo o que os gregos julgam negativo: Discórdia, Desastre, as Moiras etc. Elas trazem sofrimento aos homens. Na família olimpiana, Zeus cessa a reprodução e a temporalidade, evitando assim a vinda de um sucessor mais forte do que ele. Temos então as gerações femininas: Gaia, Reia e Hera, e as gerações masculinas: Uranos, Kronos e Zeus.

Quanto às mães, as duas primeiras são todo-poderosas, mas Hera inaugura uma outra história. Igual a seu esposo Zeus, mas incapaz de dar à luz um filho mais forte que o pai, ela se vinga em dois níveis: com seu mau humor permanente, mas sobretudo dando à luz por partenogênese, em uma espécie de retorno à fonte da maternidade originária de Terra e Noite. Essa repetição do passado não é, no entanto, uma vitória da mãe, pois, se os gregos aceitam "a mãe sem amor" das origens, em seguida, "os frutos são sempre ruins" (Loraux, 2002, p. 76). Resta a Hera provocar o desejo de Zeus para unir-se a ele, "em contradição perpétua, no mito, com o passado do qual ela se reclama e, no culto quotidiano, o papel de protetora dos casamentos que constroem o futuro da cidade dos pais" (2002, p. 76).

A questão que parece se colocar aqui é a da formação e do funcionamento de um superego feminino. Não seria ele, ao contrário do superego masculino, múltiplo? Melhor ainda: plural? A mãe não parece enviar não apenas ao politeísmo, mas também à geração na qual prevalece o feminino? Não está desafiando assim a autoridade do pai e o monoteísmo todo-poderoso? Como a Hera que Loraux nos convida a considerar, a solução lacaniana do enigma da feminilidade não produz sua aparição com uma força de contradição? A feminilidade, dessa forma, não seria, em princípio, contestação, talvez mesmo protesto anarquista? Uma potência de pluralidade contra a vontade do Um? Resistência?

2. Dora: uma mise-en-scène

> *Qu'ils tremblent, on va leur montrer nos sextes!*
>
> Hélène Cixous (1975a, p. 125)

> *C'est toi, Dora, l'indomptable, le corps poétique, la vrai 'maîtresse' du Signifiant. Ton efficacité, on va la voir œuvrer avant demain, quand ta parole ne sera plus rentrée, la pointe retournée contre ton sein, mais s'écrira à l'encontre de l'autre.*
>
> Hélène Cixous (1975b, p. 57)

A história do caso de Dora[1] deu origem a uma bibliografia considerável.[2] Contento-me aqui de um número relativamente restrito de autores, meu critério sendo a escolha de um enfoque feminista do caso de Dora. O horizonte mais amplo é o da preocupação com as relações entre os feminismos e a psicanálise. O que me limita praticamente aos anos 1960/1970, pois é o momento da emergência do que se costuma chamar de "Segunda Onda" (*Second Wave*) dos feminismos, caracterizada pelos combates pela "liberação sexual". Esse primeiro impulso parece começar a perder sua força em meados dos anos 1980 para chegar, hoje, ao que tem a aparência de uma vitória da revolução das mulheres, pelo menos ao nível dos princípios e nos países ocidentais ricos. Se quisermos marcar de outra maneira essa cronologia grosseira, na França e nos Estados Unidos, partimos de *The Feminine Mystique* de Betty Friedan, em 1963, passamos pela fundação do MLF (1970) ou pelo *Manifeste des 343* (1971), e chegamos a *La révolution du féminin*, de Camille Froidevaux-Metterie (2015), sem, no entanto, esquecer o importante *Gender Trouble* de Judith Butler, de 1990. Outros marcos são certamente possíveis, com efeitos diferentes sobre a cronologia.

Não se trata aqui de revelar uma lógica ou pelo menos uma certa coerência nos diferentes movimentos e grupos feministas, como se os progressos relativos da igualdade entre os sexos obedecessem a um movimento uniforme ou à exigência de concretização de um projeto revolucionário em marcha. Mas tais progressos podem certamente remeter aos significantes de *liberdade* e de *igualdade*. Houve sem sombra de dúvida avanços e mudanças, pelo menos ao nível de uma consciência da opressão e da exclusão injustificada e

---

1 Para a história de Dora posterior ao tratamento com Freud ver Felix Deutsch (1957), Christine Ragoucy (2008) e Karine Adler (2007).

2 A título de exemplo, ver Patrick J. Mahony e seu *Freud's Dora* (1996), que cita mais de uma centena de textos, limitando-se apenas às publicações em inglês e em francês.

injustificável das mulheres.[3] Mas o fato é que as questões levantadas, as reivindicações formuladas e as práticas inventadas, assim como seus efeitos políticos, sociais e culturais, parecem se inscrever em uma dispersão difícil, talvez mesmo impossível de unificar sob uma única bandeira. Sem esquecer os inúmeros conflitos entre pessoas, grupos ou teorias. Talvez se possa falar apenas de exigência de inventar um lugar para as mulheres em um mundo criado, organizado, ocupado e dirigido pelos homens. Vem daí a escolha do plural: feminismos.

Ora, a história do caso de Dora retomada pelas feministas permite a análise de alguns elos, a localização de alguns nós entre questões tais como a(s) diferença(s) sexual(ais), a(s) sexualidade(s) feminina(s), o(s) lugar(es) das mulheres na cultura, a(s) dimensão(ões) política(s) dos feminismos etc. Além disso, se algo foi concretizado e conquistado pela Segunda Onda dos feminismos (com as reservas já indicadas), isso não quer dizer que os movimentos perderam importância e que novas questões e exigências não apareceram. Um retorno às discussões que podem parecer ultrapassadas deve permitir a compreensão de como tais questões trabalham ainda nosso presente, assim como relativizar as proposições dos que afirmam o "fim" dos combates feministas e as pretensões dos que consideram que a "vitória" dos feminismos é signo e causa da decadência social, política e cultural do ocidente.

Entre os textos que interrogaram o caso de Dora e as relações entre os combates feministas e a psicanálise, com uma perspectiva

---

3 Os exemplos abundam no cinema produzido por mulheres na Índia (Leena Yadav, *La Saison des Femmes*, em inglês, *Parched*, 2015), na Turquia (Deniz Gamze Ergüven, *Mustang*, 2015) ou no Brasil (Anna Mulayert, *Une seconde mère*, em português, *Que horas ela volta?*, de 2015). Sem esquecer as poderosas escritoras africanas, por exemplo, a senegalesa Mariama Bo (*So Long a Letter*, 1980), a sudanesa Leila Aboulela (*Minaret*, 2005) ou a nigeriana Chimamanda Ngozi Adichie.

claramente feminista, a peça de Cixous *Portrait de Dora* (1976) ocupa um lugar importante. A publicação da peça e sua primeira montagem foram precedidas pela publicação de *La jeune née* (1975a), com um texto de Catherine Clément, *La coupable*, e um outro de Cixous, *Sorties*, além de um diálogo entre as a duas autoras sobre a histeria feminina, o feminismo, o caso de Dora (vítima ou heroína?) e da Revolução que virá. A peça de Cixous foi traduzida e encenada em Londres em 1977 e de novo nos Estados Unidos em 1983.[4] É preciso incluir nesse grupo de textos de Cixous o célebre *Rire de la Méduse* (1975b), verdadeiro manifesto e programa de ação rapidamente reconhecido como um texto fundador do *French Feminism* (o que não deixa de sugerir sua relativa marginalização na França).

O *Portrait de Dora* se compõe de uma série de fragmentos mais ou menos longos. Dora está presente em cada uma das cenas que lembram fragmentos de sonho, ou então simulacros de momentos de uma análise, com os cinco outros personagens (mais *La voix de la pièce*, que não é, propriamente falando, um personagem) que se dirigem uns aos outros (a Senhora K., o Senhor K.M.B., pai de Dora e Freud), mas frequentemente o diálogo é ausente. Apesar de algumas trocas de palavras – esboços de um diálogo –, os personagens aparecem sobretudo justapostos como peças de um quebra-cabeça, como se cada um deles obedecesse a uma lógica própria sem levar em conta o que dizem os outros. Daí o sentimento do leitor que não assistiu ao espetáculo e se contenta em ler o texto:

---

4 A tradução americana é fiel ao texto francês, mas há uma diferença importante: onde o texto francês publicado indica *La voix de la pièce*, o texto americano atribui suas intervenções a Freud. E possível que essas mudanças se devam à diretora da peça, Simone Benmussa, que dirigiu a peça em Paris, em 1976, e no ano seguinte em Londres. La *voix de la pièce* reproduz textos de Freud no início do texto, mas não em seguida, e sobretudo não é de Freud a fala que conclui o texto.

não há, propriamente falando, personagens na peça, mas posições. Não há certamente psicologia, mas discursos, vozes e posições predeterminadas. Um movimento ocorre apenas em dois momentos: quando Dora dança e quando, na conclusão da peça, ela vai embora (se imaginamos que a intervenção final da *Voix de la pièce* se faz em um palco vazio e a partir de uma posição afastada, já longe dos acontecimentos, uma voz que se lembra e faz um balanço).

Dora ocupa o centro das cenas, tudo e todos giram ao redor dela, mesmo quando ela aparece ocupar a "cena lateral", mesmo quando a *Voix de la pièce* conta o sonho que Freud teria podido sonhar, mas se concentra sobre a atração que Dora exerce sobre o analista e antecipa o afastamento de Dora como perda definitiva de uma possibilidade de amor. Dessa perda só restará a lembrança. O *Portrait de Dora* propõe assim a leitura (e provavelmente também a visão) de um retrato composto com pequenos toques: a maior parte das frases são curtas e nervosas,[5] o ritmo é martelado e lembra o modo de trabalhar do pincel impressionista. O resultado é o retrato de uma jovem que se destaca do mundo no qual vive, que recusa seu modo de funcionamento, um mundo do qual ela é o centro, mas um mundo onde ela não pode, e onde sobretudo não quer, ocupar um lugar. Ela se libera das armadilhas do universo familiar e social armadas pelo pai, pelo Senhor e pela Senhora K, mas também por Freud, na medida em que são instituições que garantem o bom funcionamento do sistema.

5 Talvez seja o que explica a observação crítica de G. Michaud (1983) a propósito da *mise-en-scène* da peça: "E a histérica deve sempre, no teatro, apresentar-se histericamente, isto é, gritando com toda a força seu texto?" Na mesma *mise-en-scène* Michaud aprecia o desdobramento entre a Dora que fala e a Dora que dança: "A Dora dançarina me pareceu, aliás, muito mais próxima, analiticamente falando, da imagem que se pode fazer da Dora descrita por Freud: selvagem, afônica, atravessada pelos sintomas, sem controle sobre os afetos que a invadem, prisioneira de sua dor muda, sofrendo" (1983, p. 155).

A *Voix de la pièce* introduz e conclui a série dos fragmentos, uma série que se caracteriza menos pelo progresso que por uma espécie de ciranda ao redor de Dora e de seu combate. Pois trata-se realmente de uma luta, desde o início Dora está em guerra. O desenlace final põe um termo à ciranda; dois homens caem, Dora se afasta e deixa, ao Senhor K. e a Freud, a dor de uma lembrança de amor. A *Voix de la Pièce* anuncia desde o início (Cixous, 1976, p. 9) o caráter onírico dos acontecimentos que seguem. Trata-se de uma citação da história do caso do *Homme aux rats* (Freud, 1909, p. 179). Na conclusão, a *Voix de la Pièce* intervém (Cixous, 1976, p. 104) pela última vez para apresentar um balanço, talvez mesmo tirar uma lição de uma história de amor na qual todos os personagens, mas principalmente o Senhor K. e Freud, não souberam escutar Dora e a forçaram a ocupar um lugar que ela recusou: o lugar de um objeto de troca. A última intervenção repete em parte e transforma a narração feita anteriormente pela *Voix* do sonho que Freud teria podido sonhar (Cixous, 1976, p. 62), o sonho que teria podido revelar seu interesse por Dora, assim como a natureza da prova ou da armadilha que tal atração representava para o analista. Um sonho que Freud não soube sonhar, menos ainda interpretar.

Há ainda quatro outras intervenções da *Voix de la pièce*: no fim da primeira narração da cena do lago (Cixous, 1976, p. 15), ainda aqui uma citação em que Freud (1905b, p. 14) sublinha a importância da primeira versão contada pelo doente da história de sua doença e de sua vida, uma importância relacionada ao que é dito ou ocultado e também à maneira de dizê-lo ou ocultá-lo. Há ainda uma intervenção (Cixous, 1976, p. 84) quando a *Voix* fala dos homens que, com seus fuzis, irrigam Dora de milhares de pérolas que ela recolhe dentro de um avental para depositá-las em uma pasta "caso eles [*os homens*] se encontrem em falta de munições" (Cixous, 1976, p. 85). Trata-se de uma cena curta que resume em uma imagem (eventualmente representadas pelos atores) a posição de Dora em relação aos homens e a seu pai em particular: com os fuzis, as pérolas e a pasta aberta o simbolismo erótico é evidente. O que faz avançar os homens é a falta e a força superior das mulheres. Um pouco mais longe, a *Voix de la pièce* estabelece uma série de substituições metafóricas em relação com a cena do lago, substituições com as quais o Senhor K., o pai de Dora e Freud manifestam e ocultam seu interesse pelo sexo de Dora: *muguet*,[6] cofre de joias (o Senhor K.), flores e pérolas (o pai de Dora), silêncio e fumaça (Freud).[7]

A história do caso de Dora é apresentada por Freud como um fragmento de análise. O caráter fragmentário se confirma não apenas pelo fato de que Dora interrompe brutalmente o tratamento, mas também pelo fato de que muitos elementos do material recolhido não são analisados por Freud. Eles não encontraram seu lugar na história, diz Freud. O que significa que não foram analisados, em parte pelo menos por causa da interrupção do tratamento. Mas há mais ainda. O que quer Freud com essa história de caso

6 Fala-se de *muguet*, por analogia, a propósito de uma inflamação da mucosa da boca, da faringe, dos intestinos e da vagina, na qual há similitude entre as lesões de cor branca e a flor do *muguet*.

7 A tradução americana atribui a *Voix de la pièce* a Freud, o que parece, em minha opinião, impedir que o autor ocupe uma posição de superioridade em relação ao que se diz ou se vê na peça. Ora, tal posição pode parecer incoerente com a ideia sugerida e explorada no texto: as posições e as subjetividades são efeitos do discurso, e não manifestações de controle e de poder de uma entidade. Por outro lado, se a *Voix* não se encarna, ela pode tornar-se uma espécie de presença absoluta cujos signos podem ser percebidos nas duas intervenções que citam textualmente Freud, como se ele estivesse falando do que ignora. Uma complicação suplementar vem do fato de que, assumindo a *Voix*, Freud se desdobra, está ao mesmo tempo no jogo de cena e fora dele, ou pelo menos na fronteira, dentro e fora ao mesmo tempo. Ele ganha dessa forma uma densidade, ou uma ambiguidade que não parece ser tematizada por Cixous. Pois, no fim das contas, Freud acaba caindo, como o Senhor K., o qual, pelo contrário, não é nada ambíguo em suas intenções.

é ilustrar a teoria e a técnica de interpretação dos sonhos, assim como aprofundar o conhecimento da patologia e dos processos psíquicos dos sintomas histéricos em relação à etiologia sexual. Ora, a nova técnica que substitui a sugestão hipnótica trabalha com fragmentos e séries de fragmentos que a análise deve permitir reunir em uma narração coerente e, se possível, completa. De qualquer maneira, a narrativa freudiana dá uma importância central à psicanálise, a seus avanços técnicos e aos conhecimentos que tais progressos tornaram possíveis. À luz desses objetivos, Freud considera os erros da análise de Dora, isto é, o que o impediu de completar a história da doença de Dora.

Em relação à narrativa freudiana, Cixous opera um deslocamento maior, pois faz de Dora "o sujeito (e a vítima da sociedade histérica-histórica de uma Viena dourada e repressiva), de sua história, posto que o drama de Dora foi, talvez, o de não saber nunca qual era seu lugar, qual era o verdadeiro objeto de seu desejo" (Michaud, 1983, p. 153). O efeito maior desse deslocamento é que Freud e a instituição psicanalítica se colocam ao mesmo nível que a instituição familiar e social na qual evoluem os outros três personagens que impõem a Dora um papel e um lugar que ela não reconhece como sendo seus: objeto de troca, objeto a ser vendido ou comprado. Dora não quer ser o pião no mercado instituído dos desejos masculinos (a Senhora K. está igualmente implicada, isto é, ela aceitou o lugar imposto às mulheres), um mercado do qual Dora acaba fugindo sem ceder nem mesmo a Freud. Freud lhe pede, no fim, que dê por escrito minhas/suas novidades – um lapso um pouco visível demais na escritura sempre refinada de Cixous.

Ao contrário de Cixous, Dora não encontra seu lugar na escritura: nenhuma carta ao Senhor K. ausente, nada a dizer a Freud quando escrever conduz o sujeito a entrar no mercado das trocas. Seria esse um dos traços da escritura feminina/feminista de

Cixous? E a carta na qual Dora exprime suas angústias e seu desejo de suicídio, endereçada a todos e a seu pai em particular, é antes de tudo uma acusação (ver Cixous, 1976, p. 29, por exemplo) e uma declaração de recusa de se tornar mercadoria (Cixous, 1976, p. 3). Assim, a peça de Cixous "focaliza a necessidade urgente de romper os encantos do sistema de trocas (Feldman, 1990, p. 28), um sistema ao qual se integrou perfeitamente a Senhora K e ao qual ela quer integrar Dora (um aspecto pouco desenvolvido na peça). Observemos aqui que a mãe de Dora não é personagem da peça, ela não ocupa nenhum lugar, o que já acontecia na narrativa de Freud, que se contenta em repetir o que dizem dela o pai e a filha, sem procurar analisar essa mãe que bem poderia aparecer como uma outra vítima do sistema de troca. Pois está doente, mas justamente, à luz do que sugere a peça, somente doente, sem opor ao sistema outra coisa que sua "psicose da dona de casa", uma espécie de sintoma exacerbado de sua exclusão. No entanto, a peça traz à luz as avós e seu riso, portadoras de um segredo que Dora parece ignorar, mas que ela interroga. Curiosamente ainda, a peça não traz nenhuma referência ao irmão mais velho de Dora nem à cena infantil descoberta pela análise da *suçoteuse*; Freud dará a essa cena uma grande importância na formação dos sintomas de Dora, mas a reconstrução dos sintomas não é a preocupação de Cixous.

O deslocamento operado por Cixous é ainda mais decisivo na ausência de qualquer referência à infância de Dora, um movimento que implica a recusa do enfoque psicanalítico – o qual significa necessariamente uma reconstrução retrospectiva do passado. Em seu lugar há uma espécie de perspectiva atemporal que aparece claramente, por exemplo, no fragmento do "cortejo da conjugalidade", um cortejo inteiramente no presente, no qual Dora não sabe como repartir os bolos entre o pai, a mãe, a Senhora e o Senhor K. Esses bolos que, de toda maneira, as avós já comeram, morrendo de rir. Pois elas sabiam como fazer. A atemporalidade de Dora não a envia ao registro de um absoluto, mas ao registro da atualidade de um começo, de um tempo que ainda não começou, ou que está começando, ou ainda que não acaba de começar: uma perspectiva que se encontra em *Le rire de la Méduse* e em *La jeune née* igualmente. Revela-se aí a potência de Dora: um acontecimento, uma novidade. Mas seria provavelmente interessante interrogar o lugar "mítico" das avós.

Uma análise dos quatro primeiros fragmentos da peça pode ilustrar o trabalho de deslocamento operado por Cixous em relação ao texto de Freud. Dois fragmentos, marcados pelas citações de Freud, concernem a duas cenas importantes para Freud na história de Dora: a cena do lago (Dora tem 16 anos, o Senhor K. lhe faz uma proposta erótica durante um passeio, Dora responde com uma bofetada e vai embora) e a cena do beijo (Dora tem 14 anos, o Senhor K. se encontra sozinho com ela e a beija na boca, Dora se libera e foge). A primeira cena (cronologicamente a primeira) é contada pelo pai de Dora a Freud, a segunda é relatada a Freud pela própria Dora e Freud lhe atribui um caráter mais traumático. Nos quatro fragmentos há uma espécie de quadro geral formado por diálogos entre Dora e Freud, mas o quadro é rompido pela interferência de outras conversas entre Dora e seu pai, assim como pelas intervenções do Senhor e da Senhora K., intervenções que não parecem se endereçar particularmente, mas que contribuem para indicar o lugar que cada um deseja ver Dora ocupar no conjunto das relações entre os três adultos. Ou quatro, incluindo Freud. Ou cinco, se não se esquece a mãe.

Ao contar a primeira cena, Dora se pergunta por que se calou em seguida à cena do lago e por que revelou tudo duas semanas mais tarde, acusando seu pai de egoísmo e de insinceridade, o que ela critica nela mesmo. O pai explica a Freud que entretém uma relação de amizade e de confiança com o Senhor K., que o Senhor

K. trata Dora como se ela fosse uma criança, que Dora se ocupa maternalmente dos filhos dos K. O Senhor e a Senhora K. afirmam que Dora é uma criança, e a Senhora K. ajunta que é uma criança que só pensa em coisas sexuais. O pai conclui daí que Dora imaginou a cena do lago, que suas leituras a perturbaram. Nessa cena, o leitor (espectador) percebe o que parece ser o direito e o avesso para a escuta de Freud: Dora é uma criança cheia de imaginação e caprichosa, mas que sabe bastante sobre as coisas do sexo; ela favoriza os encontros entre a Senhora K. e seu pai. O pai se arranja com as três mulheres (Dora, a mãe e a Senhora K.) oferecendo joias, ao mesmo tempo, a cada uma delas. O Senhor K. trata Dora como uma criança antes da cena do lago, quando então exige sua parte, sua compensação no jogo entre homens e mulheres. Ele pede a Dora que não seja mais uma criança, que entre no jogo dos adultos, onde as trocas se realizam. O que ela recusa.

Antes do segundo fragmento, há uma curta narração onírica a propósito de uma porta pela qual Dora pode passar, mas não passa por medo de seu pai, medo de ver seu pai a vendo ver, pois então ela a mataria. Essa porta lembra aquela diante da qual espera o homem do campo de Kafka, exceto que, para Dora, um grupo de jovens de ambos os sexos passa pela porta, só ela é retida sem poder se afastar. A similitude entre as duas portas é que aquele que quer entrar, quer ele o faça ou não, acaba por morrer. Mas trata-se da mesma morte nos dois casos? Porta aberta e porta fechada é um tema que atravessa a peça e envia particularmente ao primeiro sonho de Dora ligado à masturbação e à defloração. Um tema, evidentemente, de caráter erótico.

A segunda cena continua a girar ao redor da cena do lago e do que leva Dora a esbofetear o Senhor K. quando este, como já fizera antes o pai de Dora a respeito de sua esposa, afirma que a Senhora K. não é nada para ele. É provável que a mesma coisa tenha se passado entre a Senhora K. e o pai de Dora, como se o interesse dos homens pelas mulheres implicasse sempre o desprezo, e que a atenção desinteressada (como a que pretende o Senhor K. a respeito de Dora) ocultasse sempre a intenção de desprezá-las em seguida. Dora reage com uma bofetada a essa armadilha mortal, e começa a exigir de seu pai que escolha. Mas que escolha entre quais mulheres? Entre a Senhora K. e Dora? Entre a Senhora K. e a mãe? Entre a mãe e Dora? De qualquer modo, é com tal exigência que Dora começa a se opor ao mercado das trocas. Essa cena tem lugar em uma "cena lateral", um espaço cênico que ganhará uma nova dimensão nas cenas seguintes.

A terceira cena se reparte entre dois espaços e dois tempos diferentes: à esquerda, o diálogo entre Freud e Dora que constrói o elo entre a cena do lago, a cena do beijo e o cheiro de fumaça relacionado à náusea que o beijo do Senhor K. provocou; à direita, as lembranças de Dora sobre a cena do beijo. Sem transição passa-se em revista os sintomas de Dora desde os 8 anos de idade, o começo das relações entre o pai e a Senhora K., a admiração amorosa de Dora pela Senhora K. e o julgamento do pai, que atribui a culpa à mãe pelo estado de saúde de Dora. No fim, aprende-se que Dora não contou a ninguém a cena do beijo, exceto a Freud.

Mas o sentido do que acaba de ser estabelecido só se esclarece na quarta cena, que se desenvolve quase inteiramente sobre a "cena lateral", no tempo e no espaço da compreensão de Dora sobre o que está em jogo na cena do lago e na cena do beijo, isto é, no que diz respeito à porta aberta ou fechada na relação entre homens e mulheres. Os homens querem forçar a porta, o membro endurecido, eles se consideram como mestres. Mas e as mulheres nesse combate? "Como tudo é simples e mortal! É ele ou eu. . . . Será preciso matar. É uma lei" (Cixous, 1976, p. 25). O monólogo de Dora descreve a maneira de matar um homem ou – o que não parece muito diferente – a cena da defloração não como uma vitória do membro erigido, mas como vitória na luta de vida e de morte: "Quero matá-lo. Ele sabe. Ele quer me matar. Sei" (1976, p. 26). Dora sai vitoriosa dessa luta e os homens caem. O Senhor K. cai literalmente e Freud cai em um lapso (*lapsus*, ação de tropeçar, em sentido próprio).

As quatro cenas de abertura da peça formam seu primeiro movimento, elas desenham um primeiro retrato de Dora tal como ela aparece aos olhos dos adultos, inclusive Freud, embora ele esteja por enquanto em posição de observador. Tal retrato mostra um lugar e assinala o interesse dos adultos (Freud não está, por enquanto, comprometido) próximos de Dora, apresentando o mercado das trocas sexuais em toda a sua hipocrisia social. Entrevê-se assim o combate de vida e de morte em jogo no ato sexual do qual Dora faz a experiência na cena do beijo vivida como uma defloração. Dois planos opostos do amor e da diferença sexual, ou o amor nas duas extremidades entre as quais as relações e as armadilhas são exploradas nas cenas seguintes. Freud sairá cada vez mais de sua posição de espectador para ser conduzido à queda final, vítima da sedução que emana de Dora. De uma certa maneira, a Senhora K. e o pai de Dora vão permanecer no plano do amor-troca, enquanto o Senhor K. e Freud conhecerão a dor de uma lembrança de amor da qual não se mostraram dignos. Com efeito, eles permaneceram colados à forma da sedução e tentaram tornar-se mestres. Acabarão perdendo tudo e conservarão apenas a lembrança dolorosa de uma possibilidade, de um outro caminho do amor. Uma possibilidade que Dora anuncia como futura. Pois ela se afasta sozinha, conservando seu mistério. Mas trata-se de fato de um mistério se se considera não tanto o olhar dos homens que caem, mas o outro lado do gesto de Dora, Dora agora mulher e livre? Dora que retoma, repete e amplifica o riso das avós?

Mais do que um deslocamento, pode-se dizer que Cixous opera uma desconstrução da narrativa de Dora e do discurso do mercado das trocas sexuais. Justamente lá onde Freud anuncia uma espécie de verdade indepassável, a peça abre uma dimensão onde amor e ódio, vida e morte, homens e mulheres se enfrentam. Freud vê na cena do beijo e na fuga de Dora, aos 14 anos, que a jovem já era "completamente e totalmente" histérica, pois ela converteu em dificuldade respiratória e opressão sobre o peito a pressão do pênis endurecido do Senhor K. contra seu corpo. Uma situação, prossegue Freud, na qual uma jovem normal teria reagido com excitação sexual. E Freud não vê nada além disso, ele está do lado dos homens (o lado patriarcal), ele acredita também que não há fumaça sem fogo (seu lado psicanalista). Nesse mundo fechado e hierarquizado, Cixous mostra que à ausência de lugar Dora responde pela recusa e o anúncio de um outro mundo, anunciado já pelas avós, esquecido pelas mães e a ser reconquistado pelas filhas.

Além do tema fundamental da revolta contra a ordem patriarcal vigente, além de uma crítica de Freud e da psicanálise – que não podem propor uma alternativa ao mercado de trocas das mulheres, posto que ambos estão comprometidos com o sistema familiar burguês –, o *Portrait de Dora* expõe os combates, os fracassos e as possibilidades de sair da condição feminina. Pode-se dizer simplesmente: da solidão da existência feminina, diante de seu Outro em um mundo que só pode aparecer como dividido entre o aberto e o fechado, entre matar ou ser morto, entre o pleno e o vazio, entre a chave e o cofre de joias. Um mundo binário criado pelos homens, ou melhor, pelo masculino. O que significa, em termos atribuídos a Freud: "completamente perdido entre o desejo e o amor" (Cixous, 1976, p. 48). Se há um lugar previsto para Dora na ordem familiar, social e psicanalítica – um lugar no "amor", um lugar que tem que ocupar, aprender a ocupar para "governar" na sombra –, qual é o melhor guia nesse sentido senão a Senhora K.? Melhor em todo caso que o exemplo miserável da mãe prisioneira de sua psicose? É desse lugar que as avós morriam de rir! Mas então, diante das demandas dos outros nas quais Dora não se reconhece e não se sente reconhecida, ela experimenta a ignorância de seu próprio desejo, uma ignorância que se torna a base de sua recusa dos homens e do amor propostos. Ela não quer um compromisso (que funciona bem para a Senhora K., que tem tudo: marido, filhos, amante e joias), ela não quer o saber que Freud propõe – "você sabe bem que sou uma instituição" (Cixous, 1976, p. 73). Nada disso vai no sentido de uma interrogação despertada pelo desejo, esse desejo por vir ou criador de um outro caminho.

Como no sonho que Freud teria podido (ou devido) sonhar em dezembro de 1899,[8] Dora vai embora sozinha, lançando sobre ele "um olhar de desprezo. . . . amplo, altaneiro e implacável" (Cixous, 1976, p. 63). Salvo que, no sonho, Freud detecta uma intenção "voluntariamente sedutora" no gesto de levantar ligeiramente o vestido e descobrir um pouco os tornozelos – uma intenção sedutora que concerne ao próprio Freud e seu desejo de submeter Dora ao seu saber. No fim, a *Voix de la pièce* revela (ou reconhece) que o gesto de Dora indo embora realça sobretudo o valor de seu vestido de uma elegância que se afirma sem endereço, mas talvez esperando um reconhecimento. Ao contrário do que diz Lacan, a saída final de Dora não se dá, para Cixous, "com o sorriso da Mona Lisa" (Lacan, 1951, p. 224), como se Freud tivesse desajeitadamente deixado escapar o mistério da feminilidade. Não há mistério, mas recusa, busca orgulhosa de uma via que não seja aquela traçada pelos homens, as vias de seu próprio desejo ou de seu desejo próprio. O que resta aos homens, ao Senhor K. e a Freud é a experiência de uma alteridade que não cedeu ao desejo de controle, de possessão e de saber e que, por essa razão, lhes aparece como um

8 Cixous não corrige os erros de cronologia de Freud.

mistério (o que serve também como justificativa do fato de que fracassaram). Não há mistério, mas uma alteridade que os homens não reconhecem, que desejam não reconhecer, que tentam apagar. Pode-se também pensar aqui que o mistério se deslocou e sugere outras questões: quais são os medos ou quais são os desejos que guiam a empresa masculina de dominação das mulheres?

O retrato de Dora é, sem dúvida, um capítulo importante na história da recusa pelas mulheres do papel imposto pelo mercado das trocas. Dora tornou-se assim uma das heroínas do panteão feminista.

À primeira vista pode-se considerar inapropriada a comparação entre o *Portrait de Dora* e o *Fragment d'une analyse d'hystérie*, pensar que não convém buscar similitudes e diferenças entre eles. Menos ainda confrontá-los para retirar uma verdade sobre Dora. Trata-se de um texto de ficção e de um texto teórico, de um texto de inspiração imaginária e um texto guiado pela intenção de explicar e ilustrar alguns fenômenos patológicos, de indicar a melhor maneira de compreendê-los e curá-los. Trata-se, em consequência, de dois registros de discurso com exigências inteiramente diferentes. E, no entanto, tal diferença é colocada em questão pelos próprios autores dos textos: Hélène Cixous inclui em seu projeto de escritura feminina a transgressão das fronteiras entre a ficção e a teoria e Freud receia que sua história de caso seja lida como um "*roman à clé*" (Freud, 1905b, p. 7), que suas observações da doente se assemelhem a um romance, "que elas não tenham a marca de seriedade própria aos textos científicos" (Freud, 1895, p. 127). Tampouco se pode esquecer que o caso de Dora não só foi muitas vezes examinado na história da psicanálise (ver, por exemplo, a bibliografia mobilizada por Mahony, 1996), mas constitui também "*a sort of urtext for psychanalytic critique*" (Chodorow, 1989, que cita como exemplo C. Berheimer e C. Kahane, 1983, que reúne uma série de textos em grande parte redigidos nos anos 1970). A questão das fronteiras entre teoria e ficção concerne particularmente à filosofia pelo menos depois de Nietzsche, mas é possível retornar a Montaigne, passando pelas Luzes, por Rousseau e Diderot em particular.

De qualquer maneira, qual é o retrato de Dora proposto por Cixous? O retrato de uma vítima que, apesar de sua privação de palavra, possui uma força que denuncia e desmonta as estruturas presentes:

> *essa jovem compreendeu, embora não tome a palavra em nenhum momento para explicar o que compreendeu, todos seus gestos, na história contada por Freud e que ele conta às cegas, marcam como a cada vez ele viu a ignominia e a mise-en-scène da morte da mulher. . . . É o exemplo nuclear da força contestadora das mulheres. (Cixous, 1975a, p. 282s)*

Essa força de contestação Catherine Clément encontra apenas na luta de classes no interior da qual o combate das mulheres pode ganhar um sentido, sob condição de se pensar as mediações, os elos que podem reunir as duas linguagens, impedindo assim que se permaneça prisioneiro do metafórico e da poesia. Uma crítica bastante direta de Cixous e que lembra, pelo menos parcialmente, a concepção da luta das mulheres desenvolvida por Simone de Beauvoir em *Le deuxi*ème *sexe*. Cixous não recusa a ideia de que a Revolução não se fará pela linguagem, mas afirma que não pode haver Revolução sem tomada de consciência, sem libido: "o desejo, é a partir do desejo que você faz renascer a necessidade de uma verdadeira mudança" (Cixous, 1975a, p. 291). Esse desejo tem por nome Dora, para Cixous, enquanto por Clément "o que ela [Dora] rompeu foi apenas estritamente individual e limitado" (Cixous, 1975a, p. 189). O nó aparece estar aí para as feministas, em particular as feministas francesas dos anos 1970: Dora é apenas uma vítima, uma ilustração a mais dos efeitos nocivos da dominação masculina no interior do sistema patriarcal (ou falogocêntrico) do qual ela não tem consciência, mas que sua doença recusa? Ou ela encarna, sob condição de fazê-la falar, as exigências feministas de encontrar um lugar nas relações sociais transformadas segundo tais exigências?

Curiosamente, é do lado de Clément que se encontra não tanto a condenação da psicanálise, que estaria a serviço do sistema familiar e patriarcal e, portanto, do capitalismo – ainda que, em relação à misoginia, Freud "fez como os outros" (Clément & Cixous, 1975, p. 97) –, mas o reconhecimento "de que ele [Freud] nos deu, sem o saber, os instrumentos para pensar tais mudanças [na estrutura familiar], seus limites e a outra coisa que ultrapassa os limites" (Clément & Cixous, 1975, p. 98). Ora, mesmo se Cixous, em 2010, lembra que tomou a defesa de Freud diante das feministas americanas no início dos anos 1970, *Portrait de Dora* avança sobretudo no sentido de demonstrar que Freud não escutou nem deu voz à recusa de Dora, a sua força de contestação. E *Le rire de la Méduse* – um manifesto, um projeto e um programa para uma escritura feminina que dará voz a Dora como "possibilidade de mudança, espaço de lançamento de um pensamento subversivo, um movimento precursor de uma transformação das estruturas sociais e culturais" (Cixous, 1975b, p. 43s)[9] – manifesta ainda

9 *Le rire de la Méduse* foi publicado pela primeira vez no número da revista *l'Arc* (n. 61, 1975), consagrado a *Simone de Beauvoir et la lutte des femmes*. Cixous propõe outra coisa além da exigência de Beauvoir de uma igualdade entre homens e mulheres, em nome de uma identidade de natureza ontológica como realização de seu ser genérico (ver a esse respeito Martine Reid, 2010, 2013). *Le rire de la Méduse* funda um outro feminismo e sua importância deve-se so-

mais claramente uma recusa da psicanálise, mesmo na sua versão lacaniana. É verdade que os feminismos americanos procediam, segundo Cixous, por oposição e exclusão, criticando Freud, em última análise, por ser um homem, um horroroso representante do patriarcado. Ora, *Le Rire de la Méduse* propõe diferenças contra as hierarquias e afirmação contra a repressão. Não como a psicanálise, que, inventada a partir das mulheres, reprime a feminilidade: "como todas as 'ciências humanas,' ela reproduz o masculino do qual ela é apenas um efeito" (Cixous, 1975b, p. 53). E Lacan não produz nada de melhor, pois "conserva ao rochedo, erigido rigidamente no seu velho espaço freudiano. . . . no santuário do Falo, ao abrigo da falta de castração" (1975b, p. 53). Ora, a feminilidade não é um "continente negro", ela pode ser explorada se as mulheres cessam de acreditar que seu interesse se encontra no "continente branco, com seus monumentos à Falta" (1975b, p. 34). E que elas comecem a escrever pelo corpo, pois "as mulheres são corpo, mais corpo do que escritura" (1975b, p. 57), como é Dora. Nesse sentido, a psicanálise esteve e está a serviço da exclusão das mulheres da história e da cultura. E Dora é bem o emblema de um outro desejo.

Esse retrato de Dora ao mesmo tempo vítima e portadora de uma força de contestação, talvez mesmo revolucionária – uma força à qual Dora não pode ou não soube dar outra expressão senão a recusa muda, embora o mutismo aqui revele a potência do corpo feminino –, encontra-se igualmente na crítica feminista da psicanálise que inverte a pergunta freudiana – o que quer a mulher? – em uma questão elaborada pelo feminismo crítico, exigindo o exame

---

bretudo à tradução e à recepção americanas do texto a partir do ano seguinte. Por outro lado, o texto só foi reeditado em francês em 2010, junto com um outro texto, *Sorties*, que fazia parte de *La jeune née* (1975), publicado com Cathérine Clément e longamente centrado sobre a discussão do caso de Dora e da histeria feminina.

dos preconceitos culturais, sociais e políticos sobre a feminilidade, assim como o exame do como eles contribuem para limitar ou excluir as mulheres. A questão dirigida à psicanálise é: o que Freud quer de Dora? O que querem os homens das mulheres? Dora torna-se um caso paradigmático no qual se pode perceber os desejos do intérprete e reconhecer uma narrativa pré-edipiana como subtexto da história de caso, enviando assim ao que a história oculta ou reprime: a relação à mãe.

Há aqui um curioso paradoxo que muitas feministas não percebem: é graças à narrativa de Freud que o subtexto em sua dimensão pré-edipiana pode ser reconhecido. Os críticos se concentram frequentemente na análise dos erros e dos preconceitos de Freud, que, tentando narrar a história do desejo de Dora, acaba representando essencialmente seu próprio desejo e, assim, de algum modo o desejo de todos os homens que estrutura a família, a sociedade e a cultura. Não somente Freud não analisou a transferência, mas também, mais profundamente, não analisou a contratransferência, como pensa Lacan em 1954. Se a psicanálise reprime, é preciso reconhecer que ela ensina igualmente que não há reprimido sem retorno do reprimido. No fim da sessão de 12.03.1954, Lacan afirma que Freud ignora, na análise de Dora, a oscilação do objeto da jovem e faz aí intervir seu próprio ego, "a concepção que ele sustenta do para que é feita uma jovem mulher – uma jovem mulher é feita para amar os jovens homens". Esse ponto cego associado ao não reconhecimento do amor homossexual de Dora pela Senhora K. conduz Freud a se proteger de seu próprio amor homossexual e de sua feminilidade ou, no plano do discurso, significa sua recusa em reconhecer que sua narrativa é a de uma histérica, cheia de buracos: ele restaura o que está faltando para fugir de sua própria feminilidade. Em resumo, Freud é incapaz de abordar o feminino e as implicações da relação pré-edipiana à mãe.

As dificuldades nas relações entre feministas e Freud, no que concerne ao caso de Dora, são colocadas em outros termos por Jacqueline Rose: o psicanalista tenta limitar o espaço da feminilidade no interior da teoria da sexualidade que afirma e desloca o conceito de diferença sexual. O que as feministas esperam da psicanálise é uma teoria da formação da diferença sexual e do devir da feminilidade. Em seguida, quando a psicanálise fracassa, como no caso de Dora, tal fracasso aparece como impossibilidade do próprio projeto da psicanálise, impossibilidade que se torna também impossibilidade da feminilidade, isto é, o que a psicanálise reprime. Desse modo, o fracasso no caso de Dora se deve à repressão, pela psicanálise, de Dora como mulher. O que resta é a insistência do corpo como lugar do feminino: um corpo histérico porque fora do discurso "ou, no melhor dos casos, 'dançante'" (Rose, 1983, p. 129), uma referência direta à peça de Cixous.

A ideia que Rose quer afirmar é que, no próprio fracasso da análise de Dora, aparece a necessidade de abandonar toda tentativa de definição de um discurso especificamente feminino em favor do trabalho sobre o lugar do feminino em um discurso que não deixa nenhum lugar para a impossibilidade de satisfação do desejo. Desejo aqui como distinto da demanda e da necessidade, como propõe Lacan. Ora, o desejo ocupa uma posição excêntrica no discurso e a impossibilidade de satisfazê-lo é a mesma impossibilidade de apresentação no lugar da representação. Isto é, a feminilidade existe na relação ao discurso e não tem conteúdo próprio. A impossibilidade da posição do feminino é a de ser objeto e sujeito de desejo, dupla impossibilidade, portanto: se a mulher é objeto, de quem é o desejo? Se ela é sujeito de desejo, emerge a impossibilidade de ser ao mesmo tempo sujeito e desejo, posto que um implica o apagamento do outro, como ilustra Lacan na análise da bela açougueira que fala de um desejo de desejo insatisfeito. Nesses termos, uma escritura feminina, tal como reclama Cixous, torna-se impossível, pois não pode haver relação não mediatizada entre corpo e linguagem. Um conceito de feminino só pode ser construído no interior da linguagem, exceto se afirmarmos um mestre e senhor da significação (e não simples efeito de um significante).[10]

É menos em termos de desejo do que de posição e de efeitos políticos das posições atribuídas a Dora na cultura que Jane Gallop propõe a formulação de algumas chaves para a leitura do *Portrait de Dora* e de *La jeune née* (Gallop, 1982), particularmente do que parece opor Cixous e Clément no diálogo que forma a terceira parte de *La jeune née*. A oposição se concentra na afirmação de Clément (Clément & Cixous, 1975, p. 285), para quem a histérica, como membro do cortejo de "pessoas esquisitas", ocupa um lugar de contestação que já foi previsto nas estruturas familiares e sociais, as quais, assim, se reforçam. Segue-se daí que nada pode mudar se não mudarmos as estruturas. Cixous, pelo contrário, pensa que a histérica é um caso único porque ela não tem mais lugar e encarna, assim, "uma guerra permanente" (Clément & Cixous, 1975, p. 287). O que Gallop compreende como sendo uma oposição entre o Simbólico (Clément) e o Imaginário (Cixous) no sentido lacaniano

10 Tomando uma distância crítica em relação a Cixous e à psicanálise, Toril Moi (1985) reconhece que se poderia considerar Dora como um "exemplo luminoso de revolta feminina", mas que Cixous esquece a vida posterior de Dora como histérica. Mais próxima da análise de Clément, Moi não considera a histeria como uma revolta, mas como "um grito de socorro quando a derrota se torna realidade" (1985, p. 192). Certamente, continua Moi, Freud tentou liberar as histéricas, mas colocando-se do lado dos opressores e encarnando, sem saber, os valores do patriarcado. E tais valores é que é preciso atacar, a própria epistemologia da psicanálise, pois ela impõe definições patriarcais do feminino e do masculino às quais falta (*sic*) um fundamento "natural". Se Dora pode mostrar-se como uma voz feminina, é porque Freud a escolheu "como oponente em uma guerra pelo conhecimento" É inútil procurar em outros lugares o espaço de uma feminilidade não marcada pelo patriarcado: "Podemos apenas destruir a construção mítica e mistificadora do patriarcado utilizando suas próprias armas. Não dispomos de outras" (1985, p. 198).

desses dois termos. Mais ainda, Gallop retraduz a oposição em termos de Teoria e Ficção para sustentar a tese seguinte: "precisamos aprender a aceitar a ambiguidade". A ambiguidade que faz da bissexualidade não o que propõe a psicanálise associando-a à histeria:

> *Nem a resolução fantasmática no imaginário, nem a aceitação triste e desencarnada da falta de unidade no simbólico, mas uma outra sexualidade, uma sexualidade que persegue, ama e aceita tanto o imaginário como o simbólico, tanto a teoria como a carne. (Gallop, 1982, p. 219)*

O que é quase literalmente o projeto do *Rire de la Méduse*.

Dora aparece dessa maneira como uma heroína e uma vítima, pois há "muitas histórias em caminho" (Clément & Cixous, 1975, p. 296). O que não parece anular a necessidade de uma dialética que revele a lógica dominante. Mas é difícil pensar um real acordo na medida em que Cixous se coloca do lado de um desejo em perigo não tanto de morte, mas de ser neutralizado pela censura, pelas interdições, enquanto Clément não vê a pertinência da palavra "desejo" no registro político, sua articulação com a "luta de classes" sendo impossível, pois a luta está se tornando "cada vez mais aguda em suas contradições" (Clément & Cixous, 1975, p. 293). Para Clément, que, ao contrário de Cixous, não recusa o enfoque psicanalítico lacaniano (ainda que pedindo as mediações com a luta de classes), o emblema e a força de contestação de Dora não encontram uma saída em um projeto de escritura do desejo, mas em uma análise dialética das exclusões e contradições do sistema. A oposição manifesta-se então com clareza: de um lado, Cixous se engaja em um projeto de despertar do desejo, sem o qual nenhuma mudança é possível, tal despertar passando pela ação da escritura, escritura da qual não dispunha Dora, embora ela anuncie sua necessidade; de outro lado, o esforço para construir as mediações entre o combate das mulheres, a psicanálise como meio de compreensão dos mecanismos de exclusão e a luta de classes, o único lugar onde pode se produzir uma verdadeira transformação revolucionária.

Ainda que afirmando os mesmos objetivos – liberação das mulheres das estruturas patriarcais que organizam a família, a sociedade e a cultura –, Hélène Cixous e Cathérine Clément não estão de acordo sobre os meios de conduta do combate. O desacordo é também sobre o que é a feminilidade, que, para Clément, faz parte do cortejo dos excluídos e dos culpados, enquanto, para Cixous, a questão é a de um desejo outro, de um desejo diferente, que, reprimido, "garante o funcionamento do sistema" (Cixous, 1975b, p. 80). Um desejo que se libera na e pela escritura: "ela inventa novos mundos" (1975b, p. 88). No que diz respeito à psicanálise, se Clément insiste sobre o valor de instrumento de compreensão do funcionamento da estrutura familiar e talvez mesmo além, Cixous vê em Freud, Jones ou Lacan os reflexos do falocentrismo que funda a diferença sexual sobre a relação fantasmática à anatomia (ter ou não ter o falo), enquanto, no nível do gozo, a economia pulsional de uma mulher não é identificável por um homem e nem se refere à economia masculina. E exatamente o que a psicanálise permitiu entrever a própria psicanálise reprimiu sob a teoria da diferença anatômica, isto é, do ponto de vista do *voyeur*.

É possível avançar aqui a hipótese de que o problema do encontro entre psicanalistas e feministas é o desejo ligado à diferença sexual, associado a uma interrogação sobre a feminilidade, seu espaço e seu papel na história dos humanos. Em outros termos, a questão seria a de saber, para psicanalistas e feministas, se se pode falar "de um desejo especificamente feminino". Safouan deu a tal questão uma resposta que não satisfaz nem os analistas nem as feministas, mas menos ainda as analistas feministas: se no referimos ao objeto do desejo, um desejo feminino existe, mas, referido "a sua causa, o desejo é o mesmo, pouco importa o sexo" (Safouan, 1976, p. 157). Ainda em outros termos, o desejo do sujeito submetido à castração simbólica (à lei do desejo) não tem sexo.[11]

---

11 Em sua interpretação do caso de Dora, Maria Rita Kehl procura evitar dois equívocos: considerar Dora como uma vítima, como se a jovem não ocupasse "uma posição de agente em sua própria narrativa" (2007, p. 243); privilegiar as identificações do ego e ignorar "a dimensão sexual da pergunta com que Dora, ao interpelar as mulheres, prepara sua abordagem aos homens" (2007, p. 243). Quanto à interpretação lacaniana do problema de Dora, Kehl afirma que Lacan envia "as mulheres a uma posição insustentável . . . uma posição subjetiva que é a de objeto" (2007, p. 245). Partindo da identificação edipiana à mãe (para o menino e a menina), Kehl vê na identificação de Dora à Senhora K. o problema que segue: "como alguém com um corpo marcado pela castração consegue seduzir um homem, a quem não falta nada?" (2007, p. 245). (Uma questão à qual uma analisante respondeu assim: "quando é uma mulher que seduz um homem, trata-se de um engodo; os caras aproveitam da ocasião para mostrar seu poder, para mostrar o pau"). Kehl continua: a dificuldade da menina se traduz em termos de separação da mãe para se inscrever sob a lei do pai, mas ainda precisam da mãe para saber o que é ser uma mulher. Para resolver tal contradição, segundo Kehl, é preciso recorrer à distinção lacaniana entre gozo fálico e outro gozo, distinção que não recobre a diferença sexual, embora a mulher tenha acesso mais fácil que o homem ao outro gozo (a relação com a castração não é a mesma para homens e mulheres). E assim não se pode afirmar a alteridade absoluta do feminino, "mas apenas uma possibilidade a mais, uma grande circulação entre os modos de gozar permitidos (mas não garantidos) do lado das mulheres. O que significa que o feminino não é um mistério, pois a verdade do sujeito se dá pelo desejo, e não pelo gozo. É também a análise de Safouan. E, a propósito do desejo do sujeito, se há mistério, trata-se do que nenhum homem pode saber de sua própria castração, o que implica que o desejo não tem sexo e que ele não se diferencia entre masculino e feminino senão sob a lei fálica da castração que dá acesso à palavra. Mas é possível interrogar aqui se não existe contradição, ou pelo menos uma confusa adesão a um *dever ser* realizável em princípio pela e na análise e que se manifesta igualmente como *missão* do analista: as mulheres devem se tornar sujeitos de seus discursos, isto é, se liberar do que impede a manifestação de seu desejo para se reconhecer como sujeitos indiferentes de desejo. Mesmo

3. *Efeitos*

Qual é a situação hoje? Que destino, quais realizações, quais efeitos os projetos feministas dos anos 1970, marcados ou não pelo emblema da utopia, produziram sobre os movimentos feministas e sobre os psicanalistas nos anos que se seguiram? Na França, em particular, pode-se falar de transformações significativas nos movimentos feministas e para os psicanalistas?

Parece claro que uma resposta não pode ser formulada sem levar em conta, nos momentos de efervescência da Segunda Onda dos feminismos e nos tumultos do lacanismo, na França e além, a formação de vários grupos e concepções diferentes, frequentemente em conflito aberto, tanto no espaço dos combates feministas (internos e externos) quanto no espaço da irradiação cultural da psicanálise em sua versão lacaniana. Sob esse duplo aspecto, aliás, as diferenças são visíveis e significativas entre a França e o mundo anglófono. Será preciso rever as proposições, as análises e a importância teórica e prática do feminismo radical, do feminismo liberal, do feminismo materialista ou marxista, e mais particularmente as proposições do feminismo psicanalítico, esclarecer as perspectivas diferencialistas e essencialistas, sem esquecer uma dimensão fundamental dos feminismos, os estudos de gênero, as críticas que receberam (e continuam recebendo) e a teoria *queer*. Esse esforço deve se fazer sem preocupação maior com a história das ideias, procurando interrogar sobretudo o modo democrático da vida-em-comum, assim como os laços de parentesco entre a democracia, a psicanálise e os feminismos, tanto nas origens

---

se aceitarmos a ideia de uma raiz inconsciente do desejo da qual não se pode nada dizer, permanece aberta a questão da formação do desejo versão feminina em um mundo onde seu lugar e seu papel são predefinidos. Se o desejo não nasce feminino, como é que ele se torna feminino, sem obedecer à lei fálica? O falo não continua assim a se apresentar como lei indepassável?

quanto nas suas transformações. Ora, nenhuma outra exigência de transformação, de liberação ou mesmo de revolução, na nossa modernidade, parece questionar mais a psicanálise do que os feminismos, particularmente os feminismos da segunda onda. Tendo nascido com as revoluções democráticas, na França, na Inglaterra e nos Estados-Unidos, os feminismos modernos parecem exigir igualmente da psicanálise desenvolvimentos insuspeitos e o avanço para horizontes radicalmente novos. Talvez se possa dizer a mesma coisa em relação às exigências que colocam os feminismos à própria democracia.

Apesar disso, em um momento crucial do desenvolvimento da psicanálise freudiana e no momento em que a segunda vaga dos combates feministas parece se definir mais claramente – nos rastros de 1968 –, a exploração do caso de Dora permite interrogar a atualidade à luz da revolução do feminino e de uma certa posição dos psicanalistas em face da feminilidade. Pois uma e outra aparecem como tendo perdido a força de reivindicação e de criação, assim como o poder de captar o mundo. Curiosamente, uma tal perda de energia parece, ao mesmo tempo, tornar inútil qualquer esforço para promover e apoiar o encontro entre psicanalistas e feministas. A menos que tal encontro se dê atualmente em obediência a outras exigências, como acontece provavelmente com a recepção dos estudos de gênero: as feministas não esperam mais dos psicanalistas uma teoria da diferença sexual e da construção da feminilidade – os estudos de gênero tendem a satisfazer tal exigência. E os psicanalistas, pelo menos um certo número deles, tentam mostrar os efeitos perversos do declínio do masculino e da lei do pai, resultado de uma prevalência crescente do feminino e do materno. Ou então, de um lado, entregam-se a uma sofisticação teórica em face da qual se pode perguntar se ela ainda conserva uma relação com a clínica, e, de outro lado, exigem dos conceitos psicanalíticos que captem dimensões existenciais e ontológicas até então reservadas aos filósofos, como H. Arendt ou M. Heidegger.

Assim, por exemplo, D. Siegel (2007) não faz nenhuma referência à psicanálise na sua tentativa de construir uma ponte entre as feministas da Segunda Onda e as mulheres da terceira onda, entre os feminismos vividos como experiência coletiva que abrigavam, no entanto, um lugar para a diferença – experiência condensada no termo de *sisterhood* – e o feminismo individualista que ignora sua história e não se reconhece mais na palavra de ordem anterior: "*the personnal is political*". Segundo Siegel, a ponte entre mães e filhas precisa ser reconstruída, pois o feminismo "em seu nível mais básico, e falando historicamente . . . é um combate individual e coletivo pelo refortalecimento pessoal e pela transformação social" (2007, p. 168). E a psicanalista M.-L. Susini constata que as mulheres se transformaram desde o fim do último século, resultado da ciência que lhes abriu as portas do poder: "a função do Pai que estruturava simbolicamente a sociedade cedeu e a lei tornou-se a lei da Mãe" (2014, p. 289). As mulheres se tornaram mutantes e importa menos a história e o combate para se liberar do patriarcado do que "medir o alcance da mutação" (2014, p. 10) entre a rebelde George Sand e a amazona Lisbeth Salander (personagem do *best-seller* mundial *Millennium*, de Stieg Larson). Não deixa de ser curioso que uma feminista peça à memória histórica que indique o sentido da herança (um procedimento que exige a reconstrução do passado como presente, procedimento ao qual a psicanálise não é estrangeira), e que uma psicanalista não remeta verdadeiramente ao passado para captar a atualidade e medir a novidade.

Ora, o feminino realizou sua revolução, na esfera ocidental, reconhecendo as mulheres como indivíduos livres e iguais aos homens. Assim, afirma C. Froidevaux-Metterie, se a democracia funda a modernidade política, o feminismo é uma de suas transformações determinantes: "marcado pela chegada de uma nova condição humana no quadro de uma reorganização completa do viver-juntos" (2015, p. 10). O fato é que o feminismo fez emergir uma nova divisão da organização social, em três ordens: o *público-privado*, o *privado-social* e o *íntimo*, que abrigam indivíduos tendo os mesmos direitos e as mesmas ambições. No entanto, tal transformação não isenta as mulheres de se conceberem como seres encarnados e sexuados, isto é, como devendo conceber um destino corporal que a Segunda Onda dos feminismos considerou como o lugar de todas as alienações e opressões masculinas. Daí um movimento de dessexualização do corpo feminino, de percepção das mulheres como indivíduos desencarnados; e isso não funciona mais para as jovens do novo século (as que Siegel chama justamente de terceira onda, com seu feminismo individualista que não vê contradição entre a busca da beleza do corpo e a independência em face dos homens). Esse ponto permanece, no entanto, obscuro: como é que a Segunda Onda, a qual deu importância central à liberação sexual e à sexualidade feminina, a qual atribuiu ao prazer um lugar privilegiado, pode contribuir para o esquecimento do corpo e da encarnação?

Para Froidevaux-Metterie, o encontro entre feministas e psicanalistas contribuiu fortemente para esse movimento de desencarnação; Chodorow insistiu longamente sobre o *mothering* (maternagem) como independente da gravidez e como capacidade disponível, para mulheres como para homens, enquanto o feminismo francês, apesar de uma oposição radical entre materialistas universalistas e diferencialistas – uma oposição que encarnam aqui, cada uma a sua maneira, Clément e Cixous –, contribuiu para a dissolução da divisão entre público e privado, redefinindo a esfera doméstica, posto que a potência criadora das mulheres lhes propõe um outro lugar no mundo. Valorizando a *parentagem* masculina, as feministas psicanalistas francesas associaram "feminização da esfera pública e masculinização da esfera privada".

O encontro entre a psicanálise e o feminismo contribui assim para a "recomposição neoliberal do mundo" (Froidevaux-Metterie, 2015, p. 116), isto é, um mundo dessexualizado, pois a família se forma daqui em diante com o laço regido pelo primado da liberdade individual absoluta. Tal liberdade constrói pouco a pouco um mundo *neutro* do ponto de vista do gênero. Daí a contradição que atravessa o viver-juntos: homens e mulheres são indivíduos de direitos abstratos e, ao mesmo tempo, sujeitos concretos de sexo masculino ou feminino. Será preciso então apoiar a encarnação contra a universalização da condição feminina para medir o desafio colocado pela revolução do feminino: a intimização da existência, a exigência nova de definir as formas singulares da identidade sexual.

Curiosamente, essa bela análise das relações entre psicanálise e feminismo – apresentada aqui rapidamente e que será retomada em outros lugares – parece esquecer a inscrição dos feminismos na lógica democrática de interrogação permanente dos fundamentos da vida-em-comum. Desde a Revolução Francesa tal interrogação se manifesta, e que ela possa ser calada em alguns momentos, para reaparecer mais tarde – as reivindicações feministas são disso um exemplo claro –, e que ela dê lugar hoje, pelo menos em aparência, a uma espécie de indiferença, tudo isso tende a mostrar a potência e as ambiguidades da lógica democrática ativada no fim do século XVIII. Tal ambiguidade faz da democracia um regime político que contém nele próprio a possibilidade de sua negação, traço que merece análise em relação às problemáticas de liberdade, de igualdade e de diferença que atravessam os feminismos. Se os feminismos oscilam entre dois polos na exigência de direitos do cidadão e de liberação sexual, não é fácil considerar a invenção do *íntimo* como engendrando um espaço de liberdade absoluta onde estaria em jogo a escolha da identidade sexual e da existência social. O que deve poder demonstrar o fato de que as escolhas ditas do íntimo se manifestam social e politicamente como exigência de um reconhecimento jurídico e político que possa garanti-las. A diferença entre feminino-privado e masculino-público se apaga e em vários espaços da vida em comum prevalece o *neutro*, o que se poderia mesmo chamar de homogeneização, para além da igualdade. Isso diz respeito também ao corpo. Mas, justamente, é difícil conceber tal movimento de "indiferenciação" como favorecendo uma nova individualidade ancorada no íntimo como esfera onde pode haver uma encarnação protegida e redentora da individualidade como liberdade absoluta. Os efeitos de massa são inseparáveis, ou a outra face dos efeitos de individualização no que se chama neoliberalismo. E a liberdade sem dúvida crescente na escolha das identidades sexuais avança lado a lado com uma também crescente *mise-en-ordre* e controle sociais.

Uma certa má compreensão da lógica democrática se encontra igualmente em certos escritos de psicanalistas incapazes de conceber a "feminização" da sociedade e da cultura senão como signo de decadência, de caos e de anarquia, como se o declínio do patriarcado fosse sinônimo de fim da cultura. E não da emergência de uma possibilidade inscrita na história das figuras da família. Eles perdem assim uma ocasião de se interrogar sobre onde a psicanálise falhou em seu encontro com a feminilidade e com os feminismos, assim como em sua própria aventura nas sociedades democráticas, das quais é inseparável.

Se nos lembramos dos discursos incendiários das feministas nas portas abertas pela explosão da segunda vaga, a atualidade pode nos trazer de volta à memória a queixa de *La Belle Hélène*, de Jacques Offenbach:

Les temps présents sont plats et fades:
Plus d'amour! plus de passion!
Et nos pauvres âmes malades
Se meurent de consomption...
Ecoute-nous, Vénus la blonde,
Il nous faut de l'amour, n'en fût-il plus au monde!
(1864, acte I, scène IV)

Du côté de chez les femmes: Notas sobre Freud e o trabalho cultural das mulheres

Les femmes sont toujours trop ou paz assez, ça ne va jamais?

(*Constellations*, p. 259)[1]

Quando, a partir de 1920, Freud reconstrói a teoria do aparelho psíquico – *Au-delà du principe de plaisir* (1920a), *Psychologie des foules et analyse du moi* (1921) e *Le moi et le ça* (1923a) –, a interrogação se deslocou para a natureza e as funções do ego, assim como para o ideal do ego ou superego.[2] Um aspecto que não

1 Féminismes, autonomie, intersections: 'partir de là où on est.' In Collectif Mauvaise Troupe, *Constellations*. Trajectoires révolutionnaires du jeune 21e siècle. Coll. Premiers Secours. Ed. de l'éclat, 2014. Esse livro é inteiramente anônimo e apresenta, sob a forma de constelações, a cartografia parcial dos movimentos de contestação franceses contemporâneos: eles falam de "jardins, de serviços web, de estratégias, de ficções, de garrafas incendiárias, de cumplicidades, de zonas de defesa, de *free parties*, de assembleias, de lugares coletivos" (p. 11).

2 Os editores da *Standard Edition* afirmam, a propósito de *Psychologiue des foules et analyse du moi*, que há "*a little direct connection between the present work and its close predecessor, Beyond the pleasure principle*" (XVIII, p. 67). Inversamente, afirmam um pouco mais longe que *Psychologie des foules* faz avançar a pesquisa sobre a estrutura do aparelho psíquico esboçada na obra anterior e completada com *Le moi et le ça*. Ora, se seguimos atentamente a elaboração da

abordaremos aqui diz respeito à mudança da disposição tópica do aparelho psíquico e à revisão da "teoria" das pulsões. Mas a leitura dos três textos contribui para a elaboração de dois problemas que merecem atenção aqui: o primeiro concerne ao Édipo da menina que Freud continua a considerar como análogo ao do menino. Ora, a analogia parece não mais funcionar e Freud vai ser levado a reconsiderar, nos dez anos seguintes, suas teses sobre a sexualidade feminina.

O segundo problema é o das relações entre as exigências crescentes do trabalho cultural em face das reivindicações pulsionais e da forma edipiana da família. Pode-se pretender que para Freud a forma da família edipiana é indepassável e, como consequência, os avanços do trabalho cultural são necessariamente portadores de mal-estar.

A elaboração desses dois problemas exige mostrar como, em *Le moi et le ça*, a descrição do Édipo da menina não pode mais se satisfazer com uma analogia com o Édipo do menino, antes de passar em revista o esforço de Freud para repensar a sexualidade feminina entre 1923 e 1932. Ora, tal esforço tem efeitos significativos sobre o modo como Freud pensa o trabalho (ou sua ausência) cultural das mulheres – concepção que é uma das origens da acusação de misoginia que lhe é endereçada – e provoca uma série de respostas e de críticas da parte das analistas contemporâneas. No entanto coloca-se a questão de saber como essas analistas consideram o trabalho cultural feminino, trabalho do qual quase nunca falam, ou muito pouco, particularmente tendo-se em vista as reivindicações dos feminismos originários – isto é, do fim do

---

noção de ideal do ego ou superego (que utilizaremos indiferentemente), a relação entre as três obras aparece como sendo de grande proximidade e permite a compreensão do alcance de *Malaise dans la civilisation* (1928b), assim como os efeitos das teses freudianas sobre a compreensão da sexualidade feminina e o trabalho cultural, fio condutor desse ensaio.

século XVIII e do começo do século XX. Esses feminismos formulam reivindicações fortes a propósito de sexualidade, de família, de cidadania e de trabalho cultural. Como compreender que a psicanálise, pelo menos em seu desenvolvimento mais freudiano, e os feminismos, com a exceção notável de suas versões americanas, parecem se ignorar pelo menos até os anos 1960 e 1970 do século XX? E, mesmo então, com relações bastante problemáticas, como se se tratasse de um diálogo de surdos? Mas não tem os dois em comum uma relação de parentesco, se consideramos que os duros combates pelo voto das mulheres e o nascimento da psicanálise são praticamente contemporâneos? Não procuravam ambos, cada um a sua maneira, uma melhoria da condição subjetiva e objetiva das mulheres? Mais ainda: se se leva também em conta que a psicanálise e os feminismos parecem ter "perdido" atualmente sua potência reformadora, talvez mesmo revolucionária?

E o que dizer de certos analistas contemporâneos que consideram que as transformações da família edipiana – em grande parte um resultado dos progressos dos feminismos – colocam em perigo o trabalho cultural e, mais profundamente, nossa própria humanidade? Para eles, tudo se passa como se houvesse relação de necessidade incontornável entre estrutura edipiana e condição humana, como se a primeira fosse a condição invariável da segunda.

Tais questões representam um convite à retomada da importância, das razões e dos efeitos das relações entre feminismos originários, suas vagas sucessivas e as transformações da psicanálise.

1

No capítulo 3 de *Le moi et le ça*, Freud (1923a) se interroga sobre o processo de formação do *ideal do ego* ou *superego*. A mesma questão já fora abordada em *Deuil et mélancolie* (1915a), e a resposta então elaborada consistia em propor que um investimento de objeto é substituído por uma identificação ao objeto. Essa última noção é retomada e desenvolvida em 1921, em *Psychologie des foules et analyse du moi.* No plano individual, a substituição de um investimento de objeto por uma identificação na formação do ego tem por resultado o que Freud chama de *caráter*: o que resulta do processo pelo qual um objeto perdido é reapropriado no ego.

Se na fase oral primitiva não há distinção entre investimento de objeto e identificação, mais tarde um ego ainda fraco toma conhecimento dos investimentos de objeto vindos do id, como as necessidades eróticas. Ele as aceita ou as recusa. Nesse último caso, o ego se modifica – como acontece na melancolia – erigindo nele mesmo o objeto abandonado: identificação ou introjeção. Resulta daí uma regressão à fase oral primitiva, ou então uma solução de compromisso com o id: "o caráter do ego resulta da sedimentação dos investimentos abandonados . . . ele contém a história dessas escolhas de objeto" (1923a, p. 241).

Um tal resultado possui diferentes graus de resistência às influências da história dos objetos abandonados. E Freud comenta que, no caráter das mulheres que viveram várias experiências amorosas, é fácil perceber os vestígios dos investimentos de objeto, o que quer dizer que nelas as experiências eróticas do id modificam de modo mais perceptível o ego. A consequência é um grau mais fraco de resistência. Não é o que se chama frequentemente uma "*femme légère*"?[3] Isto é, uma mulher que parece incapaz do que

---

3 Assim, por exemplo, uma analisante de pouco mais de 30 anos que revivia literalmente, em ordem cronológica invertida, a cada vez que uma dificuldade se manifestava em sua relação amorosa atual, a série das cinco ou seis rupturas amorosas atravessadas no passado. Às vezes a série parava na quinta ruptura – o primeiro homem com quem ela fizera amor, aos 16 anos. Mas pelo menos uma vez a lembrança das rupturas passadas foi ocasião de uma crise incontro-

se designa como "fidelidade". Mas, ao contrário, pode ser que ela mantenha uma fidelidade extrema ao primeiro homem de sua vida afetiva, que ela continua procurando em todos os seus parceiros futuros. É preciso ainda levar em conta a fase oral primitiva e a indistinção reinante entre identificação e investimento de objeto, pois a modificação do ego anterior ao abandono do objeto pode sobreviver à relação de objeto a conservar.

No quadro das relações entre o ego e o id, o processo de transformação de uma escolha de objeto em modificação do ego é também uma maneira da qual se serve o ego para controlar o id, submetendo-se ao que vem dele; o ego se apresenta ao id travestido como objeto de amor abandonado. Há uma espécie de sublimação em jogo, pois a libido narcisista implica o abandono das finalidades sexuais e Freud se interroga então sobre outros destinos pulsionais eventuais, uma questão elaborada no capítulo seguinte do livro – "Duas espécies de pulsões" – articulando uma dialética complexa entre pulsões eróticas e pulsões de morte.

Por enquanto, a questão importante é a da formação do ideal do ego ou superego. Ora, para além ou antes da resistência do caráter aos efeitos dos objetos de amor abandonados, o que marca duravelmente o caráter são as primeiras identificações. Assim, afirma Freud, o ideal do ego traz nele "a primeira e a mais importante identificação do indivíduo: a identificação ao pai da pré-história

---

lável de lágrimas quando ela se lembrou do "verdadeiro" primeiro amor. Ela tinha 7 anos: um tio aventureiro, irmão de seu pai, vivia em um país distante e lhe enviara um presente exótico para seu aniversário, uma boneca negra. Ela nunca encontrara o tio e quando, mais velha, ela foi visitá-lo, ele estava morto. Ela chorou durante horas diante do túmulo. Ela conservava uma velha fotografia do tio ao lado do pai: "Eles se parecem como duas gotas de água; foi aí que vivi a maior perda da minha vida, era como se eu fosse a boneca negra que foi viver longe de casa, perdida em um mundo estrangeiro, sem amor. O resto não é quase nada. Ainda sonho com ele".

pessoal" (1923a, p. 243), um ponto que será duramente criticado e que o próprio Freud parece colocar em dúvida mais tarde.

Eis aqui o que Freud chama de Édipo simples e positivo do menino: ele desenvolve um investimento de objeto em relação à mãe, investimento que começa com o seio materno e que será, *par étayage*, o modelo de suas escolhas de objeto. Quanto ao pai, a relação é de identificação. Essas duas relações se desenvolvem paralelamente até que o desejo sexual em relação à mãe se reforce e o pai se torne um obstáculo. É a instalação do Édipo, com o aparecimento de hostilidade contra o pai, ou melhor, de uma atitude ambivalente – a ambivalência estando já presente na identificação: ser como ele ou ser ele, tomar seu lugar. Mais tarde, no momento da liquidação do Édipo, o abandono do objeto de amor materno se resolve seja pela identificação à mãe, seja pelo reforço da identificação ao pai, esta última sendo a solução mais "normal", pois ela mantém a relação de ternura à mãe e dá ao menino seu caráter masculino.

É nesse momento que Freud acrescenta que, de modo análogo, a dissolução do Édipo da menina resulta em "reforço de sua identificação à mãe (ou na instalação dessa identificação) que estabelece o caráter feminino da criança" (1923a, p. 215).

É importante observar a hesitação presente no texto: reforço ou instalação da identificação à mãe? No primeiro caso, em que momento ocorreu a identificação primária? A menina teria primeiramente tomado o pai como objeto investido e a mãe como identificação? E, nessa hipótese, como é que se organiza a étayage ou arrimagem? Além disso, quais são os efeitos sobre o modelo exemplar de suas escolhas de objeto, de seu desejo? No segundo caso, no de instalação da identificação à mãe, esta só seria precedida pelo investimento de objeto e só apareceria graças à falta ou impossibilidade do objeto? Mas então, nos dois casos, não haveria no início, para a menina, duas relações paralelas e, em consequência, nenhuma analogia entre o Édipo da menina e o do menino. O que acontece, para a menina, com a afirmação segundo a qual, originariamente, não há diferença entre identificação e investimento de objeto? O que se torna problemático aqui é o tempo do pré-edipiano da menina, assim como o momento de sua entrada no Édipo.

O fato é que, para Freud, a identificação à mãe como saída do Édipo da menina não introduz necessariamente no ego o objeto abandonado: quando a introdução ocorre, o ego se modifica, o que Freud parece observar mais facilmente na menina, que, renunciando ao pai como objeto de amor, se identifica a ele e adquire assim um caráter masculino.

O fator que faz com que o Édipo simples e positivo seja pouco frequente é, segundo Freud, a bissexualidade constitutiva. A identificação ao pai ou à mãe parece ser função da força relativa das disposições masculinas e femininas (um fator econômico, quantitativo). Concretamente, a identificação do menino ao pai não apenas é ambivalente em relação ao pai e terna em relação à mãe, mas é também terna (feminina) em relação ao pai e de hostilidade e ciúmes em relação à mãe. Quando da dissolução do Édipo, um dos elementos constituintes tende a se enfraquecer; para o menino a saída "normal" é o reforço da identificação ao pai (e não sua instalação) e a conservação de sua posição terna para com a mãe (modelo não modificado de objeto de amor), com substituição do primeiro objeto imposta pela introdução no ego do menino do objeto paterno. Tal modificação do ego se opõe a ele como ideal do ego ou superego. Não é difícil perceber que, nessa saída "normal" do Édipo, o menino está preparado para repetir o modelo familiar dos pais e procurar em outro lugar, no trabalho cultural, uma saída sublimada para seus desejos infantis proibidos.

Mas ainda aqui a analogia com o Édipo da menina encontra dificuldades e parece impossível. Pois, se há reforço da identificação à mãe e conservação da posição terna em relação ao pai, a consequência deve ser a impossibilidade de substituir o objeto paterno, assim como a conservação da hostilidade em relação à mãe. Isto é, não haverá abandono de objeto na origem da formação do ideal do ego ou superego. E o desejo não terá um modelo. Os problemas se complicam ainda mais se consideramos que a saída do Édipo das meninas se dá com a instauração da identificação à mãe, pois então a mãe seria o objeto de amor investido e perdido, antes de ser introduzido no ego para tornar-se o ideal da menina. Por outro lado, haveria identificação ao pai que não mudaria mais. Na realidade, a menina nesse caso não entraria nem sairia nunca do Édipo, e essa narrativa só diria respeito ao menino. O Édipo da menina só ocorreria como fracasso.

Como se sabe, tal impasse será resolvido pelo apelo à noção de inveja do pênis, que é própria à menina e a obriga a mudar de sexo durante sua evolução edipiana. Uma tal reformulação do Édipo da menina não garante que a narrativa do Édipo da menina não conte a história de um fracasso.

A segunda dificuldade se encontra no capítulo VII de *Le malaise dans la culture* (1928b), obra que aborda as relações entre os processos de formação do superego como instância de renúncia pulsional e o trabalho cultural. Após ter mostrado que a pulsão de morte pode se manifestar como tendência à agressão, Freud se interroga a propósito dos meios utilizados pela cultura para inibir a tendência à agressão, uma inibição sem a qual o trabalho cultural não apode acontecer. Ora, os meios são os do superego.

No plano individual, o superego é o resultado da interiorização no ego da autoridade exterior que exige a renúncia pulsional. A consciência e o sentimento de culpa estão na origem dessa renúncia que, nos primeiros momentos, é motivada pelo medo de perder o amor dos que protegem a criança. Quando a instância de proibição é interiorizada, consciência e sentimento de culpa se instalam e trazem consigo duas mudanças importantes: não há mais o medo de ser surpreendido agindo mal, pois o superego agora sabe tudo e a falta torna-se, por assim dizer, permanente; a consequência é que não há mais diferença entre *desejar* e *agir*.

Aparece aqui uma dificuldade, pois poderíamos pensar que a interiorização da instância que exige a renúncia pulsional produziria um superego tão severo em relação ao ego quanto a autoridade exterior. Ora, isso não ocorre, como a clínica mostra frequentemente.[4] E Freud explica que o superego não significa apenas a presença interiorizada das interdições dos pais, mas que conserva e renova a tendência à agressão que se manifestou no momento das primeiras proibições. Desse modo, a severidade do superego representa também a agressão contra ele que se renova e se reforça em consequência de novas repressões. Aparece assim que o superego não é só uma formação resultante da história individual, mas igualmente da história da espécie humana. Graças a ele, o indivíduo se inscreve na história e no desenvolvimento da humanidade. E mais particularmente no capítulo que narra o mito fundador da morte do pai.

A história se repete, a tendência à agressão em relação ao pai, assim como o amor da criança por ele – essa ambivalência que

4 "Não sei de onde vem todo esse ódio, essa raiva incontrolável; em casa sempre fomos pessoas calmas. Ele nunca recebeu uma palmada, se ele fazia uma bobagem, nos sentávamos e lhe explicávamos por que era uma bobagem, por que não se podia fazer aquilo. Ele parecia compreender rapidamente e as bobagens não se repetiam". É mais ou menos o discurso da mãe de M., um adolescente de 15 anos que mudou completamente de atitude a respeito da escola, dos pais e dos amigos. Até então fora um filho modelo, excelente aluno na opinião da escola e bom amigo segundo os camaradas. Rapidamente M. começou a se mostrar inimigo de qualquer autoridade, a procurar os conflitos, a observação mais neutra o tornava colérico, ao ponto de estar sob a ameaça de uma exclusão da escola.

engendra o remorso e se transforma em seguida em consciência e sentimento de culpa – retorna em cada geração. Cada um revive individualmente esse capítulo "do combate eterno entre Eros e a pulsão de destruição ou de morte" (1928b, p. 76), um combate atiçado pela vida em comum, em que a ambivalência se desloca da autoridade paterna para a sociedade. E Freud conclui a propósito do mal-estar na cultura: "enquanto a comunidade só conhece a forma da família, esse conflito deve necessariamente se manifestar no complexo de Édipo, instituir a consciência moral, criar o primeiro sentimento de culpa" (1928b, p. 76). A consequência é que o sentimento de culpa se reforça na mesma proporção em que Eros consegue ligar os homens entre eles e aumentar a comunidade. Isto é, enquanto não mudar a forma da família edipiana. Há aqui o lugar para uma questão que Freud não aborda, isto é, a da história das transformações da família.

Na realidade, aparecem aqui duas dificuldades: a primeira diz respeito às relações entre o mito fundador e as mulheres, que, como se sabe, ocupam nele uma posição passiva de objetos de amor. O que se passa então com o sentimento de culpa das mulheres? Como se sabe, Freud vai concluir afirmando a pequena aptidão das mulheres para o trabalho cultural. A outra dificuldade pode se formular assim: o que aconteceria se mudasse a forma da família? Afirmando a tese de que o trabalho cultural exige a renúncia pulsional (uma tarefa que as mulheres não realizam ou realizam mal), Freud não está assim afirmando a irreversibilidade da forma da família e a impossibilidade de um para além de Édipo, assim como a impossibilidade de um trabalho cultural independente da culpabilidade?

Ora, podemos constatar atualmente se não a tendência ao desaparecimento da família edipiana, pelo menos a emergência de outras formas de família. Mais geralmente, é possível afirmar que a família edipiana está revelando seu caráter de contingência histórica. Se tal é o caso, como não ver aí os efeitos de transformações na posição (e no desejo) das mulheres no seio da família edipiana, do político, do social e do cultural? Quais efeitos podem ser percebidos sobre o trabalho cultural em sentido largo?

No que diz respeito à insuficiência da analogia com o Édipo do menino para compreender o Édipo da menina, pode-se reler o último texto escrito por Freud a respeito da sexualidade feminina, a Conferência XXXIII, *A Feminilidade* (1932). Pois esse texto, afirma Freud na conclusão, resume "tudo o que eu tinha a dizer sobre a feminilidade" (1932, p. 181), antes de nuançar fortemente tudo o que vem de ser desenvolvido: "as mulheres só foram estudadas enquanto determinadas pela função sexual, uma determinação importante, mas que não esgota o que é cada uma delas enquanto ser humano". Os conhecimentos assim obtidos são, portanto, incompletos e fragmentários. E, diante das insatisfações que podem provocar naqueles que se defrontam ao "enigma da feminilidade", Freud aconselha o leitor que seja paciente e espere os novos avanços da ciência, que interrogue a experiência pessoal ou que leia os poetas, que, como se sabe, podem exprimir quase espontaneamente o que um espírito científico só adquire ao preço de um longo esforço.[5] Não transparece nesses conselhos nenhuma nota irônica, mas sobretudo a humildade própria ao cientista reconhecendo que

---

5 O Édipo freudiano é elaborado como releitura de três monumentos literários: a tragédia epônima de Sófocles, *Hamlet* de Shakespeare e *Os irmãos Karamazov* de Dostoievski. Isto é, três dramas trágicos nos quais os filhos são personagens principais. Não há em Freud um interesse particular por *Antígona*, *Medeia* ou *Lucrécia Bórgia* e, quando é questão de Rebecca West em *Rosmersholm*, de Ibsen, a análise de Freud insiste sobre a repetição do esquema edipiano produtor de culpabilidade, e não sobre a especificidade de um Édipo feminino: "Rosmersholm é a obra-prima do gênero que trata desse fantasma costumeiro das jovens" (1926, p. 133).

o que ele ignora é provavelmente mais importante ou maior do que ele sabe.

Sabemos que, para Freud, o desenvolvimento sexual da menina segue as mesmas três etapas do desenvolvimento que o menino: desejos orais, desejos sádico-anais e desejos fálicos. Nas duas primeiras etapas não há diferença entre meninos e meninas: eles manifestam a mesma agressividade, praticam a masturbação e ignoram a existência da vagina. "A menina é um homenzinho" (1932, p. 158). A fase fálica inaugura os caminhos divergentes graças à percepção visual dos órgãos genitais respectivos, impondo à menina a realização de duas tarefas ignoradas pelo menino: ela deve mudar de zona erótica diretora, passando do clítoris à vagina, e colocar o pai no lugar de seu primeiro objeto de amor, que é a mãe. O menino não precisa enfrentar essas mudanças: ele conserva a mãe como objeto de amor e o pênis como zona erógena diretora.

São as duas tarefas específicas do desenvolvimento da sexualidade feminina que conduzem Freud a descobrir e a sublinhar a importância do amor pré-edipiano da mãe, na medida em que o que é transferido sobre o pai já está presente na relação com a mãe como objeto de amor. Ora, o amor pré-edipiano contém moções ativas e passivas, isto é, uma profunda ambivalência na qual a hostilidade em relação à mãe acaba se impondo quando a menina a julga responsável pelo fato de não possuir um pênis. Aqui se inscreve a divergência no desenvolvimento sexual de meninas e meninos: observando o órgão sexual feminino, o menino aprende que ele pode perder seu pênis, uma representação na origem da angústia de castração; observando os órgãos sexuais masculinos, a menina se sente lesada e experimenta a inveja do pênis, um desejo que não a abandonará nunca mais completamente. Assim, parece correto afirmar não apenas que a menina não nasce mulher, mas que ela se torna mulher no final de um processo complexo que passa pela masculinidade, mas também que ela não será nunca completamente mulher, pelo menos no que diz respeito à função sexual.

Ora, a inveja do pênis e a angústia de castração não são formações análogas, embora ambas possam constituir a "rocha de origem" enraizada no biológico e marcar, assim, os limites do trabalho analítico diante do enigma da sexualidade (1937, p. 268). Pois, se a angústia de castração produz a dissolução, talvez mesmo a liquidação completa do Édipo do menino, a inveja do pênis significa para a menina um desejo "cujo fundo é inatingível" (1937, p. 65). Já em *Le tabou de la virginité* (1917a), Freud observava que a inveja do pênis "é mais próxima do narcisismo originário do que o amor de objeto" (1917a, p. 77).

Resulta disso uma série de efeitos ou de perturbações para a sexualidade feminina cuja maturidade é raramente atingida, ainda que Freud note a dificuldade em distinguir o que se deve, para a mulher, à função sexual e o que se deve à educação social. Uma observação importante que Freud não aprofunda, mas que não deixa indiferente um leitor contemporâneo. Uma das características é, segundo Freud, o pouco de aptidão para as contribuições culturais – exceto para a técnica da trança e da tecelagem (provavelmente para ocultar originariamente os órgãos sexuais), um senso pobre da justiça e dos interesses sociais, tudo isso em relação, no fundo, a uma menor capacidade de sublimação pulsional. Nesse sentido, as mulheres podem mesmo aparecer como rebeldes ao trabalho cultural, que exige o sacrifício de moções sexuais e agressivas. Nelas o superego ou o ideal do ego não é solidamente instituído, na medida em que o Édipo feminino não é jamais uma história liquidada e que a mulher permanece marcada profundamente pela ambiguidade em relação à mãe, que seu desejo de maternidade traz a marca de sua inveja do pênis e do amor do pai.

Vê-se por aí que o menino pode ultrapassar seu Édipo e, assim, fundar, por sua vez, uma outra família edipiana. A menina parece destinada a ser apenas o suporte dessa empresa masculina de repetição da revolta e da vitória contra as pretensões abusivas do pai. O destino das filhas se inscreve em uma história na qual, dependentes e derivadas, sua insatisfação ganha o caráter de um prejuízo colateral. Diante esse efeito, as mulheres tendem a reagir pela doença. Ou pela revolta.

2

A leitura de uma boa parte dos textos sobre a sexualidade feminina escritos pelas analistas contemporâneas de Freud - começando pelo texto de Abraham (1921) até o texto de Jones de 1947 (revisão de um texto de 1926), passando pelos textos fundamentais e críticos de Karen Horney e Melanie Klein (1923 e 1928, respectivamente) ou pelos escritos mais consensuais de J. Muller (1926), Helene Deutsch (1925) e Lampl de Groot (1926) - surpreende pelo silêncio quase total quanto às consequências das afirmações freudianas a propósito da sexualidade feminina sobre o trabalho cultural das mulheres, mas também pelo pouco de atenção dada à interrogação concernente à forma da família, os processos de formação do superego feminino e a emergência dos mecanismos de sublimação. As exceções parecem ser sobretudo Karen Horney e Melanie Klein, acompanhadas por Ernest Jones. No entanto, a resposta global mais elaborada, em ruptura com Freud e com a ortodoxia psicanalítica, pertence a Karen Horney, em 1937, com o influente *The neurotic personality of our times*, que só abordaremos aqui indiretamente. Nesse quadro, deixa-se de lado igualmente os percursos de E. Fromm e W. Reich, pois implicam outras considerações para além da sexualidade feminina e do trabalho cultural feminino e em relação com o marxismo. Mas impossível ignorar que tais trabalhos terão, particularmente nos Estados Unidos, uma grande importância sobre os feminismos, o que não parece, à primeira vista, ser o caso na Europa.

No que diz respeito à sexualidade feminina, as dificuldades parecem se concentrar ao redor da teoria freudiana de uma fase fálica com primado do falo e de seu correlato, a saber, a ignorância da vagina da parte dos meninos e das meninas. Às observações críticas de Horney, Freud responde que as sensações vaginais precoces não têm um papel importante e que é difícil distingui-las das sensações anais ou vestibulares, o que explica que, para a menina, o clítoris seja a zona genital diretora, conduzindo-a a abandonar a mãe como objeto de amor e a se dirigir ao pai para receber dele o pênis invejado. Isso não significa que a inveja do pênis é uma formação secundária ou derivada, resultado de uma regressão, como pretendem Karen Horney, Melanie Klein e Ernest Jones. Os conflitos posteriores – em particular a insatisfação com o onanismo clitoridiano e a hostilidade em relação à mãe – estão relacionados com fixações precoces, e a proporção entre o que é precoce e o que é posterior é variável, afirma Freud, na etiologia da inveja do pênis. No entanto, a fixação precoce é sempre determinante, pensa Freud, embora ela não seja sempre decisiva. Desse modo, a inveja do pênis é sempre presente e pode ser reforçada pelas experiências posteriores, como os conflitos que aparecem com a descoberta da diferença anatômica entre os sexos. Porque ela é originária, a inveja do pênis não pode ser liquidada definitivamente, mesmo nos casos "normais" de substituição do desejo do pênis pelo desejo de maternidade.

A dúvida levantada a propósito do primado do falo, associada à recusa de considerar a inveja do pênis como um traço originário – como algo inscrito e indepassável na feminilidade e que, ao mesmo tempo, faz da feminilidade algo derivado da masculinidade, com a tese da bissexualidade permitindo evitar a contradição –, tem consequências importantes sobre a compreensão dos processos de formação do *superego*. Segundo Freud, tanto para o menino como para a menina, o *superego* é o herdeiro do Édipo, e essa é a razão pela qual o *superego* da menina não será nunca severo (posto que seu Édipo não é jamais verdadeiramente ultrapassado). Apesar do reconhecimento da importância da pré-história da genitalidade e do pré-edipiano, Freud não parece colocar em dúvida suas conclusões a respeito do *superego* ou *ideal do ego*.

Helene Deutsch (1925) prolonga as análises de Freud e faz do *superego* da menina o resultado da dissolução do Édipo. Na fase fálica, a menina investe o clítoris como igual ao pênis, manifestando tendências masculinas e se identificando ao pai. Mas a realidade efetiva da castração a conduz à renúncia do clítoris e à regressão para a "criança anal" identificada à mãe. O *superego* formado proíbe o incesto e a culpabilidade subjacente obriga a menina a abandonar sua rivalidade com a mãe e cria, assim, as condições para uma identificação à mãe, instaurando uma "fase superior" do *superego*, isto é, o *ideal do ego* feminino como maternidade idealizada. Se isso não funciona e a mãe não é introjetada, a fase superior do *superego* não se concretiza, a mãe permanece um objeto inferior e a menina desenvolve um "complexo de prostituição".

O *superego* se forma, para Deutsch, em duas etapas, a primeira sendo a da culpabilidade (a castração é uma punição) associada ao onanismo, e a segunda é a do *ideal do ego*, quando o ideal paterno atravessa a sublimação feminina, isto é, a maternidade. Tudo se passa no quinto ano, antes do período de latência, como Freud havia já indicado.

Os dois textos importante de Karen Horney de 1923 e 1926 não abordam diretamente a questão da formação de um superego feminino. O primeiro responde a Abraham e critica a ideia de uma inveja do pênis como "fato axiomático". Horney, ao contrário, afirma que a inveja do pênis é uma resposta à realidade da desvantagem das meninas diante dos meninos, uma desvantagem relacionada às restrições impostas às mulheres de satisfazer pelo menos um dos três componentes pulsionais: o erotismo uretral (impossibilidade de urinar em pé), a pulsão escópica (impossibilidade de ver seu sexo) e o onanismo (dificuldade de tocar o clítoris). Assim, a inveja do pênis não é um traço originário no complexo de castração das meninas, que tem uma de suas raízes na identificação ao pai. Ora, a menina se decepciona e desenvolve assim fantasias de violência do pai que a teria violado. A inveja do pênis é uma regressão à fase anal, acompanhada de culpabilidade devido ao fato de ser uma mulher, isto é, um ser que sofreu um prejuízo. O segundo texto, além disso, sugere que os homens também invejam as mulheres (os seios, a maternidade), e Horney se pergunta se a criatividade masculina não é uma compensação pela pequena importância que têm os homens na criação da vida.

Além disso, a inveja do pênis como reação ao prejuízo real não tem nada a ver com a inveja do pênis da mulher adulta. Trata-se aqui ainda de uma formação secundária "incorporando tudo o que não funcionou no desenvolvimento em direção da feminilidade" (Horney, 1926, p. 64). E essa fuga em um papel masculino se reforça com a condição social das mulheres, enquanto os homens ganham em masculinidade graças à repressão social de seus desejos femininos, o que lhes facilita o trabalho da sublimação. A atração mútua dos sexos, afirma Horney, é um *princípio natural* do qual a inveja do pênis, na menina, é uma primeira manifestação autoerótica, uma espécie de "amor parcial". Para a menina e para a mulher adulta, a inveja do pênis é uma formação derivada: para a primeira, trata-se de resposta a um prejuízo real de satisfação pulsional, para a segunda, trata-se de resposta à opressão social generalizada da feminilidade que, reforçando a masculinidade, produz ao mesmo tempo o desprezo pela condição feminina. Vê-se mal, nos dois textos, o que poderia resultar na formação do superego e os efeitos sobre a narrativa edipiana.

O tema da fuga da feminilidade é tratado no mesmo sentido por Josine Müller (1926), com a ideia da repressão do investimento vaginal precoce, deixando assim lugar para a predominância do clítoris. Quando a repressão não funciona, há um novo esforço acompanhado de culpabilidade em relação ao onanismo clitoridiano que engendra um sentimento de inferioridade (e de inveja do pênis). Isso pode conduzir ao evitamento de um enfoque feminino do mundo e à aceitação de "*the man's way of seeing things*" (1926, p. 365), inclusive ela própria. Müller não esclarece o leitor sobre o que poderia ser um enfoque feminino do mundo.

Tais análises não são, infelizmente, conduzidas para abordar o desenvolvimento do superego feminino, talvez, em parte, porque Horney se mostra sensível às análises de G. Simmel a propósito do caráter eminentemente masculino da cultura. Ela parece colocar tais análises no lugar de uma compreensão mais analítica. Horney retoma as análises sociológicas de Simmel para englobar o que ela desenvolveu como psicologia feminina: "a psicologia das mulheres representa de fato, até aqui, o depósito dos desejos e das decepções dos homens". Ela acrescenta que as mulheres "se veem ou se viram segundo o modo como os desejos masculinos lhes pedem; inconscientemente elas aceitam a imposição do pensamento masculino" (1926, p. 56). O que faria do superego ou ideal do ego femininos uma instância interiorizada da dominação masculina.

Fica aqui aberta a necessidade de acompanhar o trabalho de Horney, em particular após sua instalação nos Estados Unidos e seu encontro com a antropologia cultural.

Na discussão que nos interessa aqui, é provavelmente em Melanie Klein e Ernest Jones que se encontra uma elaboração mais complexa e mais rica de desenvolvimentos do superego das meninas.[6] Mesmo se os dois autores não pretendem romper com a teoria freudiana, é preciso reconhecer que ambos operam uma inflexão importante da teoria da sexualidade feminina, em particular, e da clínica e da teoria, em geral: uma inflexão no sentido de atribuir importância decisiva à relação precoce com a mãe. Freud já o reconhecera, mas sua insistência sobre a inveja do pênis como traço primário e constitutivo do feminino não foi revista, o que fez da menina um homenzinho sob o primado do falo, e de seu superego uma figura incapaz de liquidar inteiramente o Édipo. No melhor dos casos, a mulher adulta desloca seu desejo de pênis para um desejo de maternidade, em particular sobre o desejo de um filho, e encontra na maternidade uma satisfação necessariamente passageira. Além disso, ela não pode encontrar no trabalho cultural uma compensação sólida. Do ponto de vista do resultado, a maternidade é, tanto por Jones como por Klein, a maturidade do desenvolvimento feminino, mas os processos que levam até ela diferem dos processos analisados por Freud e esclarecem diferenças que abrem possibilidades não reconhecidas por Freud como parte do destino das mulheres.

Segundo Klein, o Édipo do menino e da menina não seguem os mesmos traçados. O primeiro é forçado a abandonar a posição oral e anal (desmama e limpeza) e, descobrindo a diferença anatômica dos sexos, muda sua posição libidinal (boca-ânus). Seu objetivo daí em diante é a *penetração*. A mãe continua sendo seu objeto

---

6 Roudinesco sugere que a aceitação dos temas desenvolvidos por Melanie Klein, que se acompanha de um abandono relativo do Édipo freudiano clássico, contribui igualmente para uma "maternalização" crescente da família nuclear (2002, p. 130).

de amor. A menina não muda a finalidade *receptiva* que ela já tem (boca-ânus), mas se dirige daí em diante ao pai para receber o que a mãe não é capaz de lhe dar.

Eis aí o Édipo do menino e da menina colocados em ação. Mas seu movimento inaugural é a desmama e as frustrações que a acompanham no fim do primeiro ou começo do segundo ano de vida. O superego é formado pelas identificações nas diferentes etapas do desenvolvimento, identificações que são acompanhadas de culpabilidade e têm um caráter bastante contraditório. O superego aparece assim como herdeiro do processo inteiro de organização do Édipo. Assim, por exemplo, a severidade do superego se compreende à luz das origens do Édipo durante a desmama, quando, frustrada, a criança quer morder e devorar o objeto de amor, o que desperta nela o medo da vingança. Esse medo, para se acalmar, leva à introjeção do objeto, que, agora, pode exercer sua vingança no interior: "o superego se torna uma coisa que morde, devora e corta" (Klein, 1928, p. 203), o que, por sua vez, leva a criança a projetá-lo. Há na formação do superego um jogo dialético complexo de introjeção e de projeção, de identificação subjetiva e de objetivação que parece constituir, para Klein, o movimento próprio dos processos psíquicos.

Uma consequência dessa análise é que, para o menino e para a menina, a identificação precoce – uma primeira camada do superego – se faz com a mãe e que há, em consequência, para os dois, uma "fase de feminilidade" (1928, p. 205). Nessa fase é possível parafrasear Freud para afirmar que o menino é uma mulherzinha. Nessa fase ainda, as fezes são o equivalente da criança desejada: de um lado a criança a ser roubada à mãe, de outro os ciúmes das outras crianças imaginariamente presentes na mãe. O fundo desse desejo é o desejo frustrado de dispor de um órgão de concepção, gravidez e parto supostamente existente na mãe e que a criança inveja, pois é o órgão da receptividade e da generosidade da fase puramente oral.

Para o menino aparece, então, o medo da mãe castradora que lhe retira as fezes, um medo combinado e reforçado pela angústia da castração da parte do pai cujo pênis é supostamente na mãe. A tirania do superego do menino encontra-se assim ligada à imagem da mãe, embora tal imagem combine mãe e pai.

Quanto à menina, a desmama e as privações anais, assim como as moções genitais, a afastam da mãe. O deslocamento da libido oral para a libido genital começa com as primeiras moções genitais, e o objetivo de recepção oral tem um papel importante na relação com o pai. A menina tem uma "consciência inconsciente" da vagina desde os primeiros movimentos dirigidos ao pai, mas seu onanismo não é satisfatório e ela tende a abandoná-lo. Como, nesse momento, é a mãe que possui o pênis do pai, a menina a inveja e a odeia. O medo da vingança a leva então a se identificar à mãe e, se tal movimento tem lugar durante moções orais e sádico-anais poderosas, o medo do superego materno será determinante – esse mesmo medo que levará a menina a dirigir-se ao pai e a abandonar a identificação à mãe. Vê-se aqui o mesmo jogo complexo de introjeção e projeção.

A descoberta da falta de pênis reforça na menina a procura do pênis – o que quer dizer que a inveja do pênis é uma formação secundária ao desejo de maternidade que tomará mais tarde o lugar da inveja do pênis: "Considero a privação do seio como a causa mais fundamental do movimento em direção ao pai" (1928, p. 209). Para Freud, como se sabe, tal deslocamento se faz em linha direta: desejo de pênis-desejo de criança.

A identificação ao pai operada pela menina engendra menos de angústia que a identificação à mãe, pois não há rivalidade. Mas ela exige uma compensação, uma nova relação de amor com a mãe, o que torna difícil, para a menina, sair do complexo de masculinidade. É essa nova relação de amor com a mãe que, misturada ao ódio das posições anteriores, leva a menina a abandonar a identificação ao pai para dirigir-se a ele, daí em diante, como objeto de amor. Por sua vez, essa nova relação ao pai como objeto de amor traz em si o conflito prévio da relação com a mãe e, desse modo, a relação das mulheres aos homens depende, em última análise, da relação precoce com a mãe: se mais positiva, o marido substituirá "a mãe que dá o que é desejado pela criança amada" (1928, 210). Se a frustração edipiana não se transforma em ódio, a satisfação plena do amor, mais tarde, será acompanhada de admiração e de gratidão.

O desenvolvimento sexual do menino e da menina é marcado por uma diferença: a angústia de castração do menino se funda sobre a existência visível do pênis, enquanto a angústia da feminilidade concerne aos órgãos internos e ao desejo insatisfeito de maternidade. A primeira é determinada por um superego masculino, a segunda por um superego feminino. O superego da menina derivado da identificação à mãe pode ser severo e cruel, pois relacionado ao nível sádico-oral, e o superego derivado após a identificação ao pai é menos severo, graças à ausência de rivalidade. No entanto, quanto mais a identificação à mãe se estabiliza no nível genital, tanto mais a menina se dará um ideal materno generoso e terno. Desse modo, observa Klein, a atitude afetiva positiva depende dos traços genitais e pré-genitais da mãe ideal, mas a atitude afetiva relacionada à atividade social depende do ideal do ego paterno: a atividade genital do pai dá à menina finalidades que ela não poderá nunca satisfazer, mas tal impossibilidade, combinada à capacidade de autossacrifício derivada do superego materno, pode dar às mulheres, consideradas individualmente, "a capacidade para realizações excepcionais no plano intuitivo e em domínios específicos" (1928, p. 212).

O menino, por sua parte, que se constrói à imagem de seu ideal paterno, se destina a "um trabalho criativo mais persistente e objetivo" (1928, p. 212). E o texto de 1928 reconhece que o desenvolvimento do menino comporta uma grande parte obscura, a qual se manifesta em particular na questão do destino de seu superego feminino. Lá onde Karen Horney vê a ação repressiva da sociedade, e talvez mesmo da cultura, para proteger os ideais masculinos, Melanie Klein prefere assinalar um ponto obscuro. Talvez seja uma das razões pelas quais Horney vai inspirar os feminismos, particularmente em suas versões americanas, enquanto as análises kleinianas parecem sobretudo marcadas ideologicamente aos olhos das feministas britânicas.[7]

Como Jones compreende, as reconstruções kleinianas transformam o Édipo em uma espécie de formação secundaria, remodelando profundamente os processos de formação do superego em relação ao que Freud propôs. Preservando a excelência do desejo feminino relacionado à maternidade, combinado a uma relação satisfatória com os homens, Klein estende o campo da atividade feminina ao social, um domínio em que o afetivo e a dimensão de recepção seriam fundamentais, diferentemente do trabalho criativo mais objetivo dos homens.

Mas não há horizonte metapsicológico no trabalho de Klein, uma perspectiva que se encontra em Jones, que, nesse sentido, parece ir mais longe do que Klein na reconstrução dos processos graças à noção de *aphanisis* - abolição total da capacidade e do prazer sexuais - como razão profunda da formação do superego para o menino e para a menina. Em outros termos, o superego seria uma reação defensiva contra a possibilidade de desaparecimento do desejo (do sujeito, dirá Lacan), a qual se manifesta como angústia de castração positiva para o menino e como angústia da separação

7 Ver, a esse respeito, J. Mitchell (1974, p. 229ss).

para a menina. No entanto, a escolha edipiana para os dois é a mesma: "diante da *aphanisis*, resultado de uma privação inevitável, ambos devem renunciar ou ao sexo ou ao incesto" (1947, p. 405).

Parece difícil encontrar em Klein ou em Jones, apesar do esforço de reconstrução dos processos da sexualidade feminina, uma nova perspectiva sobre o trabalho cultural das mulheres, uma interrogação mais profunda sobre a forma da família ou uma nova elaboração do aspecto quase trágico do combate entre as duas potências celestes, Eros e Thanatos, cujo resultado ninguém é capaz de prever.

É preciso esperar 1937 para ler a resposta mais elaborada de Karen Horney ao *Malaise dans la civilisation* de Freud. Mas já em 1931 ela publica uma primeira crítica das ideias freudianas e afirma sua oposição radical à dualidade das pulsões freudianas. Para ela, se se leva em conta a experiência e a observação clínicas, não há nenhuma razão para separar em duas entidades opostas as pulsões eróticas e as pulsões agressivas. A questão colocada pelas pulsões agressivas é a de saber se tais tendências são naturais, primárias, ou se elas derivam de pressões psíquicas e sociais. Ora, a agressão e a destruição não se confundem, se considerármos que as tendências agressivas estão a serviço da autopreservação e da afirmação da vida. E tal finalidade é primeira e fundamental, e não apenas, como quer Freud, resultado de uma inibição da finalidade destrutora. As forças de afirmação da vida só se tornam agressivas sob a influência da angústia que se transforma em hostilidade em certas condições que, se desaparecessem, colocariam um termo à hostilidade. O homem não é mau – o que não quer dizer que ele seja "bom" –, e Freud, sem fundamento na experiência, aceita o ponto de vista pessimista postulando um "mal inato no homem" (1931, p. 136).

Ora, o trabalho cultural impõe inflexões aos movimentos pulsionais e, em consequência, uma certa limitação das possibilidades de felicidade – um processo no qual as pulsões sexuais e agressivas podem se tornar destrutoras. Para evitar tais efeitos, ao nível dos destinos individuais, a atitude dos pais é fundamental, o que coloca também o problema do casamento e do casal formado pelos pais. Do ponto de vista econômico, é preciso condições que facilitem a luta pela vida de maneira a diminuir as pressões exteriores. Do ponto de vista social, o que deve mudar é a condição das mulheres: "se a mulher possuir uma maior segurança interior e se sentir mais satisfeita, ela pode tornar-se a mais poderosa força na promoção de um crescimento saudável das jovens" (1931, p. 138).

Curiosamente, nesse primeiro terço do século XX, Freud e os analistas contemporâneos parecem pouco atentos aos discursos feministas, que, no entanto, têm uma forte presença. As observações de Freud a esse respeito são significativas. O nascimento da psicanálise está intimamente ligado à condição das mulheres, particularmente das histéricas, e Karen Horney lê com interesse os importantes estudos sociológicos de G. Simmel, embora ela pareça colocar a condição das mulheres no quadro mais geral das imposições da vida em comum e da cultura. Mas o fato é que os psicanalistas homens e mulheres não parecem levar em conta as reivindicações feministas como signo ou como sintoma de um mal-estar ou de uma injustiça revelados por uma consciência que se exprime coletivamente desde o fim do século XVIII, particularmente no seio das três revoluções democráticas. Para Freud, tais reivindicações se fundam sobre uma ilusão. Na Europa, será preciso esperar os anos 1960 para que psicanálise e feminismos se encontrem e, mesmo então, o diálogo não se generaliza.

O que não deve impedir que nos perguntemos sobre o que dizem as mulheres nesse momento chamado de *feminismo originário* a propósito delas próprias e da sociedade em que vivem. O que estão reivindicando e que ecos poderiam ser percebidos na discussão sobre a sexualidade feminina, a forma da família e o trabalho cultural feminino tais como os primeiros analistas os compreenderam? Como analisar o pouco de contato entre essas duas novidades políticas e culturais?

Interlúdio

Talvez não exista nenhum analista que não se interrogue sobre as finalidades de seu trabalho clínico e a importância de suas preocupações teóricas, posto que tais questões são inseparáveis de seu desejo de analista. Pelo menos se ele se reconhece como herdeiro da invenção freudiana. Mais ainda, qual analista nunca se preocupou com a natureza das relações entre a clínica e a teoria: têm os mesmos objetivos? A primeira não procura aliviar o sofrimento e lançar uma luz sobre os impasses particularmente de ordem psíquica? A segunda não procura, em primeiro lugar, a verdade a respeito dos fundamentos e do modo de funcionamento da subjetividade humana? É assim que a dúvida permanece quanto à ausência de uma ponte verdadeira e legítima entre uma e outra, entre a singularidade da história afetiva do analisando e a generalidade própria à exigência teórica. E a afirmação segundo a qual a psicanálise é uma ciência do particular só serve para acentuar essa distância, torná-la incontornável, pois um paradoxo não é uma resposta, mas o lugar de um problema que não podemos ou ainda não sabemos formular.

Dois paradoxos poderiam ser formulados experimentalmente: as elaborações teóricas parecem depender bastante, talvez mesmo exclusivamente, da clínica de cada analista, necessariamente diferente de outras clínicas; a teoria analítica de validade universal é uma exigência incontornável, mas seu projeto de verdade só pode fracassar ou permanecer, no melhor dos casos, ao nível das hipóteses e, no pior dos casos, formular-se como um mito. Ao que seria preciso acrescentar que nenhum sucesso clínico parece depender diretamente de um sólido conhecimento teórico e de uma boa técnica de aplicação da teoria: um bom teórico não é necessariamente um bom clínico, e vice-versa. E como ignorar que às vezes, nas histórias de caso de Freud, o erro clínico contribuiu para a realização de progressos teóricos decisivos!

É difícil, portanto, não tirar a conclusão de que a análise, como o governo ou a educação dos homens, é uma tarefa tanto necessária quanto impossível de realizar de maneira satisfatória. Mas, se não é difícil compreender e aceitar a necessidade de governar ou de educar, a necessidade de analisar é bem menos evidente, sobretudo se não se considera a autonomia e a liberdade como destinos humanos.

Essas reflexões lembram as observações técnicas de Freud na história de caso da jovem homossexual (1920a), uma análise interrompida quando Freud compreende que a jovem tenta enganá-lo e seduzi-lo, como fazia com o pai. A primeira observação de Freud diz respeito ao fato de que a demanda de análise vem dos pais, sobretudo do pai, o que não corresponde ao modelo ideal da demanda de análise. No modelo ideal, o futuro analisando pede ajuda ao psicanalista para resolver um conflito que não pode enfrentar sozinho. O analista, prossegue Freud, se apoia então sobre uma das duas partes contra a outra da personalidade dividida, de modo que o analisando, reconhecendo de algum modo o peso respectivo das forças em presença, recupera sua capacidade de enfrentar os conflitos. Ora, quando a demanda de análise vem de uma outra pessoa, por exemplo, dos pais, o resultado corre o risco de decepcionar quem fez a demanda e de não trazer nada de proveitoso para o doente.

A demanda de análise da jovem homossexual – demanda dirigida a Freud pelo pai da jovem – pedia a inversão de sua homossexualidade, um objetivo, afirma Freud, raramente possível. No máximo, a análise consegue restabelecer a função bissexual completa, o que representa um ganho de liberdade de escolha, pois o analisando pode então "deixar [*ou não*] desafetada a outra via banida pela sociedade" (1920a, p. 249), sem esquecer que a sexualidade normal repousa igualmente sobre restrições na escolha do objeto. No caso ideal de uma demanda oriunda do futuro analisando ou de uma demanda vindo de um terceiro, o objetivo da análise permanece sempre o mesmo: restaurar ou criar uma situação psíquica na qual uma escolha é possível, uma escolha entre termos que, ao contrário, não são necessariamente escolhidos, mas impostos (pela natureza? pela sociedade? pela cultura?).

Uma segunda observação de Freud diz respeito ao processo mesmo da análise que ele descreve como formado por duas fases distintas, embora elas frequentemente se sobreponham no tempo: uma primeira fase na qual o analista reúne o material necessário, mostra ao analisando os fundamentos da análise e lhe oferece construções genéticas a respeito de seu mal; uma segunda fase na qual o analisando se apropria do material disponível, o elabora, recupera as lembranças do que foi reprimido e "se esforça para repeti-lo em uma espécie de revivescência" (1920a, p. 250) – o que acaba produzindo uma transformação interna. Há aqui, para o analisando, pela mediação das construções genéticas do analista, uma reapropriação sobretudo afetiva de suas próprias experiências, uma reapropriação liberadora.

Mas essa segunda observação técnica se complica quando Freud, mais tarde, retoma as fases do processo da análise na perspectiva das relações entre a clínica e a teoria. Durante a primeira fase, a fase propriamente analítica, o encadeamento construído dos elementos analisados tem a forma de uma "conexão sem lacuna" (1920a, p. 266). Mas se, ao contrário, na síntese (segunda fase do processo), parte-se dos pressupostos encontrados pela análise para construir o encadeamento até os resultados, nada mais funciona: o encadeamento não aparece mais marcado pelo signo da necessidade, os resultados poderiam ter sido completamente diferentes e a análise os teria explicado sem lacuna em outro sentido. "A síntese não é, portanto, tão satisfatória como a análise; em outros termos, não é possível, a partir do conhecimento dos pressupostos, predizer a natureza do resultado" (1920a, p. 266).

Uma das razões dessa constatação surpreendente se explica pelo fator quantitativo das forças em presença: só se pode avaliar *après-coup* qual era sua força relativa. Parece, no entanto, evidente que, se a síntese não permite uma previsão, é porque o encadeamento comporta pontos, nós ou encruzilhadas onde uma outra sequência é possível. A tarefa do analista é a de trazê-los à luz e abrir assim o espaço reprimido das possibilidades. O que, ainda uma vez, nos conduz a pensar que a clínica analítica é antes de tudo uma arte, e a teoria um conjunto de hipóteses, posto que seu domínio é o espaço dos possíveis. Como não ver aí, igualmente, que a teoria analítica exclui qualquer pretensão normativa?

O caso da jovem homossexual (1920a) e o de Dora (1905b) são paradigmáticos da análise de mulheres: um caso de histeria e um caso de homossexualidade. Considerou-se tais casos sobretudo como fracassos, erros e equívocos da parte do analista. Ora, seria talvez mais interessante relê-los à luz das observações técnicas de Freud e dos paradoxos enunciados, assim como à luz das teorias sobre a sexualidade feminina desenvolvidas a partir de 1923. Algo que o próprio Freud parece ter feito quando analisa o desenvolvimento sexual da mulher – entre a predisposição à inveja do pênis e o desejo de maternidade, um encadeamento direto e necessário.

Como se um e outro não comportassem nós onde outras sequências seriam possíveis. Deve-se também levar em conta a curiosa observação de Freud a propósito da infância da jovem homossexual que, em revolta contra o destino das mulheres e contra a injustiça de não gozar das mesmas liberdades que o menino, "era propriamente uma feminista" (1920a, p. 267).

O encadeamento necessário nos processos de formação da sexualidade feminina pode, então, ser lido como valendo também procura dos nós e momentos cruciais em que despontam outras possibilidades do destino e da condição das mulheres.

3

A *Pétition des femmes du tiers-état*, de primeiro de janeiro de 1789, pode fazer sorrir hoje, mas contém sinais importantes anunciando a aurora de uma consciência do mal, das opressões e das injustiças que afligem as mulheres no *Ancien Régime* – "objetos contínuos da admiração e do desprezo dos homens" – assim como das primeiras reivindicações coletivas da causa das mulheres.

A causa em jogo aqui é a das mulheres do *Tiers-état*, sem dúvida, das mulheres que nascem sem fortuna e que não recebem nenhuma educação, ou apenas um pouco ou de má qualidade. Mas não se deve esquecer que, mais tarde, durante os primeiros anos da Revolução, são as mulheres do povo – em pequeno número, aliás, e bastante marginal – que exprimem mais claramente a recusa da condição feminina em nome da igualdade civil, jurídica e política. E não, por exemplo, Madame Roland ou Madame de Staël.[8]

---

8 Essas feministas de primeira hora não apenas formam uma minoria, mas se situam "fora da categoria das esposas e das mães", como observa Louis Devance em sua revisão da historiografia romântica e positivista sobre o papel das mu-

Cabe assim às mulheres do povo a denúncia de uma situação de sofrimento e de injustiça: se nascem belas, mas não recebem uma educação, tornam-se vítimas do primeiro sedutor e acabam se prostituindo; sem beleza e sem dote, acabam se casando com um artesão, vegetam e produzem filhos que não sabem como educar. Sem virtude, elas se dão a quem paga mais; virtuosas, seu destino é o convento ou o serviço doméstico. As famílias preferem investir na educação dos meninos, que podem, mais tarde, contribuir, ao contrário das meninas; se permanecem celibatárias, elas serão objeto do desprezo geral.

Como então sair dessa situação? O que pedem as mulheres do *Tiers-état* ao rei? Não se trata absolutamente de competir com os homens e de pretender ocupar trabalhos masculinos, mas de proteger as profissões femininas – "a agulha e o fuso" –, deixando aos homens "o compasso e a régua". As profissões reservadas às mulheres deverão ser acessíveis após exame de entrada e prova de boa moralidade. Além disso, as prostitutas deverão usar uma insígnia distintiva que impeça a confusão. A educação feminina deve insistir sobre a língua, a religião e a moral. O ensino religioso não deve se contentar das pequenas práticas – ler a missa em francês e as vésperas em latim –, mas abordar a grandeza da religião. A moral deve se fundar sobre as virtudes femininas: doçura, modéstia, paciência e caridade. Não é necessário ensinar às mulheres a arte de agradar, pois tal arte lhes é inata. As ciências são perigosas,

---

lheres e das "feministas" na Revolução Francesa (ver Devance, 1977). Madame Roland e Madame de Staël recusam explicitamente qualquer intervenção no espaço público, o que certamente não as impede de agir em seu salão, o salão que não é um espaço público nem um espaço privado. Madame de Staël mostra em seus ensaios e romances uma consciência aguda e crítica da condição das mulheres de seu tempo, particularmente se elas dispõem de talentos e de ideias (como é o seu caso). A primeira foi guilhotinada, a segunda conheceu um longo exílio sob o governo de Napoleão.

transformam as mulheres em "seres neutros" que raramente são esposas fiéis e boas mães.

Esclarecidas e dispondo de um trabalho honesto, as mulheres ganharão a estima dos homens e serão menos dependentes deles; elas evitarão a prostituição e educarão as crianças como sujeitos fiéis ao rei. A petição é dirigida ao rei, as mulheres não pedem para ser representadas nos États Généraux, elas esperam tudo do rei, como de um "Pai terno".

Os mesmos temas e reivindicações – educação e profissões adaptadas à "natureza" feminina e ao lugar das mulheres na sociedade, independência econômica em relação aos homens – se encontram em um dos mais célebres textos feministas, que apareceu no início da Revolução: a *Déclaration des droits de la femme et de la citoyenne* (1791),[9] dedicada a Marie-Antoinette e paráfrase da *Déclaration des droits de l'homme e du citoyen* de setembro de 1789. Adotando a forma da *Déclaration* de 1789, Olympe de Gouges ilustra o paradoxo de uma declaração com pretensões universalistas, mas que exclui de fato a metade feminina da humanidade quando se concretiza na Constituição de 1791.

Mais ainda, há algumas diferenças fundamentais em relação à *Petition des femmes du Tiers-état* que mostram a amplitude do choque provocado pelos primeiros acontecimentos revolucionários. O tom agora é claramente crítico e mesmo de revolta, reivindicativo, além do respeito e da submissão a uma hierarquia intocável. Trata-se efetivamente de uma tomada inédita da palavra. Inclusive em relação à rainha a quem o texto é dirigido, pois Olympe de Gouges não hesita em indicar-lhe o único caminho a seguir no contexto

9 Olympe de Gouges é uma autora menor de romances e de peças de teatro antes de se revelar, com a Revolução, uma "panfletaria de posições corajosas e originais" (1791, p. 10). Sua *Déclaration* só ganhou retrospectivamente o sentido e a importância de que goza hoje na memória feminista.

atual: Marie-Antoinette deve tentar impedir a guerra contra a França e trabalhar par "dar a vosso sexo toda a consistência da qual ele é capaz". Ora, essa consistência implica a igualdade na repartição das fortunas e no acesso à propriedade, mas também o casamento – "esse túmulo da confiança e do amor" – e em todos "os exercícios do homem". Acrescenta-se a isso os direitos puramente femininos: o direito de ser protegida contra as falsas promessas de um sedutor (e de ser indenizada financeiramente) e o de designar o pai de seu filho bastardo, que, assim, pode herdar legalmente.

Não há condenação direta da prostituição, que, segundo Olympe de Gouges, deverá desaparecer com a mudança de condição das mulheres na sociedade; mas ela pede que as prostitutas ocupem um lugar à parte na cidade. Há uma análise da condição feminina que não teria verdadeiramente mudado com a Revolução, ao contrário, os homens se apropriaram dos benefícios da Revolução e as mulheres perderam até mesmo o poder "noturno" que exerciam durante os séculos de corrupção: antes elas eram "desprezíveis e respeitadas", agora elas são "respeitáveis e desprezadas".

Mas a diferença fundamental está nas reivindicações de igualdade política, isto é, do direito de resistir à opressão (artigo II), de contribuir para a fabricação da lei como membro da vontade geral e de exercer todas as funções públicas (artigo VII), assim como o direito de contribuir para as despesas da administração pública, de controlar e examinar as contas de todos os agentes públicos (artigo XV). Em outros termos, uma reivindicação de cidadania plena que deve existir, para Olympe de Gouges, ao mesmo tempo que o fim da escravidão dos negros e um apelo para que as mulheres ocupem um lugar na Revolução, seguindo, assim, o exemplo das mulheres romanas.

No entanto, a reivindicação de igualdade não exclui a exigência de uma proteção maior para as mulheres em condição social desfavorável e em função de seu papel de mães: será preciso criar "casas do coração" com oficinas, sobretudo durante o inverno, permitindo assim socorrer as mulheres pobres e sem recursos. Curiosamente, o direito à educação não é sublinhado, provavelmente um pouco esquecido no calor dos combates revolucionários mais imediatos. Contudo, uma nota final faz referência ao *Rapport sur l'instruction publique*, de Talleyrand (setembro de 1791), e afirma a esperança de um acordo com o projeto de educação nacional proposto. Ora, há claramente um equívoco, pois Talleyrand, guiado pela inspiração rousseauista, propõe que, em obediência à natureza, as mulheres não gozem de direitos políticos, que não contribuam para a fabricação da lei, mas que disponham dos direitos civis. O argumento é conhecido: destinadas pela natureza ao espaço doméstico, à maternidade – finalidade feminina geral – ou a profissões mais adaptadas ao seu sexo que possam torná-las independentes – para as exceções (!) ou para as vítimas de uma infelicidade –, as mulheres devem ter um espaço civil, mas não um espaço político. Talleyrand justifica desse modo a limitação do direito de voto aos "cidadãos ativos" definidos pela Constituição de 1791, excluindo uma parte considerável dos homens e a totalidade das mulheres. O tema do espaço doméstico como destino natural das mulheres, associado às virtudes e sentimentos dos quais só a mulher seria capaz, se impõe como um truísmo que atravessa o século XIX para ser vencido, mais tarde, pelos duros combates das sufragistas. Mesmo dominante, essa exclusão não impediu a ação das reivindicações das mulheres ao longo do século, sob diferentes formas.

A recusa da limitação do espaço feminino é anunciada e radicalizada desde o nascimento dos feminismos modernos, por exemplo, por Mary Wollstonecraft,[10] influenciada pelas teses radi-

---

10 A redação de *A Vindication of the Rights of Woman* começou em 1790.

cais de Richard Price, um dos chefes do grupo dos *Dissenters*[11] que agita a Inglaterra durante o combate pela reforma do Parlamento em nome da democracia fundada sobre os direitos humanos universais. Esse movimento tem suas raízes nos conflitos políticos e religiosos que agitam a Inglaterra pelo menos desde a ruptura, em 1534, entre Henrique VIII e Roma.

O livro de Wollstonecraft é dedicado a Talleyrand e contesta a tese rousseauista de uma natureza feminina diferente da masculina. Antes de ser mulher, a mulher é um ser humano no sentido que dão as Luzes a esse termo: um ser dotado de razão, capaz de aperfeiçoamento, igual a todos os outros seres humanos e portador do direito de cada um de escolher seu destino. Só a razão é o guia, e ela não é nem masculina nem feminina. Assim, a causa das mulheres se inscreve, segundo Wollstonecraft, no combate mais amplo por uma refundação política e social que respeite os direitos universais do ser racional, contra qualquer forma de despotismo. Sua influência sobre os feminismos americanos é decisiva.

No que diz respeito às mulheres, o caminho é o da educação dirigida a um ser assexuado para o qual a maternidade é uma função feminina importante, mas não por causa de qualidades como a sensibilidade, a paciência ou a doçura, mas em nome da liberdade e da autonomia para homens e mulheres. É sempre a razão que é o guia, tanto mais que as mulheres têm o papel de educar as crianças.

---

11 Os *Dissenters* são majoritários na *Revolution Society*, que se inspira da Constituição americana (1787) e afirma que os princípios da *Glorious Revolution* (1688) são mais radicais do que sua aplicação posterior no que diz respeito à soberania do povo. Price enumera os direitos fundamentais que devem traduzir as verdadeiras instituições democráticas: liberdade de consciência, resistência à tirania, escolha dos governantes, assim como o direito de controlá-los e de julgá-los se não se submetem ao mandato que receberam. A Revolução Francesa reforça ainda mais o movimento radical na Inglaterra, pelo menos até o momento em que aparecem os primeiros sinais do Terror.

Daí uma concepção da sexualidade - um tema que Wollstonecraft aborda claramente - que se limita praticamente à reprodução. Qualquer outro tipo de experiência - a masturbação, por exemplo - é marcado pela depravação, na medida em que pode perturbar o bom funcionamento da razão. Ora, se as mulheres são depravadas, a culpa é dos homens: "maridos infiéis produzem esposas infiéis" (1792, p. 72). É o que explica o desejo de vingança das mulheres: "a caixa dos erros abre-se assim na sociedade", na qual nada existe para preservar a virtude privada, "a única garantia da liberdade pública e da felicidade universal". No lugar das relações eróticas e sentimentais, Wollstonecraft propõe a amizade, o único laço capaz de promover uma relação durável e sólida entre homens e mulheres, entre pais e filhos.

É nessa direção que deve se desenvolver a educação das mulheres, no sentido de uma realização plena como esposa, mãe, cidadã e, acima de tudo, como ser humano racional. A mulher ignorante não pode se realizar. Em oposição à tese que se espalha aos poucos, aparece já aqui a ideia, se não da inexistência, pelo menos de uma implicação íntima das fronteiras entre o privado e o público, entre o pessoal e o político. Claramente em nome de uma abstração, no entanto: o ser humano.

A interpenetração dessas duas esferas - o privado e o público - é mais claramente formulada por uma das figuras maiores dos feminismos americanos, Elizabeth Cady Stanton, que defende uma posição minoritária e mesmo, às vezes, em conflito com a posição de Susan B. Anthony, amiga fiel e companheira de todos os combates. O que não impediu Elizabeth Cady Stanton de conduzir o movimento pelo direito de voto das mulheres no fim do século XIX nos Estados Unidos. Para melhor compreender o alcance e a importância de sua ação, seria preciso situá-la no interior da complexa rede feminista[12] americana anterior à célebre *Convention of Seneca Falls* e sua *Declaration of Sentiments and Resolutions* (19 e 20 de julho de 1848), verdadeiros atos de nascimento do movimento americano pela igualdade entre mulheres e homens.

Convém aqui apenas sublinhar dois aspectos dos textos de Elizabeth C. Stanton intimamente ligados: o combate pela igualdade plena de cidadania (exprimido pelo direito de voto) e a reivindicação que ela chama de *self-sovereignity*, associada à crítica da moral cristã na origem da tirania dos homens sobre as mulheres. Esses dois aspectos preparam e antecipam os feminismos do século XX, particularmente os temas da Segunda Onda.

Cady Stanton critica a tese das *separate spheres*, sustentada por inúmeras feministas americanas que, por outro lado, reivindicam já há vários anos o direito à educação, tendo mesmo criado e sustentado escolas para as meninas, assim como os primeiros *colleges*. Tal tese não apenas pretende fundar a separação dos espaços de vida de homens e mulheres, mas também desenvolver uma certa noção de *true womanhood*: a maternidade, o serviço doméstico e a educação das crianças. Reclamando os direitos dados à criatura humana pelo Criador – direito à vida, à liberdade e à procura da felicidade, como já havia postulado a *Declaration of Independence* americana, sobre a qual se apoia a *Declaration of Sentiments* –, Cady Stanton deduz que o governo deve respeitar e obrar para sua realização. Caso ele não o faça, o cidadão tem não apenas o direito,

12 Uma boa parte dessa complexidade é devida ao fato de que as discussões são frequentemente alimentadas por questões de interpretação dos textos bíblicos, de que elas são inseparáveis em muitos casos de problemas teológicos, o que é o caso já na Inglaterra, antes que os conflitos desembarquem nos Estados Unidos. Há também o imenso combate das mulheres (e dos homens) pela temperança (basicamente contra o alcoolismo) e, mais tarde, contra a escravidão. As relações entre o religioso, o social e o político não conhecem, nos Estados Unidos, a ruptura brutal que ocorreu na França com a Revolução.

mas também o dever de resistir. Ora, a tirania dos homens sobre as mulheres começa pela privação que lhes é imposta do *first right of a citizen*, o direito de escolher seus governantes e de participar na fabricação da lei.

Após uma lista de fatos que demonstram as condições de desigualdade, de opressão e de injustiça que pesam sobre as mulheres, a *Declaration of Sentiments* exige que as mulheres possam gozar de "todos os direitos e privilégios que lhes pertencem enquanto cidadãs desses Estados Unidos".[13]

O direito de voto, segundo Stanton, é o fundamento da cidadania e é só a partir dele que a condição feminina pode se transformar radicalmente. Ele é "o direito graças ao qual todos os outros podem ser assegurados". E, no entanto, o artigo da *Declaration* que o enuncia foi aprovado por uma curta maioria e graças à insistência de Elizabeth Cady Stanton.[14]

Alguns anos mais tarde, o direito de voto vai se tornar a principal reivindicação feminista, facilitando a unificação dos movimentos feministas americanos. Mas Cady Stanton vai ainda mais longe quando afirma que os direitos da esfera pública são exatamente os mesmos que devem dirigir a esfera doméstica. A questão da esfera privada é, no entanto, um pouco abandonada durante a associação estratégica – e problemática – entre feministas e antiescravagistas. Aliás, é a discussão ao redor do problema do voto dos negros que provocará a ruptura entre os dois movimentos. No entanto, após a Guerra civil, Cady Stanton retoma sua denúncia da opressão

---

13 O processo verbal das sessões de 19 e 20 de julho de 1848 da *Convention of Seneca Falls*, convocada por Stanton, pode ser lido no *Elizabeth Cady Stanton & Susan B. Anthony Papers Project*, accessível pela internet.

14 Cady Stanton foi a iniciadora da *Convention* e provavelmente a redatora da *Declaration*, que, no entanto, foi discutida artigo por artigo e sofreu modificações de formulação.

doméstica e sexual das mulheres: crítica da dupla moral sexual, condenação radical do estrupo conjugal e do preconceito segundo o qual a mulher é propriedade do homem e irresponsável no civil (caso cometa um ato ilegal em presença do marido). Sempre minoritária, Cady Stanton reivindica os *woman's sexual rights*, particularmente o direito ao divórcio e a um outro casamento, o direito de escolher a frequência das relações sexuais, isto é, o direito à maternidade voluntária. É o que ela chama *self-sovereignity*: "o controle da mulher sobre seu próprio corpo". Essas teses serão reelaboradas e aprofundadas pelo *Woman's Lib* dos anos 1960.

O fato é que essa primeira vaga moderna dos feminismos na Europa e nos Estados Unidos vai conduzir à reivindicação dominante pelo direito de voto e que, após sua conquista – 1918 na Inglaterra, 1919 nos Estados Unidos, 1944 na França –, os movimentos feministas conhecerão um período de refluxo, sem, no entanto, desaparecer. Essa afirmação precisa ser retomada e relativizada para que se entreveja melhor o alcance e a importância dos feminismos nas sociedades democráticas modernas. De qualquer modo, pode-se afirmar sem sombra de dúvida o parentesco íntimo entre os feminismos e o nascimento da democracia moderna como projeto social, político e cultural de liberdade e de igualdade universal de direitos. A reivindicação do direito de voto é uma reivindicação do direito de participar em condição de igualdade na enunciação da lei, isto é, a reivindicação de colocar um termo à minoridade e ter acesso à palavra pública. O futuro da família já está aqui em jogo. Dominando as outras reivindicações, o direito de voto já era portador da memória e da possibilidade de outras reivindicações, o que permite pensar que a natureza dos direitos do cidadão moderno é um direito a ter direitos, o que é potencialmente sem limites.

Pode-se imaginar que a "limitação" das reivindicações feministas, a concentração sobre a dimensão da plena cidadania foi um fato responsável pelo "esquecimento" de sua importância pelos primeiros psicanalistas mais preocupados com a subjetividade? Se for o caso, o desembarque da psicanálise nos Estados Unidos, no início do século XX, pode ser considerado como um evento essencial para o encontro entre feminismos e psicanálise.

Problemas e perspectivas

Para sustentar a tese segundo a qual a *Révolution du Féminin* (2015) não apenas dessexualizou papéis e funções das mulheres, mas também engendrou uma nova condição humana - pelo menos no plano dos princípios - e que uma questão foi deixada de lado, a saber, a "da dimensão encarnada da existência feminina numa perspectiva feminista" (Froidevaux-Metterie, 2015, p. 15), o livro de Camille Froidevaux-Metterie propõe uma genealogia do feminino a partir do século XIX. Sua genealogia leva em consideração a antropologia, a teoria feminista e a psicanálise. O exame das análises e conclusões - provocadoras e polêmicas, isto é, importantes - merece um estudo à parte, particularmente sobre o encontro entre feminismos e psicanálise nos anos 1960 e 1970 do último século. Basta aqui lembrar suas conclusões a propósito das primeiras contribuições da psicanálise de Freud e de Melanie Klein para a compreensão do desenvolvimento sexual das mulheres.

Resumindo rapidamente a análise da oposição entre Freud e as analistas contemporâneas, Froidevaux-Metterie afirma que, para o primeiro, o desenvolvimento sexual da mulher obedece a um autêntico destino biológico e psíquico, enquanto as analistas - de Jeanne de Lampl-Groot a Ruth Maverick Brunswick e Helene Deutsch, passando por Karen Horney - se opõem à tese do primado do falo (fase fálica) e reavaliam o feminino da mulher contra a centralidade da inveja do pênis que, para elas, é uma formação derivada, e não original. Embora afirmem, com Freud, a componente materna, a anatomia não é um destino, pois o fundamento do feminino é psíquico, e não anatômico. No entanto, a afirmação de um destino natural das mulheres faz com que "a primeira teoria psicanalítica feminina acabe fornecendo argumentos psiquicamente fundados para o reforço do esquema patriarcal de Freud" (2015, p. 196).

Não é o caso da teoria kleiniana, segundo Froidevaux-Metterie, que propõe "uma psicogênese totalmente inédita e, em resumo, em oposição total à de Freud" (2015, p. 196). Afirmando uma fase de feminilidade originária para meninos e meninas, a desmama é o momento em que se engatilha o Édipo e se revela a "natureza receptiva" da menina (assim como o objetivo de "penetração" do menino), o que significa o início de um processo graças ao qual o feminino aparece como uma empresa de emancipação em face da mãe. Aliás, uma perfeita equivalência existe entre o desejo feminino de ser um menino e o desejo masculino de ser uma menina. A partir dessa bissexualidade partilhada, o superego feminino é uma combinação de identificações masculinas e atitudes femininas: pelas primeiras as mulheres rivalizam com os homens em todas as aspirações e sublimações masculinas.

Se Froidevaux-Metterie reconhece que suas afirmações podem se prestar à crítica de "essencialismo" - o que já é visível no título do livro –, a autora tenta escapar à crítica propondo um enfoque fenomenológico da experiência da encarnação sexuada. Por outro lado, não parece difícil mostrar onde suas análises da teoria freudiana da sexualidade feminina passam sob silêncio pelas hesitações, as nuances e mesmo as contradições e impasses de Freud, algo que, sem dúvida, não basta para neutralizar a tentação determinista de ancorar o desenvolvimento sexual feminino sobre uma base anatômica, menos ainda a tendência (e o pecado) patriarcal da teoria.[15]

A humildade que mostra Freud no fim de seu último texto sobre a questão não parece ser um simples artifício retórico, mas exprimir a consciência de uma incerteza que envolve as teses expostas. As mesmas observações parecem uteis no que diz respeito às analistas que, sem dúvida, se afastam de Freud, sem, no entanto, opor-se radicalmente. Seria talvez mais correto afirmar que se trata de ir mais longe, de aprofundar o reconhecimento do peso do pré-edipiano e do papel da mãe no desenvolvimento sexual da menina, algo que Freud anuncia sem, no entanto, tirar todas as consequências. O que não hesita em fazer Melanie Klein.

Dois outros aspectos do problema são abordados por Freud e praticamente ignorados pelas analistas: a questão das relações entre o desenvolvimento sexual masculino e feminino e a forma edipiana da família, e a questão das implicações sobre o trabalho cultural das mulheres e o mal-estar na cultura. Será preciso examinar em outro lugar a importância que Froidevaux-Metterie dá

---

15 Um único exemplo deve ser suficiente, provisoriamente. Em referência a *La morale civilisée et la maladie nerveuse des temps modernes* (1908), Camille Froidevaux-Metterie não hesita em ler a crítica de Freud ao casamento monogâmico, no que diz respeito às mulheres, como em contradição com seus comentários posteriores. Seria útil saber onde é que Freud faria o elogio do casamento para as mulheres, fora a constatação – e que é menos que uma recomendação – de que, para elas, o segundo casamento é melhor que o primeiro. Freud observa que as mulheres dispõem de uma menor capacidade de sublimação pulsional – uma tese que não mudará mais –, mas nada permite afirmar, como faz Froidevaux-Metterie, que, "porque elas se mostram menos aptas para investir na cultura, consagradas que são à natureza, as mulheres sucumbem à infelicidade e à desesperança" (2015, p. 172). Tal consequência é, no mínimo, um resumo simplificador do pensamento de Freud. Dadas as condições nas quais, na virada do século, se realiza o casamento monogâmico, em particular do ponto de vista da sexualidade, parece difícil criticar Freud pelo fato de que sua descrição "não deixa nenhuma esperança".

ou permite dar a essas duas questões fundamentais para os feminismos, como para as novas figuras da sociabilidade democrática.

Ora, os três textos fundadores dos feminismos modernos que escolhemos – fundadores já que reivindicavam um movimento coletivo de denúncia da opressão e de exigência da igualdade civil e política (textos que não ignoram as diferenças entres homens e mulheres) – têm em comum uma certa concepção da natureza feminina portadora de direitos que não são reconhecidos e respeitados. Que essa natureza seja divina ou que ela se inscreva na natureza humana universal, nada muda em relação à tese de que *a* mulher existe, que ela é igual ao homem e que as condições de sua existência como ser humano ou cidadã não corresponde ao que exigem os direitos naturais fundadores do ideal político e civil do cidadão moderno. A Revolução Francesa reconheceu a mulher como igual ao homem durante um certo tempo, mas lhe recusou a igualdade política. E, em 1804, o *Code Napoléonien* acabou por retirar-lhe até mesmo a igualdade civil.

Essa concepção essencialista não impediu que o germe da dissensão se manifestasse sob a forma de uma consciência aguda das marcas de desigualdade e de opressão no seio das relações entre homens e mulheres. Claro, trata-se sempre de relações entre dois sujeitos constituídos: *o* homem e *a* mulher. O peso dessas formulações é claramente inspirado das Luzes, de Rousseau em particular: a realização do homem e da mulher obedece à regra própria de suas naturezas respectivas, o que ninguém parece colocar em dúvida; a discussão se concentra sobretudo na questão de saber se se trata da mesma natureza, se há uma *igualdade natural* entre homens e mulheres, ou se há duas naturezas, uma voltada para a ação, a reflexão e a vida pública, outra encontrando sua felicidade na maternidade e no espaço da afetividade doméstica. As reivindicações das primeiras feministas exigindo um lugar no trabalho cultural (para além do trabalho em vistas da subsistência e por uma certa independência econômica) ou exigindo uma transformação radical na forma da família (além do divórcio e da escolha da maternidade) são praticamente inexistentes, mas já começam a se manifestar.

Em seguida às afirmações de Freud sobre o pouco de capacidade das mulheres para a sublimação e, mais ainda, sobre sua hostilidade à cultura, é curioso que as analistas não tentem reavaliar esses enunciados, posto que elas próprias são prova do contrário pelos seus textos e por suas vidas profissionais. Reconheça-se ainda que Freud deixava um lugar para as exceções. Entre as analistas, Melanie Klein talvez seja a única a mostrar como as mulheres têm uma capacidade para o trabalho social enraizado em sua receptividade natural, o que não parece verdadeiramente ir no sentido de uma igualdade diante do trabalho cultural.

O nascimento da psicanálise, inseparável de vários pontos de vista do nascimento da democracia, coloca em questão a representação essencialista de um sujeito constituído e mestre de seu destino, quer ele seja homem ou mulher. Nesse sentido, psicanálise e democracia são profundamente próximas na interrogação sobre os fundamentos do poder, da lei e do saber inaugurada e desenvolvida pelas revoluções democráticas. A psicanálise estende esse gesto revolucionário à exploração da subjetividade, trazendo um olhar e uma escuta, ferramentas conceituais e clínicas inteiramente novas. De um modo ou de outro, a tentação de inscrever em uma natureza imóvel as obscuras raízes da subjetividade não foi sempre evitada por Freud e pelas analistas que contestam suas teses sobre a sexualidade feminina. Assim, por exemplo, Karen Horney, provavelmente a primeira analista a considerar de maneira aprofundada a importância dos fatores sociais no desenvolvimento sexual das mulheres, atribui, no entanto, um caráter *natural* à atração entre os dois sexos. E Melanie Klein faz a mesma coisa com a *receptividade* das mulheres, embora ela se combine com a atitude masculina de *penetração*, igualmente natural.

Mas é preciso reconhecer que a invenção e a exploração da subjetividade desestabilizam o sujeito racional e portador de direitos das Luzes. E talvez seja uma das razões pelas quais as feministas originárias e os primeiros analistas não se encontram durante as primeiras décadas de século XX.

Se parece certo que as revoluções na origem da democracia moderna abriram e mesmo exigiram a reformulação da relação entre os sexos, se é certo que uma feminista precursora célebre afirma que a inferioridade intelectual das mulheres, como mostrou Freud, se deve à inibição do pensamento imposta às mulheres em nome da repressão sexual,[16] é igualmente certo que as revoluções democráticas inauguram a possibilidade de uma interrogação sobre os fundamentos do sujeito e da pretensão da razão ao exercício do poder absoluto. A psicanálise abriu e explorou esse questionamento, e seu encontro – necessariamente problemático – com os feminismos teve que esperar até que as mulheres conquistassem a igualdade política, permitindo assim a atualização de novos espaços de reivindicação.

---

16 Emma Goldman (1910) assistiu às conferências de Freud na Clark University e já o ouvira falar em Viena anteriormente.

As Amazonas I: Reflexões sobre a homossexualidade feminina

1. Abertura: a escritora e o psicanalista

Em 1963, Marguerite Yourcenar (1903-1987) retomou para uma nova edição seu texto *Alexis ou le Traité du Vain Combat*, publicado pela primeira vez em 1929. No prefácio de 1963, Yourcenar se explica sobre o tema e sobre a linguagem da confissão que Alexis endereça a Monique, sua esposa. Ela afirma ter desejado "compor uma resposta de Monique, que, sem contradizer a confidência de Alexis, esclareceria essa aventura em certos pontos e nos daria uma imagem da jovem mulher menos idealizada, mas mais completa". Yourcenar renunciou ao projeto por enquanto e explica: "Nada é mais secreto do que uma existência feminina. A narrativa de Monique seria talvez bem mais difícil de escrever do que as confissões de Alexis" (1963, p. 16). Marguerite Yourcenar parece não ter nunca composto a resposta de Monique a Alexis. Ora, em 1987, Jean-Pierre Lebrun redige essa resposta, que, segundo ele, conduz Monique, graças ao trabalho da escritura, a um saber que lhe permite abandonar "*l'économie de l'arrière pays*". Em outros termos, "a lei da mãe que, reforçada pelo enfraquecimento do apoio que a intervenção paterna recebia do patriarcado", produz "uma desembreagem do trabalho de subjetivação", isto é, produz "*l'absence à soi-même*" (1987, p. 11).

Não se pode criticar Lebrun por não redigir a resposta de Monique com a mesma elegância clássica do estilo de Yourcenar, com suas frases ritmadas e musicais, ao ponto em que o leitor se surpreende ao lê-las em voz alta para saborear cada palavra de uma série, cada sinal de pontuação em um conjunto do qual parece impossível mudar alguma coisa (como achar um sinônimo ou alterar a ordem dos sintagmas).[1] Por exemplo:

> *Comme rien ne pouvait empêcher que nous ne fussions les descendants de ces personnages devenus presque légendaires, rien ne pouvait empêcher non plus qu'on ne continue de les honorer en nous; c'était bien la seule partie du patrimoine qui fût vraiment inaliénable. (Yourcenar, 1963, p. 25)*

Compare-se com o que segue:

> *Je ne puis en effet vous retracer mon histoire, comme vous le faites si bien pour la vôtre, non qu'elle n'ait point existé, mais sa banalité même m'oblige en quelque sorte à la taire. (Lebrun, 1987, p. 33s)*

1 Yourcenar justifica a ausência de modificações do texto de 1929, em parte, porque isso transformaria "a acústica do texto" (1963, p. 12), sem esquecer que Alexis possui uma "voz" (1963, p. 14). O leitor o escuta mais do que o lê, e a arte da autora é a de tornar sensível, na singularidade mesmo da confissão, uma questão de ordem universal implicando a vida e a criação estética.

Nos dois casos, trata-se da relação ao passado. Para Alexis, a questão é a de sua inscrição na história da família, para Monique, em sua infância. O jogo dos subjuntivos na primeira frase cria uma multiplicidade de ressonâncias que o uso obrigatório e formal do subjuntivo na segunda não pode produzir. A escritora se põe à procura de uma linguagem que coloque em relação a liberdade sensual e a liberdade de expressão, o problema que está no centro da confissão de Alexis. É assim que Yourcenar recusa em sua narração a linguagem bem comportada (em parte pudibunda, em parte cínica), a linguagem científica (facilmente compatível com o conformismo), para escolher a linguagem "despojada, quase abstrata, ao mesmo tempo circunspecta e precisa, que na França serviu para que os pregadores, os moralistas e também, às vezes, os romances da época clássica tratassem do que se chamava então de '*les égarements des sens*'" (Yourcenar, 1963, p. 14). E os modelos apontados aqui são, do lado dos moralistas, os sermões de Bourdaloue (1632-1704) e de Jean-Baptiste Marsilllon (1663-1742), e, do lado da expressão dos libertinos, *Les Liaisons Dangereuses* de Laclos (1741-1803). Ora, tal linguagem dá voltas ao redor da coisa, a considera de diferentes ângulos, sem jamais nomeá-la diretamente, captando desse modo o fio evanescente do pensamento e o movimento paciente que tenta reconciliar o espírito e a carne, o que Alexis chama de instinto e arte. O resultado é que o que se transforma em problema para Alexis e seu caminho para uma conciliação emergem com uma grande clareza, sem que as palavras o atinjam diretamente. Seu percurso, sua confissão, sua vida são relatados com o rigor de um sermão e a longa aprendizagem de uma verdade não perde sua força universalizante pelo fato de ter recebido uma expressão singular. E sóbria. Se Alexis idealiza Monique e a representa ornada de todas as virtudes, sobretudo a virtude de perdoar e de compreender - talvez para melhor mostrar a distância entre eles e a amplitude de sua traição –, Monique não deixa de mostrar sua face de símbolo da "moral ordinária" (Yourcenar, 1963, p. 23) da qual Alexis se libera, sem, no entanto, acusá-la.[2]

Em franca oposição aparece a linguagem de Monique, uma linguagem psicologizante e plena de "verdades" psicanalíticas definitivas, sem esquecer algumas construções francamente congeladas. Assim, por exemplo, a afirmação de que o amor que Monique sente por Alexis foi uma espécie de cópia do amor de uma mulher por uma criança substituta: "... o que me atraiu em você foi que eu poderia me contentar de te adotar .... O amor que parecia te satisfazer ... me deixava de alguma maneira intacta, me protegia dos excessos que poderiam se apoderar de mim se o corpo viesse a falar ao mesmo tempo que eu" (Lebrun, 1987, p. 27). Ou então esse outro exemplo a propósito do desejo de ter um filho: "... poder considerar a ideia de ter um filho colocou em segundo plano a ideia de ter um filho teu" (Lebrun, 1987, p. 61). Lebrun certamente não quer fazer obra de literatura, mas ele empresta a forma literária e imagina a resposta de Monique a Alexis, o que coloca seu texto, de alguma maneira, no mesmo nível da confissão de Alexis e do projeto de Yourcenar.

O resultado é que, diferentemente da confissão de Alexis, Monique não descreve as etapas ou as dificuldades de um percurso, não conta uma história de desejo ou de suas vias sinuosas até o reconhecimento e a aceitação de um destino criativo. Ela apresenta sobretudo as conclusões de um desejo de escrever que adormecia em um "tempo interno" que não é nunca entrevisto e do qual o

---

2 O subtítulo da narração, lembra Yourcenar, retoma o *Traité du Vain Désir* do jovem André Gide, embora a influência de Gide sobre a confissão de Alexis seja secundária, em todo caso menos importante do que a da "obra grave e patética de Rilke" (Yourcenar, 1963, p. 16). Ela poderia lembrar igualmente a imensa solidão que habita a obra do poeta e que se manifesta na carta de Alexis, mesmo depois do encontro entre o corpo e a alma.

leitor – pois se trata efetivamente de leitura, como se lê uma lição, e não de escuta – pode acompanhar os impasses e movimentos.

Em outros termos, o que diferencia radicalmente as duas narrativas é o trabalho de Yourcenar de uma escritura do desejo, de um desejo que se revela tanto mais por ele não ser nunca nomeado diretamente, desejo sem nome, talvez inominável, mas que reúne o corpo e a música, um e outro escapando às palavras que, no entanto, permitem que seja ouvido – enquanto a narrativa de Monique se apoia em um saber *sobre* o desejo, *sobre* o que é ser uma mulher, desenhando ao mesmo tempo a imagem de um homem que não soube ser um homem. Um homem que, pela mesma razão – mas talvez caiba aqui interrogar o psicanalista: por qual razão? –, impediu a Monique a entrada na feminilidade. Curiosamente, a resposta de Monique, redigida por um psicanalista, sugere que este não soube ou não pôde escutar Alexis.

O exame de três momentos comuns nas narrativas deve bastar como ilustração e como interrogação da diferença entre elas.

O primeiro é o momento em que Alexis e Monique descrevem a noite de núpcias, um encontro retardado "por uma espécie de acordo tácito" (Yourcenar, 1963, p. 102), ao que Monique agradece, "não estando de forma alguma preparada para a prova" (Lebrun, 1987, p. 58). Alexis fala de seu temor de rebaixar a relação com a grande intimidade da cama e de um temor mais sutil daquilo que pode subir à superfície no encontro entre dois corpos. Quando ele decide reunir-se a Monique, não consegue apreciar a bondade e a beleza de um dom que lhe parece materno: "quase acredito ter sido eu mesmo teu primeiro filho", Monique tendo se esforçado para assegurá-lo e consolá-lo. Quando, mais tarde, ele contempla "teu filho no teu colo ... pensei que todo homem, sem sabê-lo, procura sobretudo na mulher a lembrança de um tempo em que sua mãe o acolhia" (Yourcenar, 1963, p. 103). Monique, por sua parte, reconhece na primeira relação sexual "o momento em que uma insidiosa ruptura apareceu" (Lebrun, 1987, p. 59). E ela retira imediatamente uma generalidade: no ato sexual, uma mulher sabe duas coisas: primeiro, ela sabe o que aquele a quem ela se entrega pode ou não reconhecer dela; e, em seguida, ela sabe a qual ignorância dela mesma ela será confrontada. Para que não haja contradição entre esses dois saberes, é preciso supor que o desejo da mulher se endereça (e ela sabe que o homem pode ou não o reconhecer) ao mesmo tempo que o desejo da mulher vai além do desejado e da desejante. Assim, o "dom materno" do qual fala Alexis significa sobretudo sua própria incapacidade de se liberar da margem "em que a criança encontra a mãe" (Lebrun, 1987, p. 58). Tudo se passa como se Alexis não tivesse sabido ou podido despertar o desejo de Monique - reconhecer o endereço e seu além - na prova para a qual ela não estava preparada.

Mas não se vê aqui o desejo feminino ser considerado como um efeito provocado pelo desejo masculino - o desejo no feminino é o desejo de ser desejada -, o que só pode acontecer se o desejo masculino for capaz de ir além do "dom materno" donde ele é originário, isto é, de se experimentar como desejo castrado? É tanto mais curioso que Monique, afirmando a banalidade de sua infância, se contenta de lembrar os fatos ligados à perda, aos 5 anos, de sua mãe e ao afastamento do pai, sem nunca tentar avaliar os efeitos que tais eventos podem ter tido no seu destino de mulher. Falta na sua narrativa o percurso, esquecido sob um saber que parece ter apagado sua própria trajetória para se dar como saber adquirido, definitivo. Mas o saber do psicanalista não é sobretudo um saber de seus percursos múltiplos e incertos?

O segundo momento é o do nascimento de Daniel, filho de Monique e Alexis. Para Alexis, o desejo de ter um filho foi poderoso enquanto Monique não engravidou, e, em seguida, a alegria tornou-se coisa rara. Eles se tornaram estrangeiros e a vida de Alexis começou a perder seu sentido. A chegada do menino pareceu ajudar o casal, a relação entre eles tornou-se fraterna e a felicidade de Monique liberou Alexis da preocupação de fazê-la feliz. Monique quis que a criança nascesse na cidade natal de Alexis e, na grande casa familiar, ela deu à luz no mesmo quarto "onde minha mãe morrera e onde nós nascemos" (Yourcenar, 1963, p. 112). O parto foi longo e doloroso, Alexis acreditou que Monique não sobreviveria. A experiência de uma conjunção entre a vida e a morte, de uma forma "completamente animal da dor" mostrando uma vida absurda e sem beleza, foi o que "contribuiu talvez a me levar para onde os meus instintos sempre me conduziram" (Yourcenar, 1963, p. 114). Embora Daniel fosse mais o filho e o herdeiro de Monique, ele representava também, para Alexis, o sinal de uma vontade dos antepassados de se projetar no futuro: "pouco importava, daqui em diante, que minha existência continuasse: os mortos não se interessavam mais por mim, eu podia desaparecer por minha vez, ou então recomeçar a viver" (Yourcenar, 1963, p. 116). A destinação se realizava e a escolha se manifestava em sua brutalidade radical: considerar o sentido da vida como atingido e realizado ou inaugurar uma outra narrativa. A vida tem ainda sentido quando a dívida foi paga? Essa foi a questão de Alexis quando nasceu Daniel, seu filho.

O nascimento de Daniel não aproximou o casal, pelo contrário, Alexis voltou aos seus 16 anos, reencontrou sua própria natureza e seus desejos de morte, enquanto, a seus olhos, Monique voltava a ser o que já fora: "um jovem ser desejoso de felicidade, mas apenas mais firme, mais calmo e menos incomodado pela alma" (Yourcenar, 1963, p. 117). O retorno no tempo de Alexis, depois de dois anos de "virtude", coincide com o fim do verão, a estação em que o amor sem paixão do casal tinha começado e produzido seus frutos. Daqui em diante, só lhes restava a morte e a seiva da vida teria ressecado se, mais uma vez na encruzilhada dos caminhos, os instintos não tivessem despertado: "foi nessa tristeza que a música voltou para mim", conta Alexis (Yourcenar, 1963, p. 118). O nascimento de Daniel liberou Alexis do *dever* de ser pai e, agora, ele tem que escolher: considerar que sua vida se realizou ou inventar uma nova vida. Uma escolha que já se apresentara no passado, que a relação com Monique reatualizou, ao mesmo tempo que ela o projeta bem mais longe.

A narrativa que faz Monique do nascimento de Daniel é bem diferente. Ela reconhece que o desejo de ter um filho foi inicialmente seu, provavelmente, diz ela, porque está na natureza das mulheres. Mas ela reconhece ainda que o pai da criança desejada era coisa secundária. Em seguida, ela lembra a Alexis o que ele não pode ou não soube fazer, o que ele não compreende do egoísmo materno: "que é nesse lugar mesmo que uma mulher espera a intervenção do homem que ela ama" (Lebrun, 1987, p. 62). Vê-se aqui claramente como *deve* funcionar a Lei do Pai que permite à mulher a realização de seu desejo de maternidade, e que libera a criança do "absoluto" do amor materno. As mentiras, as ilusões e os pontos cegos sobre os quais se funda a relação do casal manifestavam novamente seus efeitos nocivos. Entre Monique e Alexis "os dados estavam viciados. Não era você que eu chamava de verdade, não fui eu o centro de tuas preocupações" (Lebrun, 1987, p. 62). E a queixa dirigida a Alexis se reforça: se a criança por vir devia resolver o desacordo entre os pais e realizar para cada um deles o que não puderam realizar, a razão foi que Alexis persistiu na ignorância de uma parte dele mesmo. O resultado foi a consagração de seus estatutos de criança (!) e sua impossibilidade de impedir Monique de "se afundar em uma maternidade abusiva" (Lebrun, 1987, p. 64). É a mesma coisa que afirmar que a feminilidade consagrada na maternidade não pode se realizar sem a intervenção do Pai ou de seu substituto. Por outro lado, a maturidade de Alexis, do homem em geral, só pode ser atingida com a submissão à Lei do Pai que impõe e alivia (pelo menos parcialmente) a angústia da castração. Qualquer outro caminho não libera o homem de sua infância, ele não será jamais um adulto. Pois um homem que não teve acesso a seu próprio desejo como desejo castrado – desejo que renunciou à mãe e se submeteu à Lei do Pai – não poderá transformar uma mulher em mãe não abusiva: ele próprio será uma criança abusada e flutuará com seu filho no gozo incestuoso.

A confusão na qual permaneceu Alexis entre Monique e sua mãe se concretizou no fato de que a primeira deu à luz na cama onde morreu a segunda. Monique não sublinha o fato de que é também a cama onde Alexis nasceu e que, para ele, o pai e o filho têm por missão alimentar a roda imposta pelos antepassados. Para Monique, Alexis não pode se separar de sua mãe e acabou elevando as duas mulheres, confundidas, ao nível de um paraíso inatingível. Ela própria acreditou ter atingido na maternidade "a plenitude absoluta" – a decepção só viria mais tarde, o que não impedia Monique de solicitar a intervenção de Alexis junto a Daniel, reconhecendo ao mesmo tempo, por outro lado, que ela tendia a ignorá-lo: "tua surdez confortava minha plenitude" (Lebrun, 1987, p. 70). E Monique se lança em uma explicação do fato de que eles não puderam se falar, e que as razões do silêncio dos dois, embora diferentes, acabavam servindo à mesma causa: a alienação partilhada. Assim, mãe e filho saem engrandecidos, pois o pai está ausente.

Apesar dos esforços de Monique para sublinhar sua cumplicidade no fracasso da relação amorosa do casal, como as razões e os labirintos dessa cumplicidade não são jamais explicitados, senão recobertos pelas afirmações gerais sobre a natureza da mulher e sobre a maternidade, as queixas dirigidas a Alexis de não ter sabido ou podido encarnar a Lei do Pai ressoam duplamente: elas sofrem de um pecado de generalidade, dependendo de um saber do qual o leitor ignora as vias de formação; elas ocultam a singularidade de uma história de amor e impedem Monique de captar o que está em jogo para Alexis, nesse fim de verão, quando ele recomeça a tocar piano. Monique não o escuta, ela permanece insensível ao desejo de criação de Alexis. O tom predominante na carta de Monique é o da queixa interminável.

É o tema dominante do terceiro momento. Pois, para Alexis, tocar piano significou inicialmente aproximar-se da morte, uma via de acesso ao abismo e ao esquecimento, e, em seguida, pouco a pouco, um retorno desesperado ao passado "mais íntimo e menos confessado" (Yourcenar, 1963, p. 119) e às possibilidades de alegria reprimidas, para desembocar, enfim, na ascensão de uma música interior composta de alegria e de desejo selvagem em face do qual o passado aparece como uma "uma só doença, queixosa e monótona". O passado é uma roda de repetição mortal que mantém a vida privando-a de novidade. A música produz o turbilhão da vida. "Eu comecei a compreender essa liberdade da arte e da vida" (Yourcenar, 1963, p. 120), com a abundância de promessas dos gestos e dos sons engendrados pelas mãos, as mesmas que criam e enlaçam os corpos, mãos anônimas que têm o poder de entrar em contato com o infinito e com a vida dos outros, com a beleza e o prazer: "minhas mãos, Monique, me liberariam de você" (Yourcenar, 1963, p. 121). Diante da "bondade feminina ou antes materna" de Monique, Alexis pede perdão, "não por te deixar, mas por ter ficado tanto tempo" (Yourcenar, 1963, p. 123). Alexis se coloca, de uma certa maneira, bem além de uma simples cumplicidade no fracasso do casal. Para ele, está em jogo algo para além da história vivida, algo que tem a ver com a arte, com a criação, algo que implica a vida e o para além da vida, pois o que lhe dá um sentido é o desejo.

Monique compreende que, dando vida às mãos, Alexis se liberava dela, mas também dele próprio, de sua vida plena de preceitos, de dívida e de repetição. Ela percebeu esse momento primeiramente como um erro, mas acabou reconhecendo em seguida que o afastamento de Alexis abria, para ela, o caminho "para ousar saber o que, no entanto, ela já sabia" (Lebrun, 1987, p. 80). A ambivalência de Monique diante da ruptura de Alexis – "eu não sabia naqueles dias se devia ceder à cólera ou te agradecer" (Lebrun, 1987, p. 83) – lhe impôs durante três anos silêncio e passividade, antes que a carta de Alexis a *autorize* "a me recolocar em ordem com o mais profundo do meu ser" (Lebrun, 1987, p. 83). E por que uma *autorização* foi necessária? Porque Monique se deixou apagar por Alexis e foi preciso que ele próprio se autorize para que ela também se sinta autorizada. A consequência é que o desenvolvimento de Monique não tem nada de triunfante, mas parece limitar-se à confirmação, à validação e tornar definitiva a decisão de Alexis. Ela terá compreendido coisas essenciais da vida, sobre a falta comum a todos – "a de não prestar atenção suficiente a si mesmo" (Lebrun, 1987, p. 84). Ela terá compreendido o que a impediu de tornar-se uma mulher de verdade. Mas sua vida permanece secreta, ou melhor, não tem a mesma dignidade que o percurso de Alexis, pois suas palavras não têm a mesma força.

Como para o analista, não se trata de perdoar o analisando, pois não há falta propriamente falando, ou então "falta comum" no esquecimento da "condição humana". O que na carta de Alexis é um endereço, na resposta que Lebrun oferece a Monique é sobretudo um saber das generalidades e se dirige à humanidade em geral. Ora, tal inscrição na condição humana, Alexis a experimenta como submissão ao desejo. O nó indiretamente iluminado na confissão de Alexis entre sua sexualidade, seu desejo e sua arte, entre o peso de um passado que impõe a repetição e o desejo de novidade, as questões que Yourcenar dirige ao leitor, ou ao ouvinte, escapam completamente a Monique e ao analista ocupado demais em mostrar que a condição humana não é sem condição, e sobretudo que a condição fundamental do humano e da vida conjugal é a submissão do homem e da mulher à Lei do Pai. Mas, sobretudo, que a mulher não pode ter acesso e realizar sua feminilidade senão graças à ação do homem, uma função que Alexis não pode ou não soube ocupar e que Monique exige. Ora, de tal função Alexis aprende a se liberar para assumir e inventar seu próprio destino, enquanto Monique não parece poder olhar além das ruínas deixadas pela história do casal. Para ela, não há *fin obligée*, mas apenas algo como a melancolia e a passividade de "deixar se esgotar o que veio a mim te escrevendo" (Lebrun, 1987, p. 84). Tudo se passa como se um desejo feminino não pudesse se manifestar quando um homem não pode ou não soube despertá-lo.

Mais uma vez: não se pede a um psicanalista que produza obras de arte, e, mesmo se a clínica parece se assemelhar mais a uma arte do que a uma ciência aplicada, isso não basta para transformar um analista em artista. Freud se surpreende que o artista possa atingir e revelar verdades psíquicas sem passar pelo esforço paciente e difícil do analista. Mas, no caso presente em que Lebrun se dá por objetivo a resposta à carta de Alexis, resposta à qual Yourcenar parece ter renunciado – invocando o segredo de uma existência feminina e uma maior dificuldade para compor a narrativa de Monique –, as diferenças de linguagem, de tom de voz e de posição do narrador interrogam o leitor. Alexis escreve para se explicar, pela narração de sua vida, os caminhos que o levaram a aceitar sua sexualidade divergente, sua arte e seu desejo de criação, inseparavelmente ligados. Monique, por sua parte, escreve para contar o que ela compreendeu dela mesmo a partir da ruptura de Alexis, mas o que ela parece ter compreendido está mais relacionado com os lugares onde Alexis não pode ou não soube lhe permitir o acesso a sua própria sexualidade e à maternidade, em resumo, a uma feminilidade adulta, liberada da empresa materna. De fato, a falta é de Alexis e do pai de Monique, que, por sua profissão e sua idade, nunca foi muito próximo dela – "ele não ousava me tocar, me abraçar" (Lebrun, 1987, p. 47) – e acabou sendo substituído por uma ficção. Curiosamente, se Alexis não fala quase nunca do pai de Monique, esta interpreta (pode-se dizer) as relações entre os dois como sendo, da parte de Alexis, uma tentativa fracassada de ter acesso "ao pai que nos fez cruelmente falta" (Lebrun, 1987, p. 45), enquanto, apesar do caráter materno do amor entre Alexis e Monique, reconhecido por ambos, isso não a leva a interrogar-se sobre a importância da mãe na vida de Alexis, ou a perda de sua própria mãe aos 5 anos de vida. Que importância teria a mãe quando as austeras verdades da Lei do Pai a transformam em simples figura do perigo de indiferenciação caótica?

É difícil não concluir que, para Monique, a compreensão adquirida do que funcionou (ou não funcionou) no fracasso de sua relação amorosa com Alexis está ligado diretamente às falhas do pai e do marido, que não souberam ou não puderam fazer dela uma mulher. Talvez seja o que permite compreender por que Monique, em nenhum momento, leva em consideração a confissão de homossexualidade de Alexis e não vê o retorno à música como despertar do desejo e retomada de "contato com teu ser" (Lebrun, 1987, p. 77). No final de sua resposta, o vocabulário de Monique parece mudar, não é mais questão de homens e mulheres, mas de seres, de profundidade dos seres e de cuidado de si, lá onde a diferença sexual não é realmente importante. Não é a primeira vez que um psicanalista tem dificuldade em abordar a homossexualidade depois da célebre nota de Freud a propósito da ginecofilia de Dora (Freud, 1905b, p. 117n).

Em sua resposta, Monique ocupa o lugar do analista, mas parece pouco atenta à voz singular de Alexis, da qual ela parece se proteger graças a um saber que lhe parece vir justamente dessa singularidade. Mas já como um saber adquirido e generalizado que a confissão de Alexis parece confirmar em todos os pontos. Tal saber poderia se resumir à afirmação do primado do falo na emergência do desejo, na organização da vida do casal e na transmissão da humanidade. Resulta daí, inevitavelmente, que o discurso feminino se contenta em manter a distância produzida pelo corte: "tuas palavras são teu escalpelo, as minhas só são as érinas" (Lebrun, 1987, p. 83). Desse modo, o discurso feminino é um discurso segundo, um discurso incapaz de produzir o novo, discurso que se contenta de confirmar o corte, mantê-lo e validá-lo. Sem que tal operação o torne criativo. Permanece aberta a questão de uma espécie de indecisão no saber de Monique: trata-se de saber o que ocorreu nessa história singular, de saber o que ocorre em geral nessas histórias ou de saber o que *deve* ocorrer para que não fracasse a vida conjugal? Se não há falta (ou então falta partilhada) nem perdão, compreende-se que o saber adquirido é antes um saber de *como* as coisas se passaram, *como* elas foram, e a questão do *por que* ou do *sentido* se dilui na afirmação de uma condição humana na qual as diferenças sexuais são dadas, sem história, sem desenvolvimento. Mas, então, por que falar de liberação ou de liberdade? Não é Monique quem permanece no vocabulário da liberação de Alexis, uma liberação que vai também liberá-la (ou autorizá-la a liberar-se), enquanto Alexis não hesita em colocar em perspectiva a liberação como promessa de liberdade e de criação como destino de sua vida? Isto significa que liberdade e criação são um espaço masculino, enquanto as mulheres só podem se liberar assumindo os efeitos do primado do falo? E que, para elas, o reconhecimento desses efeitos não lhes abre um horizonte de possibilidades? Mas, assim, não se está fazendo da anatomia um destino? Mais ainda: instituindo a vida conjugal como horizonte último da condição humana e transformando a psicanálise em discurso normativo? Não se poderia entrever nesse diálogo equivocado entre o psicanalista e o artista a prova de uma incompatibilidade radical entre a norma e a arte? E a questão de saber se a psicanálise não pode ocupar um outro lugar e exercer uma outra função do que enunciar a norma e julgar as infrações?

Tais questões precisam ser afinadas: o que acontece com o saber do analista, saber teórico e clínico, quando ele se atribui o estatuto e a certeza das estruturas? Ele se interroga suficientemente sobre os pressupostos e os efeitos de um enfoque estrutural tendo essa pretensão de certeza e de determinação? A teoria da sexualidade feminina e da feminilidade só pode se apoiar sobre uma determinada figura da relação conjugal, isto é, a figura da família edipiana, historicamente determinada, mas que, graças à teoria, se eleva à categoria de estrutura, de natureza ou de condição humana? O esforço da teoria que insiste sobre o lugar e a função do pai, relegando a mãe ao lugar de um perigo *absoluto*, o esforço para transformar o materno no que só o poder cortante do pai pode *relativizar* e dar uma dimensão humana, não revelam antes de tudo um temor diante do *segredo* de uma existência feminina? Esse segredo representa realmente uma ameaça? Para quem? E, se for o caso, qual é essa ameaça? E o que pode dizer o psicanalista das mulheres que recusam a norma?

2. *Adagio: mulheres fora da norma*

É pelo menos curioso que, dada a importância das histéricas para o nascimento da psicanálise e na formulação da etiologia sexual da histeria, Freud só desenvolva bem mais tarde uma teoria da feminilidade e da sexualidade feminina. Ele já tem mais de 60 anos. E que as desenvolve apenas depois de ter reconhecido, em 1919, a ausência de um paralelismo completo entre a formação da masculinidade e da feminilidade. O desenvolvimento de uma outra teoria da sexualidade feminina acompanha a reformulação designada como *segunda tópica* e, do ponto de vista das formulações teóricas de Freud, seria de grande interesse examinar as implicações recíprocas, um esforço que, até onde vão minhas leituras, ainda não foi realizado. Seria também de interesse o exame das questões levantadas por três estudos que concernem diretamente às mulheres e que preparam os escritos de 1923 a 1932 a propósito da feminilidade:

- *Communication d'un cas de paranoïa en contradiction avec la théorie psychanalytique* (1915b), no qual Freud propõe uma interpretação dos delírios de uma jovem,
- *"Un enfant est battu." Contribution à la connaissance de la genèse des perversions sexuelles* (1919), em que Freud analisa o desenvolvimento sexual das meninas,
- *Sur la psychanalyse d'un cas d'homosexualité féminine* (1920a), no qual, mais uma vez, Freud sublinha a importância do laço afetivo da menina à mãe, e que é o único texto freudiano sobre a homossexualidade feminina.

O primeiro e o terceiro texto não são histórias de caso propriamente falando, mas antes observações (consultas preliminares para a jovem homossexual) a partir das quais Freud propõe uma interpretação dos mecanismos funcionando em um caso de alucinação e em um caso de homossexualidade feminina. A releitura desses três textos deve permitir o esclarecimento de problemas que exigirão dentro de pouco tempo uma elaboração de uma teoria da feminilidade da parte de Freud.

A pedidos de um advogado que suspeita que sua cliente seja vítima de uma "ideia mórbida" – a cliente quer fazer um processo contra seu namorado que ela acusa de possuir fotografias que a comprometem e de se servir delas para forçá-la a entregar-se a ele –, Freud encontra duas vezes a jovem e lhe pede que conte sua história. Caso se trate bem de um delírio paranoico, o psicanalista deverá reexaminar a teoria segundo a qual a paranoia comporta um fator homossexual: o perseguidor é o ser amado, objeto de uma escolha narcisista, em consequência do que, segundo a teoria, o perseguidor deve ser do mesmo sexo que o perseguido.[3] O delírio paranoico seria então uma defesa contra o reforço das moções homossexuais. Ora, no caso da jovem cliente, o perseguidor é um homem e, à primeira vista, não há traços de uma presença feminina.

Graças à segunda consulta, sem a presença do advogado, Freud descobre a existência de duas formações delirantes, a segunda – revelada durante a primeira consulta – ocultando a primeira, revelada durante a segunda consulta. As duas formações delirantes têm em comum o fato de se manifestarem após um encontro entre a jovem e seu namorado no apartamento desse último. No dia seguinte ao primeiro encontro, a jovem imagina que seu namorado contou tudo à senhora idosa sob a direção da qual ela trabalha – "ela tem cabelos brancos como minha mãe" (Freud,

---

3 Uma observação clínica reforça a pretensão à generalidade dessa tese: um intelectual universitário consulta para tentar compreender o que o impede, sistematicamente, de publicar seus trabalhos, apesar de sua vontade de torná-los públicos e da insistência dos colegas no mesmo sentido. O fato é que ele não consegue colocar um ponto final em um texto e, quando acontece que o texto esteja já nas mãos de um editor, ele o recupera de volta sob pretexto de introduzir correções e melhorias essenciais. E não o devolve nunca mais ao editor. O intelectual confessa facilmente seu medo de divulgar seus escritos, um pouco menos facilmente a certeza de que alguém quer roubá-los. De fato, ele afirma que já foi roubado, que suas ideias circulam disfarçadas, que seus textos existem levemente modificados. Mas que ele os reconhece sempre. É a razão pela qual, à noite, nu diante de um grande espelho, ele pronuncia em voz alta o nome de cada um dos ladrões, todos homens, "mato todo mundo com uma metralhadora, e então posso dormir, meus inimigos estão mortos". As mesmas imagens de morte o invadem quando se vê refletido em um espelho, pouco importa o lugar, em um bar, por exemplo. Uma razão suplementar ao seu medo de ser publicado tem a ver com o perigo para seu prestígio de intelectual, um prestígio, ele admite, baseado sobretudo na esperança ansiosa dos futuros leitores e cuidadosamente entretida, pois ele faz compreender aos outros que está preparando uma obra excepcional e definitiva.

1915b, p. 212). Ela observou que o namorado e a velha senhora conversavam longamente e que eles mantinham uma relação que ela ignorava. E que, agora, a velha senhora, sua superiora hierárquica, estava a par do ocorrido, o que mudaria sua atitude em relação a ela, uma atitude até então caracterizada por uma certa ternura. Interpelado, o namorado nega e consegue mesmo reganhar a confiança da jovem, ao ponto em que os dois fixam um outro encontro no mesmo lugar.

Quando a jovem desce as escadas, após o segundo encontro, ela cruza o caminho de dois homens e um deles carrega uma caixa. A jovem imagina então que o barulho que ouviu enquanto estava deitada com seu namorado foi o de uma máquina fotográfica manipulada por um homem escondido atrás da cortina. Foi a história que ela contou quando da primeira consulta. A partir do segundo encontro a jovem acusa o namorado de possuir fotografias comprometedoras e de tentar forçá-la a ceder. Para se proteger, a jovem procurou um advogado. Freud propõe uma interpretação baseada nas relações entre as duas formações delirantes, a segunda na ordem das consultas sendo mais importante que a primeira, revelada durante a primeira consulta. Pois, entre as duas formações, o perseguidor mudou de sexo: primeiro foi o namorado, depois a senhora idosa.

Não se trata certamente de uma análise e o material à disposição do analista é limitado. O interesse de Freud é, antes de tudo, responder ao advogado: a jovem é vítima ou não de uma "ideia mórbida"? Mas há também o interesse teórico a propósito da paranoia e de sua relação com a homossexualidade. Trata-se bem de uma formação delirante paranoica e a mudança de sexo do perseguidor – da mulher da primeira formação ao homem da segunda – tem por elemento determinante o amor incestuoso que bloqueia a escolha de um objeto estrangeiro, mas libera uma atividade sexual fantasmática na qual o bloqueio desaparece na escolha dos substitutos. E assim que "a imagem materna originária" se torna "observadora e perseguidora hostil e malvada" (Freud, 1915b, 214), e na segunda formação delirante (primeira na ordem das consultas) torna-se o perseguidor, conduzindo ao sucesso das intenções do complexo materno.

É a primeira vez que Freud fala de "fantasma originário" (*primal fantasy*, *Urphantasie*), abrindo um questionamento balizado por Laplanche e Pontalis (1964), que se distanciam da interpretação lacaniana de Freud, interpretação pensada em termos de "pura" combinatória.[4] A noção de fantasma originário constitui "o tesouro de fantasmas inconscientes" que organiza o imaginário e, "como os mitos, eles pretendem trazer uma representação e uma 'solução' ao que para a criança se oferece como enigmas maiores", isto é, as origens. O que vale para a *cena primitiva*: figuração da origem do indivíduo; os *fantasmas de sedução*: o surgimento da sexualidade; os *fantasmas de castração*: a origem da diferença dos sexos (Laplanche & Pontalis, 1964, p. 51s).

A interpretação de Freud se apoia particularmente sobre o momento e a função do "barulho" na formação delirante; ele se apresenta "como uma batida" que desperta o delírio e é parte integrante do fantasma originário: escuta do coito dos pais, ilusão mnemônica característica da paranoia e projeção exterior de uma batida

4 Embora a afirmação não seja claramente formulada, um certo número de elementos permite pensar que a noção de *fantasma originário* seria, para Laplanche e Pontalis, mais decisiva na invenção freudiana, teórica e clinicamente, que a de *pulsão* ou mesmo a de *complexo de* Édipo. Ao mesmo tempo, a noção de *fantasma originário* permite uma tomada de distância em relação a um enfoque de "pura combinatória" resultante da contribuição da antropologia estruturalista à psicanálise, como Lacan propõe no início dos anos 1960. Um enfoque estruturalista que deixa de lado a questão da origem, implicando igualmente algumas dificuldades em relação com a dimensão da singularidade da clínica psicanalítica.

sobre o clítoris. A primeira formação delirante a propósito de um substituto materno perseguidor é ultrapassada na segunda, quando a jovem ocupa o lugar da mãe e se libera assim de sua moção homossexual, graças a uma pequena regressão: "em lugar de tomar a mãe como objeto de amor, ela se identifica a ela, ele se torna a própria mãe" (Freud, 1915b, p. 216), e o ser amado continua sendo o pai. O fantasma originário é um cenário com várias entradas, uma espécie de narrativa aberta na qual se elaboram as perguntas e as respostas fundamentais para a existência do indivíduo.

Laplanche e Pontalis indicam, mas não desenvolvem a questão das relações entre a estrutura edipiana e o fantasma originário, lembrando ainda que, se o Édipo é *encontrado* – e a dúvida se coloca de saber qual é o estatuto desse encontro: primário, isto é, origem de todas as narrativas, ou momento de uma narração? –, os fantasmas originários sustentam o sujeito que pode ocupar nele diferentes posições. A interpretação que dá Freud das formações delirantes da jovem não apenas reforça a tese da presença de moções homossexuais na paranoia, mas levanta também outras perguntas. Trata-se de uma mulher que, primeiramente, se considera como filha e, em seguida, ocupa a posição da mãe à qual ela se identifica, após tê-la abandonado como objeto de amor homossexual narcisista. Qual é a natureza e a função da imagem materna originária e que papel ela tem na homossexualidade feminina? A identificação à mãe que supõe que ela não é mais um objeto de amor determina como única saída possível tornar-se objeto de amor do pai ou de um substituto do pai? O que está em jogo no pré-edipiano da identificação à mãe e do amor do pai é retomado integralmente nas possibilidades propostas pelo complexo edipiano? Freud parece responder indiretamente a essa questão mais tarde, na história de caso da jovem homossexual, quando comenta a distância entre o procedimento analítico e o procedimento sintético na clínica e na teoria psicanalíticas. Vê-se bem aqui a importância que pode assumir o pré-edipiano e a relação originária à mãe. É a mesma coisa para o menino? Há uma formação masculina e uma formação feminina da homossexualidade?

No estudo do fantasma de fustigação que Freud publica em 1919 – estudo clínico exemplar a vários títulos – a imagem materna originária não parece exercer uma função particular. O fantasma de fustigação não é um cenário originário, mas o resultado de uma história, a forma final de uma *fixação* na pré-história da criança "mergulhada nas excitações do complexo parental" (1919, p. 226), elemento organizador das perversões edipianas e que alimenta a tese segundo a qual "o complexo de Édipo é o verdadeiro centro da neurose" (1919, p. 233). Ou, como afirma também Freud, "o complexo nuclear da neurose" (1919, p. 243). O material clínico à disposição de Freud vem sobretudo de mulheres adultas, diante do qual Freud confessa ter esperado um perfeito paralelismo nas histórias dos fantasmas de meninos e meninas. O que não ocorreu, pois, atrás da figura da primeira fase do fantasma do menino – "a mãe fustiga uma criança" –, se encontra uma figura preliminar, "sou batido por meu pai". Trata-se aqui de um fantasma masoquista masculino, frequentemente consciente, retomado na vida adulta sob a forma de: "um menino malvado punido por uma mulher". Ora, a figura masoquista do fantasma da menina é a segunda fase da formação, vindo depois da figura sádica originária.

Mas, se as histórias do fantasma de fustigação do menino e da menina não são paralelas, há pelo menos um ponto comum, isto é, que as duas são derivadas "da relação incestuosa ao pai" (1919, p. 238). No entanto, a relação incestuosa do menino com o pai quer dizer: "sou também amado (genitalmente) pelo pai". E o menino assume então uma posição feminina masoquista associada ao prazer e lhe falta um concorrente odiado. Essa figura do fantasma pode permanecer consciente. O fantasma masoquista da menina é uma construção do analista, concebida sob a ação de repressão da moção incestuosa, acompanhada de regressão para a organização sexual sádico-anal. A menina ocupa, desse modo, uma posição edipiana normal. Para o menino, ao contrário, o fantasma masoquista implica uma inversão do pai como objeto de amor e sua substituição pela mãe: "sou batido por minha mãe".

A diferença entre os fantasmas de fustigação do menino e da menina, em sua forma final, aparece mais claramente. No caso do menino, o fantasma tem por conteúdo uma posição feminina passiva e masoquista, sem escolha de objeto de amor homossexual. Por aí o menino escapa à homossexualidade, graças à repressão e ao rearranjo do fantasma inconsciente. No caso da menina, a situação originária masoquista e passiva se transforma, graças à repressão, em uma situação sádica com um fraco teor sexual: ela se torna uma espécie de espectadora de um cenário no qual um substituto do pai fustiga os meninos, enquanto ela própria toma uma posição masculina que a conduz a escapar das exigências da vida amorosa: "ela é apenas uma espectadora do ato que substitui o ato sexual" (1919, p. 239).

Como no caso anterior dos delírios paranoicos, Freud se serve aqui da noção descritiva de *fixação* para analisar a história do fantasma de fustigação, uma fixação que ocorreu no interior do processo edipiano: "o fantasma de fustigação e outras fixações perversas análogas seriam então sedimentos deixados pelo complexo de Édipo, algo como *cicatrizes*, sequelas de um processo acabado" (1919, p. 233). Há aqui a ideia de uma anterioridade lógica, talvez mesmo ontológica – mas Freud preferia falar de "herança arcaica" (1919, p. 233) ou de filogênese – do Édipo em relação ao fantasma originário, a ideia de um quadro dado e determinante no interior do qual as fixações são possíveis. A metáfora do sedimento ou da cicatriz implica que o fantasma é o depositário de uma história singular e única, que ele é uma concreção que precisa ser decomposta e (re)construída na análise, permitindo assim a conjunção da estrutura e do acontecimento, do geral e do particular.

Não se sabe muito sobre a história afetiva do grupo de analisandos sobre o qual se apoia Freud para desenvolver suas interpretações (um grupo de quatro mulheres e dois homens). Além disso, ele limita seu estudo ao fantasma de fustigação.[5] Mas como ele não hesita em propor algumas generalizações, sobretudo em relação ao núcleo edipiano da neurose, é difícil não perceber alguns pontos obscuros.

Em relação ao fantasma originário do amor incestuoso do pai de parte do menino e da menina, compreende-se que, para o primeiro, a repressão da escolha de objeto de amor paterno e a regressão que a acompanha, a substituição do pai pela mãe como sujeito que castiga, constitui um esquema protetor contra a moção homossexual. Compreende-se também que, para a menina, a repressão do objeto de amor incestuoso a conduza ao complexo de virilidade. Mas por que não se verificaria no menino protegido contra a homossexualidade os traços de uma identificação ao

5 Em um texto curioso de Anna Freud (1922) sobre o fantasma de fustigação, a autora sugere que o retorno do reprimido do amor incestuoso pode também produzir o sonho diurno (o sonho acordado) e que as "belas histórias" então inventadas representariam um esforço de sublimação do amor incestuoso. Nessa perspectiva, a menina que se transforma em menino durante o desenvolvimento do fantasma sublima o amor em amizade calorosa. O processo de sublimação parece mais eficaz quando os sonhos diurnos são redigidos, quando se tornam objetos de comunicação, pois então o prazer obtido depende menos do conteúdo do texto do que da satisfação oferecida "às tendências ambiciosas precisas vindo do ego" (Freud, 1922, p. 75). A contribuição da escritura ao processo de sublimação parece decisiva: primeiro, todos os fragmentos de sonho são tratados da mesma maneira, objetivamente, e a regra comum é a figurabilidade. O autor "realiza assim uma passagem do autismo para o social" e "entra desse modo no caminho de saída da vida fantasmática para voltar à realidade" (Freud, 1922, p. 75).

objeto de amor perdido (como é o caso para a menina), isto é, uma identificação ao pai? A menos que um traço identificatório seja o de querer ser punido pela mãe, seu pecado sendo então o de querer ocupar o lugar da mãe e do pai ao mesmo tempo. Se a punição viesse do pai, só restaria para o filho a saída homossexual, confessada e punida ao mesmo tempo. Vindo da mãe, ele recusa a saída homossexual punindo-a e pagando o preço de assumir uma posição feminina.[6] Além disso, se a menina conserva durante as três fases de seu fantasma de fustigação o mesmo objeto paterno de amor, isso implica que a homossexualidade feminina não seria, no fundo, senão uma variante possível da heterossexualidade? Não haveria então uma verdadeira homossexualidade feminina? A homossexualidade feminina seria uma espécie de sexualidade secundária, derivada da homossexualidade masculina? Por fim, como compreender que o lugar e a função da mãe tenham tão pouca importância nas excitações precoces do complexo parental?

Sur la psychogenèse d'un cas d'homossexualité féminine (1920a) não é em termos exatos uma história de caso. Segundo o próprio Freud, somente a primeira parte do trabalho foi realizada, uma

---

6 A complexidade do fantasma de fustigação masculino parece menos complexa, para Freud, do que o equivalente feminino. Talvez por falta de material clínico suplementar. Um momento da clínica pode enriquecer aqui a reflexão: um homem de uma certa idade confessa, sem dificuldade, que, há vários anos, não tem mais relações sexuais com sua esposa, uma abstinência que ele impôs e que a mulher, submissa e apagada, aceitou em silêncio. Por outro lado – e aí seu discurso torna-se fragmentário, interrompido por longos silêncios – ele paga às vezes prostitutas e prostitutos, em alternância, para ser fustigado, sem nunca autorizar outro tipo de contato físico. Ele conta, como se descrevesse uma cena entrevista pelo buraco da fechadura (a imagem é dele), que, se é um homem que o fustiga, ele se excita e consegue mesmo chegar ao orgasmo, o que não ocorre nunca se é uma mulher que o castiga: "fico no meio do caminho". Depois de apenas algumas consultas, ele escreveu ao analista para anunciar a interrupção do tratamento: "o senhor não intervém o suficiente, é pior que com o meu pai. E, além disso, tenho que pagar!".

etapa de diagnóstico focalizada sobretudo no esforço do analista para obter uma primeira ideia dos processos psíquicos em jogo, o essencial restando a percorrer: a etapa em que "o paciente se apropria ele mesmo do material colocado a sua disposição, o trabalha, se lembra do que pode se lembrar do que se dá como reprimido, e, quanto ao resto, se esforça para repeti-lo numa espécie de revivescência" (1920a, p. 250). Essa segunda etapa submete ao exame as hipóteses avançadas pelo analista, as confirma, as corrige, as modifica. As duas etapas, diz Freud, não são sempre claramente distintas, o que a experiencia clínica confirma facilmente.

A história da jovem homossexual é conhecida: no retorno pubertário do conflito edipiano, ela se encontra em plena rivalidade com a mãe pelo amor do pai, quando a mãe dá nascimento a uma outra criança. Nesse momento, a jovem começa ostensivamente a mostrar-se com uma *cocotte* mais velha do que ela, uma bela mulher de quem a jovem reconhece o caráter duvidoso, o que não a impede de venerá-la e de se mostrar em sua companhia em lugares públicos mais frequentados de Viena. Um dia, o pai cruza o caminho do casal e lhes lança um olhar furioso. A jovem conta então à bem-amada que se trata de seu pai, ao que a *cocotte* reage impondo à jovem que não mais a procure. A jovem efetivamente se afasta e se joga de uma ponte urbana próxima. A tentativa de suicídio não deixa sequelas, mas daí por diante a família e sua bem-amada não ousam mais contrariá-la. É nesse contexto, em desespero de causa, que o pai pede a Freud que cure sua filha. O analista se mostra reticente, mas aceita vê-la em consulta e dar sua opinião sobre a possibilidade de um tratamento.

Em 1920, Freud pode afirmar que a psicanálise deu pouca atenção à homossexualidade feminina. Lembre-se aqui a nota acrescida à história do caso de Dora a propósito do erro técnico do analista que não reconheceu nem interpretou a tempo a inclinação homossexual de Dora pela Senhora K. Será ainda uma dificuldade com a transferência que colocará um termo ao estudo da jovem homossexual: a indiferença que ela manifesta em relação a Freud é interpretada pelo analista como transferência sobre ele da "recusa de homem que a domina depois que seu pai a decepcionou" (1920a, p. 262s): donde a sugestão de Freud para que a jovem faça uma análise com uma analista. A interpretação de Freud propõe que, decepcionada pelo pai que deu um filho à mãe concorrente, a jovem se identificou à mãe, a substituiu pela *cocotte* (a qual também substitui um irmão mais velho que apresenta uma certa semelhança com a *cocotte*) e escolhe um objeto de amor feminino em face do qual ela toma uma atitude masculina de amor cortesão, uma forma de veneração que consiste em dar tudo e não pedir nada. Resultam daí vários benefícios, a começar pela satisfação de suas moções bissexuais (a *cocotte* no lugar da mãe e do irmão mais velho), o fim da rivalidade com a mãe (pelo amor dos homens) e uma vingança contra o pai (ocupando seu lugar e lhe mostrando como um homem deve amar uma mulher). O olhar furioso do pai desfaz essa construção libidinal, segue-se a tentativa de suicídio, com a qual se realiza a vingança contra o pai (e contra a mãe), concretizando-se igualmente o desejo de receber um filho do pai, uma interpretação sugerida pela polissemia de *niederkommen* (1920a, p. 260s).

A essa interpretação Freud ajunta algumas reflexões e comentários que a esclarecem, a aprofundam e a problematizam ao mesmo tempo. Se a interpretação se concentra sobre os mecanismos que conduzem a jovem à escolha de um objeto de amor homossexual, os comentários e reflexões vão bem mais longe. Freud nos deixa assim entrever que a interpretação é um percurso aberto, talvez mesmo sem limite.

A começar pela distinção no trabalho analítico entre dois movimentos que não têm o mesmo caráter. O primeiro é o da análise propriamente dita que (re)constrói o encadeamento dos processos psíquicos em jogo a partir dos resultados e remonta às causas determinantes. As conexões encontradas são necessárias "e consideramos a ideia resultante como completamente satisfatória, talvez mesmo exaustiva" (1920a, p. 266). No entanto, se seguimos o encadeamento em sentido inverso, das causas até os resultados, a necessidade das conexões desaparece, e outros resultados aparecem com igualmente possíveis e que seriam igualmente explicáveis com o mesmo encadeamento. Acontece que, entre a análise e a síntese, passa-se da singularidade de uma narrativa a uma generalização teórica em que as relações entre causas e efeitos não são necessárias: devemos nos contentar com pontos de referência em um campo de possibilidades. Em outros termos, a teoria psicanalítica não pode se prestar a um objetivo preventivo ou a um objetivo preditivo. Suas elaborações podem servir, no melhor dos casos, como pontos de apoio, mas de forma alguma ela retira à análise seu caráter de singularidade e de imprevisibilidade radicais. A menos que se descubra, um dia, uma relação última de causa a efeito, por exemplo, as bases químicas da sexualidade. No entanto, como ignorar que a revelação do encadeamento necessário assinala os lugares onde outros encadeamentos foram possíveis, talvez mesmo desejáveis? Desse modo, a psicanálise mantém a dignidade e a importância radicais da clínica, afirmando a dimensão libertadora da teoria que fornece ao trabalho clínico a possibilidade de avançar para além da compreensão do que aconteceu, sem, no entanto, tornar-se diretiva ou normativa: ele mostra os nós de uma narrativa na qual o que ocorreu necessariamente revela sua contingência.

A razão por que é impossível transformar a análise em uma simples aplicação da teoria, e a teoria uma simples generalização da clínica, segundo Freud, deve-se à impossibilidade de reconhecer de antemão a força relativa dos fatores, a qual só pode ser avaliada *après-coup*, pela análise, enquanto a teoria só leva em conta os aspectos qualitativos dos fatores em jogo. Assim, no caso da jovem homossexual, que a posição edipiana da puberdade sofra uma decepção e conduza a uma escolha do objeto de amor homossexual não implica que tal será o destino de todas as jovens, mas simplesmente o destino da jovem homossexual, graças à ação de alguns fatores particulares que só a análise pode encontrar e encadear, antes de revelar o que permaneceu e permanece ainda possível. Vê-se bem aqui que as relações entre o pré-edipiano e o edipiano podem ser percorridas em dois sentidos e que elas mudam de sentido entre a análise e a síntese.

Entre os fatores particulares, Freud cita as inclinações homossexuais comuns durante a puberdade, mas que duraram mais tempo e se manifestaram com mais força no caso da jovem atraída por mulheres mais velhas, sobretudo em seguida a uma forte paixão por um menino encontrado no parque – fatores conscientes, enquanto a posição edipiana permanecia inconsciente. Havia assim uma corrente superficial homossexual, "continuação direta, não modificada, de uma fixação infantil à mãe" (Freud, 1920a, p. 267). Durante sua infância, a jovem já havia mostrado um forte complexo de virilidade em sua competição com o irmão mais velho: "após ter observado os órgãos genitais do irmão ela havia desenvolvido uma poderosa inveja do pênis cujos efeitos regiam ainda seu pensamento" (1920a, p. 267). E, curiosamente, Freud acrescenta, sem precisar se fala ainda dos anos infantis, mas o texto permite pensar que se trata de um dos efeitos da inveja do pênis: "ela era propriamente uma feminista, julgando injusto que as meninas não tenham o mesmo direito de gozar das mesmas liberdades que os meninos, e de uma maneira geral se revoltava contra o destino das mulheres" (1920a, p. 267s). A associação entre a inveja do pênis e as ideias feministas parece estabelecida. Uma associação generalizável que faria de qualquer feminista uma mulher que não ultrapassou sua inveja do pênis? Esse último fator tem um papel importante na transição entre o pré-edipiano, marcado pela presença dominante da mãe, e a entrada no Édipo, marcada pela entrada em cena do pai.

De retorno às considerações gerais, Freud afirma a dificuldade, e mesmo a impossibilidade, para a psicanálise, de oferecer uma resposta ao problema da homossexualidade. Seria preciso pelo menos distinguir o que frequentemente se confunde – isto é, os caráteres somáticos, a posição sexual e a escolha de objeto –, o que esclarecerá um pouco mais as questões, permitindo duas considerações em relação aos fatores em jogo na homossexualidade: a relação pré-edipiana com a mãe e que a heterossexualidade manifesta contém uma forte proporção de homossexualidade inconsciente. O menino parece mais bem armado para se proteger dessa homossexualidade inconsciente, seja pela identificação com a mãe sem escolha de objeto de amor masculino, mas sobretudo graças ao desenvolvimento, no complexo edipiano, de um poderoso ideal do ego ou superego. A homossexualidade não é um *terceiro sexo*, mas um componente e uma possibilidade da sexualidade humana. A psicanálise não pode caracterizar a essência da masculinidade ou da feminilidade indo além dos traços insuficientes da atividade e da passividade, o que tem pouco a ver com fatores biológicos. É por essa razão que o tratamento cirúrgico de transplante do órgão, experimentado por Eugen Steinach (1861-1944), não pode, aos olhos de Freud, ser uma solução, exceto, talvez, em casos de hermafroditismo patente de um homem. Para as mulheres, em todo caso, Freud afirma que há um obstáculo maior e definitivo contra o tratamento cirúrgico: a renúncia da maternidade (Freud, 1920a, p. 270).

Resumindo: a jovem desenvolve sua inclinação homossexual prolongando um forte complexo de virilidade, reforçado no momento de uma reativação edipiana do amor pelo pai, um amor que foi traído quando a mãe deu à luz uma outra criança. A jovem abandona então os homens à mãe e se vinga contra o pai mostrando-lhe como um homem de verdade deve amar uma mulher. Tudo isso desmorona sob o olhar furioso do pai, do qual ela se vinga mais uma vez na tentativa de suicídio, realizando na queda o desejo de ter um filho do pai. Seu objeto de amor é uma substituta da mãe (que nunca a amou), ao mesmo tempo do irmão possuidor de um pênis e que tem uma semelhança com a *cocotte*. Se o tratamento não pode continuar é porque a jovem transfere sobre Freud a vingança armada contra o pai, trazendo-lhe os sonhos que vão no sentido do que Freud e o pai desejam: amar um homem, casamento, ter filhos. Uma transferência que, pensa Freud, neutraliza completamente os esforços do analista.

A história da vida da jovem homossexual recolhida por I. Rieder e D. Voigt (2003), que a encontram pouco antes de sua morte, aos 96 anos, levanta algumas interrogações em face da interpretação de Freud, particularmente no que diz respeito à tentativa de suicídio. Com efeito, a narração que Freud apresenta do ocorrido difere da lembrança que a velha senhora conservou. O ponto principal da divergência parece ser o do "olhar furioso" do pai, que, segundo Freud, seria redobrado pela ordem da mulher amada de abandoná-la imediatamente e de cessar de procurá-la. A narração de agora não faz nenhuma referência ao olhar do pai, pois ele não teria visto o casal. Mas, constatando a presença do pai, a jovem homossexual fugiu na direção oposta, antes justamente de perceber que o pai não a reconhecera e que, simplesmente, ele tinha tomado o bonde. A jovem voltou então junto à amiga e, envergonhada de sua traição, tentou se explicar, o que a outra recusou:

"Léonie,[7] por favor, gosto tanto de estar com você, queria estar com você dia e noite e queria que todo mundo soubesse, mas…."

7 Léonie von Puttkamer, nome inventado para ocultar a identidade da *cocotte* na história recolhida por Rieder e Voigt.

"É exatamente por causa desse 'mas' que é melhor que não nos encontremos mais. Vai, corre e boa sorte!" (Rieder & Voigt, 2003, p. 204). E a jovem homossexual, aproximando-se da Kettenbrückegasse, pensa que será punida em casa e que sua bem-amada não quer mais saber dela, daí a vontade de morrer. Rieder e Voigt mostram uma fotografia do lugar onde o encontro com o pai teria ocorrido e parece possível que o pai as tenha reconhecido, mas a distância entre eles é suficientemente grande para que a jovem não possa distinguir o olhar do pai. Claro, isso não invalida a interpretação freudiana, mas a importância que dá a jovem à reação da bem-amada, parecendo acusá-la de não ser digna desse amor, permite a Jean Allouch (2004) supor uma outra dimensão na tentativa de suicídio, assim como nas duas outras tentativas posteriores (que Freud evidentemente ignora). Trata-se de "recuperar o controle da situação que foi por um instante perdido" (2004, p. 86). Pois a jovem homossexual ama como um mestre, como um cão: "estar sempre lá, fiel na espera, dançar de alegria quando ela se aproxima, tremer de felicidade sob seus carinhos não eróticos, manifestar-lhe uma submissão sem falhas, significar que ele não está sozinho no mundo" (2004, p. 73). (É provável que a imagem do *amour-chien* se deva à canção de Jacques Brel, "Ne me quitte pas.") A narração da vida da jovem homossexual faz compreender que seus três grandes amores não são sexuais (o que não implica ausência de relações eróticas), que o que ela ama de verdade é a beleza, a beleza de sua mãe. "Como ela acha horrível o lugar sombrio e a 'coisa' ameaçadora entre as pernas de um homem. Coisa angustiante, embora um pouco menos que a praia úmida das mulheres. Que nojo uma língua na boca" (2004, p. 66s). E há também essa única vez em que a jovem chorou durante a análise, declarando: "Acho que minha mãe é tão bonita, eu faço tudo por ela, mas ela só gosta de meus irmãos" (Rider & Voigt, 2003, p. 62). Esse episódio da análise não aparece na história de Freud. Sabe-se, no entanto, que a questão da fixação à mãe e a necessidade de renunciar à mãe para ter acesso à feminilidade terão um futuro importante na teoria da sexualidade feminina de Freud.

O erro de Lacan, segundo Allouch, foi o de interpretar *niederkommen* como *niederkommen lassen*, e definir a passagem ao ato da jovem como uma reação à súbita relação aparecendo entre o sujeito com o que ele chama de objeto *a* (ver Lacan, 16/01/1963). Mas ela não renuncia à lição do amor como mestre, "ela teria se deixado cair se ela tivesse regrado sua vida sobre esse 'mas' do 'eu te amo, mas'" (Allouch, 2004, p. 91). Lacan interpreta a tentativa de suicídio como passagem ao ato revelando o desejo em jogo no *acting out*, sua conduta demonstrativa dirigida ao outro que oculta justamente esse desejo. Mas Freud e Lacan estão de acordo para privilegiar aqui o olhar do pai, coisa que a narração da jovem torna pelo menos imprecisa. Freud reconhece, na tentativa de suicídio, a realização de um castigo e de um desejo em relação ao desejo incestuoso. E também um outro benefício da doença: "tornando-se homossexual, deixando os homens para a mãe, por assim dizer, 'se desistindo', a jovem afastava um obstáculo que até então fora a causa da má vontade da mãe a seu respeito" (Freud, 1920a, p. 257).

Abrindo uma outra dimensão na interpretação da tentativa de suicídio da jovem homossexual – uma dimensão que tende igualmente a relativizar ou a problematizar a força determinante do olhar do pai –, T. Charrier pensar que teria sido importante aprofundar a análise da "desistência" em favor da mãe no processo conduzindo à homossexualidade feminina. Tanto mais que a jovem homossexual renunciou aos homens para desistir da rivalidade com a mãe sobre o falo, "mas não sobre essa pequena coisa a 'mais' à qual a introduziu os ciúmes da mãe e que faz dela uma mulher: ela ama as mulheres com um amor incondicional por causa do pequeno 'a mais', por seu gozo feminino" (Charrier, 2007, p. 94) que excede qualquer localização corporal, que ela chama de "beleza" e, mais tarde, "saudade".

Ao longo de sua vida a jovem homossexual fez duas outras tentativas de suicídio. Primeiramente quando compreendeu que sua bem-amada a abandonara para instalar-se em Berlim. A jovem homossexual reage com um telegrama enviado em nome de seu pai: "pedido que cesse todo contato com minha filha". Allouch vê aí um esforço para recuperar o controle da situação, controle um momento perdido. A última tentativa de suicídio ocorre quando ela está às portas do casamento com um amigo do homem que ela ama. Não querendo revelar a verdade a seu pai, a tentativa de suicídio lhe garante o respeito de toda a família, que, daí em diante, a deixa tranquila, como já fora o caso em sua adolescência. Assim, o risco de morte é o preço a pagar para ter acesso ao controle que Allouch compara ao de um cão.

A questão aqui parece implicar a de saber se o desenvolvimento da sexualidade feminina comporta, em sua fase pré-edipiana, possibilidades diferentes daquelas possibilidades oferecidas na narrativa edipiana. Possibilidades que seriam específicas à menina e que, longe de serem perversões da norma, indicariam outras figuras e formas de sexualidade. Se Édipo é pensado pela psicanálise como norma, ou como estrutura, em que, como e por que essas outras figuras pré ou pós-edipianas – ou melhor, para-edipianas – representariam uma perversão, uma ameaça ao primado do falo? O horizonte que parece escapar sempre e que não se deixa nomear facilmente em relação à sexualidade feminina, esse horizonte que parece sugerir o reinado das mães (talvez das amazonas) e que não é apenas privilégio das mulheres –, tal horizonte não é o que todo pensamento centrado sobre o fálico procura compreender (como diferença), mas também controlar (como hierarquia)? A inveja do pênis é um destino, uma tentação, um nó significante, uma encruzilhada dos caminhos?

Um segundo ponto: os sonhos mentirosos cujos textos ignoramos. Freud fala dos sonhos fáceis de interpretar pois

> *antecipam a cura da inversão graças ao tratamento, exprimindo a alegria da jovem diante das perspectivas que se abriam então para sua vida, confessando o desejo nostálgico de ser amada por um homem e de ter filhos, e podiam assim ser recebidos como uma preparação encorajante com vistas à transformação desejada. (Freud, 1920a, p. 263)*

No entanto, observa Freud, seu discurso consciente mostrava uma outra direção e, se ela falava de casamento, era sobretudo para escapar ao pai e ceder aparentemente à norma social para melhor poder viver suas inclinações reais. Freud conclui então que os sonhos são mentiras para enganá-lo, "como ela continua a enganar seu pai" (Freud, 1920a, p. 264). Mais ainda, trata-se de ganhar a confiança de Freud para melhor decepcioná-lo em seguida, interpretação que é comunicada à paciente e que coloca um termo aos sonhos. O desejo de vingança dirigido contra o pai transferido assim sobre o analista implica, segundo Freud, que "a paciente torna inútil todos os seus esforços e se mantém solidamente em seu estado mórbido" (1920a, p. 263). A decisão de Freud é de interromper a análise e sugerir sua continuação com uma analista, com quem a empresa vindicativa não teria mais lugar. Mas Freud não está aqui justamente minimizando a rivalidade com a mãe?

O conselho de Freud não teve consequência, a jovem homossexual continuará a amar as mulheres até o fim de sua vida. A propósito dos sonhos relatados a Freud, a narrativa que ela faz a Rieder e Voigt parece sugerir um outro conteúdo. Freud insiste para obter sonhos, "ela lhe serve então seus encontros com Leonie sob forma de sonhos" (Rieder & Voigt, 2003, p. 70), pois ela continua a encontrar sua bem-amada e pode para tanto contar mesmo com a cumplicidade de sua própria mãe. À questão de saber se o inconsciente pode mentir, Freud responde com a distinção entre o sonho e o inconsciente. O sonho é a forma que ganha um pensamento residual pré-consciente ou consciente, refundido no estado do sono, isto é, quando tal pensamento encontra as moções de desejo inconsciente, sofrendo uma deformação operada pelo trabalho do sonho. Assim, querer enganar o pai era um pensamento consciente ou pré-consciente que se fundiu ao desejo inconsciente de agradar o pai, e daí resulta o sonho mentiroso. A dignidade do inconsciente é dessa forma preservada.

É nesse ponto que intervém Lacan (1963) para afirmar que Freud *laisse tomber* (deixa cair) a jovem homossexual, isto é, que ele não leva em consideração a mentira como um sintoma, pois é a própria jovem que lhe diz que ela está mentindo. Freud não se pergunta o que ela quer dizer quando lhe mente e, "emocionado, como ele mostra com certeza, diante dessa ameaça à fidelidade do inconsciente ... ele passa ao ato". E se ele não pode levantar tal questão, prossegue Lacan, é porque seu discurso se confronta "a uma coisa que podemos chamar, provisoriamente, feminilidade" (Lacan, 16/01/1963). Não que a mulher seja mentirosa, mas que "a feminilidade se oculta" e, para Freud, ela permaneceu no estado de questão: "O que quer a mulher?" (Lacan, 16/01/1963).

Um ano mais tarde, voltando ao erro de Freud, Lacan confirma sobretudo o achado freudiano a propósito do desejo da homossexual em relação ao pai. Freud teria sido ultrapassado e rompeu o tratamento: "o que faz a homossexual em seu sonho, enganando Freud, é ainda um desafio relativo ao desejo do pai – O senhor quer que eu deseje os homens, o senhor terá tanto quanto quiser, sonhos de amor pelos homens. É o desafio sob a forma do humor"

(Lacan, 29/01/1964). Mas Freud não parece dizer coisa diferente, exceção feita ao humor, embora isso o conduza a colocar um termo ao tratamento. A tentativa de suicídio se inscreve também nesse desafio, pois o encontro com o olhar furioso do pai anula seu amor cortesão pela bem-amada. Então, a função de mostrar ao pai "como se é, um falo abstrato, heroico e consagrado ao serviço da dama", não pode mais ser concebido senão em se abolindo. Como Dora, que esbofeteia o Senhor K., a jovem homossexual ensina que "o desejo do homem, é o desejo do Outro" (Lacan, 29/01/1964).

Allouch observa que Lacan, quanto a ele, não leva em conta que a contradição entre os sonhos e os discursos conscientes diz respeito particularmente à "política erótica" (2004, p. 49), a mesma, até um certo ponto, que utiliza a *cocotte*: os homens para o dinheiro e a fachada social, as mulheres para o prazer. É verdade que a *cocotte* procura por todos os meios os prazeres sexuais com os dois sexos, o que não é o caso da jovem homossexual. E isso reforça a crítica lacaniana, pois Freud não distingue o que ela pensa do lugar que ela ocupa, e confunde a transferência imaginária com a transferência simbólica, guiado pelo temor de que a jovem homossexual o *deixe cair* como objeto pulsional.

O ensaio de C.-N. Pickmann (2010) tem o mérito de insistir ainda mais que Freud ou Lacan sobre a importância, no caso da jovem homossexual, da fixação primária da menina à mãe, fixação que se transformaria em *relais de l'amour* quando o pai a decepciona. Como tal fixação se faz sob o primado da demanda do Outro, esse laço primário não se relaciona somente ao amor, mas implica igualmente o gozo. A sexualidade feminina parece assim ter duas raízes: o laço originário à mãe e o laço edipiano ao pai. A homossexualidade feminina tem a ver, então, com o laço à mãe e com a identificação ao pai, quando este a decepciona.

Lembrando elementos da biografia da jovem homossexual, que, repetimos, não foi analisada por Freud – não se trata de uma história de caso –, Pickmann se apoia particularmente sobre o interesse da jovem pela criança encontrada no parque, onde a jovem constrói um equilíbrio precário entre seu pai e sua mãe. Mas, então, não é fácil acompanhar a autora quando afirma que a cena se repete nos sonhos mentirosos contados a Freud, que não é capaz de ouvir "a verdade que se revela nesses sonhos" e que representa "um apelo imenso ao pai para que ele veja, enfim, o que ocorre sob seus olhos: a corrosão da feminilidade implicada em sua relação a uma mãe que não quer que ela se torne uma mulher" (Pickmann, 2010, p. 205). A verdade dos sonhos era o desejo de ser mulher de um homem, e não o de ser mãe. A afirmação de Pickmann é tanto mais surpreendente que ignoramos os textos dos sonhos, e que o que Rieder e Voigt contam parece indicar um outro conteúdo que o relatado por Freud.

Permanece aberta a questão de saber se o amor originário da mãe implica a possibilidade de uma homossexualidade feminina, fundada sobre a relação mãe/filha, ou se se trata nesse caso de um retorno ao laço com a mãe depois da decepção provocada pelo pai. O que está em jogo aqui é, mais amplamente, o problema da natureza primária ou secundária da feminilidade. Rieder e Voigt lembram as palavras surpreendentes que Freud teria dirigido à jovem homossexual no momento da separação: "Você tem olhos tão espertos. Eu não gostaria de te encontrar na vida como inimiga" (2003, p. 77).

Nesses três textos prévios, e particularmente nesse texto de 1920, Freud parece indicar as aquisições importantes para a compreensão da homossexualidade e da feminilidade em geral, e que está pronto para abordar o problema: o que quer a mulher? Ele reconhecerá, mais tarde, seu fracasso, ou melhor: a insuficiência dos avanços feitos. Mesmo se a psicanálise pareça não poder ir além de uma definição de masculinidade e feminilidade em termos de atividade e de passividade, o fato é que se abriu para a clínica e para a teoria o tempo do pré-edipiano: a identificação à mãe para o menino e a menina, a inveja do pênis para a menina. Mas há ainda a tese da maternidade como o próprio, ou como a excelência do desejo feminino.

Convém examinar em seguida o que diz Freud da homossexualidade feminina nos grandes textos sobre a feminilidade e a sexualidade feminina entre 1923 e 1932.

As hesitações de Freud a propósito da bissexualidade humana, noção avançada no início por Fliess, são conhecidas. As dificuldades parecem aumentar se se leva em conta a afirmação freudiana do primado do falo nos seus escritos sobre a feminilidade, na qual a perspectiva elaborada é de como uma mulher se torna mulher, deixando em segundo plano o problema da essência da feminilidade. Há também a questão de saber que relações podem ser feitas entre a compreensão do processo de desenvolvimento da feminilidade e a pergunta que se tornou a marca do "fracasso" de Freud nesse domínio: o que quer a mulher? Desse modo a bissexualidade parece um pouco secundária no último texto de Freud (1933) consagrado ao enigma da feminilidade, assim como no ensaio de Helene Deutsch (1932), provavelmente redigido ao mesmo tempo que o penúltimo escrito freudiano sobre o problema (1931) e que Freud cita em 1933 como "amostra de um trabalho analítico detalhado" (1933, p. 175) a propósito da pré-história da mulher.

Apesar disso, da insuficiência dos fundamentos biológicos e psicológicos sustentando a tese da bissexualidade, Freud e Deutsch não parecem poder encontrar outra coisa na norma e na normalidade femininas senão a maternidade. Já em 1928, em um ensaio consagrado a *George Sand: a Woman's Destiny*, a partir da afirmação de uma "unidade original primordial que sobrevive como uma constituição bissexual" (Deutsch, 1928, p. 447), Deutsch sugere que Sand não pode construir uma harmonia entre as duas moções e que, assim, seu sucesso como intelectual e escritora se fez ao preço de sua felicidade como mulher. E acrescenta: "Um dia, talvez, lá onde somos criticadas porque não criamos valores culturais, teremos a coragem de dizer que temos algo melhor a fazer" (1928, p. 459).

Com efeito, para Freud e para Deutsch, o destino da menina depende da fase fálica do desenvolvimento sexual, pois até esse momento menino e menina passam pelas mesmas etapas (oral e sádico-anal), sem que haja grandes diferenças: "a menina é um homenzinho" (Freud, 1933, p. 158), isto é, dirigida, como o menino, pelo primado do falo. Na fase fálica a masturbação se associa às representações das relações sexuais, mas menino e menina ignoram a existência da vagina. O laço afetivo forte à mãe de parte do menino e da menina continua para o primeiro, mas a menina deve começar a enfrentar duas tarefas complexas para tornar-se uma mulher: passa do clítoris para a vagina (passar de sua posição sexual da atividade à passividade) e trocar de objeto de amor, substituindo a mãe pelo pai. Em outros termos, ela deve, no seu percurso até a feminilidade, passar de uma fase masculina a uma fase feminina. O menino se desenvolve na continuidade e entra no Édipo desejando a mãe e fazendo do pai um rival. O menino nasceu menino e permanece menino, enquanto a menina não nasceu menina, e deve tornar-se mulher.

A experiência que marca a separação entre os dois destinos sexuais é a percepção da diferença sexual anatômica: o menino desenvolve a angústia da castração e, para não perder seu pênis, renunciará à mãe e se submeterá à lei do pai sob a forma do superego, herdeiro direto do Édipo. Mas a menina que descobre sua castração e a recusa desenvolve a inveja do pênis que marcará toda sua existência e terá efeitos que fragilizarão seu superego, donde resultará o pouco de importância de seu trabalho cultural. E Freud acrescenta o comentário seguinte: "e as feministas não apreciam que se indique os efeitos desse fator sobre o caráter feminino médio" (Freud, 1933, p. 173). O que significa, mais uma vez, que a raiz afetiva das ideias feministas se alimenta de uma forte inveja dos atributos masculinos e impede o desenvolvimento de um superego mais sólido. Duas questões podem ter aqui seu lugar: quais são as relações entre o desenvolvimento do superego e a sublimação cultural? A origem afetiva não é o caso para todas as ideias? É nesse momento que a menina entra no que Deutsch chama de "oscilação bissexual entre o pai e a mãe" (1932, p. 225) que lhe oferece três possibilidades: a neurose, a heterossexualidade ou a homossexualidade.

Os fatores que decidem o destino da feminilidade são, como se sabe, segundo Freud, constitucionais, isto é, ligados à quantidade de atividade. A homossexualidade feminina, no entanto, não é uma simples continuação da masculinidade pré-edipiana. Trata-se de um longo processo de retorno que oferece duas figuras possíveis de homossexual: a primeira é aquela na qual prima o retorno à relação mãe/criança; a segunda, aquela em que domina o retorno à relação homem/mulher. Desse segundo tipo, Deutsch dá como exemplo a jovem homossexual (posição masculina e escolha de objeto feminino), posto que suas exigências são de ordem fálica: negação da falta de pênis, objeto feminino garantindo a posição masculina e masturbação fálica. Freud havia efetivamente suposto uma atividade masturbatória intensa, assim como o voyeurismo, na infância da jovem homossexual.

Mas o destino heterossexual da mulher, ao contrário do destino neurótico da frigidez ou da inversão, é o único a fazer da maternidade o desejo por excelência da mulher, na medida em que permite um desenvolvimento que vai da inveja do pênis ao desejo de maternidade satisfeito por um substituto paterno, passando assim pelo desejo de receber um filho do pai e pelo abandono da identificação à mãe fálica. Qualquer que seja o destino em jogo, e contrariamente ao menino, a menina parece não poder jamais se liberar das ambivalências implicadas no processo em relação à mãe e ao pai. Aliás, se lembrarmos o texto incendiário que Freud publicou em 1908 sobre o destino das mulheres no casamento, assim como suas *Contribuições à psicologia da via amorosa* (1910, 1914, 1918), pode-se afirmar que mesmo na heterossexualidade e na maternidade bem-sucedidas as mulheres encontrarão apenas uma satisfação frágil e provisória.

Isso não impede que a norma da feminilidade consista finalmente na construção de uma harmonia entre o desejo e a destinação biológica. Nesse nível, o esforço de Freud para fundar psicanaliticamente uma teoria dos processos do tornar-se mulher encontra seu limite e também seu ponto cego, pois em nenhum momento desses processos, em nenhum nó das forças psíquicas em jogo se inscrevem as possibilidades de um outro destino para as mulheres, como se lhes fosse impossível liberar-se das imposições naturais. A cultura está do lado dos homens e acessível somente às mulheres que não puderam ou souberam reconciliar desejo e destinação biológica, dominadas por poderosos componentes masculinos.

Surge aqui o lugar de uma questão que se revela à luz das profundas - e provavelmente irreversíveis - transformações do lugar e da função das mulheres na contemporaneidade, com efeitos ainda dificilmente mensuráveis sobre as configurações da família, do laço social e da cultura em geral. Ninguém parece se opor a que a tendência dominante, pelo menos nas sociedades ocidentais ou ocidentalizadas, possa se resumir da maneira seguinte: as mulheres são homens como os outros. Um novo desafio clínico se impõe aos psicanalistas e lança sobre as teorias tradicionais da feminilidade a suspeita de não ter podido ou sabido desfazer o preconceito ou a atitude cultural universal e dominante, que consiste em confundir diferença e hierarquia.

3. Armagedom

Mas onde se podia ainda imaginar (não sem uma dose importante de má-fé) que o pensamento da diferença como fonte da hierarquia estava a serviço da transmissão da vida e da proteção das conquistas culturais e sociais, consideradas como eternas, o questionamento contemporâneo da hierarquia parece despertar as figuras mais arcaicas dos pesadelos masculinos, isto é, a confusão dos sexos ou a feminização do mundo. Trata-se de algo bastante presente para que se dê importância ao fato de que os psicanalistas franceses, em particular de orientação lacaniana, mantenham publicamente discursos de caráter claramente apocalíptico. O tema central é o do declínio da lei, da autoridade e do pai (mais ou menos tomados como sinônimos) e a mutação das referências fundamentais da subjetividade e do desejo, da família patriarcal e das relações conjugais; assim como os efeitos sobre o laço social e o mundo dos objetos de satisfação, que cedem lugar aos processos de desumanização, ao apagamento da diferença sobretudo sexual, à ilusão da inexistência de uma dívida ou de limites na busca de satisfação; resulta ainda a perversão generalizada ou a psicose ordinária, assim como a transformação do sujeito em simples consumidor ávido de virtual e que se organiza em função da simples economia do objeto. A questão que parece aterrorizar tais discursos é a de saber se a psicanálise tem ainda um lugar e um papel nas sociedades: fala-se naturalmente das sociedades ocidentais democráticas e ricas que parecem ter perdido apoio sobre os fundamentos da vida psíquica descobertos e analisados pela psicanálise, sociedades nas quais, em consequência, a psicanálise perdeu sua importância. E não das sociedades em vias de "modernização" em que a psicanálise parece ter encontrado refúgio e floresce ainda.

Os 'velhos' conceitos são ainda úteis? Têm ainda uma força interpretativa? Se a neurose tende a desaparecer, se as categorias de perversão e de psicose tendem a ceder seu lugar à emergência invasiva dos estados *borderline* e se a linguagem se encontra submergida, pervertida pelo fluxo do gozo das imagens, há ainda um espaço para o exercício da análise? O estado do mundo parece às vezes tão desesperante e desesperado que os discursos dos analistas que não cederam ao comportamentalismo, às formas bastardas de religiosidade ou à moda do *coaching* lembram bem menos o esforço para compreender o que está acontecendo com a psicanálise e bem mais os gritos e lamentações dos últimos combatentes de uma causa já perdida, e talvez mesmo anacrônica. Pode-se perguntar, diante do furor recorrente desses discursos, se não exprimem sobretudo o sentimento ou o medo de que a psicanálise tenha esgotado seu tempo, que ela não tenha sido, no fim das contas, mais que o saber de uma forma e de uma figura provisórias da vida em comum, da masculinidade e da feminilidade ou de um momento contingente dos sujeitos humanos. Um saber que, em consequência, não pode mais se alimentar da clínica na qual se manifestam claramente as transformações que interrogam radicalmente o saber adquirido. A menos que os discursos apocalípticos não estejam revelando, em nome de uma curiosa fidelidade à herança dos pais fundadores – na França, Freud e Lacan, ou melhor, Freud revisitado por Lacan –, a ignorância ou o temor do caráter radical do que propuseram os pais fundadores em face de uma tradição que eles não ignoraram mas que, frequentemente, revolucionaram, criticaram, reformularam ou inventaram à luz de novas exigências clínicas e de uma dimensão social, política e cultural que os trabalhava, talvez sem que a percebessem.

Os discursos apocalípticos invocam igualmente uma nova clínica, una nova economia psíquica, mas insistem sobre a validade dos conceitos já postos à disposição do saber dos analistas. Mas, justamente, uma das lições dos pais fundadores, de Freud em particular, não foi a afirmação do primado da clínica sobre a teoria? Pode-se considerar que a distância entre os "velhos" conceitos, tendo perdido sua instabilidade criativa - isto e, tornando-se normativos –, e as novas exigências da clínica é uma das raízes do discurso apocalíptico. Uma outra raiz provavelmente está relacionada à crença que se tornou certeza, à hipótese que se transformou em verdade - uma verdade às vezes chamada de "condição humana" –, que afeta principalmente os lacanianos, segundo a qual a estrutura é necessária e invariável, sua universalidade a-histórica podendo dar conta de qualquer acontecimento. Pois, enfim, não foi com o estruturalismo que a psicanálise se tornou uma ciência e que se pôde dar um fundamento sólido às descobertas geniais, mas desordenadas e inacabadas, de Freud?

Assim, no mesmo sentido, o que afirma Melman (2002a) a propósito da jovem homossexual. Primeiramente, seguindo Lacan; ele afirma que, tomando uma posição masculina e escolhendo um objeto de amor feminino, a homossexual não é verdadeiramente uma homossexual: "ela é como um homem que ama as mulheres" (2002a, p. 71). Embora isso não prejudique o narcisismo próprio à homossexualidade na medida em que seu objeto é reflexo de sua própria imagem.[8] Mas há o problema da falta do *instrumento*.

8 A esse respeito, uma jovem mulher que afirmava ser feliz como esposa e como mãe relata uma experiência de desejo homossexual endereçado à melhor amiga: "sei bem que seria como fazer amor comigo mesma, me olhando no espelho, mas o que me atrai de verdade é que o espelho tem um outro lado, o avesso do espelho, como o espelho de Alice, não vou saber nunca o que existe atrás

Ainda seguindo Lacan, Melman lembra os dois tipos de homossexualidade feminina que se encontra em Freud e Deutsch: a homossexual para quem o falo continua a ser a referência e do qual ela se torna a encarnação, e a homossexual que renuncia completamente ao referente fálico. E então a questão é de saber o que ela tem a oferecer ao ser amado. Na economia sexual ordinária, a falta é vivida como um defeito tanto pelo homem como pela mulher, fonte de grande parte das dificuldades do casal. Mas a jovem homossexual situa em seu objeto de amor sua própria falta e lhe oferece desse modo o maior dos presentes: ela o ama por causa do que lhe falta, uma falta "que o constitui bem como objeto de amor e de desejo" (2002a, p. 72), um dom de amor supremo, pois ela dá o que ela não tem.

Essa relação ao falo no caso da jovem homossexual merece uma análise mais aprofundada. Ela parece colocar em jogo a relação de identificação pré-edipiana à mãe e a relação edipiana à mãe. Quanto ao primeiro ponto, é evidente, segundo Melman, que a jovem homossexual não recebeu de sua mãe o "primeiro falicismo – índice fálico recebido da mãe e que vai dar eventualmente ao menino essa espécie de orgulho que, abusivamente, o perseguirá pelo resto de sua vida –, esse primeiro índice fálico pode ser efetivamente determinante para o estatuto subjetivo da criança" (2002a, p. 73). Ora, para sua mãe, a jovem homossexual não foi o *petit bout* que faz com que a menina assuma um estatuto fálico sólido. É a mesma coisa que dizer que a falha na identificação à mãe

do espelho, não tenho a coragem de Alice". O que implica a consideração de que o narcisismo talvez não seja o último limite da homossexualidade. Parece aplicar-se aqui o que diz Alexis sobre a homossexualidade: o espírito encontra o corpo, a sensualidade encontra a música, cada um passando além do outro. Mas não parece impossível que tal dimensão do passar-além, essa confrontação com o desejo do outro lado do espelho, seja um traço ligado sobretudo à homossexualidade feminina.

levou a jovem homossexual a renunciar, mais tarde, à maternidade que poderia, exclusivamente, assegurar-lhe um estatuto feminino.

Mas, justamente, se se trata aqui de uma homossexualidade sem referente fálico, o que ela tem a oferecer ao ser amado não é uma falta (o que suporia o dito referente). Tudo parece se colocar em termos de amor *absoluto*, para além das convenções e das normas, de algum modo para além mesmo do objeto. Em outros termos, o tipo de homossexualidade feminina sem referente fálico, fundado sobre o laço entre mãe e filha – e a vida da jovem homossexual parece testemunhar –, abre uma dimensão da relação amorosa na qual o fálico e o edipiano parecem ter apenas um papel secundário, pois tal relação é ao mesmo tempo aquém e além da norma fálica, posto que seu objeto é o que a jovem homossexual podia legitimamente chamar de "beleza".

Quanto ao segundo ponto: decepcionada pelo pai que não lhe deu um filho, isto é, um pai castrado – pela proibição do incesto – que não fornece à filha o estatuto de mulher, ao contrário do que ele fornece ao menino, a jovem renuncia à possibilidade que tal estatuto lhe venha de um outro homem. E isso não tem nada a ver com a anatomia, segundo Melman, mas com a *nomina*ção que funciona como "prescrição e injunção" no que diz respeito ao estatuto fálico que certifica como menino ou menina. A revolta contra "o lugar atribuído" é revolta contra a inscrição no Outro (ver Melman, 2002a, p. 74). E Melman acrescenta:

> *E é evidente que atualmente esse tipo de significante inicial, menino ou menina, pelo fato mesmo do convite que é feito à menina – trata-se mesmo de uma exigência, de paridade, de igualitarismo – de poder servir para tudo, é claro que isso terá uma importância cada vez mais secundária e relativa.*

O que significa que um mundo que não seria mais organizado pela lei do falo, pela lei simbólica que distribui e determina as diferenças (e as hierarquias), só pode ser um mundo à beira do apocalipse.

As descrições e os diagnósticos desse mundo em crise cultural, política, social e subjetiva são dadas por Melman sobretudo em *L'homme sans gravité* (2002b), texto que deixa pouco espaço a certos efeitos, eventualmente mais otimistas, que são sugeridos em outros escritos. Sirva aqui como exemplo a *Conférence sur le matriarcat* (2008), na qual Melman sublinha o sentimento emergente das novas gerações de dever "inventar uma nova vida" (2008, p. 231), para além da vida dos pais fundada sobre a busca das honras e/ou de dinheiro. Emergem também "as manifestações de solidariedade e de partilha" (2008, p. 232), traços inéditos e que convidariam o psicanalista – em lugar de só considerar aí o fim da cultura – a "esperar e . . . poderemos ver relações sociais novas e interessantes, construídas diferentemente das nossas" (2008, p. 232s). Tais proposições, pouco frequentes nos discursos apocalípticos, seriam devidas ao fato de que Melman se dirige nessa conferência a um público das "sociedades pós-coloniais"?

De qualquer modo, não se encontra nada de semelhante nos escritos de J.-P. Lebrun, que desde *Un monde sans limite* (1997) considera que, a partir pelo menos da Revolução Francesa, passando pelos totalitarismos, "a mesma estrutura está funcionando em configurações completamente diferentes" (1997, p. 195). Isto é, a fragilização do "lugar daquele que teve sempre a responsabilidade de sustentar a enunciação, isto é, o pai" (1997, p. 192). E não se trata de nostalgia, nem mesmo de desejo de retorno de um poder forte, mas de medir os efeitos da emergência de um mundo sem limite, sem referente, sem autoridade: um mundo que confunde declínio do patriarcado com declínio da função paterna. Ora, seria preciso reestabelecer a função paterna em suas três dimensões: o pai biológico, o pai imaginário e o pai simbólico, sem o que a particularidade do humano tende a desaparecer. Somente assim podemos "perenizar o humus humano" (2009, p. 285) ameaçado pelo retorno triunfante do materno.

Não é difícil entrever as relações entre os discursos apocalípticos e as reações retrógradas contra os efeitos mais radicais das reivindicações feministas e homossexuais por um reconhecimento legal de outras formas de sexualidade e da família. Voluntárias ou não – a distinção parece aqui secundária –, tais relações não revelam pelo menos a insuficiência de uma boa parte dos discursos psicanalíticos franceses contemporâneos, a incapacidade de responder às transformações na economia psíquica e no modo de organização da vida em comum?

A hipótese que esse ensaio tenta formular é que os psicanalistas foram e continuam sendo pouco atentos ao que se oferece à interpretação no primeiro tipo de homossexualidade feminina – quando não está em jogo a dimensão fálica –, uma das razões pela qual lhes escapam as interrogações, a importância, o sentido e as lições dos feminismos. Certamente outros enfoques são possíveis e mesmo necessários, mas a questão da homossexualidade feminina comporta o interesse de se formular no interior mesmo da clínica e da teoria psicanalíticas. Ele se coloca igualmente nas relações complexas entre as próprias reivindicações feministas na origem da Segunda Onda. A posição lésbica foi excluída às vezes como prejudicando o progresso do movimento porque aparece como pessoal (simples questão de orientação sexual, sem dimensão política), às vezes como uma dimensão central dos feminismos, se querem visar a promoção de uma verdadeira revolução radical.

4. Scherzo

No livro de *Gênese* pode-se ler duas narrativas diferentes sobre a criação da mulher: a primeira fala de uma criação simultânea à do homem, os dois à imagem de Deus. Deus os criou no mesmo dia (o sexto) que todos os outros seres vivos (Gen, 1:24-29) e deu ao macho e à fêmea humanos a missão de povoar a terra e de dominar sobre todos os seres viventes, sem, no entanto, poder transformá-los em alimento. Os animais também foram criados como vegetarianos. É somente depois do Dilúvio que os humanos foram autorizados a devorar os animais, mas não a beber seu sangue, pois a vida de qualquer criatura está no sangue. E, quando um animal é devorado, a purificação do corpo e das roupas é necessária. No entanto, derramar o sangue humano se paga com a própria vida, ordem divina à qual está submetido o próprio animal. É o fim da igualdade de estatuto diante do alimento entre o homem e o animal. Na verdade, é o fim do belo equilíbrio e da bela harmonia da criação.

No entanto, uma tal mudança de estatuto parece ocorrer já anteriormente entre o homem e a mulher. Pois a segunda criação dos seres humanos conta que a mulher saiu de uma parte do corpo do homem. A harmonia e o equilíbrio talvez não tenham nunca reinado, pois a narrativa da criação dos humanos é retomada dando um lugar privilegiado ao homem, para quem Deus plantou o jardim. O homem foi criado a partir da poeira modelada e a vida lhe foi insuflada. A criatura tem por missão cultivar e proteger o jardim; ela pode comer os frutos de todas as árvores, exceto da árvore do conhecimento do bem e do mal, sob pena de morte.

Ora, como não é bom que o homem viva sozinho, uma ajuda lhe é dada, e esta deve ser semelhante a ele. Nenhum animal satisfaz essa condição e Deus adormece o homem, lhe retira uma costela e a transforma em mulher. Ao despertar, o homem exclama: aqui está o osso de meus ossos e a carne de minha carne; ela se chamará mulher, pois foi retirada do homem. Na primeira criação, pode-se supor que homem e mulher foram criados com a mesma matéria, à imagem de Deus; na segunda, a mulher é derivada do corpo do homem. As interrogações não podiam ser ignoradas: o que é que não funcionou na primeira criação?

A tradição judaica medieval fala de duas mulheres, Lilith e Eva, e faz da primeira um demônio, provavelmente se inspirando em antigos mitos sumerianos. O *Alphabet de Ben Sira*, obra anônima do século X ou XI, conta a história do fracasso do casal formado por Adão e Lilith. O problema é que os dois queriam estar por cima:

> *"Eu me recusa a ficar embaixo."*
>
> *"Eu não quero ficar embaixo de você, mas somente por cima. Porque você só serve para ficar na posição mais baixa, eu sou mais elevado."*
>
> *"Nós dois somos iguais, pois fomos os dois criados a partir da terra."*

Uma leitura talmúdica anterior (século V) atribuída ao Rabbi Judah ben Rabbi cita uma outra razão do conflito insolúvel do primeiro casal: o que Adão não pode aceitar em Lilith é que ela é "*full of discharge and blood*" (Genesis Rabbah, 18: 4), um tema, como se sabe, universal que justifica a inferioridade da mulher, que, perdendo seu sangue, perde igualmente sua força. A inferioridade da mulher se deve ao fato de que ela sofre de perdas vitais.

Françoise Héritier (1996, 2002) propõe uma outra leitura desse conflito inaugural entre Adão e Lilith. Se Adão queria (e acabou obtendo) a superioridade sobre a mulher, foi porque "os homens consideram as mulheres como um recurso que lhes pertence para que possam se reproduzir" (2002, p. 129). E tal pretensão se justifica em uma das primeiras formações do pensamento simbólico humano, a formação da classificação de tipo dualista, que se enraíza na observação de uma regularidade constante das diferenças (homem/mulher, dia/noite). A distinção homem/mulher, a princípio não hierárquica, torna-se assim o suporte de uma relação de tipo superior/inferior porque só as mulheres têm a possibilidade de se reproduzir e, sobretudo, a capacidade de produzir homens. Não é a divisão sexual das tarefas que engendra a hierarquia pela simples razão de que a divisão de tarefas deve ela mesmo se fundar sobre a desigualdade de capacidades dos corpos masculino e feminino. Derivando a sexualidade feminina da sexualidade masculina, a psicanálise retoma "sistemas de pensamento que valorizam o masculino e desvalorizam o feminino, e traduz esses sistemas de pensamento em ações e situações de fato" (2002, p. 11).

E, se Lévi-Strauss compreende corretamente o sistema de trocas de mulheres, ele o considera como um simples fato natural que os irmãos concebam que as irmãs são "apropriáveis" como *recursos* de troca para obter esposas e filhos. Ora, não se trata de um fato natural, mas de

> *uma desapropriação inicial, a qual é de fato uma resposta, de um lado, à interrogação sobre o privilégio feminino que era preciso compreender [que as mulheres engendram o idêntico, mas sobretudo o diferente, isto é, os homens] e, de outro lado, a necessidade, para os homens, de conservar como dependendo deles o material ou o veículo necessário para a reprodução do idêntico. Tal desapropriação se dá então como uma apropriação*

> *ao mesmo tempo conceptual, simbólica e social. (2002, p. 134)*

A psicanálise em geral retomou os sistemas vigentes de valorização do masculino e de desvalorização do feminino, sem interrogá-los. E ela teria provavelmente muito a aprender dos feminismos em geral e da Segunda Onda em particular. Sobretudo das feministas radicais, na vanguarda das quais – mas também frequentemente marginalizadas – encontram-se as lésbicas.

As Amazonas II: Reflexões sobre a sexualidade feminina (França, 1960-1970)

Propósito

Convém reconhecer e indicar desde o princípio os limites e as limitações das análises e reflexões que se seguem, se desenvolvem e concluem, de maneira parcial e provisória, a tentativa de captar as relações complexas entre a psicanálise e os feminismos dos anos 1960-1970. Como se sabe, o período foi marcado pelo ressurgimento dos feminismos nos países ocidentais que se designou como Segunda Onda, após a relativa calma que sucedeu à conquista dos direitos de cidadania para e pelas mulheres – o direito ao voto, à educação e sobretudo ao trabalho – nos anos 1920-1930. O ressurgimento dos movimentos feministas marcava assim claramente que a vitória das *suffragettes* não era o ponto final das reivindicações e lutas feministas conduzidas pelo menos desde o fim do século XVIII na França, na Inglaterra e, um pouco mais tarde, nos Estados Unidos. O que se trama em seguida nas relações entre a psicanálise e os feminismos nos *gender studies* e além será examinado mais tarde. O que chama aqui imediatamente a atenção é o lugar e o papel da psicanálise segundo o feminismo chamado radical, um termo geral que não deve de modo algum ocultar a pluralidade de autores e de grupos que se reconhecem, no entanto, na tese do feminismo como revolução sexual que visa a destruição pela raiz de todas as formas de dominação masculina e de opressão social. A liberação sexual - diferentemente da emancipação anterior - aparece como o movimento que coloca em marcha uma verdadeira revolução social, política e cultural, sem esquecer a família, tornando imaginável um horizonte utópico. Ora, no interior do feminismo radical as lésbicas parecem reclamar, em diferentes sentidos, uma radicalidade ainda maior, menos talvez ao nível do fim a realizar que dos meios a serem mobilizados.

Tenta-se aqui não apenas medir a insensibilidade de um certo grupo de psicanalistas em face da importância e do sentido das reivindicações feministas da Segunda Onda - uma insensibilidade que as feministas não hesitam em acusar como uma forma de misoginia e de falocracia -, mas também examinar a crítica dirigida à psicanálise pelas feministas, compreendendo também psicanalistas feministas, dando-se aqui um certo privilégio ao feminismo radical e as lésbicas. Não se pode, contudo, esquecer que essas críticas suscitam respostas da parte de outras feministas que esperam mostrar como e em que a psicanálise, particularmente a psicanálise lacaniana ou kleiniana, pode contribuir fundamentalmente para o desenvolvimento dos feminismos. Essa última observação é válida mais para a Inglaterra e para os Estados Unidos do que para os feminismos franceses que nos ocupam aqui, embora seja preciso reconhecer que no campo dos feminismos as fronteiras geográficas foram rapidamente esquecidas.

Examina-se em um primeiro movimento algumas posições e textos fundadores do feminismo radical e do lesbianismo, a partir de 1968, privilegiando-se o eixo da análise desenvolvida sobre o tema da opressão sexual, mesmo de parte da psicanálise, assim como as vias propostas para uma verdadeira revolução sexual. A emergência dos feminismos da Segunda Onda, na França, em seguida aos acontecimentos de maio de 1968, parece se demarcar dos feminismos americanos (sem, no entanto, ignorá-los), particularmente como efeito das relações próprias com a psicanálise lacaniana e com as esquerdas marxistas (frequentemente em ruptura com o Partido Comunista) e maoistas. Alguns anos mais tarde a distância tende a se apagar com a invenção americana da *French Theory* nos meios universitários americanos que acabará por retornar à França e obter uma ampla penetração[1] na universidade francesa, assim como uma imagem frequentemente falsa na imprensa e bastante negativa no imaginário popular.

De qualquer modo, o importante é a insistência sobre a pluralidade dos feminismos, uma pluralidade já manifesta no nascimento dos feminismos modernos contemporâneos da Revolução Francesa até o momento da obtenção do direito de voto, à educação e ao trabalho do início do século XX. Tal pluralismo é ainda mais perceptível na Segunda Onda, a partir dos anos 1960 e até o seu declínio ou mutação, que merece, para alguns autores, o nome de Terceira Onda, cuja cronologia é mais fácil em termos de geração: essa Terceira Onda seria o problema das filhas cujas mães participaram da Segunda e obtiveram assim a liberação sexual (direito ao aborto, escolha da maternidade e da orientação sexual). Um acordo parece existir para considerar a evolução da Segunda Onda em termos de passagem das teorias ou *Estudos Feministas* (1960-1970) para o campo dos *gender studies* (1980-1990), e em seguida para as teorias *queer*. Tais datas não são rigorosas, pois há muitas sobreposições. Há ainda um acordo na consideração de que

1 Esse movimento de ida e de volta entre a França e os Estados Unidos está no centro dos ensaios de A.-E. Berger (2013).

os feminismos conhecem uma espécie de declínio provocado em grande parte pela satisfação das reivindicações mais fortes, pelo menos nas sociedades ocidentais, mas também pela transferência acadêmica dos estudos feministas, o que parece indicar às vezes um afastamento importante das práticas militantes. As coisas se passariam como se as elaborações teóricas, entrando no universo da academia, obedecessem mais à lógica dos jogos conceituais própria ao trabalho universitário, com relações bastante relaxadas com as práticas sociais, que, por sua vez, tendem a se manifestar cada vez mais de modo fragmentário, efêmero e local, o que não parece impedir uma surpreendente criatividade.[2]

Simone de Beauvoir

Mesmo se Betty Friedan não cita o livro em 1963, *Le deuxième sexe* de Simone de Beauvoir, publicado em 1949 e traduzido em inglês em 1953, pode ser considerado como o *boutfeu* da Segunda Onda, segundo a expressão de Christine Delphy (2008, p. 176), que acrescenta: "esse ensaio genial, único, monstruoso, que nos caiu em cima quando tínhamos 15 ou 20 anos . . . nos transformou" (2008, p. 173). Se a célebre frase tomada frequentemente como síntese do pensamento de Beauvoir – "*on ne nait pas femme, on le devient*" (Beauvoir, 1949, vol. II, p. 13) – inaugura o espaço de uma interrogação que atravessa os feminismos da Segunda Onda, ela é apenas um momento do desenvolvimento da pergunta que deu origem ao ensaio: "o que é uma mulher?" (Beauvoir, 1949, vol. I, p. 16), a qual

2 É curioso que o belo e importante "livre de histórias" da grande variedade de experiências revolucionárias do jovem século XX não atribua um lugar mais importante aos feminismos, particularmente aos grupos que propõem e praticam "a ofensiva revolucionária a partir de outras palavras, de outras sintaxes", como *Les femmes à barbe*, *Les chiennes de garde* ou *Les femen*, entre outros (Collectif Mauvaise Troupe, 2014).

vai receber uma resposta global que assinala a contradição na qual se encontram as mulheres entre um estatuto ontológico de ser humano como liberdade autônoma e sua condição de sexo oprimido, reduzido à condição de objeto em uma situação em que os homens se tomam como *Sujeitos* absolutos e definem as mulheres como *Outro* relativo. Desse modo, tornar-se mulher – mulher autêntica, compreende-se – implica colocar em movimento a contradição que transformará os objetos em sujeitos e na qual a reciprocidade entre dois sujeitos levará as mulheres a sair do destino que lhes é imposto. Para que possam, enfim, "participar ao *mitsein* humano" (Beauvoir, 1949, vol. I, p. 34). Para tanto é preciso compreender a situação delas nesse mundo que lhes é proposto e imposto.

Nessa perspectiva existencialista associada a um curioso materialismo histórico, a psicanálise aparece como um erro, para Simone de Beauvoir, pois ela considerou como dado o que exigia ser explicado: por exemplo, a inveja do pênis para a menina ou a soberania do pai, que, longe de serem evidências, devem ser explicadas como fatos sociais, isto é, inscritos em uma situação total. Se a psicanálise não faz é porque Freud e os psicanalistas sustentam um postulado metafísico não justificado, a saber, o determinismo que implica em recusar a ideia de escolha e a noção associada de valor. A psicanálise não pode, nessas circunstâncias, enunciar os termos da escolha colocada pela situação das mulheres: afirmar sua transcendência e se escolher como sujeitos ou se alienar como objetos. Colocada nesses termos, a proposição "*on ne naît pas femme, on le devient*" significa que o tornar-se mulher é uma escolha livre em uma situação que, porque ela não foi escolhida, não impede, pelo contrário, impõe a escolha entre a alienação e a transcendência.

O mesmo esquema argumentativo se encontra no capítulo consagrado às lésbicas. Com efeito, as lésbicas não são nem mulheres fracassadas, nem mulheres superiores, e a psicanálise se engana quando considera a homossexualidade feminina como uma atitude inautêntica. Claro, a psicanálise tem o mérito de colocar a questão em termos de fenômeno psíquico e não orgânico, mas ela se engana quando considera a homossexual como um ser determinado por circunstâncias exteriores, fixação infantil à mãe ou protesto viril: "o grande erro dos psicanalistas é, por conformismo moralizador, de considerá-lo [*o lesbianismo*] como uma atitude inautêntica" (Beauvoir, 1949, Vol. II, p. 13). Ora, a homossexualidade feminina é uma tentativa de reconciliar a autonomia própria da mulher enquanto ser humano e a "passividade da carne", a ausência de um órgão de penetração. Trata-se de uma escolha em uma situação que deve ser compreendida e que, como tal, deve ser jugada pelo critério da autenticidade. A homossexualidade feminina é "uma atitude escolhida em situação, isto é, motivada e livremente escolhida. Como todas as condutas humanas, ela implica comédias, desequilíbrio, fracasso, mentira ou, pelo contrário, ela será fonte de experiências fecundas, caso seja vivida na má-fé, na preguiça e na inautenticidade ou na lucidez, na generosidade e na liberdade" (Beauvoir, 1949, vol. II, p. 215).

Simone de Beauvoir fez parte, mais tarde, do grupo das feministas que se reconheciam nas reivindicações universalistas, mesmo se, nesse grupo, as análises da situação de opressão (sobretudo no trabalho das mulheres) deram maior importância às determinações históricas e sociais do que à liberdade inerente ao estatuto ontológico da mulher enquanto existente. Como se a escolha da ação se impusesse necessariamente a partir da tomada de consciência e do conhecimento adquirido da situação de exploração. Havia uma tensão não resolvida, talvez mesmo não tematizada – e que seria própria ao existencialismo – entre o poder criador do ato livre individual (ele cria o valor e dá sentido à existência) e a situação na qual se impõe a escolha como direção única, se se trata de uma escolha autêntica. A "má-fé" não é verdadeiramente uma escolha, mas a expressão de uma alienação e de uma ignorância. O existencialismo é, de certos pontos de vista, uma ética, uma ética da autenticidade cujo critério moral é o ato livre, isto é, o ato que não obedece a nenhum critério, mas que funda um critério. O léxico da autenticidade exige, ao mesmo tempo, a fidelidade a uma condição humana e a realização desta na escolha autêntica, isto é, no ato livre e fundador.

Não surpreende que as feministas universalistas e materialistas que reclamam a herança de Simone de Beauvoir concentrem seus esforços sobre a análise da alienação que se manifesta na relação social do trabalho entre homens e mulheres. Se a consciência da opressão se desperta, o ato livre e autêntico é a consequência inevitável.

Uma generalização talvez exagerada poderia afirmar que a multiplicidade de posições feministas da Segunda Onda (como já ocorria também na primeira) comporta alguns postulados comuns: (1) que a condição das mulheres é de opressão e de exclusão, e que é impossível se realizar completamente como mulher no estado atual das relações sociais, (2) que isso pode e deve mudar graças a uma tomada de consciência e de ações combinadas das próprias mulheres. A liberação das mulheres depende das mulheres. As divergências, rupturas, conflitos e alianças se organizam ao redor da compreensão proposta das raízes ou origens da condição das mulheres e das estratégias a colocar em prática para remediar. A recusa ou a aceitação da psicanálise se faz em função de duas teses divergentes, a saber, que a psicanálise faz parte do esforço patriarcal para manter as mulheres em posição de inferioridade, dando para tanto a preconceitos interessados o aval de uma ciência (descrevendo o que é, a psicanálise acaba por afirmar o que *deve* ser), ou que a psicanálise permite a descoberta dos mecanismos que funcionam na submissão das mulheres à lógica dos opressores (descrevendo o que é, a psicanálise abre o caminho ao que *pode ser* de outro modo). É provável que na origem dessas duas teses esteja o próprio Freud, afirmação que exigiria uma análise mais detalhada, mas parece certo que a primeira das duas teses foi reforçada quando o enfoque se tornou estruturalista, na medida em que se considera que a estrutura é uma *invariante* da condição humana. No entanto, a posição de certas feministas diante da psicanálise deve ser nuançada em função de uma outra dimensão que diz respeito à subjetividade feminina e aos efeitos que nela se manifestam.

Resta que se abre aí, como assinala justamente Simone de Beauvoir, o espaço de uma interrogação radical: o que é uma mulher? Pergunta que se desdobra quase imediatamente em uma outra já formulada por Freud: o que quer uma mulher? É certo, no entanto, que as duas formulações não são sinônimas: uma pede como resposta uma definição, a outra diz respeito aos desejos. Deixamos de lado por enquanto a questão crucial dos artigos definidos ou indefinidos, singulares ou plurais, para sugerir que o trabalho exigido por tais interrogações - uma exigência incontornável e, em certo sentido, exclusiva da contemporaneidade por suas raízes na aventura democrática - está longe de terminado. Talvez não haja conclusão, o que não impede a procura dos nós e do que está em jogo.

França

A Segunda Onda formou-se lentamente ao longo dos anos 1960 e ganhou configurações bem mais definidas - e bem mais conflitantes - na década seguinte. Não há nada particularmente visível nos acontecimentos de maio de 1968: segundo Françoise Picq (1993), uma única reunião feminista teve lugar na Sorbonne ocupada, reunião proposta pelo grupo FMA (*Féminin, Masculin,*

Action) sobre o tema de *La Femme et la Révolution*.[3] Apesar de alguns desacordos, considera-se geralmente que o nascimento do *Mouvement de Libération des Femmes* ocorreu em 1970, quando uma dezena de feministas depuseram flores sob o *Arc du Triomphe* para honrar a memória da mulher ainda mais desconhecida que o soldado desconhecido, ou então no momento da saída da primeira publicação coletiva, nesse mesmo ano: *Libération des femmes, année zéro*, um número especial da revista *Partisans*. O fato é que na década de 1970 uma grande diversidade de grupos feministas vai se desenvolver, grupos mais ou menos efêmeros, comportando uma grande fluidez entre eles (Picq, 2008), todos mais ou menos mobilizados e unidos no combate que começa em 1971 sobre o direito ao aborto. No entanto, desenha-se já uma polarização entre as universalistas ou materialistas, inspiradas pelo menos em parte por Simone de Beauvoir, que adere ao grupo, de um lado, e as diferencialistas de orientação psicanalítica do grupo conhecido como *Psychépo*. A oposição vai se tornar cada vez mais rígida e deixar praticamente na sombra todos os outros grupos, sobretudo quando o grupo *Psychépo* se apropria juridicamente e comercialmente da sigla MLF, em 1979.

Mesmo se as feministas não tiveram um papel importante nos acontecimentos de maio de 1968, pode-se perguntar se a formidável efervescência criativa dos feminismos nos anos que se seguem não constituiu um dos principais efeitos da brecha aberta no sistema.[4] Diferentemente do que ocorreu com as feministas america-

---

3 Pode-se ler o testemunho de uma das fundadoras do FMA sobre a presença de feministas em maio de 1968 em Feldman (2009).

4 "Sustentamos que, para dar conta [do movimento estudantil de maio de 1968], é preciso admitir que certas ações, certos conflitos – aqueles que ainda não são conhecidos e que se captam na origem – têm uma eficiência simbólica, em outros termos, que para além de suas causas ou de seus efeitos pontuais, independentemente da cadeia de determinações manifestas, eles têm o poder de engatilhar e de colocar em relação, em toda a extensão dos laços sociais,

nas, não houve na França, durante esses anos de formação, o que se poderia designar como feminismo liberal. As referências culturais e políticas das francesas foram principalmente o maoismo e sua revolução cultural, o marxismo – frequentemente em ruptura com o Partido Comunista e suas posições francamente antifeministas, por exemplo, a respeito da pílula anticoncepcional – e a psicanálise freudiana revisitada por Lacan. O efeito da efervescência feminista se faz sentir igualmente no pensamento filosófico contemporâneo de Jacques Derrida, Gilles Deleuze e Félix Guattari, Jean-François Lyotard, Jean Baudrillard e Michel Foucault principalmente. Fala-se mesmo de um "tornar-se mulher" da filosofia (Collin, 1992), uma questão que, dadas as relações com a psicanálise lacaniana e o marxismo revisitado, merece um desenvolvimento autônomo. Em meados dos anos 1980 a intensidade dos movimentos feministas começa a se atenuar, o ativismo militante se acalma ou se especializa em ação associativa com fins estreitamente definidos (proteção das mulheres batidas ou das prostitutas, por exemplo), a oposição entre universalistas e *Psychépo* parece consolidada e as outras posições praticamente desaparecem. Parece ainda faltar um estudo mais aprofundado desses grupos colocados às vezes sob a etiqueta de "lutas de classe" (Fougeyrollas-Schwebel, 2005, p. 14). Tal estudo talvez pudesse mostrar que, longe de desaparecer ou de se reduzir aos estudos acadêmicos, os feminismos se disseminaram e penetraram diferentes aspectos da vida social e das relações entre mulheres e homens. Isso corresponde mais ou menos ao momento em que a *Sainte Trinité* – Hélène Cixous, Julia Kristeva e Luce Irigaray – começa a pesar sobre o feminismo americano, embora as duas primeiras não se reconheçam inteiramente na etiqueta de feministas, e Irigaray não sem uma certa restrição.

---

conflitos e ações que ordinariamente se ignoram, de fazer emergir a contradição que os funda" (Lefort, 1968, p. 43). Tal contradição, Lefort explica mais longe, é a da "unidade dos sistemas de opressão" (1968, p. 52).

A apresentação que dá Camille Froidevaux-Metterie (2015) da oposição entre as feministas materialistas e as feministas diferencialistas de inspiração psicanalítica, na França, exprime particularmente o momento em que a fecundidade e a diversidade dos feminismos começam a estiolar. Eis aqui sua formulação:

> *de um lado, trata-se de conduzir uma ação propriamente política visando liberar as mulheres da violência que constitui a exploração material de seus corpos, de outro, trata-se de operar uma revolução simbólica autorizando a pensar o feminismo em termos de potência criativa. (2015, p. 108)*

Compreende-se então que o que está em jogo nas duas posições é o corpo das mulheres, seus poderes, mas que não se trata de privilegiar a mesma dimensão de tais poderes. E deveria se colocar a questão de saber qual é a oposição sugerida entre ação política e revolução simbólica. No entanto, o que parece interessar a Froidevaux-Metterie ainda mais é a relação entre os feminismos dos anos 1970 e o corpo, em todo caso ainda mais do que os meios pelos quais os grupos opostos pretendem liberar as mulheres. Pois é justamente a propósito do corpo das mulheres que os feminismos teriam esquecido "essa invariante antropológica que constitui a divisão do gênero humano em dois sexos" (2015, p.12).

Seu enfoque dos movimentos feministas americanos e franceses – que se apoia sobre a tipologia proposta por Jean Bethke Elshtain (*Public man, private woman*, 1981) – visa essencialmente mostrar que os feminismos da Segunda Onda criaram "as condições de uma nova ordenação social, não mais estruturada ao redor de dois polos separados, mas constituída pela implicação de três polos: o público-político, o privado-social e o íntimo-afetivo"

(2015, p. 99). A ideia central é que a redefinição do sujeito feminino teve por efeito uma mudança do modo de organização das relações sociais no seio das sociedades ocidentais, mudança equivalente, em termos de potência de determinação, à " teorização democrática do político [*como*] o acontecimento fundador de nosso mundo moderno " (2015, p. 10). Tudo se passa então como se o século XVIII filosófico, esclarecido e liberal, tivesse dado nascimento à distinção público/privado, o fundamento do indivíduo moderno, condição humana fundadora da democracia moderna, e que tal distinção organizadora das relações sociais tivesse sido transformada por uma nova revolução do feminino que, dessexualizando papéis e funções, abriu o tempo da igualdade entre indivíduos neutros, desencarnados, cujas relações se organizam a partir de três polos nos quais se percebe claramente o sentimento de "perda" diante da dissociação que sofreu o polo privado. Ou o sentimento de angústia que a ameaça de tal dissociação tende a provocar na sensibilidade liberal.

O primeiro e o segundo momento do movimento feminista moderno afirmaram, segundo Froidevaux-Metterie, "o primado dos direitos individuais" (2015, p. 92). A reivindicação de igualdade de direitos do cidadão – a reivindicação de cidadania para as cidadãs – do primeiro feminismo moderno é assim percebida como fazendo parte do projeto liberal, e os feminismos dos anos 1970, como uma "reativação do projeto liberal em sua versão individual" (2015, p. 92): o que as mulheres reivindicam agora é a igualdade no seio do lar e a liberação da submissão doméstica, que passa essencialmente pelo fim da exploração do corpo feminino. Coloca-se assim em questão o destino doméstico feminino fundado sobre a corporeidade e consagrado pelo século XIX. Ora, tal fenômeno vai questionar a distinção privado/público contestando sua inscrição no corpo: "controle da fecundidade, igualdade no casamento e liberdade sexual, tais são os três eixos da segunda onda" (2015, p.

93), os três eixos do "gesto teórico fundador" dos feminismos da década de 1970.

O privilégio dado ao questionamento e à crise da distinção entre público e privado tem certamente importância na análise dos movimentos feministas dos anos 1970. Pois, afinal, a palavra de ordem comum a todos não é justamente: o pessoal é político? Mas corre-se o risco de ser menos atento às flutuações e à fluidez dos grupos antes que as oposições se radicalizem. Assim, por exemplo, as feministas de orientação psicanalítica e reconciliadas com as análises marxistas da condição feminina. Por outro lado, privilegiar a oposição público/privado torna difícil, talvez mesmo impossível, compreender que a oposição entre universalistas e diferencialistas, na França, é acompanhada de uma multiplicação de grupos e associações feministas, mais ou menos organizados, frequentemente mais voltados para a ação social e a intervenção política, com fins determinados e produzindo efeitos em diferentes registros.

No entanto a dificuldade maior aparece quando se insiste sobre a inscrição dos movimentos feministas dos anos 1970 nas pegadas de uma revolução que transformaria em profundidade, a ponto mesmo de colocar em perigo, o projeto democrático de valorização do indivíduo. Tal perspectiva permite a Froidevaux-Metterie sustentar que os feminismos colocaram em perigo a própria noção de indivíduo fundada sobre a invariante antropológica da dualidade de sexos, engendrando assim uma sociedade de indivíduos neutros que estabelecem relações baseadas sobre uma espécie de equivalência universal, cara ao neoliberalismo. Não se pretende assim que os feminismos não têm um laço íntimo com a aventura democrática? Ou então que os feminismos colocaram em perigo de dissolução os laços sociais que fundam a democracia? Como então dar conta de sua contemporaneidade e de suas relações frequentemente ambíguas?

Como ignorar que, se a modernidade democrática implica emergência do indivíduo como "valor absoluto", nasce também com ela a dúvida e a interrogação sobre os limites e a natureza do indivíduo enquanto sujeito autônomo e soberano, sobre seu lado obscuro e irredutível à clara razão, irredutível ao que ele representa imaginariamente dele próprio? Pode-se dizer que, para salvar a dimensão "liberal" da democracia moderna que dá nascimento a um sujeito de direitos e a uma esfera privada individual, a autora prefere ignorar que a declaração de direitos se confunde com a declaração do direito de declarar direitos, uma dimensão que abre uma perspectiva sem limites. E, no que diz respeito ao corpo, como justificar a afirmação de um esquecimento da encarnação e da corporeidade quando se reconhece na liberação sexual um dos traços distintivos do feminismo da Segunda Onda? Pode-se afirmar sem sombra de dúvida que a reivindicação pelas mulheres de um prazer sexual liberado da maternidade implica necessariamente uma reivindicação em favor da neutralidade dos corpos? Mesmo nos casos extremos, quando se propõe a abolição ou a neutralização da sexualidade masculina, colocando acima de tudo e em exclusividade a corporeidade e a sexualidade femininas, por que falar de esquecimento da encarnação? A autora não está confundindo a diferença sexual com a hierarquia da dominação?

Retornemos mais em detalhe à oposição universalistas *versus* diferencialistas, mas não sem sublinhar antes que as duas tendências se reuniram para sustentar que um dos elementos maiores do feminismo se coloca ao nível do corpo e da sexualidade feminina, que a questão é a identidade e a necessidade de escapar a todas as definições já disponíveis: "um movimento de liberação da mulheres não serve para liberar as mulheres, mas para nos liberar das mulheres – domésticas, esposas, seres humanos do sexo que engendra etc." (Bernheim, 1983, p. 132, citação que se encontra também em Fougeyrollas-Schwebel, 2005, p. 16). Essa exigência de uma feminilidade existindo fora da opressão masculina em todos os níveis vai desembocar na oposição entre universalistas e diferencialistas: "para umas, trata-se de apagar todas as distinções entre os homens e as mulheres e de ter acesso em parte igual para todos a um verdadeiro universal, para outros, trata-se de subverter esse fundamento universal da feminilidade alienada abrindo para outras alternativas" (Fougeyrollas-Schwebel, 2005, p. 17). As primeiras feministas radicais (por exemplo, Shulamith Firestone) não se enganaram: o importante se dá ao nível do corpo e da sexualidade das mulheres.

Christine Delphy está do lado das universalistas e propõe um feminismo materialista caracterizado como segue, nas palavras de Joan W. Scott (2012, p. 218): "o marxismo em perspectiva feminista ou o feminismo a partir de um ponto de vista marxista". Trata-se de um projeto que opõe Delphy não apenas às diferencialistas, mas também a outros autores ligados ao marxismo, particularmente aqueles que consideram que a análise da luta de classes basta para revelar a exploração sexual das mulheres; ou então para mostrar a função reprodutiva como uma forma do trabalho produtivo feminino. Os marxistas são insensíveis à especificidade dos combates e das reivindicações feministas. Próxima e herdeira de Simone de Beauvoir, cuja herança não seria valorizada ou então seria desviada para objetivos estrangeiros ao projeto do *Deuxième Sexe*, Delphy critica a análise feminista que se interroga apenas sobre como os homens adquiriram poderes sobre as mulheres, sem se interessar também sobre "como é possível que tal grupo – os homens (e seu complemento, 'as mulheres') – existe?" (Delphy, 2008, p. 174). Em outros termos, desde que se pense em termos de grupo social por "categorias de sexo", se está admitindo que o "sexo" é um a categoria natural, que a diferença sexual se inscreve assim na natureza, isto é, no corpo. O que é um erro.

Ora, se queremos compreender a exploração das mulheres, é preciso analisar o trabalho fornecido gratuitamente aos homens, uma espécie de extorsão exercida sobre as mulheres mesmo quando elas pedem, por exemplo, a criação de mais creches, o que lhes permitiria trabalhar ainda mais. O ganho de uma tal medida pertence aos homens casados, embora seu custo seja pago pela coletividade. A mesma coisa vale, ainda um exemplo, para a seguridade social, que permite ao marido apresentar sua esposa como "tendo direito": "o conjunto dos que cotizam paga para que os maridos possam ter uma mulher em casa" (Delphy, 2004, p. 31), como se ela fosse inativa, o que não é nunca o caso. A exploração do trabalho doméstico das mulheres se inscreve na "'ossatura do sistema social, como a divisão em classes sociais" (2004, p. 24). O que é o mesmo que afirmar que as leis são impotentes para operar uma mudança sobre um plano que parece depender apenas de relações entre indivíduos no interior do casal. Relações que são, na realidade, a base da organização patriarcal da sociedade.

Os mecanismos da opressão das mulheres devem ser esclarecidos, analisados, denunciados pelas próprias mulheres (donde a importância de grupos feministas não mistos), assim como cabe às mulheres a definição dos fins da ação, como foi o caso no nascimento do MLF dos anos 1970. Trinta anos mais tarde, Delphy pensa que as lutas feministas correm o perigo de extinção, uma das razões sendo a ausência de interesse das gerações seguintes de mulheres; outra razão é a campanha antifeminista divulgada pelos meios de comunicação e, sobretudo, a ideia avançada segundo a qual a igualdade entre homens e mulheres já foi conquistada. Ela fornece as mesmas conclusões em 2014, lembrando que, segundo as estatísticas oficiais sobre a evolução das tarefas domésticas, as mulheres trabalham sempre perto de 80 horas por semana. Assim, é na esfera privada do trabalho doméstico (lavar, cozinhar, educar as crianças etc.) e do trabalho paraprofissional (a mulher que ajuda o marido em sua atividade profissional) que se enraíza a sobre-exploração das mulheres no trabalho assalariado.

Entre as medidas econômicas desejáveis há a proposição da individualização do imposto, que se aplicaria não mais ao casal, mas a cada indivíduo, uma reivindicação ainda estrangeira às reivindicações feministas. Mais ou menos como a reivindicação de um salário para o trabalho doméstico. Mais em geral, as ações do estado para facilitar o trabalho das mulheres só servem no fundo para compensar, em parte, a fraca participação dos homens no trabalho doméstico. Pois o trabalho doméstico das mulheres é ocultado pela divisão entre trabalho assalariado e trabalho gratuito, uma divisão que não muda sob a ação das leis e que não interessa à economia política. Embora Delphy afirme a necessidade de agir "sobre todas as partes do sistema ao mesmo tempo" (Delphy, 2014, p. 39) e sobre o fato de que a ação individual de uma mulher se condena ao fracasso, o objetivo de uma partilha verdadeira das tarefas depende de uma mudança de mentalidade, e isso está ainda longe de funcionar. É a razão pela qual não há propriamente falando uma evolução na situação de extorsão do trabalho das mulheres: "as mulheres continuam a trabalhar mais de 80 horas por semana" (2014, p. 41).[5]

O privilégio teórico dado às condições materiais da dominação masculina torna o feminismo universalista de Delphy – o corpo

5 Christine Delphy foi cofundadora do grupo feminista lésbico *Les gouines rouges*, mas a relação com as lésbicas será rompida mais tarde, em 1980, com a dissolução do grupo *Questions f*éministes (revista fundada em 1977 sob a direção de Simone de Beauvoir, com oito números publicados até 1980). A ruptura do grupo interveio com a crítica das lésbicas acusando as heterossexuais de "colaboradoras" do regime patriarcal. A resposta foi a afirmação que ser lésbica é uma questão de orientação sexual sem importância política, e que o lesbianismo se aparentava a uma derivação "nacionalista" oposta ao universal (ver, a esse respeito, Christine Delphy, 2014). No ano seguinte, Delphy fundou *Les nouvelles questions f*éministes.

feminino é apenas o instrumento de uma força de trabalho – pouco sensível às questões da sexualidade feminina e, em consequência, a um eventual enfoque psicanalítico, caracterizado na França pela preocupação com a diferença sexual. A importância maior é atribuída à organização doméstica – o lugar onde as relações entre os sexos se definem como relações de poder. É o que Colette Guillaumin chama de "sexagem", análogo da servidão feudal ou da escravidão (Guillaumin, 1978a, p. 9): confiscação do tempo das mulheres, dos "produtos" dos corpos das mulheres (as crianças, o leite) e a sexualidade imposta (o "uso" que faz o homem da mulher no quadro legal do casamento ou no quadro remunerado da prostituição).[6] Os homens são "proprietários" dos "objetos naturais" a que se reduzem as mulheres. Ao contrário da relação entre o capitalista e o proletário, na qual a exploração se faz em termos de contrato de venda de força de trabalho, nas relações entre os sexos as mulheres não vendem a força de trabalho de que dispõem: o trabalho das mulheres não é "remunerável", isto é, não é mensurável, avaliável, não podendo, portanto, ser objeto de um contrato. O que significa que a cessão da força de trabalho das mulheres "se faz em bloco e sem limites" (1978a, p. 20), mesmo se a realidade é ocultada pelo contrato de casamento. Em resumo, a "sexagem" é uma extorsão, como afirmava Delphy.

Tal situação comporta contradições internas: a primeira é que as mulheres são apropriadas como classe, e não como indivíduos. Há apropriação coletiva e apropriação privada comportando um tipo particular de contrato (casamento). Uma outra contradição

---

6 Mais precisamente, as relações de "sexagem" exprimem a apropriação do grupo de mulheres e do corpo individual de cada mulher: "(a) a apropriação do tempo, (b) a apropriação dos produtos do corpo, (c) a obrigação sexual, (d) a carga física dos membros inválidos do grupo (inválidos pela idade – bebês, crianças, velhos – ou doentes e enfermos), assim como dos membros válidos do sexo masculino" (Guillaumin, 1978a, p. 10).

existe entre a apropriação coletiva e a apropriação individual, a saber, as mulheres não podem dispor de sua força de trabalho, mas essa força de trabalho pode ser alugada a um patrão no mercado do trabalho. As mulheres possuem o salário, na França, somente desde 1907, e é somente desde 1965 que podem trabalhar sem pedir autorização do marido. Há, portanto, contradição entre a "sexagem" e a relação de venda da força de trabalho. Em resumo:

> *A apropriação coletiva das mulheres (a mais "invisível" hoje) se manifesta na e pela apropriação privada (o casamento), que a contradiz. A apropriação social (coletiva e privada) se manifesta através da livre venda (recente) da força de trabalho, que a contradiz. (1978a, p. 30)*

E a "solução" não é, evidentemente, a instauração de um regime de venda livre da força de trabalho que possui o corpo das mulheres, pois nesse caso a apropriação persiste, embora não seja a mesma relação de apropriação física. Tal relação se exprime (isto é, se justifica e se oculta) no discurso da Natureza que acompanha as relações de poder nas sociedades humanas. O lugar e a função das mulheres se baseiam sobre a natureza, sobre a tese da qual se deduz naturalmente a impossibilidade de mudança; a anatomia feminina é o destino social das mulheres. Assim, a consciência de classe por parte das mulheres só pode se desenvolver em oposição ao discurso ideológico que tenta transformá-las para que existam como grupo natural.[7]

7 Guillaumin (1978b) conclui seu ensaio com a afirmação de que seu trabalho contribui para a construção de "nossa consciência de classe", uma construção que é um combate contra a crença, contra a espontaneidade social, contra as evidências que ocultam o fato de que as mulheres formam "uma classe, e não uma espécie. Não é "uma Natureza transcendente" nem "uma mecânica gené-

A oposição cada vez mais radical[8] entre as universalistas materialistas e as diferencialistas parece às vezes se apoiar menos sobre o debate teórico que sobre a luta por uma posição hegemônica no seio da diversidade dos grupos feministas franceses. Pois, no nível puramente teórico, não parece difícil conceber entre as duas posições uma tensão enriquecedora e inerente ao feminismo, e talvez mesmo a qualquer movimento que lute pela emancipação, pela liberação ou pelo fim de uma forma qualquer de opressão: não se trata, no fundo, de uma oposição entre um enfoque sobre as relações exteriores entre os oprimidos e os opressores enquanto grupos, por um lado, e um enfoque que sublinha o que dá uma especificidade ao grupo oprimido em face do grupo dos opressores? Não se pode conceber um cruzamento teórico fértil entre as análises e interpretações do que funda a diferença entre homens e mulheres e as análises e interpretações dos destinos sociais, políticos e culturais das diferenças? Fougeyrollas-Schwebel (2005, p. 20) se pergunta se "os dois pontos de vista não poderiam ser reconhecidos em sua diferença teórica pelo fato de não abordarem a

---

tica interna" que colocaram as mulheres à disposição dos homens, mas "relações sociais bem concretas e bem quotidianas" (Guillaumin, 1978b, p. 29).

8 Assim, por exemplo, em 2008, a propósito do pretendido quadragésimo aniversário do MLF. Colocou-se a questão de saber se a Segunda Onda teria nascido, na França, em primeiro de outubro de 1968 ou em outubro de 1970, mas também, mais radicalmente, se era legítimo pretender que o movimento tinha sido fundado por um de seus componentes (isto é, Psychépo). "Não se decreta o nascimento de um movimento social, sobretudo quando é composto por uma multiplicidade de correntes e de grupos", observa Caroline Fourest (2008). Em resposta, Antoinette Fouque (2008) lembra que datar o nascimento do MLF de 26 de outubro de 1970, data do depósito de flores para honrar a mulher do soldado desconhecido no *Arc du Triomphe*, implica o esquecimento de dois anos de vida e de combate e, pior ainda, implica "dar a prevalência do batismo sobre o nascimento . . . privar as mulheres do poder de criação . . . se situar na continuidade de um feminismo antigo e se reclamar da mulher do *Deuxième sexe* (1949) de Simone de Beauvoir".

organização social do mesmo ângulo?". Contudo, é inegável que a oposição não foi ultrapassada.[9]

Por outro lado, a diferença entre as duas diferencialistas mais conhecidas - Antoinette Fouque e Luce Irigaray - merece ser reconhecida e explorada, embora ambas recusem a hierarquia entre os sexos, sem, no entanto, afirmar uma igualdade ou fazer da diferença uma condição formada historicamente e, portanto, ultrapassável. Na procura de um fenômeno ou de uma potência exclusivamente femininas a interpretar em uma pluralidade de sentidos (psicanalítico, político, social, cultural), Fouque coloca no centro de suas análises o útero e a gestação, e Irigaray, as superfícies do sexo feminino, as potências obscuras e férteis do corpo para a primeira, a geografia do sexo e do corpo feminino para a outra.

Para Antoinette Fouque a dissimetria e a irredutibilidade de um sexo ao outro se justificam pelo trabalho da procriação que oferece à mulher uma experiência única de acolhimento de um outro estrangeiro, acolhimento que é o paradigma do pensamento, da ética e da democracia. Ora, na história homossexuada - uma ordem erigida pelos filhos, em nome do pai e em seguida do filho - esse trabalho de procriação é reprimido. Daí a necessidade, que Fouque afirma desde os anos 1970, de interrogar, de submeter à

---

9 Na morte de Antoinette Fouque (2014), Sylvie Chaperon a apresenta como uma figura do início do MLF, "mas à distância, em uma posição crítica", colocando-se contra o feminismo e trabalhando sobretudo para "um objetivo de teorização e de trabalho sobre si mesma" à distância do "neofeminismo [*que*] se quer igualitário, espontâneo, anônimo e coletivo". Para Fouque, uma igualdade indiferenciada "corre o riso da *hom(m)ogéneisation*, da assimilação das mulheres aos homens, quando é preciso que as mulheres 'heterogeneizem' a sociedade, a transformem segundo suas próprias necessidades e criatividade". A ruptura com os outros grupos feministas ocorreu em 1979, quando Fouque se apropriou da sigla MLF e a depositou também como marca comercial, o que permitiu à editora Des Femmes, em 1981, fazer um processo e de ganhá-lo contra a editora Tierce por concorrência desleal (Chaperon, 2014, p. 207s).

questão "e, por que não, à tortura" (1970, texto não assinado) os dois discursos dominantes: o materialismo histórico e dialético de Marx, Lenine e Mao na luta política, ideológica e social; e o discurso de Freud, Lacan e da semiologia no combate ideológico e social. Ora, tais textos estão contaminados "pelo signo burguês e masculino" e é preciso desconstruí-los para criar um lugar para o reprimido, para as mulheres, um lugar onde ela poderão produzir conhecimento "para/sobre as mulheres em vista de uma tomada de poder por todas as forças oprimidas" (1970, texto não assinado). E não há nada a temer do poder coletivo de mulheres:

> *O poder das mulheres não é um poder legal, patriarcal, sádico, pederástico, de representação, de chefe, de nome, de estupro, de repressão, de ódio, de avareza, de ter, de saber, de ordem, de individualismo, de ideias abstratas. É um (não) poder matricial de engendramentos, de despesas, de caos, de diferenças, de liberdades coletivas, de aberturas, de corpos (plurais) de reconhecimentos, de suspensão de censuras, de gozos, de fora da lei, de um poder-agir-pensar por/para todas, todos.*

Essa radicalidade vai se transformar, pouco a pouco, a partir da experiência da gestação, em uma teoria da *geni(t)alidade* para além do limite fálico, com reconhecimento de uma fase uterina no desenvolvimento da mulher e de uma libido fêmea, graças à analítica da procriação como tempo histórico e político: "nove meses, não mais: escansão, maturação, termo e decisão" (Fouque, 1990, p. 75). Os efeitos devem sentir-se ao nível da sexualidade: o útero, matriz do vivente, é sexo que brinca e goza, gatilho do pensamento no próprio corpo que trabalha, corpo que se tornou carne pensante. Trata-se bem de uma produção do vivente que não separa o psíquico e o biológico, o que dá à gestação uma dimensão cultural, com recusa da oposição factícia entre criação e procriação. Ora, é preciso reconhecer, a psicanálise não se ocupou nunca, anteriormente, da gestação. Apesar da importância dada por Freud à maternidade, não há teoria psicanalítica da experiência feminina de gestação do vivente, como se essa pudesse ser reduzida a um puro processo orgânico.

Se Christine Delphy se coloca como herdeira de Simone de Beauvoir e do feminismo do *Deuxième sexe*, Antoinette Fouque lhe opõe um feminismo que não quer aumentar a participação das mulheres em uma forma de poder masculino, o que teria como resultado apenas, simplesmente, o aumento da quantidade de homens e do poder masculino. Entre os diferentes pontos de divergência entre Beauvoir e Fouque há a questão da procriação. Para a primeira, a gestação é uma espécie de estado animal e a capacidade procriadora das mulheres é, em grande parte, responsável pela alienação de que são vítimas. Fouque não critica Beauvoir por sua recusa pessoal da maternidade, mas por ter teorizado tal recusa como uma solução para todas as mulheres. Ora, a gestação é a dimensão reprimida, uma repressão que exclui as mulheres da cultura, fato que está na raiz da opressão feminina nas relações sociais e da ausência de mulheres em política. Mas, se a (pro)criação se torna o ponto de apoio da experiência feminina para a elaboração de um saber crítico, conceitual e simbólico, o feminismo pode então visar um mundo onde, "ao mesmo tempo com um boa economia fálica e uma boa economia uterina, poder-se-á obter um mundo heterossexuado e democrático" (Fouque, 2008, p. 75).

Cabe ainda uma vez a pergunta: a psicanálise não abandonou ao nível puramente biológico, puramente animal, a experiência da gestação para valorizar apenas o produto ou a importância social do processo?

Depois de passar em revista a teoria psicanalítica da sexualidade feminina de Freud a Lacan e Françoise Dolto, Irigaray (1977, p. 60) levanta uma série de questões ao redor de um "esquecimento" das psicanalistas a respeito das determinações históricas do destino das mulheres, em particular seu destino sexual. O esforço para dar conta dessa dificuldade constitui o nó da primeira etapa do trabalho de Irigaray, momento crítico em que se trata de mostrar como um sujeito único, o sujeito masculino, construiu o mundo e lhe impôs sua própria perspectiva.[10] Ora, a economia fálica dominante faz com que a ereção predomine no imaginário da sexualidade ocidental, e o autoerotismo feminino então é vivido como "atitude visando a possessão final de um equivalente do sexo masculino" (1977, p. 23). Sob o primado do falo, há s prevalência do olhar que rebaixa a mulher à passividade de um objeto a ser olhado. E seu sexo "representa o horror do nada para ver" (1977, p. 25). É esse horror do vazio que leva o patriarcado a impor à mulher o lugar de mãe, pois a mãe pelo menos está *cheia*: "ela não é mais esse vazio (da) de mulher) (1974, p. 283). Para as mulheres, há um risco na maternidade, o risco de paralisar a mulher e a criança na dimensão do Um, enquanto a incompletude de sua forma, metaforizável a partir de seu sexo, lhe abre a possibilidade de tornar-se outra coisa a cada vez.

O erotismo feminino consiste no contato dos dois lábios (pelo menos) que se acariciam, o sexo feminino "é feito de dois lábios que se beijam em contínuo" (1977, p. 24). A mulher é assim duas, mas duas que não se dividem, donde segue que ela não é nem uma nem duas, ela não tem um sexo, segundo uma outra maneira de

10 A respeito das três fases do trabalho de Irigaray, ver a entrevista dada a Elizabeth Hirsch e Gary A. Olsen (Irigaray, 1996). A segunda fase é a da procura de mediações permitindo uma objetividade feminina, isto é, um outro sujeito; e a terceira se concentra sobre a construção de uma intersubjetividade que respeite a diferença sexual.

dizer, sua sexualidade é plural: "a mulher tem sexos em todos os lugares" (1977, p. 28). É isso que ameaça e do que se protege o patriarcado, transformando-a em objeto.

Para que uma mulher saia da relação de propriedade – relação na qual a escolha parece se colocar, exclusivamente, entre "uma virgindade defensiva, fortemente fechada sobre si mesma, e um corpo aberto para a penetração e que não mais conhece, nesse 'buraco' que seria seu sexo, o prazer de se apalpar" (1977, p. 24) – é preciso atravessar as práticas sociais que lhe conferem um valor de uso e um valor de troca. As mulheres não formam uma classe – como pensam os marxistas –, elas estão dispersas e suas reivindicações são frequentemente contraditórias. Se há um projeto de preservação e valorização do autoerotismo feminino, "sua homossexualidade" (1977, p. 31), não será suficiente a demolição da ordem estabelecida, pois o falocentrismo não terá sido ultrapassado. Será preciso construir um novo sujeito e una nova ética das relações intersubjetivas.

Se as feministas materialistas insistem sobre as relações exteriores entre homens e mulheres para denunciar os mecanismos da desigualdade, da opressão e da exploração – – uma análise que deve inaugurar ou aumentar a consciência das mulheres para que tomem conhecimento e assumam o papel que lhes reserva a dialética liberadora da história –, insistindo igualmente sobre a comunidade de interesses com todas as outras formas de exploração em uma sociedade constituída por suas contradições – não há então necessidade de imaginar um outro objetivo senão aquele imposto pela própria dialética da história, isto é, a supressão de todas as formas de exploração e o estabelecimento de uma igualdade entre todos, com o desaparecimento das diferenças de classe, de sexo, de raça etc. Mas não está faltando aí a dimensão da subjetividade, ou melhor, não se está correndo o risco de reduzir a subjetividade à pura expressão ideológica das contradições agindo nas relações de opressão? E, mesmo se tal fosse o caso, não seria ainda necessário compreender como se forma tal consciência? A análise materialista é imanente, não há nada para além das relações sociais, a diferença natural não é significativa ou então pura contingência, como já afirmava Simone de Beauvoir. Postular uma diferença entre homens e mulheres significa pensar metafisicamente, como se pudesse existir algo para além das relações sociais concretas e historicamente determinadas. Não se nasce mulher, torna-se mulher: é a razão pela qual, na perspectiva materialista, as diferencialistas aparecem como a afirmação de uma essência feminina, fora da história e da sociedade.

E, no entanto, as diferencialistas estão bem longe de uma recusa da história (mesmo na dimensão cultural) e do peso das relações sociais (mesmo as relações de ordem privada), pois denunciam justamente aí a exclusão, a repressão, até mesmo a forclusão da sexualidade feminina sob o império quase nunca contestado da ereção, do fálico, do imaginário fálico. A psicanálise não foi uma exceção, donde se conclui a necessidade de um enfoque que dê prioridade – com os próprios recursos interpretativos da psicanálise – ao poder feminino da (re)produção da vida ou a um poder erótico que não deve nada à castração. Trata-se bem menos de uma busca de definição da essência do feminino que flutuaria no céu platônico, pois as diferencialistas trabalham na perspectiva de uma analítica da condição ontológica das mulheres em sua relação com os homens, uma condição que, embora inscrita no corpo – o útero para uma, o sexo que não é um para a outra –, não revela menos um outro paradigma das relações humanas, um paradigma capaz de refundar as relações sociais, a política, a cultura e a ética. Trata-se aqui de dar lugar à diferença reprimida no seio mesmo das relações entre mulheres e homens.

Contudo pode-se perceber aqui, considerando o conjunto dessas análises, que universalistas e diferencialistas não saem do quadro da referência heterossexual. As primeiras porque consideram homens e mulheres como classes e não levam em conta o espaço das subjetividades, as segundas porque afirmam uma diferença exclusivamente em relação à sexualidade masculina. Não surpreende, assim, que as lésbicas se considerem como excluídas entre as excluídas e como oprimidas entre as oprimidas.

As excluídas

O que as lésbicas parecem sugerir bem mais claramente é que a sexualidade feminina é diversa, inclusiva e múltipla. A questão é um pouco mais complicada para Irigaray.[11] É essa dimensão que a psicanálise deixa na sombra quando faz da homossexual um homem, suporte de um desejo masculino, uma interpretação com a qual os psicanalistas acabam recusando a possibilidade mesmo de uma homossexualidade feminina para mostrar, curiosamente, o que está nela presente da heterossexualidade e, em consequência, da lógica fálica: "a cenografia pulsional fálica não se expõe nunca tão claramente como no caso da homossexualidade feminina, um homem desejando aí a mãe fálica, ou um homem" (Irigaray, 1974, p. 122). É o resultado analítico que Freud retira do caso da jovem homossexual e é a razão pela qual nada se revela a seus olhos da especificidade do desejo feminino do mesmo, "desejo necessário para apoiar o desejo do outro" (1974, p. 126) e articular a diferença

11 "A figura da lésbica serve a múltiplos objetivos na estrutura filosófica de Irigaray. Com sua existência, ela expõe a 'feminilidade' e a maternidade como máscaras impostas à 'mulher' (*Speculum*, p. 117, edição americana). Ao mesmo tempo, graças a sua relação com outras mulheres, a lésbica sugere que diferentes economias de desejo, incluindo as relações com os homens, são possíveis para todas as mulheres" (Hormhusrt, 1989, p. 109).

sexual. Embora proibido, o desejo do mesmo pode servir como ponto de partida para muitos sintomas femininos, tais como a frigidez, a fragilidade narcisista, a falta de interesse social etc.: todas manifestações de uma carência de economia autoerótica, homossexual" (1974, p. 126). A psicanálise 'esqueceu' essa dimensão do desejo feminino, posto que ela é dirigida pela necessidade de mostrar em todos os lugares o primado do falo.

Ora, o lesbianismo radical de Monica Wittig, marginalizada na França ao mesmo tempo pelas universalistas (ser lésbica é só uma questão de orientação sexual) e pelas diferencialistas (a lésbica recusa, no fundo, sua diferença como mulher), permite considerar de um outro ponto de vista o inimigo principal do feminismo – a homossexualidade feminina torna-se um instrumento fundamental de análise da condição das mulheres – e também conceber diferentemente o que está em jogo no movimento de liberação das mulheres – antecipando uma espécie de utopia –, assim como a estratégia de um combate feminista que acaba englobando mulheres e homens.

O inimigo principal é qualquer discurso e qualquer prática que assumam a heterossexualidade como fundamento da sociedade. Mais recentemente, trata-se do discurso da linguística, que acabou invadindo o conjunto das ciências humanas, da semiologia de Barthes à psicanálise de Lacan, passando pela antropologia de Lévi-Strauss. O erro fundamental desses discursos estruturalistas é o de pensar os humanos como invariantes, "não transformados pela história, não trabalhados pelos conflitos de interesses e de classe" (Wittig, 2001, p. 58). Assim, a prática psicanalítica, como a de Lacan, permite encontrar no inconsciente o que o analista já antes colocou nele. A necessidade de comunicar do analisando é objeto de um contrato pelo qual se estabelece que um ser humano deve "expor sua miséria ao opressor que é diretamente responsável por ela"

(2001, p. 59) – e esse contrato não é absolutamente necessário, pelo contrário, seu sentido é político e tomar consciência disso (isto é, romper o contrato psicanalítico) é reconhecer que a heterossexualidade é a figura mesma da opressão. É o que compreendem rapidamente as lésbicas feministas e os homens homossexuais. Compreendem que a heterossexualidade é a raiz do "pensamento *straight*", com seus conceitos primitivos: "trata-se de 'mulher', 'homem', 'diferença', e de toda a série de conceitos que são afetados por tais marcas, assim como os conceitos de 'história', 'cultura' e 'real'" (2001, p. 62). Um pensamento feminista com pretensões radicais acaba colocando no centro de sua construção o corpo feminino. Mas esse "corpo" é um conceito perigoso, pois faz parte da rede dos pressupostos patriarcais e não tem nenhum poder liberador. É o mesmo que afirmar que, para Wittig, o prazer sensual fundado sobre o autoerotismo ou a experiência da especificidade uterina do corpo feminino não podem ser reconhecidos como fontes de conhecimento, nem mesmo de identidade sexual. O lesbianismo é a única forma de relação social capaz de fornecer uma experiência de liberdade graças à recusa da "servagem", um efeito que a heterossexualidade não consegue contornar de outro modo.

É preciso então romper o contrato heterossexual, e as lésbicas o rompem com sua prática social, que não se preocupa de modo algum com a pergunta: o que é a mulher? Colocar essa questão (como fez Simone de Beauvoir) já é entrar no contrato heterossexual. A prática lésbica escapa aos sistemas econômicos heterossexuais: "as lésbicas não são mulheres" (2001, p. 67), elas fazem aparecer o lesbianismo como a única forma social de uma vida livre, para além até mesmo da ambivalência do feminismo materialista que, mesmo contribuindo para o desaparecimento da mulher como classe, acaba justamente reforçando o mito. O marxismo não permite a constituição da classe "mulheres" (contra o mito "a mulher"), posto que para ele não há sujeito da luta, a ação se fazendo sempre em nome de um partido, em nome do interesse de classe, o que elimina completamente a possibilidade do advento de sujeitos individuais: "uma lésbica deve então ser alguma coisa de outro, uma não mulher, um não homem, um produto da sociedade e não um produto da 'natureza', pois não há 'natureza' na sociedade" (2001, p. 49). A destruição da categoria "sexo" e de "heterossexual" abre, assim, o horizonte de uma utopia, uma sociedade na qual os indivíduos existem para além de qualquer diferença distintiva.

Nesse feminismo em certo sentido extremo - ao ponto de que não se trata nem mesmo mais de "feminismo", pois a palavra indica a aceitação de uma categoria imposta pela heterossexualidade –, nesse feminismo que recusa pelas mesmas razões as perguntas: o que é a mulher?, e sobretudo: o que quer a mulher? - o lesbianismo aparece mais como uma estratégia de destruição da heterossexualidade. E, paradoxalmente, a recusa radical de categorias diferenciais homem/mulher, passando pela recusa até mesmo da mulher como categoria - as lésbicas não são mulheres –, desemboca na busca de uma escritura, uma prática social e uma teoria femininas. Se o feminismo de Wittig denuncia a psicanálise freudiana e lacaniana, assim como as diferencialistas e as universalistas, se ele denuncia a incapacidade dos psicanalistas de pensar fora da categoria de sexo e da prevalência do fálico, é justamente sob a conduta de um desejo cujo sujeito é *elas*, *Les Guerrillères*, um sujeito que já vive no tempo épico da celebração da vitória em um combate que não teve nunca (ainda) lugar e do qual *elas* choram "os mortos pela liberdade". Depois de terem encontrado "o uníssono exaltante da *Internacional*", elas se lembram: "quando acabou e permanecíamos em uma espécie de silêncio embaraçado. . . . E entoamos então a *Marcha Fúnebre*, uma área lenta, melancólica e, no entanto, triunfante" (Wittig, 1967, p. 206s).

As lésbicas interrogam a psicanálise quando visam o desaparecimento da diferença sexual ou um para-além da heterossexualidade (e, em consequência, também a homossexualidade masculina ou feminina): mas a psicanálise, nessas condições, é ainda possível? Ela pode dar conta de uma clínica e tirar dela efeitos teóricos pertinentes se exercendo em uma sociedade em que desaparecem ou se tornam cada vez menos visíveis as diferenças entre os sexos, na qual o sexo mesmo tende a se mostrar como uma categoria cada vez menos aplicável? Pode haver uma psicanálise do neutro, ou pelo menos para-além do feminino e do masculino? Onde é que os conflitos podem se abrigar, conflitos sem os quais a psicanálise parece não ter mais sentido?

A psicanálise nasceu no seio de um movimento que colocava em questão as relações entre os sexos e interrogava o alcance e as possibilidades da sexualidade humana. Esse movimento se inscreve nos caminhos de um outro movimento, mais amplo e talvez mais profundo da democracia moderna, movimento de incerteza e de interrogação dos fundamentos últimos da sociedade e da subjetividade. No plano da sexualidade, a psicanálise representou um progresso inegável na compreensão do alcance, da importância e da exploração da subjetividade e da intersubjetividade: mas não teria ela perdido pé quando se abriu o espaço dos efeitos sociais, políticos e culturais da questão da sexualidade, em particular da sexualidade feminina?

A preocupação aqui se concentrou sobre os primeiros anos do feminismo da Segunda Onda, na França, sem levar em consideração os mesmos momentos nos países anglo-saxões e as influências recíprocas entre as feministas nos países ocidentais. Tais aspectos serão examinados em outro lugar. Mas tal limitação no tempo e no espaço não impede a formulação de interrogações, pelo contrário, dada a importância da psicanálise lacaniana e do marxismo como referências maiores das feministas francesas.

Camille Froidevaux-Metterie (2015) insiste sobre a ideia de que a *Révolution du féminin* acabou e que seu efeito mais forte, para além das conquistas no plano da igualdade social, jurídica, política e mesmo cultural – isto é, para além da emergência de uma sociedade neutra e mista –, é uma revolução na própria forma das relações sociais e na construção dos sujeitos: antes tais relações se estruturavam segundo os termos da divisão entre o *público* e o *privado*. Daqui em diante há também a dimensão do *íntimo*, que instaura uma divisão no nível do privado, criando o espaço de um *privado-social*. O resultado dessa revolução é o esquecimento ou a ocultação da *invariante antropológica* da encarnação que divide o gênero humano em duas espécies: machos e fêmeas. Assim, a desencarnação das mulheres se apresenta como o efeito maior dos feminismos da Segunda Onda, mesmo se o corpo feminino esteve no centro das análises, das reflexões e das proposições fundamentais desse feminismo. O que interessa a Froidevaux-Metterie é a singularidade das experiências individuais e a procura do sentido da dimensão corporal feminina quando a mulher se torna um homem como os outros.

Pode-se sem grandes dificuldades aceitar a tese de que as reivindicações maiores da Segunda Onda feminista foram satisfeitas, pelo menos ao nível dos princípios. Mesmo se persiste a tentação teimosa dos freios e das regressões, por exemplo, a igualdade salarial ou a legalização do aborto com efeitos, em consequência, sobre a maternidade escolhida e a filiação. Parece, no entanto, mais difícil considerar sem ampla interrogação a nova distribuição das relações sociais como é proposta por Froidevaux-Metterie, como um efeito maior da revolução no feminino, assim como a tese de uma *invariante antropológica* ocultada sob a pressão de uma sociedade avançando para a neutralidade como seu fundamento. Como não lembrar que a divisão público/privado foi submetida ao exame e à interrogação desde o momento de sua instauração, assim como a atribuição do doméstico e do privado às mulheres e do público aos homens? E, se essa interrogação foi deixada parcialmente de lado ao longo do século XIX, seus efeitos nunca desapareceram, na medida em que está relacionada à interrogação dos fundamentos da sociedade que inauguraram as revoluções democráticas. Uma interrogação que não parece se fazer necessariamente como exigência de um progresso.

Em outros termos, a ideia de uma *invariante antropológica* é problemática. Se é pensada como inscrição natural do corpo em um gênero, ou como um dado natural, isso implica que a diferença resistiria ao trabalho histórico da cultura? Ou do psíquico? Os feminismos e, particularmente, o lesbianismo radical sustentam essa reflexão no espaço onde se confrontam a História, as histórias e as subjetividades. Sua contribuição daqui em diante inquestionável não passa pela afirmação da pluralidade? Não há dúvida que essa pluralidade – de escolhas sexuais, de tipos de família, de modos de educação das crianças – não se desenvolve sem nos confrontar aos efeitos sobre os laços sociais, a menos que tais laços não estejam na origem dos efeitos sobre as subjetividades e sobre os novos caminhos das individualidades.

Um desafio que os psicanalistas não parecem estar sempre dispostos a enfrentar. Estamos perdendo a hora das transformações e, como as vacas, perdidas em suas ruminações, simplesmente olhando passar o trem?

As Amazonas III: Reflexões sobre a sexualidade feminina (USA, 1960-1970)

You don't own me, I'm not just one of your many toys
You don't own me, don't say I can't go with other boys
And don't tell me what to do
And don't tell me what to say
And please, when I go out with you
Don't put me on display.

Lesley Gore, *You don't own me*, 1963[1]

Slow advancing, halting, creeping,
Comes the Woman to the hour! –
She walketh veiled and sleeping,
For she knoweth not her power.

Charlotte Perkins Gilman,
She walketh veiled and sleeping, 1999

1 Composição de John Madana e David White, grande sucesso de uma jovem cantora de 17 anos, retomada em 1996 de maneira jubilatória por Goldie Hawn, Diane Keaton e Bette Midler, que cantam e dançam juntas no fim do filme de Hugh Wilson *The First Wives*. Há outras versões.

1. Um novo território

Lembra-se frequentemente a frase que Freud teria pronunciado quando de sua chegada, pela primeira e única vez, nos Estados Unidos. Contemplando a *skyline* de Nova York e a estátua da Liberdade na entrada do porto, Freud teria exclamado: "Eles não sabem que estamos trazendo a peste". A citação é repetida apesar do estabelecimento dos fatos por Roudinesco (1993): a frase seria uma invenção de Lacan que faz referência a uma entrevista com Jung, em 1954, que lhe teria contado a chegada do grupo de psicanalistas em Nova York a convite da Clark University, em 1909. O próprio Jung não a menciona em suas *Memories* (1963) e ela não é retomada por nenhum dos historiadores do freudismo, que citam simplesmente o seguinte: "Eles serão surpresos quando souberem o que temos a dizer" (Roudinesco, 1993, p. 1822). Uma versão mais completa da conversa entre Freud e Jung encontra-se em Falzeder (2012, p. 98s) e menciona a ambição de Freud. Roudinesco comenta que "a ficção mais verdadeira que a realidade" de Lacan se destina a bem marcar sua oposição à psicanálise americana e a afirmar "a exceção francesa" (Roudinesco, 1993, p. 1822s). É em grande parte com a crítica da *ego psychology* e da psicanálise adaptativa dominantes na paisagem psicanalítica americana pós-guerra que Lacan opera seu "retorno a Freud".

Quanto à maneira como o próprio Freud considera o desembarque e o desenvolvimento da psicanálise nos Estados Unidos, sua ambivalência foi frequentemente lembrada. Em sua autobiografia, Freud lembra as promessas que representaram para ele o convite de uma universidade americana. Ele percebeu o acontecimento como a realização de um sonho acordado: "a psicanálise não era mais uma afirmação delirante, ela se tornava uma parte integrante da realidade" (Freud, 1928a, p. 88). E isso graças à recepção e à abertura de espírito dos psiquiatras e dos meios universitários americanos. Mas logo o espírito prático, a extensão incontrolável da psicanálise e as marcas características da cultura americana conduziram Freud a exprimir os preconceitos e os estereótipos típicos do burguês europeu cultivado diante dos americanos. Uma coleção de observações negativas e críticas é recolhida por Falzeder (2012, p. 90ss) e se encontra frequentemente na correspondência de Freud. Mas um julgamento de peso e que não parece poder se reduzir aos estereótipos analisa o destino da psicanálise nos Estados Unidos e pode ser lido na *Introduction to the special psychopathology number of The Medical Review of Reviews* (1930).[2] Freud enumera os pontos que impedem a satisfação de ver a psicanálise popularizada nos Estados Unidos: que ela seja popular não quer dizer que a coisa é aceita, nem que seu conhecimento seja profundo. Freud avança provas em favor de seu julgamento: as instituições psicanalíticas não conseguem obter financiamentos. A segunda afirmação se baseia no fato de que, se há nos Estados Unidos excelentes analistas (Brill é citado nominalmente), as contribuições para a ciência são raras e sem novidade. O interesse dos psiquiatras e neurologistas americanos se limita ao método terapêutico e há pouco interesse pelos problemas científicos e por sua importância cultural. Quanto aos médicos e escritores, "eles conhecem apenas os termos e algumas poucas palavras-chave", eles misturam psicanálise e outros sistemas de pensamento incompatíveis, "ou fazem uma salada com a psicanálise e outros elementos e citam tal procedimento como evidência de *abertura de espírito*, quando ele prova apenas uma *falta de julgamento*" (Freud, 1930, p. 254s).

E a conclusão geral não tarda a chegar: há nos Estados Unidos uma tendência a encurtar o estudo e a preparação, a acelerar a aplicação prática, donde a preferência pela leitura das fontes

---

2 Nesse mesmo ano, em carta a Oskar Pfister, Freud fala dos Estados Unidos servindo-se do termo marcado pelo desprezo de *Dollaria*, bastante frequente entre os intelectuais centro-europeus (ver Falzeder, 2012, p. 92, n. 33).

secundárias em lugar dos textos originais. Freud já havia, em 1929, manifestado seu total desacordo com a ideia de publicar uma espécie de *source book*, de manual: "você pode ter certeza que, se tal 'source book' vem a existir, nenhum americano consultará mais o texto original" (Falzeder, 2012, p. 92).

O que talvez Freud não tenha percebido é que os destinos da psicanálise nos Estados Unidos foram, se não determinados, pelo menos fortemente influenciados pelos analistas discípulos do próprio Freud fugindo de uma Europa invadida pelo nazismo. A história da psicanálise nos Estados Unidos está em relação talvez mais direta do que em outros países com o desenvolvimento dos feminismos modernos, após o direito de voto (em 1920). Trata-se menos de uma adesão ou de uma formulação psicanalítica de reivindicações feministas do que uma oferta de análises e de instrumentos permitindo sustentá-las ou criticá-las. Sob reserva de um exame aprofundado, pode-se pensar que essa história americana teve poucos efeitos significativos sobre a psicanálise ou sobre os feminismos franceses.

Há acordo entre os historiadores da psicanálise nos Estados Unidos no estabelecimento de uma cronologia: quando Freud desembarca em 1909, a psicanálise é praticamente desconhecida, mas nos anos que se seguem ela vai aparecer como resposta a duas crises que marcam a primeira década do século XX americano: "crise da moral sexual e do tratamento dos distúrbios nervosos e mentais" (Hale Jr., 1995, p. 4). Trata-se igualmente de um momento de apogeu do feminismo moderno – da Primeira Onda –, com seus paradoxos e conflitos que reaparecerão com força nos anos 1960, paradoxos e conflitos parcialmente ocultados no início do século pela unificação dos diferentes grupos feministas sob a bandeira do direito ao voto. O fato é que há uma revisão da definição doméstica da mulher, não apenas porque as mulheres começam a se manifestar em um espaço culturalmente masculino, mas também porque emergiram novas reivindicações: "quando o objetivo unitário de voto foi obtido, as mulheres se confrontaram à difícil realização de objetivos mais amplos do feminismo: individualidade, plena participação política, independência econômica, 'sex rights'" (Cott, 1987, p. 8). Ora, a psicanálise foi inicialmente apropriada como uma empresa de liberação, de fim da repressão e crítica dos códigos sociais ligados à sexualidade particularmente das mulheres. A questão colocada foi claramente a do direito ao prazer.

Já é o caso da anarquista e feminista Emma Goldman (ver Buhle, 1998, introdução), que assistiu às conferências de Freud na Clark University - após já tê-lo ouvido em Viena - e que publica rapidamente um ensaio no qual Freud é citado para demonstrar a enormidade do "crime contra a humanidade" que o puritanismo impõe às mulheres: "assim, Freud acredita que a inferioridade intelectual de muitas mulheres se deve à inibição do pensamento imposta com o objetivo de repressão sexual" (Goldman, 1910, p. 149). Buhle não hesita em falar de "revolução interior" (1998, p. 12)[3] quando o feminismo (termo que se impõe nos Estados Unidos em substituição a *Woman Movement*)[4] encontra a psicanálise.

---

3 A expressão é utilizada por Florence Guertin Tuttle no seu livro *The Awakening of Woman: Suggestions from the Psychic Side of Feminism* (1915, citado por Buhle, 1998, p. 363).

4 Nancy F. Cott observa que o termo se impôs nos Estados Unidos por volta de 1910 em um sentido largo e ao mesmo tempo limitado: largo porque proclama a "revolução em todas as relações entre os sexos" e limitado porque não se refere a todas mulheres, nem se limita às mulheres (1987, p. 3). A invenção da palavra em francês é frequentemente atribuída a Charles Fourier, aos fourieristas ou a Alexandre Dumas Fils. Para este último, no sentido negativo de uma patologia afetando os homens (ver seu panfleto *L'Homme-femme*, 1872); mas também é atribuído a Hubertine Auclert, que o teria empregado pela primeira vez em 1880 no quadro do movimento operário (ver seu discurso durante o *Congrès Socialiste de Marseille*, 1879, que vota pela igualdade entre mulheres

No fim da década de 1920, ocorre nos Estados Unidos um claro recuo, ou pelo menos um ataque violento às reivindicações feministas: o feminismo é acusado de destruir as particularidades de gênero, de colocar em perigo a unidade da família, a coesão social e até mesmo a felicidade humana. A pressão social se faz no sentido de um *back to home* que se inscreve igualmente no quadro da crise de 1929 e da ascensão do fascismo na Europa. Paradoxalmente, a psicanálise vai desenvolver no solo americano temas capazes de justificar uma misoginia que lembra, sob vários aspectos, o culto da *True Womanhood*, poderoso movimento entre 1820 e 1860, particularmente no que diz respeito à *submissiveness* e à *domesticity*. As quatro virtudes da *True Woman* incluem igualmente a *piety* e a *purity* (ver a respeito o belo ensaio de Welter, 1966). É também o momento da elaboração da *ego psychology* e dos temas neofreudianos. O revisionismo psicanalítico se serve dos mesmos atores que, antes, contribuíram para valorizar o caráter liberador da psicanálise: os intelectuais, os médicos e a imprensa popular.

Nos anos 1960, quando renasce o feminismo conhecido como Second Wave, os diferentes feminsimos[5] vão elaborar uma crítica da misoginia de Freud, do freudismo e da psicanálise em geral, mas também é o momento em que se ouvem vozes discordantes, as quais reavaliam as relações entre psicanálise e feminismos, servindo-se às vezes de Melanie Klein, da psicanálise inglesa dos independentes ou das teorias do fundador revistas por Jacques Lacan. As duas ou três décadas seguintes produzem o que alguns autores

---

e homens). Dez anos mais tarde o termo se popularizou na Inglaterra. A esse respeito, consultar Karen Offen (1987) e Geneviève Fraisse (1989).

5 Buhle (1998) propõe um quadro da diversidade dos feminismos americanos da Segunda Onda bem mais complexo que o que se encontra, por exemplo, em Froidevaux-Metterie (2015): há feminismo liberal, socialista, materialista, radical lésbico, cultural espiritual, materno, eco feminismo, social, pós-moderno, sem citar os grupos derivados de identidades raciais ou étnicas.

afirmam ser o fim dos feminismos, e outros autores, sua vitória ou sua dissolução em movimento mais amplos, décadas igualmente marcadas à primeira vista pela distância crescente entre a efervescência das elaborações acadêmicas e as práticas militantes cada vez mais efêmeras e fragmentárias.

Esse rápido esboço cronológico das relações entre feminismos e psicanálise nos Estados Unidos precisa ser detalhado para fornecer uma melhor compreensão da importância e do que está realmente em jogo para os feminismos da Segunda Onda, mas também para a psicanálise e seus destinos mais contemporâneos.

2. A Primeira Onda: fluxo e refluxo

A história que Cott reconstrói (1987) do feminismo das duas primeiras décadas do século XX privilegia menos o que reunia os diferentes atores e grupos do que os paradoxos e ambivalências que se apresentam então. O que os reúne é a luta pelo reconhecimento do direito ao voto, obtido em 1920 (*XIX Amendment*), e os conflitos se estruturam ao redor de problemas que serão retomados e reformulados durante a Segunda Onda: igualdade e/ou diferença de sexos, liberdades individuais e/ou solidariedade de sexo, unidade e/ou diversidade das mulheres, consciência de gênero e/ou eliminação dos papéis de gênero. Como mais tarde, os feminismos americanos do início do último século não são consensuais e a diversidade corresponde ao declínio da definição doméstica das mulheres, que, ao lado dos direitos cidadãos, reivindicam a independência econômica e os *sex rights*. É nessa efervescência social, política e cultural que o termo *Feminism*, importado do francês via Inglaterra, vai substituir a expressão até então dominante *Woman Movement*, própria do século XIX.

Buhle (1998), por sua vez, percorre a história dos feminismos americanos ao longo do século XX privilegiando as relações com a chegada, a expansão e as transformações da psicanálise nos Estados Unidos. Sua tese é que feminismo e psicanálise se desenvolveram "dialogicamente, em conversação continua entre eles" (Buhle, 1998, p. 3). Ela reconhece também que os feminismos do início do século XX formam um movimento coletivo oriundo de várias fontes, que sua modernidade pode se caracterizar pela exigência ou pela necessidade de um "cuidado de si" de parte das mulheres, uma *inner revolution* que, associada intimamente à sexualidade, encontra na psicanálise uma verdadeira aliada. A psicanálise é inicialmente compreendida como uma empresa de liberação sexual contra a repressão que caracteriza as sociedades civilizadas. Uma repressão que visa essencialmente o prazer sexual. A psicanálise é às vezes compreendida como uma espécie de complemento subjetivo do socialismo, como uma promessa de felicidade individual e de harmonia social.

Com a crise do fim dos anos 1920 e com o desenvolvimento do fascismo na Europa, que conduziu muitos analistas europeus ao exílio nos Estados Unidos, os feminismos conhecerão um claro recuo e serão duramente criticados, com a ajuda dos psicanalistas e sobretudo dos divulgadores da psicanálise em vários registros: o feminismo será acusado de destruir o gênero, a família, a coesão social e a felicidade humana. É o início do forte movimento *back to home*, que vai denunciar Betty Friedan no início dos anos 1960, dando nascimento oficial à Segunda Onda. Curiosamente, o que já foi designado como "psicologização dos Estados Unidos" – mesmo sob o fogo da controvérsia, a psicanálise influencia todos os movimentos culturais maiores do século XX, com seu apogeu entre 1940 e 1960, do qual a forte presença no cinema é um signo – vai contribuir em um primeiro momento para dar uma nova expressão às reivindicações feministas e, mais ou menos duas décadas mais tarde, para considerar esses movimentos feministas como causa da crise de valores e dos ideais americanos, antes de tornar-se um dos pontos de apoio particularmente sólido da misoginia. Essa contradição evidente exige reflexão.

No início do século XX, a oposição interna ao feminismo entre universalismo e diferencialismo está bem representada por duas feministas amplamente conhecidas em sua época: a sueca Ellen Key (1849-1926) e a americana Charlotte Perkins Gilman (1860-1935). A importância de Key nos Estados Unidos deve-se principalmente ao seu livro *Love and Marriage* (1904), traduzido em inglês em 1910, e que propõe um "feminismo feminino" fundado sobre o instinto materno que não deve ser confundido, como o fazia a moral vitoriana, com o desejo sexual. É o imperativo da maternidade que engatilha o desejo sexual, segundo Key. E não o contrário. Nesse sentido, embora homem e mulher participem da mesma humanidade, não há igualdade, mas uma diferença de instinto que deve funcionar como o fundamento de uma nova ordem social. A palavra-chave é *Missbrauchte Frauenkraft*, que foi traduzida em inglês como *Misused Female Powers* ou *The Abuse of Woman's Strenght* (ver Buhle, 1998, p. 40). *Love and Marriage* avança a noção cara aos *New Moralists* do *new love*, uma noção baseada sobre a atração natural entre os sexos para a reprodução da humanidade, sem consideração de leis civis ou religiosas. É a diferença da mulher que deve guiar o feminismo (e não a "masculinização" das mulheres) e fundar as reivindicações de liberdade.

Há, contudo, algumas ambiguidades no pensamento de Key. Por exemplo, o direito ao trabalho, que ela considera como legítimo, deve ser limitado em função da exigência de educar as crianças e ser exercido apenas em profissões de ajuda e de cuidado. Criticando o patriarcado e a misoginia, Key propõe igualmente que as crianças nascidas fora do casamento sejam consideradas ilegítimas, devendo ser objeto de um programa público de proteção: tais reivindicações dão ao feminismo de Key uma perspectiva quase separatista e nuançam em parte a valorização da maternidade.

No seu ensaio *The Woman of the Future* (1911), Key descreve a mulher do fim do século XX como já tendo restabelecido o equilíbrio contra os excessos de uma cultura e de uma sociedade masculinas demais, graças ao desenvolvimento do "enigmático, do instintivo, do intuitivo e do impulsivo de seu próprio ser para proteger a humanidade dos perigos de uma cultura excessiva" (Key, 1911, p. 43). Assim, o nascimento da alma feminina compensará a inteligência masculina. Essa nova mulher será uma multiplicidade de mulheres "e, no entanto, sempre uma" (1911, p. 47). O que não impede Key de concluir que tal visão da mulher do futuro já existe nos sonhos masculinos: "a mulher ideal do homem moderno não é uma mulher masculina, mas a revelação do 'eterno feminino' desenvolvido em todos os sentidos" (1911, p. 48).

A tal valorização da diferença das mulheres como mães se opõe a popular e prolífica Charlotte Perkins Gilman, com o que ela chama de *human feminism*: à maternidade social ela opõe o valor da autorrealização, pois "as características humanas universais não têm nenhuma conotação sexual" (Buhle, 1998, p. 48), ela escreve contra Key. O fato é que Key havia citado Gilman como exemplo de um "feminismo amaterno" indesejável (1998, p. 47). Ora, para Gilman, só o trabalho pode desenvolver a humanidade das mulheres e, nesse nível, não há nenhuma diferença entre mulheres e homens, pois mesmo as tarefas ligadas à educação das crianças devem ser integradas ao mercado do trabalho e ser atribuídas aos mais qualificados. A sociedade atual promoveu a dominação masculina e o resultado é que as mulheres, sob efeito de tal dominação, se tornaram *over-sexed*, e são incapazes, em consequência, de ocupar um lugar adequado na sociedade, isto é, um lugar no sistema da produção. Nessa mesma perspectiva, Gilman critica a psicanálise – responsável por "nossa absurda 'sexolatria'" (Durieux, 2003, p. 57) –, pois, dando à sexualidade o primeiro plano, ela contribui a prolongar a submissão das mulheres. É preciso restabelecer a liberdade das mulheres, destruir o gênero estereotipado e, no espírito do darwinismo social, restaurar a competição entre todos, competição que é a chave da evolução social.

Em sua ficção utópica de 1915, *Herland*, Gilman fala com bastante humor da sociedade na qual dominam os homens e em que as mulheres são oprimidas. Ela assume o ponto de vista utópico de uma sociedade de mulheres que se reproduzem por partenogênese há mais de dois séculos. Três aventureiros desembarcam em Herland e começa a comparação. Entre as mulheres reina a *social motherwood*, a educação das crianças sendo confiada às especialistas que as elevam em comunidade, a mãe biológica provando desse modo seu amor pela criança. Pois ela a confia às que são mais competentes em matéria de educação de crianças. Por outro lado, graças a tal sistema, ela pode continuar a trabalhar. Isso vale para o trabalho doméstico, atribuído igualmente às especialistas. Tais mulheres não têm nada em comum com o que conhecem os aventureiros: "'Elas não são modestas', observou Terry. 'Nenhuma paciência, nenhuma submissão, nada da obediência natural que é o maior charme da mulher'" (Gilman, 1999, p. 99). Pelo contrário, diz o narrador, elas possuem as virtudes da humanidade, e não são *over-sexed*. Não conhecendo o mundo dos homens, elas não compreendem nada do casamento, não sabem o que é uma "esposa", recusam a ideia de trocar de nome para adotar o do marido, tanto mais que o marido não adota o nome da mulher, elas estão contentes porque os aventureiros não possuem nada a lhes oferecer: "não queremos que paguem – que paguem por qualquer coisa" (1999, p. 118).

Depois do casamento dos três aventureiros, um deles tentar fazer amor com sua esposa "com todo o orgulho e paixão de sua intensa masculinidade" (1999, p. 131). Ele é controlado e julgado: "Você tem que ir embora". No final, os aventureiros abandonam Herland com a promessa de nunca revelar sua localização, pelo menos até o retorno da única mulher que vai embora com seu marido e que deve voltar para fazer um relatório sobre o estado do mundo. Uma decisão será então tomada.

Entre as feministas mais "radicais" e mais preocupadas pelos *sexual rights* se encontram Emma Goldman (1869-1940) e Margaret Sanger (1879-1966), ambas representantes do anarcofeminismo, embora a trajetória de Sanger não seja desprovida de ambiguidades, e mesmo de contradições. A imprensa contemporânea falava de Goldman como a "mulher mais perigosa dos Estados Unidos". Após um período em que seu nome parece ter sido esquecido, suas ideias foram resumidas em uma frase que ela provavelmente nunca pronunciou, mas que exprime sua herança aos olhos das feministas radicais dos anos 1970, a ponto de aparecer impressa em camisetas: *se eu não puder dançar, não quero estar na sua revolução.* Crítica da igreja e do Estado, crítica das instituições, do casamento ao exército, passando pela propriedade privada e pela hipocrisia puritana, frutos de um sistema corrompido e doente que precisa ser destruído para que advenha a fraternidade universal, no que diz respeito à condição das mulheres diretamente, Goldman não é favorável ao direito de voto das sufragistas, que, segundo ela, só servirá para reforçar o sistema dominante. Ela participou ativamente da campanha pelo desenvolvimento da contracepção, pelo amor livre e pela defesa dos homossexuais. Em outros termos, para ela, os *sexual rights* se resumem ao direito ao prazer que deve primar sobre a maternidade.

Quanto ao direito de voto, Goldman precisa: "É inútil lembrar que não me oponho ao sufrágio feminino sobre a base convencional de sua desigualdade" (Goldman, 1910, p. 173). O voto não é um direito, mas uma *imposição*: "Ora, não é uma brutal imposição que um grupo de pessoas fabrique leis que um outro grupo é obrigado a obedecer?" (1910, p. 173). O futuro das mulheres deve seguir outros caminhos que o da representação:

> *O desenvolvimento, a liberdade, a independência das mulheres devem vir delas e para elas. Primeiro, afirmando-se como uma personalidade, e não como uma mercadoria sexual. Segundo, recusando que alguém tenha direito sobre seu corpo; recusando conceber, a menos que o deseje; recusando servir Deus, o Estado, a sociedade, o marido, a família etc.... É assim, e não pelo voto, que a mulher será livre... uma criadora de homens e mulheres livres. (1910, p. 184)*

Margaret Sanger defende em parte as mesmas ideias, mas consagra seus esforços e sua militância primeiro como enfermeira nos bairros pobres de Nova York, em seguida como publicista militando pela causa da contracepção e da liberdade de expressão. Os dois combates se encontram na proibição então existente de ensinar e de praticar a contracepção, o que acabou lhe valendo problemas com a justiça. Durante seu exílio na Inglaterra, Sanger se aproxima de Havelock Ellis, com quem ela partilha o interesse pelas relações sexuais seguras e com maior prazer. Ao contrário de Key e de outras defensoras da maternidade social, para Sanger, como para Goldman, o direito ao prazer para as mulheres prima sobre a maternidade. Não pode haver liberdade para as mulheres se elas não dispõem do próprio corpo.

Sanger se relaciona também com os neomaltusianos ingleses, para quem o crescimento da população produz guerra e miséria. Quando, em 1921, ela funda e preside a *Birth Control League*, o combate principal é o da afirmação de uma maternidade livre e escolhida que deve garantir o amor, e o desejo da mãe deve se reconciliar com a exigência de controle e de redução da reprodução dos desadaptados. Ser desadaptado não é determinado pela raça ou pela etnia, mas pelos princípios que visam a amelioração da saúde da humanidade. Em *The Pivot of Civilisation* (1922), Sanger defende os princípios de seu "eugenismo negativo":

> *Eles se baseiam sobre a crença de que devemos buscar a saúde individual e racial não pela reconstrução política ou social maiores, mas pelo reconhecimento de nossos próprios desenvolvimentos e poderes inerentes, pela liberação de nossas energias internas. É assim que podemos agir melhor para a construção desse mundo, não como um vale de lágrimas, mas como um jardim. (Sanger, 1922)*

No momento da liberação dessa formidável energia criadora e construtiva, quando os corpos serão "um templo pleno para a alma", "poderemos nos consagrar à criação de uma "verdadeira civilização", abolir a vergonha e o medo que prejudicam a sexualidade, abrindo o caminho para o paraíso terrestre. Mas tais caminhos não serão percorridos enquanto as forças das mulheres permanecerem desconhecidas: "O poder físico e psíquico da mulher é mais indispensável para o bem-estar e para o poder da raça humana do que os poderes masculinos, pois a força e a felicidade da criança estão organicamente relacionadas com as da mãe" (Sanger, 1922).

Pode-se conceber a Primeira Onda do feminismo americano, nesse momento particular da virada do século XX, como sendo formada por uma quantidade relativamente pequena, embora bastante ativa, de feministas militantes (como Emma Goldman, Charlotte Perkins Gilman ou Margaret Sanger). Mas elas ocupam um lugar importante nos debates políticos, econômicos e culturais durante as duas primeiras décadas do século nascente, podendo contar com um público importante. E um público que não é constituído somente por mulheres. Apesar da divergência na maneira de formular os problemas e, mais particularmente, na maneira de caracterizar o que é próprio das mulheres – vê-se já peso importante da questão da maternidade –, há uma quase unanimidade no que diz respeito ao direito de voto (a crítica de Goldman é uma exceção). Resulta daí que a aceitação do *XIX Amendment* à constituição vai enfraquecer consideravelmente o impacto dos feminismos, sobretudo com a dissolução de organizações em favor do sufrágio feminino. Buhle observa nesse sentido que o fim da Primeira Guerra é marcado por um certo declínio da fé no progresso e do vocabulário de liberação, até mesmo, e talvez principalmente, da liberação sexual.[6]

O debate sobre a sexualidade feminina que divide os psicanalistas durante os anos 1920 – e ao qual Freud tenta colocar um termo em 1933, em sua conferência sobre a feminilidade – não parece afetar particularmente a psicanálise americana. Quando, a partir de 1930, os psicanalistas europeus começam a desembarcar nos

---

6 O *XIX Amedment* votado em 18 de agosto de 1920 estabelece que "*the right of the citizens of the United States to vote shall not be denied or abridged by the United States ou by any State on account of sex. Congress shall have power to enforce this article by appropriate legislation*". Em 1923, Alice Paul propõe o *Equal Rights Amendment* (ERA), que foi votado no Congresso em 1972, mas ratificado por apenas 34 estados na data de 30 de junho de 1982. Eram necessários os votos de 38 estados – razão pela qual o ERA é proposto novamente a cada legislatura.

Estados Unidos (Horney, Reich, Fromm, Erik Erikson e outros) – fato que vai contribuir para a expansão da psicanálise em todos os níveis da cultura, do *highbrow* ao *midbrow*, mas também na cultura de massa popular –, o movimento que se impõe é o *Culture and Personality* ou culturalismo, dominante praticamente até fins da Segunda Guerra, com a contribuição determinante da antropologia e seus estudos sobre a influência da cultura sobre a anatomia. Uma teoria que aceitam e desenvolvem Karen Horney e Clara Thompson. A diferença sexual parece ter perdido importância como questão, ocultada de algum modo pela *Modern Age* e pela preocupação central com a adaptação e a ansiedade engendrada pelas transformações do mundo. A psicanálise se prepara para sustentar as teses profundamente antifeministas que vão florescer durante e após a Segunda Guerra. Karen Horney, Margaret Mead e Clara Thompson, que não se reconhecem inteiramente no termo "feminista" – embora o impacto sobre as feministas seja decisivo –, propõem um certo relativismo cultural que pouco a pouco cederá lugar às novas doutrinas francamente misóginas dos neofreudianos.

Até 1930, quem quisesse se dedicar à clínica psicanalítica era obrigado a viajar para a Europa em busca de sua formação. Criada em 1911, a American Psychoanalytic Society reunia apenas uma dezena de pessoas em suas assembleias anuais. No fim dos anos 1930, entre cinquenta e duzentos analistas europeus se instalaram nos Estados Unidos, fundando institutos de formação. Em 1936, a New York Psychoanalytic Association era a maior do mundo, com oitenta membros, e os americanos constituíam um terço dos analistas da International Psychoanalytical Association.

Mais do que em outros países, o desenvolvimento da psicanálise nos Estados Unidos se fez como um esforço interdisciplinar: historiadores, sociólogos, economistas, críticos literários e, particularmente, antropólogos (de Franz Boas e seus discípulos a

Margaret Mead). Se a antropologia tem um lugar à parte, a razão é seu interesse pelos estudos das determinações culturais na formação da personalidade. Sem dúvida, a interdisciplinaridade vai facilitar uma espécie de revisionismo das teorias freudianas, sobretudo no que diz respeito à importância da biologia e da anatomia na vida psíquica. O resultado será o abandono progressivo da teoria edipiana, e até mesmo da tese da repressão cultural da sexualidade, varrendo com elas a noção, até certo ponto central para a teoria da sexualidade feminina, da inveja do pênis. Karen Horney certamente contribuiu bastante para promover tais mudanças, abandonando sua própria tese anterior de uma feminilidade natural em favor de uma teoria cultural da formação da feminilidade.

Do lado do feminismo, o qual aparece agora se confundindo – após a obtenção do direito de voto – com uma espécie de carreirismo, os problemas relacionados à sexualidade feminina e à diferença sexual tendem a se apagar em favor, por exemplo, do perigo dos excessos da liberação sexual. Charlotte Perkins Gilman fala, ao redor de 1930, da "excitação selvagem sobre o sexo" (Buhle, 1998, p. 98), excessos que ela atribui ao freudismo. A maternidade reduziu-se a uma questão de escolha. A psicanálise se vê, assim, atribuir uma nova tarefa: não se trata mais de atenuar os efeitos da repressão patogênica, mas de ajudar as mulheres a viverem com a ansiedade engendrada pela "confusão e ansiedade das incertezas" (Buhle, 1998, p. 92) não apenas na vida afetiva, mas também no mercado de trabalho. Em outros termos, a tarefa agora da psicanálise é a de facilitar a relação do indivíduo com a sociedade. A tarefa é a adaptação. A interrogação sobre a diferença sexual cede seu lugar à análise dos fatores culturais, sociais e econômicos que funcionam como obstáculos à realização das mulheres. A feminilidade é apenas, como se dirá um pouco mais tarde, uma construção cultural.

Em 1942, pouco tempo depois da entrada dos Estados Unidos na Segunda Guerra, um livro aparece como signo da emergência de um movimento profundamente misógino que só será contestado realmente nos anos 1960. Trata-se do *best-seller* de Philip Wylie, *Generation of Vipers*. Nos termos empregados por Buhle, Wylie acusa as mães "de quase tudo, desde chupar o dedo até a ejaculação precoce e a guerra mundial" (1998, p. 126). Elas são culpadas também do materialismo consumista e da busca desenfreada dos pequenos prazeres. Wylie designa o fenômeno com um neologismo: o *Momism*,[7] que está transformando os Estados Unidos em um "mundo da mulher".

Curiosamente, a diatribe utiliza o vocabulário psicanalítico de base, o mesmo já empregado no culturalismo, para analisar as relações entre o indivíduo e a sociedade. Mas seu emprego é invertido, pois projeta na cultura o psiquismo do indivíduo, donde resulta que os problemas da nação se manifestam como sintomas de um mal-estar afetivo. Ora, a psicanálise americana, sobretudo a *ego psychology* (Hartmann, Erik Erikson), abriu e garantiu a via para a misoginia, sublinhando o papel da mãe na formação da personalidade. E, com "a assistência de publicistas como Wylie, os

---

7 "Freud fez um catálogo violento e estranho de exemplos do amor-materno--em-ação, que traça sua origem desde a perversão incestuosa até o instinto normal. O que a observação naturalmente confirma. Infelizmente, os americanos, que são o povo mais moralizador do mundo, têm se mostrado incapazes de beneficiar da sabedoria de Freud porque podem *provar* que não dormiram, em geral, com as mães. Essa é a interpretação que dão a Freud. Além disso, pouco importa quantas vezes repetem a Bíblia, eles não compreendem o verdadeiro sentido da passagem sobre o prazer no coração – especialmente quando são mães pensando nos filhos, e vice-versa" (Wylie, 1942, cap. XI, "Common Women"). Mais tarde, em entrevista de 12 de maio de 1957, Wylie afirma que não se referia a todas as mães, mas "a um certo tipo, que classifiquei assim, a partir de bases psicológicas bem informadas" (Wallace, 1957).

psicanalistas transformaram as mães em principal fator das perturbações infantis e das doenças que atacavam a nação" (Buhle, 1998, p. 131).

Segundo Cott, em conclusão, já no fim da década de 1920, o feminismo começou a aparecer como ultrapassado, pois uma certa igualdade fora adquirida. Por outro lado, o feminismo anunciava um futuro sem distinção de gênero, destruindo assim os laços da família: "As feministas tinham constantemente que contestar duas caricaturas opostas e coexistentes: uma, que o feminismo afirmava a superioridade da mulher sobre o homem; o outro, que o feminismo colocava as mulheres em antagonismo sexual mortal contra os homens" (Cott, 1987, p. 271).

As vitórias dos feminismos, frequentemente sublinhadas pelas feministas, embora sem esquecer a persistência das desigualdades culturais, políticas e econômicas, parecem ter propiciado a emergência de uma pressão social forte para que as mulheres voltem ao lar. Aliás, várias feministas aderiram à via do *new individualism*. E Cott conclui que, se a *woman* singular do século XIX representou uma vitória do movimento, quando o feminismo renasceu na década de 1960, é a pluralidade que vai se impor: "a história do feminismo em meados do século XX continua, quando não somente as mulheres, mas também o feminismo avançou na direção da pluralidade" (1987, p. 283). Uma observação fina que merece ser retomada se se quer permanecer atento à novidade da Segunda Onda.

3. A segunda onda: o inimigo freudiano

No início dos anos 1960 renascem os feminismos nos Estados Unidos com a publicação de *The Feminine Mystique* (1963), de Betty Friedan, um livro que se apoia sobre uma enquete com suas ex-camaradas do Smith College, uma instituição dedicada à educação feminina. O livro torna-se um *best-seller*, sua repercussão é imediata. Ele descreve e denuncia claramente o mal-estar crescente entre as mulheres que voltaram ao lar durante e após a guerra. O início da década seguinte será marcado pela emergência do que se designa como feminismo *radical* assim como, no interior mesmo dessa corrente, das reivindicações lésbicas e de um esforço para revisar o lugar da psicanálise na teoria feminista. Em 1970, com um intervalo de alguns meses, são publicados dois textos fundamentais do feminismo radical: *The Dialetic of Sex*, de Shumamith Firestone, e *Sexual Politics*, de Kate Millet, um ensaio e uma tese universitária que focalizam diretamente a heterossexualidade e a diferença sexual como os inimigos a combater para se colocar um termo à luta dos sexos na raiz da luta de classes. A verdadeira revolução será sexual ou não será uma revolução. No passado, Emma Goldman talvez seja a única a poder pretender um tal radicalismo, no entanto, com uma diferença fundamental, isto é, o anarquismo de Goldman é tão radical quanto individualista: "não se pode ser extremista demais quando se trata de doenças sociais; aliás, a coisa extrema é geralmente a coisa verdadeira. Minha falta de confiança na maioria é ditada por minha confiança nas potencialidades do indivíduo" (Goldman, 1910, p. 38). Uma outra diferença, e que não é pequena, se relaciona à ausência de utopia no pensamento da anarquista, que se recusa a imaginar como serão as coisas em anarquia, o papel do militante anarquista sendo sobretudo "o de limpar os traços do lixo do passado e do presente" (Goldman, 1910, p. 37). Ora, a dimensão utópica não está ausente em Firestone e Millet, impondo-se como consequência direta da crítica da heterossexualidade, embora não haja nos textos uma descrição análoga, por exemplo, à de Charlotte Perkins Gilman em *Herland*.

Friedan, Firestone e Millet criticam Freud e a psicanálise, ou melhor, o freudismo americanizado: a doutrina teria fornecido uma garantia científica ao que, sobretudo para Firestone e Millet, é um evento político. Por outro lado, essas duas autoras não pertencem ao grupo *Radicalesbian*, que interrompeu o segundo *Congress to Unite Women*, em Nova York, organizado por Betty Friedan como presidente da *National Organisation of Women* (NOW), fundada em 1966. Ora, inicialmente, Friedan havia afastado as lésbicas do congresso afirmando que elas representavam uma *lavender menace*, correndo o riso de prejudicar o combate feminista nas instituições legislativas e executivas para uma maior igualdade entre mulheres e homens.

O que é a mesma coisa que dizer que a Segunda Onda nasceu e se desenvolveu expondo de maneira ainda mais visível a multiplicidade e a diversidade dos feminismos, assim como os conflitos decorrentes. O que não impediu a união ao redor de alguns combates unificadores: pela contracepção, pelo aborto e, mais recentemente, pelo casamento homossexual, pelo direito à adoção dos casais homossexuais, pela PMA e pela GPA etc. Esses combates comuns não ocultam análises e posições diversas, por exemplo, a respeito da prostituição, da discriminação positiva, da pornografia ou da psicanálise. Nada impede, no entanto, a formulação de uma questão que atravessa o conjunto dos movimentos feministas no que diz respeito à sexualidade feminina. Tudo se passa como se a interrogação de Freud – o que quer a mulher? – tivesse obtido no seio da multiplicidade e da diversidade dos movimentos teóricos e militantes feministas uma espécie de eco e novos espaços de elaboração que os psicanalistas tendem a ignorar ou a mal interpretar. De um modo ou de outro, as feministas da Segunda Onda que se reconhecem na palavra de ordem "o privado é político" – embora com interpretações diferentes e até mesmo opostas – foram levadas a se confrontar com a psicanálise e com o freudismo nos Estados Unidos ou na França, com a retomada lacaniana da teoria freudiana.

Já nos anos 1970, a condenação da psicanálise como teoria e prática misóginas é colocada em dúvida nos Estados Unidos e na Inglaterra, e as feministas encontram na psicanálise, revisitada por Lacan ou elaborada pela escola inglesa, um meio para aprofundar questões fundamentais para o feminismo e que o marxismo não permitia explorar, e talvez nem mesmo formular. A análise e a reflexão sobre o "retorno a Freud" de Lacan, em relação com os feminismos, merecem certamente um capítulo à parte. Aqui, o que interessa são os primeiros passos da Segunda Onda, nos Estados Unidos, no sentido de uma pesquisa teórica e militante visando a autonomia da sexualidade feminina, assim como a compreensão dos mecanismos de submissão da mulher (e da transmissão dessa submissão), considerada do ponto de vista da subjetividade, e não como simples efeito da dominação masculina. O que significa que, pela primeira vez provavelmente, as mulheres tentam se considerar não apenas como vítimas de um sistema. Esses primeiros passos alimentaram ou foram talvez guiados pela utopia não descrita, mas poderosa, de uma sociedade sem diferença de sexos – um fantasma? – ou de uma sociedade na qual as diferenças não engendrariam hierarquia – um projeto político? –, pois cada gênero pode e deve se afirmar como plenamente independente e legítimo.

Não se pode ignorar que tais problemas e perspectivas, tais combates e avanços efetivos resultantes supõem todos uma sociedade em conflito permanente com ela mesmo, isto é, uma sociedade democrática capaz de suportar os efeitos de sua divisão constitutiva, que se apresenta, mais uma vez, como conflito irreconciliável entre dominantes e dominados. Daí a tentação à qual não puderam resistir alguns analistas de considerar tais transformações profundas na condição das mulheres nas sociedades democráticas – uma revolução nas relações entre os sexos no interior da revolução democrática – como um signo do perigo de declínio, e mesmo de destruição da própria sociedade, e isso porque atacaram os fundamentos da sociabilidade. Com efeito, tal revolução abalou as relações entre os sexos, mais particularmente no espaço da família e assim, diretamente, a educação das crianças.

Betty Friedan (1963) não cai no equívoco de atribuir inteiramente a Freud o destino doméstico imposto às mulheres americanas depois da Segunda Guerra, um destino em grande parte imposto como reação às reivindicações de emancipação feminina das duas primeiras décadas do século. Tais desejos de emancipação, como já foi dito, foram reforçados pela chegada da psicanálise nos Estados Unidos, uma psicanálise compreendida como insistindo sobre a satisfação sexual não neurótica e o rebaixamento da maternidade para um segundo plano. A crise econômica de fins dos anos 1920 e os anos após-guerra mandaram de volta ao lar as mulheres, sob o impulso poderoso da *American House Wife*, que encontra sua realização no confinamento das mulheres no espaço doméstico do casamento e da maternidade (e do consumo). E isso apesar de um acesso grandemente facilitado aos estudos.

Eis a causa do "problema sem nome", as barreiras que impedem o "crescimento humano" das mulheres: é a tese liminar de Friedan. Confinadas, as mulheres educadas e mesmo bastante cultivadas, graças aos estudos superiores acessíveis, têm como horizonte apenas a manutenção da casa, o cuidado das crianças e o mundo apaixonante do consumo. E elas não são felizes. Os ideais com os quais construíram e conduziram a vida – a saber, um marido, uma casa confortável em bairro de classe média, a maternidade, o consumo – não asseguraram a realização das mulheres como seres humanos. Ora, as promessas de liberação e de satisfação sexual reforçadas pela psicanálise deram uma espécie de garantia científica à construção americana da *feminine mystique* – ou à *mistifica*ção da mulher, como diz o título da tradução francesa – que conduziu as mulheres a esse impasse, a esse sofrimento sem nome, pois aparecendo entre as próprias mulheres no isolamento do espaço doméstico.

Friedan consagra a maior parte do capítulo sobre a psicanálise (*The sexual solipsism of Sigmund Freud*) para mostrar que Freud, na realidade, foi prisioneiro da sociedade e da moral vitorianas, assim como de sua herança judaica no que diz respeito às mulheres, isto é, seres fundamentalmente inferiores. O erro maior de Freud aparece em sua noção de inveja do pênis. Sob a influência dos vulgarizadores de vários níveis que floresceram nos Estados Unidos – das revistas femininas até os especialistas e professores dos *colleges* –, a inveja do pênis tornou-se aquilo que as mulheres devem ultrapassar para poderem se assumir e se realizar como mulheres: aceitando sua inferioridade. Um novo superego nasceu, alimentado e reforçado, imposto às mulheres como único horizonte possível de vida. Segundo Friedan, o longo combate dos feminismos americanos tinha chegado, quase um século depois de seu nascimento, a obter o reconhecimento do direito de voto e de educação. Mas a nova mística encerrou as mulheres em um ideal doméstico em plena contradição com o da participação na vida política e da realização profissional e humana. As meninas que cresceram com direitos reconhecidos, e dificilmente adquiridos, se viram rapidamente confrontadas a uma escolha: "De um lado, a feminista orgulhosa, devoradora de homens, a carreirista – sem amor, sozinha. De outro lado, a esposa e mãe gentil – amada e protegida pelo marido, rodeada pelos seus adoráveis filhos" (Friedan, 1963, p. 77s).

Foi nesse momento que Freud, ou melhor, o freudismo, entrou em cena para transformar um movimento legítimo de emancipação pela satisfação sexual em "um bastião da contrarrevolução sexual nos Estados Unidos" pelo intermediário da noção de inveja do pênis. Essa noção "foi retomada, nos anos 1940, como explicação literal de tudo o que funcionava mal para as mulheres americanas"

(Friedan, 1963, p. 80) A ambiguidade da noção, relacionada ao contexto da moral vitoriana e da tradição judaica nas quais Freud estava mergulhado, explica Friedan, teve por efeito que ela pôde servir tanto para liberar a sexualidade feminina, em um primeiro momento, como para encerrá-la em seguida no espaço doméstico compreendido como destino da anatomia e lugar da realização do desejo feminino.

Com Betty Friedan, seu livro e sua ação, foi relançado o combate feminista que Froidevaux-Metterie não hesita em inscrever sob a rubrica do "primado dos direitos individuais" que, segundo ela, marcou a causa feminina "desde as origens do movimento até suas manifestações mais recentes". Assim, "se a primeira onda se baseou sobre a aspiração à igualdade política, a segunda se desenrola no contexto de uma reativação do projeto liberal em sua vertente individual" (Froidevaux-Metterie, 2015, p. 92). Nessa perspectiva, cabe aos feminismos radicais apenas a tarefa de sustentar reivindicações insustentáveis contra o inimigo principal, a heterossexualidade: "que seja a ordem totalizante da elite cibernética ou a comunidade sororal do separatismo lésbico, a resposta é sistematicamente monista. . . . O problema é que tal ordem homogênea deve ser constituída por mulheres e homens" (Froidevaux-Metterie, 2015, p. 99).

Ora, as feministas liberais propõem um "partenariado igualitário" que mantém a dualidade dos papéis e das funções. Elas são reformistas e tentam reconciliar e garantir a reconciliação entre a vida doméstica e a vida profissional. O ideal de igualdade é a base da fundação de NOW, por Friedan, em 1966.

Ora, no início dos anos 1970 há uma floração inédita de grupos, de manifestações e de publicações feministas inaugurando, na França e nos Estados Unidos, mas certamente também em outros países, o caminho para o reconhecimento dos feminismos no espaço do debate público. Esse fenômeno se verifica não apenas graças à publicação de inúmeras revistas, jornais, manifestos e panfletos, frequentemente com uma existência efêmera, mas também graças à atenção que despertam nos grandes jornais e revistas já existentes. O ano 1970 é marcado por algumas intervenções públicas de grande ressonância, mas também pela publicação de dois clássicos dos feminismos radicais: Shulamith Firestone publica *The Dialetic of Sex, the Case for Feminist Revolution*, e Kate Millet, *Sexual Politics*. Em oposição frontal ao reformismo de Friedan, Firestone e Millet, duas militantes fervorosas, consideram que o feminismo só será verdadeiramente uma revolução se atacar pela raiz a opressão das mulheres, inscrita na divisão de classes sexuais, uma divisão que torna possível a exploração das mulheres. Ambas criticam duramente Freud e o freudismo por terem reforçado a opressão das mulheres, ambas postulam um horizonte cultural, político e social no qual a divisão de classes sexuais terá desaparecido, dando lugar a uma espécie de utopia claramente definida por Firestone como um regime de "perversão polimorfa" (*pansexuality*) generalizada.

Pois, por Firestone, o que está em jogo em uma verdadeira revolução é a revolução sexual, a única capaz de colocar em questão tanto a condição biológica fundamental como a cultura. Isso não poderá se fazer sem um certo nível elevado de desenvolvimento técnico. Quando é questão de eliminar a dominação masculina e suas raízes, isto é, a distinção dos sexos, o papel importante depende das técnicas de reprodução artificiais e sua promessa de liberar as mulheres da função reprodutiva. A análise marxista deixou de lado as raízes psicossexuais da divisão de classes, mas o método do materialismo dialético e materialista permite afirmar que a revolução sexual engloba a revolução socialista, pois ela visa a eliminação de *todos* os sistemas de classe: desaparecimento da diferença hétero/homo/bissexual em favor da pansexualidade, fim da dependência da criança em relação à mãe em favor da dependência mais curta em relação a um pequeno grupo, inferioridade da força física das mulheres compensada culturalmente, desaparecimento do trabalho graças à cibernética, assim como a extinção da família e, com ela, da questão do poder.

Freud foi um pioneiro no reconhecimento do lugar da sexualidade na vida moderna e, nesse sentido, a psicanálise e o feminismo têm raízes comuns na preocupação com a repressão da sexualidade na infância. A dificuldade vem do fato de que Freud não se interrogou sobre o contexto social das estruturas psíquicas e propôs um remédio que não ataca as causas do problema. Freud fez o diagnóstico da doença para a qual o feminismo propõe a cura. É assim que, nessa "igreja moderna" em que se tornou a psicanálise, particularmente depois da guerra, a palavra de ordem do freudismo é *adaptação* aos "papéis tradicionais de esposas e mães" (Firestone, 1970, p. 62), a teoria psicanalítica tornou-se um "curso de resignação" (1970, p. 59) – o que Betty Friedan havia já denunciado, sem, no entanto, revelar as raízes profundas do problema sem nome. E que agora é batizado: heterossexualidade.

Ora, os meios técnicos e científicos à disposição da humanidade vão acabar permitindo a criação de um equilíbrio artificial e humano no lugar do equilíbrio natural perdido. Trata-se do controle da natureza, particularmente no que diz respeito à reprodução. Trata-se de liberar as mulheres da tirania da reprodução e de seu papel social de educar as crianças, de fundar a autonomia política das mulheres e das crianças sobre a independência econômica, a única que garante a integração plena na sociedade. Tal autonomia implica a liberdade sexual para mulheres e crianças. As tentativas modernas de revolução feminista fracassaram porque não dispunham de um programa radical (Firestone cita como exemplos de revoluções incompletas a revolução russa, o *kibutz* e Summerhill) e de uma análise prévia ao movimento. Só a destruição da família pode conduzir a humanidade ao que Firestone chama de "comunismo cibernético" (1970, p. 213), no qual, pouco a pouco, a sexualidade enfim liberada do tabu do incesto "pode retornar em poucas gerações a uma sexualidade polimorfa mais natural, a concentração sobre o sexo genital e o prazer do orgasmo cedendo lugar a relações físicas/emocionais totais que incluem *aquilo*" (1970, p. 215), isto é, o incesto.

É verdade que Firestone não insiste sobre as perspectivas utópicas da revolução sexual, e afirma que o melhor é ainda o esforço para repensar as instituições produtoras da psicossexualidade, particularmente a refundação da produção e da reprodução. A tirania da reprodução imposta pela natureza está em vias de eliminação graças ao progresso técnico, o que permite o foco sobre a origem de toda as formas de exploração econômica. Origem aqui significa família patriarcal e base natural da família, isto é, a diferença entre classes sexuais. Esse desequilíbrio natural deve ser retificado, corrigido pela criação de um equilíbrio artificial, pois então a reprodução não dependerá mais do corpo feminino. Em outros termos, para Firestone, a diferença anatômica é a base material da hierarquia opressora entre homens e mulheres, e nada de fundamental poderá ser transformado enquanto as mulheres continuarem submetidas à maternidade. É a partir do sentido desse combate que uma perspectiva utópica pode ser entrevista.

Há em Kate Millet igualmente a ideia de uma revolução sexual que virá "liberar definitivamente das noções opressoras de papel e de função, sexuais ou outros" (Millet, 1970, p. 436). Esse resultado se manifestará graças aos "movimentos de massa espontâneos" que, nos Estados Unidos, acabarão por se reunir "sobre uma base igualitária, com os Negros e os estudantes, no seio de uma coalisão radical que continuará a se desenvolver". As mulheres poderão exercer talvez um papel de dirigentes, por causa de seu número, de sua paixão e da duração mais longa de sua opressão. Tal processo será o de uma transformação da personalidade pelo crescimento e pela reeducação autênticos. A política do macho oprime desde o começo as mulheres e as minorias de todo tipo, os negros, os pobres e sobretudo as minorias sexuais. A homossexualidade feminina é pouco visível, mas os escritos de Jean Genet dão testemunho de um combate contra a ética sexual reacionária que se encontra, por exemplo, na obra de D. H. Lawrence, Henri Miller ou Norman Mailer. Trata-se de uma luta que se manifesta sob outras formas na revolta dos jovens contra as tradições masculinas da virilidade e de guerra.

O poder macho ganhou, após a guerra, uma garantia de discurso científico oferecida pela psicanálise, que, apesar de suas contribuições para a compreensão dos homens, acabou sustentando o ponto de vista conservador do antifeminismo, sobretudo na intenção dos vulgarizadores. Freud recomendava a satisfação sexual para aliviar e curar o sofrimento das mulheres, mas não percebeu que esse sofrimento é apenas um sintoma de um mal-estar profundo produzido pela cultura opressora. Além disso, Freud afirmou que o traço fundamental do caráter feminino é a inveja do pênis, com todos os corolários implicados para a sexualidade feminina: passividade, masoquismo e narcisismo. No fundo, Freud confundiu a biologia e a cultura, a anatomia e a condição social, o que permitiu aos vulgarizadores inverter o sentido do que era apenas uma descrição da condição das mulheres, transformando essa descrição em norma de submissão, com o aval da ciência. O funcionalismo desenvolvido nos Estados Unidos veio apenas confirmar e reforçar a política do macho pelo apelo à *adaptação*, a noção que transforma a função em norma, a descrição do que é em regra do que *deve ser*.

Não é difícil mostrar nos dois livros fundadores do feminismo radical análises mais exigentes do que as propostas por Friedan a propósito do problema sem nome. Ele recebeu um nome, ou, mais ainda, um enunciado: a opressão das mulheres no interior de um sistema fundado sobre a diferença sexual que se tornou hierarquia. O que Millet designa como *política do macho*. Efetivamente a tese ou palavra de ordem que parece dar sentido à Segunda Onda dos feminismos – *o pessoal (ou o privado) é político* – se inscreve aqui no quadro de uma exigência revolucionária radical, pois o fim da opressão das mulheres deve marcar a emergência de uma forma nova de relações políticas, sociais, culturais e pessoais, o nascimento de uma outra sociedade e de uma outra cultura donde serão banidas para sempre todas as formas e figuras da opressão.

Mas há igualmente um signo menos facilmente perceptível, a saber, o horizonte de uma sexualidade outra, de uma sexualidade não edipiana cujo acesso é proibido às mulheres pela opressão de que são vítimas no regime patriarcal. Uma sexualidade que, graças à refundação da política, da cultura, da sociedade e das relações pessoais, deverá liberar também todos os seres humanos. A essa sexualidade outra conduz necessariamente a sexualidade feminina liberada, uma liberação que passa necessariamente pela mutação da forma tradicional da família. É esse mesmo espaço que parecem explorar as lésbicas para encontrar nele seu lugar e reivindicar sua legitimidade pública. O feminismo radical analisa e interroga a natureza e o sentido da sexualidade feminina, e o lesbianismo é antes de tudo mais uma estratégia revolucionária, uma arma de destruição da divisão e da hierarquia sexuais consideradas como base cultural, social, política e pessoal, fundada sobre a anatomia, da opressão das mulheres. O que recusam as radicais e as lésbicas é menos a diferença sexual do que a tese cultural segundo a qual a anatomia é o destino e a destinação.

As feministas radicais dos fins dos anos 1960 se opõem às reivindicações das feministas liberais e se aproximam bastante das feministas socialistas. Contra as primeiras, as radicais ultrapassam a reivindicação de uma igualdade de direitos para se oporem aos homens como inimigos de classe em nome do objetivo final de uma sociedade sem diferenças socialmente reconhecidas como hierarquias. Esse objetivo universalista, compreendendo a igualdade perfeita entre mulheres e homens, assim como o fim de qualquer forma de opressão, é também o fim do socialismo, a divergência entre radicais e socialistas se situando sobretudo ao nível da tese radical segundo a qual a opressão das mulheres está na origem de todas as outras formas de opressão. O feminismo das radicais se coloca, assim, como a luta final. As socialistas tendem a inscrever o feminismo como um capítulo da luta de classes, e um capítulo que não é prioritário, talvez mesmo uma questão a ser tratada somente após a vitória da revolução socialista. Radicais e socialistas se opõem evidentemente às liberais, que, segundo elas, contribuem para a permanência e mesmo para o reforço da sociedade patriarcal, posto que se contentam com exigir que as mulheres possam gozar dos direitos instituídos pelos homens.

Para além do alargamento da perspectiva socialista em nome da exigência de colocar um termo a todas as figuras da opressão, pelo reconhecimento pleno das diferenças, as feministas radicais denunciam e propõem a transformação da heterossexualidade e de seu caráter normativo. Nesse sentido, elas parecem menos em oposição à heterossexualidade enquanto tal do que inimigas da pretensão heterossexual de ser o fundamento da sociabilidade e dos efeitos dessa pretensão em termos de hierarquização das diferenças na relação social. O que se exprime no feminismo radical é o desejo e a possibilidade de uma multiplicação de figuras das relações sociais, desejo e possibilidade fundados sobre o reconhecimento da multiplicidade de formas da relação humana ligada ao fim da repressão sexual. Tal projeto e tal desejo não se inscrevem no coração mesmo do projeto democrático e do conflito que ele instaura sobre o que funda ou deve fundar a sociabilidade? A individualidade não é, ao mesmo tempo, afirmada e colocada em questão? Essa dimensão de incerteza que torna problemática a noção de indivíduo é ocultada em grande parte pelo liberalismo, mas também pelo socialismo.

É na perspectiva aberta pelos feminismos radicais que vão florescer as feministas lésbicas. Primeira precisão: ao contrário do que afirma um preconceito corrente, nem todas as feministas são lésbicas e nem todas as lésbicas são feministas. Esse ponto é importante na medida em que as lésbicas tiveram que combater não apenas os preconceitos sociais costumeiros, mas também as ideias preconcebidas no interior mesmo dos grupos feministas. Segunda precisão: como para as liberais e para as radicais, as feministas lésbicas não constituem um grupo homogêneo nas análises, nas estratégias de luta e nos fins desejados. E, mesmo se o parentesco é evidente entre radicais e lésbicas, sob certos aspectos a oposição é clara, e mesmo profunda, por exemplo, se se leva em conta a perspectiva universalista das radicais que não excluem os homens e o separatismo (provisório ou definitivo) defendido por alguns grupos de lésbicas.

Carol Ann Douglas (1990) propõe, diante da multiplicidade de grupos radicais e de lésbicas, que, sem dar prioridade à orientação sexual, é possível distinguir dois grupos de feministas radicais e lésbicas: (a) as feministas radicais ligadas aos "clássicos" dos fins dos anos 1960, fundadores do feminismo radical: os grupos *New York Radical Women*, *The Feminists*, *Redstockings* e as autoras Shulamith Firestone, Kate Millet e Ti-Grace Atkinson; (b) as feministas que, no início dos anos 1970, orientam o combate com um "foco sobre as mulheres" ou sobre as "diferenças biológicas", que são frequentemente, mas nem sempre, lésbicas.[8]

8 O grupo *New York Radical Women* (1967-1969) foi fundado por Shulamith Firestone e está na origem de algumas ações públicas espetaculares (como

Embora análises, estratégias e fins propostos se sobreponham com frequência, as clássicas se concentram particularmente sobre o inimigo político, enquanto as outras se apoiam sobre as diferenças biológicas em suas tomadas de posição. As primeiras afirmam que há mais semelhanças do que diferenças entre homens e mulheres, as outras pretendem que as diferenças são irreconciliáveis, que os homens são violentos e que a maternidade não é inteiramente negativa, enquanto as clássicas propõem a substituição da maternidade natural pela reprodução artificial, que será logo tecnicamente possível. Se as clássicas privilegiam as ações diretas contra os homens e contra as mulheres que aceitam a definição e a dominação masculinas, as outras proclamam o separatismo e o *nacionalismo* lésbico. Se as clássicas, graças à inspiração mais ou menos marxista (leitoras de Engels mais do que de Marx) defendem como objetivo uma sociedade na qual todas as diferenças serão eliminadas, junto com todas as formas de opressão, as outras propõem como fim uma sociedade exclusiva de mulheres, seja uma espécie de matriarcado, seja a criação de comunidades separadas, sem confrontação, sem relação com os homens (ver Douglas, 1990, p. 11s).

Em 1972, Charlotte Bunch, membro fundadora do grupo lésbico separatista *The Furies*, afirma não apenas que o lesbianismo é uma escolha política fundada sobre o amor das mulheres - pois amar os homens perpetua o sistema de opressão -, mas também

---

o enterro da feminilidade tradicional no Arligton National Cemetery, em Washington, ou a ação contra a Miss America), antes de se dividir em dois grupos, um socialista e o outro radical. O primeiro, com Robin Morgan, editora de *Sisterhood is Powerful* (1970) - uma antologia de textos radicais -, deu nascimento a W.I.T.C.H. (*Women's International Terrorist Conspiration from Hell*), o segundo, contra o separatismo lésbico, com Firestone, vai fundar o *Redstockings* (que existe ainda) e se queria próximo do marxismo, contra o separatismo lésbico. O grupo *The Feminists* (1968-1973) foi criado por Ti-Grace Atkinson após sua ruptura com Friedan e NOW e se propunha como uma organização política visando a eliminação dos papéis sexuais.

que "as lésbicas devem se tornar feministas e lutar contra a opressão feminina, assim como as feministas devem se tornar lésbicas, se querem colocar um termo à supremacia masculina" (Bunch, 1972, p. 333). Ora, a politização do lesbianismo emerge como um efeito do feminismo radical e radicaliza ao extremo a crítica da heterossexualidade como origem da opressão. Tal politização transforma o corpo da mulher em lugar da opressão e propõe assim a autonomia completa da sexualidade feminina. Um texto clássico a esse respeito aparece em 1968 e critica um ponto fundamental da teoria freudiana: *O mito do orgasmo vaginal*, de Anne Koedt.[9] Ele denuncia igualmente o caráter antifeminista do freudismo popular tão influente depois da guerra.

Com base em parte nos relatórios Kinsey e nos trabalhos de Masters e Johnson, os quais davam ao orgasmo um valor de critério do prazer, que faziam da frigidez um problema técnico e reconheciam que as mulheres têm a capacidade para orgasmos múltiplos, Koedt e outros vão fazer do clítoris "a marca da mulher liberada e autônoma" (Gerhard, 2000, p. 450). A mulher liberada e autônoma é aquela que faz da heterossexualidade não um absoluto, mas uma opção, aquela que compreendeu que o orgasmo vaginal é uma invenção destinada a garantir sua submissão e sua inferioridade, que na busca do prazer a vagina é secundária e que o clítoris, tendo como função exclusiva o prazer sexual, abre para as mulheres " a questão inteira das relações sexuais humanas" (Koedt, 2010, p. 22), isto é, para além da heterossexualidade na direção do sadismo e da bissexualidade.

Em uma bela revisão do texto inaugural de Koedt, Gerhard situa sua novidade entre as duas concepções da sexualidade

9 Esse texto clássico da literatura feminista crítica da psicanálise foi apresentado pela primeira vez durante a Conferência Nacional das Mulheres, em Chicago, em 1968.

dominantes nos Estados Unidos depois do início do século: a concepção da mulher sexualmente passiva do freudismo americano e das injunções vitorianas, e a concepção da mulher liberada, sexualmente expressiva. Nos dois casos, a heterossexualidade é afirmada como norma. Koedt e outros com ela colocam em dúvida o sistema heterossexual e não tentam provar necessariamente que todas as mulheres são lésbicas – uma posição que alguns grupos sustentaram –, mas tentam interrogar laços aparentemente naturais entre corpo sexuado, papéis de gênero e desejo sexual, "naturais pois dependendo de uma heterossexualidade inata" (Gerhard, 2000, p. 450s). Com as lésbicas em geral elabora-se o tema da sexualidade feminina como múltipla, sem o peso da perversão.

Embora Valerie Solanas (1968)[10] não faça parte de um grupo lésbico, nem mesmo de um outro grupo feminista contemporâneo, seu *SCUM Manifesto* anuncia, proclama e reivindica posições extremas e que não visam apenas a destruição do sexo masculino, mas também a demolição do governo, a eliminação do dinheiro e a automação integral da reprodução, pois "o macho é um acidente biológico . . . uma mulher incompleta, um aborto andante, um aborto na etapa dos genes" (Solanas, 1968, p. 201). Considerando-se que bastaria que todas as mulheres se recusassem a manter

---

10 Sobre a vida e o destino trágico de Valerie Solanas, pode-se ler com interesse a biografia factual de Breanne Fahs (2014). Dos escritos de Solanas aparentemente só resta o manifesto, uma peça de teatro, *Up your ass*, e algumas cartas. Quanto a SCUM ou S.C.U.M., Solanas não parece ter aceitado sempre a leitura "Society of Cutting up Men". Aliás, o termo parece funcionar como um significante maior em um processo de autodestruição. Diferentes estabelecimentos psiquiátricos fizeram o diagnóstico de paranoia esquizoide e sublinharam as manifestações recorrentes de um delírio de grandeza e de uma forte agressividade que colocava em perigo sua própria vida e a dos outros. Independentemente de seu destino pessoal trágico, os escritos e as reações de Solanas deixam entrever a importância e o alcance de uma recusa do mundo ocidental após a guerra.

relações com os homens e que, assim, elas produziriam imediatamente a ruína do sistema, o conflito se situa entre:

> *SCUM – dominant, secure, self-confident, nasty, violent, selfish, independent, proud, thrill-seeking, free--wheeling, arrogant females, who consider themselves fit to rule the universe, who have free-wheeled to the limits of this 'society' and are ready to wheel to something, far beyond what it has to offer – and nice, passive, accepting, 'cultivated', polite, dignified, subdued, dependent, scared, mindless, insecure, approval-seeking, Daddy's Girls, who can't cope with the unknown, who want to continue to wallow in the sewer that is, at least, familiar, who want to hang back with the apes, who feel secure only with Big Daddy standing by, with a big, strong man to lean on and with a fat, hairy face in the White House, who are too cowardly to face up the hideous reality of what a man is, what baldy is, who have cast then lot with the swine, who have adapted themselves to animalism, feel superficially comfortable with it and know no other way of 'life,' who have reduced their minds, thought and insights to the male level, who, lacking sense, imagination and wit can have base value only in a male 'society', who can have a place in the sun, or, rather, in the slime only as soothers, ego boosters, relaxers and breeders, who are dismissed as inconsequent by other females, who project their deficiencies, their maleness, on all females and see the female as a worm. (Crow, 2000, p. 217s)*

Em outras palavras, os membros de SCUM são as únicas verdadeiras revolucionárias que propõem uma espécie de sociedade de individualidades femininas para além de qualquer forma de sexualidade, sem homens (ou, provisoriamente, com homens auxiliares, isto é, homens que querem se autodestruir), sem governo, sem sistema monetário, mulheres preocupadas com a solução de alguns problemas restantes, tais como a doença, a velhice e a morte, "antes de planificar uma agenda para a eternidade e para a Utopia" (Crow, 2000, p. 221).

Solanas não integrou nenhum dos grupos feministas contemporâneos e, pouco a pouco, recusou até mesmo, em circunstâncias difíceis, a ajuda proposta por amigos mais ou menos próximos. Em particular depois de ter ferido a tiros Andy Warhol e outros membros da *Factoy*, o que lhe valeu uma pena de prisão e uma série de internações psiquiátricas que vão certamente contribuir para seu declínio e sua morte, a qual se aparenta a um suicídio.

O manifesto feminista e lésbico de maior importância foi distribuído em 1971 para interromper uma reunião de NOW sob a direção de Betty Friedan, que não aceitara a introdução da questão lésbica entre os temas da discussão. Friedan falava de *Lavender Menace*, e o grupo das lésbicas retomou a expressão e protestou contra a tentativa de excluir a questão das preocupações do movimento feminista. Foi uma espécie de ponto de partida e de tomada de posição pública e política do lesbianismo feminista nos Estados Unidos.

O manifesto começa com uma definição do lesbianismo: "uma lésbica é a raiva de todas as mulheres condensadas até o ponto da explosão", o que faz da lésbica uma síntese de todas as opressões, reivindicações e objetivos de todas as mulheres. Cercada pela solidão e jamais em paz com si mesma, a lésbica que conseguiu atravessar a longa noite do conflito consigo mesma e com a sociedade, que pode compreender porque a sociedade precisa funcionar como o faz, essa lésbica realizou "uma viagem tortuosa" (Crow, 2000, p. 233) que conduz à "liberação de si, à paz interior, ao amor verdadeiro de si e de todas as mulheres, "que deve ser repartido entre todas as mulheres porque somos todas mulheres" (2000, p. 233). Uma ilustração da "viagem tortuosa" pode ser lida no primeiro romance lésbico, *The well of loneliness*, de Radycliffe Hall (1928), um romance que deve em parte sua existência ao meio homossexual parisiense da Belle Époque, em que encontravam refúgio ingleses e inglesas, americanos e americanas (ver Klaich, 1976, p. 209s).

Os papéis sexuais e a supremacia do macho tornam possível a existência das lésbicas e dos gays: os dois termos – *dyke* e *faggot* – designam aqueles que recusam um papel sexual imposto. Mas a diferença entre os dois termos vem do desprezo que mostram das mulheres em geral, lésbicas ou não: "você tem que compreender finalmente que a essência de ser uma 'mulher' é de ser fodida pelos homens" (Crow, 2000, p. 234).

É a razão pela qual o movimento feminista se engana quando quer ignorar a questão lésbica. Agindo assim ele reforça a cultura masculina e recusa "a possibilidade de um engajamento de base que exclui o amor sexual" (Crow, 2000, p. 235). Segundo o manifesto, o lesbianismo não é uma alternativa ou uma reação negativa aos homens. No plano político e pessoal, a lésbica explora outras possibilidades retirando suas energias sexuais e afetivas dos homens; no plano psicológico e político, a lésbica se desengaja das normas definidas pelos homens. São essas as duas condições para poderem se realizar como seres humanos. A força revolucionária do lesbianismo é a consciência que a mulheres só podem se desenvolver na relação com elas próprias, e não na relação com os homens, o que quer dizer claramente que o futuro das mulheres é as mulheres se exprimindo como seres humanos. O que talvez não seja exatamente a mesma coisa que afirmar que a mulher é o futuro do homem.

As lésbicas afirmam ou deixam entrever a exigência, mais do que qualquer outro grupo feminista, de autonomia e de um modo próprio de ser da sexualidade feminina, mesmo quando se recusam a considerar o lesbianismo como questão exclusiva de orientação sexual, como pretenderam algumas feministas socialistas. Daí a ideia em comum com as feministas radicais de um além da diferença sexual que funda o sistema heterossexual. O que implica claramente um além da maternidade, seja sob forma do fim de papel sexual imposto (sobretudo as radicais), seja sob a forma de uma sociedade de mulheres concebida como um matriarcado ou como uma comunidade de mulheres (as lésbicas separatistas). Para umas e para outras, é preciso reconhecer que a sexualidade feminina é múltipla e difusa; mas, para as lésbicas, somente as relações sexuais entre mulheres podem percorrer toda a gama de possibilidades de prazer. Radicais e lésbicas veem no patriarcado em geral e na heterossexualidade em particular a fonte de todas as formas de opressão, talvez mesmo a fonte de todos os males que afetam a vida humana em sociedade. As lésbicas afirmam às vezes o separatismo como a única estratégia revolucionária e consideram que apenas a lésbica é uma autêntica feminista; mais ainda, elas afirmam que o feminismo é englobado pela revolução lésbica, que esta é a única que pode realizar de verdade aquela.

As liberais, mas também as socialistas, tendem a considerar o lesbianismo como uma questão pessoal, de escolha de orientação sexual, ou ainda como um problema de minoria desprezada. Em outros termos, um problema secundário em relação ao combate pela transformação da sociedade. Betty Friedan acabou mudando suas primeiras tomadas de posição, que consistiam em excluir as lésbicas para não colocar em perigo as reivindicações de igualdade de direitos. É verdade que, do ponto de vista estratégico, é complicado reivindicar igualdade para um grupo que não se representa formando uma unidade. Marxistas e socialistas tendem assim a ignorar a questão homossexual em geral, ou então a inscrevem na agenda da futura sociedade sem classes.

É preciso insistir sobre uma dimensão frequentemente esquecida: quaisquer que sejam as posições, as reivindicações e os objetivos considerados, parece evidente que os feminismos só podem emergir e crescer em uma sociedade inscrita na aventura democrática, a única que dá e garante um lugar para as reivindicações sem, no entanto, lhes proporcionar uma satisfação definitiva. Em democracia, as reivindicações produzem efeitos e se transformam. Pode-se fazer a mesma afirmação no que diz respeito à psicanálise, cujas interrogações não podem crescer e se multiplicar fora de um espaço democrático aberto à incerteza, isto é, um espaço de conflito e de invenção. Os feminismos, ou, antes, a condição das mulheres e a consciência social dessa condição, podem mesmo ser tomados como critério inegável da qualidade, e mesmo do grau de progresso democrático da vida em comum. Considerada a partir das transformações dos feminismos, a democracia aparece como uma estrutura política organizando as relações entre os homens e com o poder, mas sobretudo como relações atravessadas por conflitos insolúveis – o que não significa que não adquirem novas formas, novas figuras e novos horizontes. Trata-se também de um regime no qual as subjetividades se manifestam como incertas e conflituais em suas representações, seus limites e seus alcances. Talvez seja a razão pela qual, mesmo desejada, a democracia provoca o medo.

4. A Segunda Onda: o amigo freudiano

O feminismo inglês e americano, de Juliet Mitchell (1974) a Jessica Benjamin (1988), levanta praticamente desde o início questões ignoradas pelas primeiras feministas da segunda onda. E isso ocorre em grande parte graças à psicanálise, embora as referências não sejam sempre as mesmas. Com efeito, a psicanálise, em relação crítica ou de complementaridade com o marxismo, a antropologia estruturalista de Lévi-Strauss ou a sociologia, permitiu a formulação e a elaboração do enfoque sobre a construção da subjetividade feminina. Se a questão da sexualidade feminina é importante, como já era o caso para as radicais e as lésbicas, graças à psicanálise inaugura-se a interrogação das razões que levam as mulheres a aceitarem a submissão. Trata-se mesmo de uma interrogação que poderia ser colocada sob a rubrica da *servidão voluntária*. Há também a complexa questão da transmissão da submissão, o que implica que a família, o parentesco, as relações familiares, cujo eixo seria a heterossexualidade, ocupam o centro das investigações. O apelo a um retorno à psicanálise exige também que se leve em conta o inconsciente, uma consequência que provavelmente foi menos perceptível no feminismo psicanalítico americano e que merece mais atenção.

As primeiras feministas da Segunda Onda, liberais, radicais e lésbicas, recusaram a psicanálise, reconhecendo às vezes que a crítica se dirigia sobretudo à misoginia do freudismo americano da *ego psychology* e da psicanálise adaptativa. Mas algumas feministas preocupadas com a teoria vão, desde os meados dos anos 1970, mostrar em que e como o movimento feminista precisa da psicanálise para poder abordar aspectos fundamentais da teoria e da prática feministas, particularmente no que diz respeito à transmissão da dominação. É provável que o desenvolvimento do feminismo psicanalítico tenha favorecido, mais do que as outras orientações, uma certa apropriação acadêmica do feminismo nos Estados Unidos (uma apropriação reforçada no fim dos anos 1970 e início da década seguinte pela chegada, nos Estados Unidos, da *French theory*), antes de conhecer igualmente um destino a ser analisado no seio dos *gender and queer studies*.

A questão central dos feminismos psicanalíticos (o plural é necessário também aqui) concerne à subjetividade feminina, particularmente sob a forma de uma busca dos fatores ou mecanismos que conduzem as mulheres não apenas a aceitar ou a não reconhecer a opressão que sofrem, mas também a transmiti-la como destino inalterável. A psicanálise permite que se esclareça de modo inédito a dominação masculina, na medida em que, sem recorrer aos fatores biológicos ou sociais, como a desigualdade de força ou a exploração econômica, ela mostra como se faz a construção subjetiva do lugar e da posição das mulheres na economia sexual do patriarcado.

A psicanálise contribui ainda para a prática feminista inaugurando outros domínios de ação que não dependem diretamente do combate pela igualdade de direitos ou de uma revolução econômica e social: a família e, mais geralmente, as relações de sexo entre homens e mulheres, assim como a educação das crianças. É provavelmente nesses espaços que os feminismos produziram os efeitos mais profundos e mais subversivos.[11]

---

11 Em um texto que será abordado com mais detalhes, Marcel Gauchet fala da entrada contemporânea das sociedades democráticas na era do *apaisement* e das transformações, e mesmo das mutações profundas do laço social. Assim, entre 1966 e 1975, opera-se "o fim das trocas simbólicas como regulador social", com "o imenso acontecimento que representa a emancipação feminina" (Gauchet & Swain, 1998, p. 241). Se anteriormente a família era um dos modos fundamentais de instituição do laço social, daí em diante o engajamento com um outro se faz sem engajar a ordem social, ele se faz "segundo o modo psicológico e privado" (1998, p. 241). A utilização aqui do termo de *emancipação* coloca a questão de saber se ele não oculta a novidade do feminismo da

Em entrevista com Sunit Singh (2011), Juliet Mitchell lembra a interrogação que guiou seu enfoque da psicanálise no início dos anos 1970, uma interrogação que o marxismo não permitia à mulheres uma elaboração: "Como representamos a nós mesmas no mundo?". Ligada à *New Left*, Mitchell se aproxima de Freud mais interessada pela noção de inconsciente que pela noção de sexualidade, pois "penso, pelo menos pensei então, que o inconsciente se aproxima do que Althusser dizia sobre a ideologia" (Singh, 2011, p. 4). Em outros termos, tratava-se de compreender como, para além do biológico e antes do social, "vivemos como sujeitos que são sexualmente diferenciados" (Mitchell, 2000, p. XVII). Isso significa que a diferença sexual faz parte da ideologia, que ela persiste ao lado das transformações sociais e que ela se transmite às gerações futuras. O projeto era então de relacionar a psicanálise às questões ideológicas pela mediação dos processos inconscientes responsáveis pela transmissão da diferença sexual e do conservantismo de gênero. Essa questão do conservantismo de gênero traz uma inflexão fundamental para a imagem difundida da mulher-vítima, na medida em que as mulheres aparecem, ao lado dos homens, como sujeitos no mais das vezes inconscientes de sua própria condição.

Transforma-se assim a leitura de Freud. Trata-se agora de ler em seus textos não o que as mulheres *devem ser*, a norma à qual devem obedecer, mas o que elas são, o que elas se representam delas mesmas, de sua realidade social e subjetiva, e do lugar que ocupam na cultura patriarcal. Em outros termos, Freud não ignora a realidade social, como pretende a acusação corrente, mas ele se interessa pela elucidação da "representação mental da realidade da

---

Segunda Onda, pois *emancipação* parece mais adaptado aos feminismos do século XIX. E mesmo então, pelo menos no seio da Primeira Onda americana, parece mais correto aplicar-se o termo de *libera*ção e de reivindicação de um reconhecimento da plena humanidade das mulheres ou, nos termos de Gauchet, de sua "individualidade radical".

sociedade" (Mitchell, 2000, p. 406). A outra crítica endereçada a Freud, segundo a qual a dualidade sexual teria um fundamento biológico, ignora que o que mostra a psicanálise é principalmente a utilização cultural das mulheres como objetos de troca, uma função pela qual elas são definidas e definem a si mesmas. A psicanálise permite, assim, mostrar que os lugares relativos dos homens e das mulheres obedecem à lei do pai, que são os pais que gozam de um poder determinado: a morte do pai coloca em marcha a troca das mulheres e instala o tabu cultural do incesto que, então, é conservado e transmitido, mesmo quando não tem mais importância, como é o caso no capitalismo.

Assim se imprimem igualmente as marcas da feminilidade. O masoquismo, por exemplo, que, mesmo presente em ambos os sexos, é principalmente feminino, pois implica a situação feminina no coito passivo com o pai ou seus substitutos. Ora, a passividade proverbial das mulheres está ligada ao seu desejo edipiano de ser amada pelo pai.

As críticas de Freud feitas por Firestone ou Millet se enganam a propósito da psicanálise; elas tomaram um abuso introduzido pelos pós-freudianos como sendo a verdade da teoria. Ora, Freud estava preocupado não com a "rocha biológica", mas com a transformação da constituição e das necessidades biológicas produzidas pela cultura: "a psicanálise trata da herança e da aquisição de uma ordem humana" (Mitchell, 2000, p. 401). Em outros termos, a psicanálise se preocupa menos com o pai do que com o que acontece com os filhos.

Quaisquer que sejam as críticas que podem ser dirigidas contra Mitchell a propósito de sua interpretação das teorias freudianas e de sua revisão lacaniana, ou de sua leitura de Lévi-Strauss, é inegável que seu livro inaugurou uma perspectiva inédita no interior da Segunda Onda feminista.

É a justo título que o ensaio de Gayle Rubin (1975) *The Traffic in Women: Notes on the 'Political Economy' of Sex* é considerado como uma virada decisiva na literatura do feminismo psicanalítico, como *Thinking Sex: Notes for a Radical Theory of the Politic of Sexuality* (1984) marcou um momento decisivo dos *gay and lesbian studies*. A importância desses ensaios vem menos do fato de terem inaugurado uma nova maneira de colocar os problemas do que do fato de que, a cada vez, Rubin propõe a metodologia a seguir em um domínio de questões que começa a se manifestar. No caso do primeiro ensaio, o único que interessa aqui, é evidente que Rubin se inscreve diretamente no contexto cultural da *New Left*[12] e da revisão da teoria marxista, particularmente à luz da questão de como pensar e articular a opressão feminina. Como a sociedade que pensa Marx é uma sociedade assexuada e o reconhecimento que propõe Engels do domínio da reprodução é insuficiente - pois escondido atrás ou confundido com a vida material -, o marxismo é incapaz de dar conta da opressão sexual das mulheres. Ora, "o sexo como o conhecemos - identidade de gênero, desejo e fantasia sexuais, conceitos da infância - é ele próprio um produto social" do que Rubin chama de "*the sex/gender system*" (1975, p. 166). Para avançar, como já havia proposto Mitchell, a teoria feminista deve dirigir suas perguntas às relações de parentesco como Lévi-Strauss

---

12 Sobre o contexto intelectual na universidade americana na qual o ensaio de Rubin foi redigido, ver Gayle Rubin e Judith Butler (1998). Sobre as condições culturais, sociais e políticas ao redor do nascimento da *New Left* na Inglaterra e nos Estados Unidos, pode-se ler ou reler E. P. Thompson (1954), *The New Left*, que tenta compreender o que está em jogo para uma geração que foi "a primeira na história da humanidade a passar a adolescência em uma cultura na qual a possibilidade de destruição da humanidade se tornara conversa banal durante a sobremesa" e que propõe um verdadeiro programa no seio da Guerra Fria. Nos Estados Unidos, W. Wright Mills (1960) denuncia os intelectuais ocidentais que proclamam "o fim das ideologias" e afirma que a *New Left* se inspira na e se associa à jovem *intelligensia* que se manifesta "no mundo inteiro como verdadeiros agentes vivos da mudança histórica", esquecendo o "marxismo vitoriano".

as estudou e à teoria freudiana da sexualidade feminina, revisitada por Lacan, tirando daí as consequências para uma teoria e uma prática feministas que nenhum desse autores pode imaginar. Pois, ao contrário do marxismo, Lévi-Strauss, Freud e Lacan colocam a sexualidade e as diferenças entre homens e mulheres no centro da vida social.

Se Mitchell considera que as análises das estruturas elementares do parentesco, conduzidas por Lévi-Strauss, apresentam uma homologia com o mito freudiano da origem da sociedade (mito construído a partir do inconsciente individual) - em outras palavras, uma homologia entre a filogênese e a ontogênese -, Rubin vê na troca das mulheres a essência do sistema de parentesco, garantido pelo tabu do incesto, graças ao qual o dom e a reciprocidade são substituídos pelo laço de parentesco, um laço criado exclusivamente entre homens: "as relações desse sistema são tais que as mulheres não estão em condição de obter os benefícios de sua própria circulação" (Rubin, 1975 , p. 174).

Lévi-Strauss não conclui de suas análises que, se a troca das mulheres está na origem da cultura, trata-se então da derrota das mulheres na origem da cultura. Ora, essa derrota é mesmo a condição necessária da cultura. Mas esse conceito parece insuficiente para dar conta da criatividade da cultura e de todas as evidências empíricas dos sistemas de parentesco, isto é, ele não permite sozinho a elaboração de uma economia do sexo e do gênero que explicaria os mecanismos criadores e conservadores das convenções particulares da sexualidade. É por isso que "a 'troca das mulheres' é um passo inicial para a construção de um arsenal de conceitos para descrever os sistemas sexuais" (Rubin, 1975, p. 177). A construção desse arsenal de conceitos deverá permitir, para além de Lévi-Strauss, a demonstração de que a organização social repousa sobre o gênero, sobre a heterossexualidade obrigatória e sobre a diferença assimétrica dos sexos. Resulta daí que a opressão se exerce sobre todos e que ela suprime as diferenças naturais. Os indivíduos são *gendered* para garantir o casamento heterossexual e, assim, excluir ou marginalizar a homossexualidade.

Como afirmava já Mitchell, isso não explica os mecanismos pelos quais as crianças são impregnadas de convenções de sexo e de gênero. Cabe à psicanálise explicá-lo enquanto "teoria sobre a reprodução da consanguinidade" (Rubin, 1975, p. 183). De fato, para essas duas autoras, se a antropologia de Lévi-Strauss permite ou permitirá, com seu desenvolvimento, a descrição dos mecanismos culturais de produção e de conservação das relações sociais compreendidas como relações de sexo e de gênero, a psicanálise permite ou permitirá, com seu desenvolvimento, a descrição dos resíduos desses mecanismos transmitidos e perpetuados nos indivíduos desde a infância. Nos dois casos o que se procura é nada menos do que uma teoria totalizante da vida em sociedade capaz de dar à teoria marxista a dimensão que lhe falta da subjetividade, e à psicanálise a dimensão social ausente, o encontro se dando pelo intermediário da antropologia de Lévi-Strauss. O projeto é, sem dúvida, ambicioso.

Quanto à psicanálise, Rubin e Mitchell estão de acordo para situar seu domínio na fronteira entre o biológico e o social, uma fronteira que se exprime nas relações familiares na origem das distinções sociais. Claro, a psicanálise americana se colocou a serviço da reprodução do sistema de sexo/gênero em lugar de ser uma teoria dos mecanismos desse sistema. Isso se deve parcialmente ao fato de que a teoria freudiana reprimiu suas implicações mais radicais, razão pela qual Rubin não hesita em afirmar que "a psicanálise é uma teoria feminista *manquée*" (1975, p. 185). Já a teoria psicanalítica revisitada por Lacan permite uma melhor percepção de seu potencial crítico. Assim, por exemplo, a diferença entre pênis e falo, este sendo o conjunto das significações sociais e culturais imposto ao pênis. Tal distinção permite a compreensão de como ter ou não ter um pênis determina dois estatutos sexuais implicando que os que têm dominam e são os únicos "doadores". O falo se torna assim "a encarnação do estatuto de macho, ao qual o homem tem acesso e ao qual pertencem certos direitos – entre os quais, o direito a uma mulher. É uma expressão da transmissão da dominação masculina. Ela passa pelas mulheres e se fixa sobre os homens. Os traços deixados incluem identidade de gênero, divisão dos sexos. Mas deixam mais do que isso. Deixam a "'inveja do pênis' que ganha uma rica significação de inquietude das mulheres em uma cultura fálica" (1975, p. 192).

Se consideramos a teoria freudiana como uma racionalização da submissão das mulheres, certamente ela merece a crítica de misoginia, mas, se a tomamos como uma descrição do processo produtor da submissão das mulheres, então, como é o caso para Lévi-Strauss, a psicanálise "elucida o que de outro modo não seria percebido como estruturas profundas da opressão sexual" (Rubin, 1975, p. 198). Que Freud e Lévi-Strauss convergem prova que o sistema de sexo/gênero está ainda no lugar e, em consequência, que cabe ao feminismo a tarefa de reorganizar esse sistema para que o Édipo não (re)produza mais seus efeitos destrutivos sobre as mulheres. Daí a necessidade de agir no sentido de que a educação das crianças seja repartida entre o pai e a mãe, pois então a escolha de objeto será bissexual: "em resumo, o feminismo deve agir no sentido de uma revolução da família" (1975, p. 199). A consequência será também que a revolução feminista liberará outras formas de expressão sexual, que ela dará lugar a outras figuras da parentalidade.

Apesar da "repressão teórica" que sofreram a psicanálise e a antropologia, suas teorias tornam formuláveis novas interrogações, permitem isolar o sistema de sexo/gênero da noção marxista de "modo de produção" que acaba por fazer do sexo um efeito secundário do jogo das forças econômicas, permitem, enfim, uma certa visão política ligada a uma utopia feminista. Não se trata de eliminar ou de submeter os homens, mas de eliminar "as sexualidades e os papéis sexuais obrigatórios" (Rubin, 1975, p. 204) para criar uma sociedade andrógena e *genderless*, mas não *sexless*. Como para Mitchell, um retorno ao matriarcado não é possível para uma sociedade pós-patriarcal. O fim do capitalismo e o fim do patriarcado têm o mesmo objetivo, mas são combates autônomos. Mitchell lembra que o que está em jogo no feminismo está também em jogo no inconsciente, que não tem nada a ver com a supressão das classes.

Em um prefácio de 1999, Juliet Mitchell coloca Nancy Chodorow, Jessica Benjamin e Doroty Dinnerstein entre as feministas do campo psicanalítico porque utilizam a teoria das relações de objeto e da *ego psychology* (Mitchell, 2000, p. XXIII). Já em 1978, Chodorow reconhecia a proximidade entre suas próprias análises e as de Dinnerstein a propósito das relações heterossexuais. Ela considera o texto de Dinnerstein (1976) como um dos textos fundadores do feminismo psicanalítico e da teoria feminista da maternagem (*mothering*) (Chodorow, 1978, p. 16).

Isso não impede Vivien Bar de apresentar o livro de Dinnerstein (1987) ao público inglês[13] como uma formulação de problemas anteriores à Segunda Onda e como se inscrevendo em um contexto de sobrevida da sociedade humana. A pertinência do livro para os movimentos feministas lhe parece assegurada, mas suas análises das relações entre os sexos a partir dos *child-care arrangements*, dos dispositivos de maternagem, fazem deles uma questão da qual depende essencialmente nossa *humanness*. Isso significa que a questão tem uma importância mais larga e geral: se dispomos agora de

13 O livro de Doroty Dinnerstein foi publicado nos Estados Unidos em 1976, sob o título *The Mermaid and the Minotaur: Sexual Arrangements and Human Malaise*, e, em 1987, na Inglaterra sob o título *The Rocking of the Cradle and the Ruling of the World*, com um prefácio de Viven Bar.

tecnologias capazes de destruir a vida, não sabemos ainda como evitar tal resultado. E as razões dessa ignorância se encontram nos *sexual arrangements*, uma noção central nas análises de Dinnerstein e que poderia ser traduzida como *dispositivos* ou *arranjos sexuais*.

As duas metáforas do título americano do livro resumem os dispositivos sexuais[14] que tornam rígidas as relações entre homens e mulheres, tornando-as assim profundamente conservadoras. A *sereia* representa a mulher sedutora, misteriosa e enganadora, "a mulher representativa do mundo submarino obscuro e mágico de onde vem nossa vida e no qual não podemos viver, [*que*] atrai os viajantes para seu reino" (Dinnerstein, 1987, p. 5). O *Minotauro* é o fruto terrível e eterno do prazer não natural da mãe, o "representante macho do poder ambicioso, irrazoável, [*que*] devora insaciavelmente a carne humana viva" (1987, p. 5). E, para a autora, essas duas figuras representam o problema e o caminho da salvação para a humanidade: nossa posição no reino animal será ambígua e desconfortável enquanto não conseguirmos renunciar às relações nocivas entre os sexos, e homens e mulheres continuarão a ser semi-humanos.

Ora, nosso conservantismo, a permanência teimosa dos *arranjos sexuais* está em contradição com o que a humanidade conquistou, com as condições que permitem agora ultrapassá-los. As raízes desse conservantismo e do medo da mudança residem na condição humana essencial, sugerida por Freud, segundo o qual procuramos nos consolar da perda da união infantil com o mundo e nos assegurar contra a descoberta de que os traços fundamentais da existência humana escapam ao controle. Vê-se aí claramente

14 Por *arranjos sexuais* "entendo a divisão da responsabilidade, da oportunidade e do privilégio que prevalece entre macho e fêmea humanos, assim como os modelos de interdependência psicológica implícitos nessa divisão" (Dinnerstein, 1987, p. 4).

que os dispositivos sexuais são uma resposta ao mal-estar humano e o sinal de sua permanência. Uma má resposta. Para sair dessa posição, para compreender também o prazer humano de controlar e de construir, é preciso analisar a formação infantil da personalidade e criticar um princípio que nunca foi colocado em dúvida: "que os auspícios sob os quais se desenvolve a infância humana e a primeira infância são predominantemente auspícios femininos (Dinnerstein, 1987, p. 8).

O projeto humano de liberdade sexual se inscreve no projeto mais amplo de saída do mal-estar próprio à espécie humana, um projeto que tem múltiplas facetas: enfrentar a morte, se reconciliar com o corpo, a autorrealização no respeito da natureza, reconciliação da racionalidade com a pré-racionalidade etc. A sexualidade humana se constitui na infância e a lei biológica institui a complementaridade entre mulheres e homens, a qual conduz, por um lado, à conexão erótica com o mundo e, por outro lado, à divisão das responsabilidades. É essa divisão que faz com que cada sexo seja "a seu modo sub-humano" (Dinnerstein, 1987, p. 15). Eis aí o núcleo do problema a ser resolvido para poder avançar no projeto de liberdade sexual: trata-se, portanto, de compreender como se formam os dispositivos sexuais e seus efeitos patológicos, o que deve permitir a cura.

O efeito fundamental dos dispositivos sexuais fundados em parte, mas somente em parte, pela complementaridade biológica, é a exclusão da mulher da história, pois ela utiliza seu sistema nervoso e suas capacidades para fins de maternidade. Mas, justamente, porque ela se encarrega da produção e do cuidado das crianças, para qualquer ser humano ela se torna a produtora do laço principal da criança com a humanidade e com a natureza. É assim que os homens acabam por governar o mundo e dominar as mulheres, excluindo-as da história. Não é pela força dos homens que as mulheres são dominadas e excluídas: há, primeiramente, a lei natural da complementaridade que permite e exige os dispositivos sexuais, por exemplo, a dupla moral sexual, a maior liberdade do homem, que não é destinado à esfera da intimidade, a passividade feminina, deixando aos homens a iniciativa e o controle sexuais, a possibilidade que têm os homens, ao contrário das mulheres, de investir sua energia em outra coisa que a sexualidade, graças ao que se abre para eles um espaço público.

Não é possível saber, segundo Dinnerstein, o que acontecerá após a dissolução dos dispositivos sexuais dominantes. O feminismo dos anos 1960 – uma crise no interior da crise – se manifestou ao mesmo tempo que a *New Left* estava enfraquecendo. Mas, insiste a autora, certos antecedentes devem ser lembrados: a consciência da possibilidade do desaparecimento da humanidade após Hiroshima, consciência que levou muitos a se retirarem da história para se consagrar a uma vida "local". A jovem geração do início dos anos 1960 trouxe com ela uma nova consciência, a contracultura, o *women's lib* e a desconfiança em face dos poderes centralizados e poderosos. Esse movimento geral suscitou também a exigência de uma redefinição do papel masculino tradicional, uma revisão que está em marcha.

Dinnerstein propõe então uma reflexão sobre os feminismos da Segunda Onda, colocando em destaque a dissolução dos dispositivos sexuais que provoca ao mesmo tempo a transformação de outros tipos de dispositivos: a era das invenções está aberta e o que está em jogo nos combates feministas é nada menos que o futuro da humanidade.

Ainda em 1999, Mitchell observa que, após seu livro, o desenvolvimento feminista da psicanálise seguiu duas vias: uma que se serviu da parte da teoria psicanalítica a propósito das relações de objeto, a outra conduzindo a uma espécie de "imperialismo do inconsciente" (Mitchell, 2000, p. XXIV), confundido com a repressão sexual e acabando por deslocar a atenção dada ao patriarcado, ao pai e ao parentesco – e à transmissão ideológica – sobre as representações da diferença sexual. Mais próxima da segunda orientação, Mitchell observa que a primeira encontra dificuldades para diferenciar processos inconscientes e processos conscientes, assim como para o uso mais aprofundado da noção de identificação. A teoria das relações de objeto, ela afirma, parece desse modo ser mais útil como um complemento à teoria lacaniana.

Com efeito, Chodorow (1989)[15] propõe uma distinção entre *gender identity* e *gender personality*: a primeira concerne à realidade biológica, a segunda, ao conjunto de qualidades que caracterizam cada gênero, mas que não são consequências ou causas da consciência de ser homem ou mulher. Chodorow considera igualmente que a análise da relação de objeto revela um nível independente de realidade, sob condição de se visar a relação pré-edipiana mãe-filha. Pode-se a partir daí considerar a hipótese psicanalítica de trabalho segundo a qual "a natureza e a qualidade das relações sociais (precoces) que a criança experimenta são apropriadas, interiorizadas e organizadas por ela ou por ele e vêm a constituir a personalidade (de gênero)" (Chodorow, 1989, p. 47).[16]

Na base do processo de formação da "personalidade de gênero" há a identificação que se manifesta graças à dependência infantil em face do adulto. Em um primeiro momento, a identificação

15 O volume reúne ensaios redigidos entre 1981 e 1988.

16 A maternagem (*mothering*) é decisiva para a organização social e, em consequência, para a reprodução da dominação masculina: "Todos os sistemas de sexo-gênero organizam o sexo, o gênero e as crianças. Uma divisão sexual do trabalho na qual as mulheres são mães organiza as crianças e separa as esferas doméstica e pública. Os casamentos heterossexuais que costumam dar aos homens direitos sobre as capacidades sexuais e reprodutivas das mulheres e direitos formais sobre as crianças organizam o sexo. Ambos organizam e reproduzem o gênero como uma relação social desigual" (Chodorow, 1978, p. 10).

é primária e implica indiferentemente para a menina e o menino a indiferenciação com a mãe, pois cada um "experimenta um sentimento de unidade com ela" (1989, p. 47). Paralelamente há um modo de relação de incorporação do mundo que produz na criança um laço poderoso com a pessoa que a alimenta a cuida dela. A identificação primária se inscreve na continuidade do estado pré-natal e se prolonga com frequência nos cuidados dispensados pela mãe. Razão pela qual a identificação com a mãe é quase sempre com uma mulher.

É no momento da necessidade de ruptura, ou pelo menos de uma atenuação dessa identificação primária, ainda na fase pré-edipiana, que se manifesta a diferença entre o menino e a menina. Pois a relação mãe/filha é uma relação de dupla identificação, uma identificação em sentido duplo, pois a mãe se reexperimenta como a criança da qual sua própria mãe se ocupou. Daí uma identificação mais poderosa da mãe com a filha que tende a reforçar a dependência da filha, enquanto o menino é levado a afirmar sua masculinidade e a manter com a mãe uma relação "de tonalidade sexual de papel masculino" (Chodorow, 1989, p. 49). Um tal desenvolvimento da identificação se confirma no desenvolvimento da crise edipiana que se segue.

Pois, na crise e na resolução edipianas que levam à estabilidade da identidade de gênero, meninos e meninas se desenvolvem seguindo vias diferentes, e o resultado é que a " vida das mulheres tende a ser mais privada e doméstica, e a dos homens, mais pública e social " (Chodorow, 1989, p. 510). A identificação secundária do menino ocorre com o pai e outros homens próximos. E trata-se de uma identificação "de posição" (*positional*), e não de uma identificação pessoal (*personal*), a primeira sendo mais difusa, como uma apropriação da personalidade, dos valores e de traços de comportamento do pai, apropriação que se dá fora de uma relação real com ele. Pois o pai, habitualmente, tem um papel menor nos cuidados dispensados à criança. Daí também uma identificação com aspectos do papel paterno claramente ou não associados à masculinidade. O papel masculino ao qual se identifica o menino é em parte "fantasiado", em consequência do que as relações entre o desenvolvimento do ego e da libido são atenuadas: "boa parte da identificação masculina do menino deve ser desse tipo, isto é, com aspectos do papel do pai, ou com fantasias do que é o papel masculino, mais do que com o pai como pessoa implicada na relação com ele" (1989, p. 51). Um outro efeito é a definição negativa do papel masculino: é masculino o que não é feminino. O menino nega assim, interiormente, a identificação à mãe, ele denigra exteriormente tudo o que é feminino e lembra a relação de dependência em face da mãe.

Resumindo, a identidade masculina de gênero se caracteriza como problemática e implica a recusa de relação (pelo fato da dependência rejeitada em face da mãe) e um esforço de diferenciação com os outros; o menino tende assim a reprimir e a desvalorizar o feminino, sua identificação ao pai se dando em um contexto afetivamente pouco satisfatório.

A menina, por seu lado, tem uma apreensão quotidiana do papel feminino e da feminilidade. Sua identificação final à mãe é "pessoal" e se faz na continuidade de uma relação precoce e pré-edipiana. Curiosamente, Chodorow parece menos clara na construção do modelo de identidade de gênero da menina quanto à questão, no Édipo da menina, de mudar sua escolha de objeto, passar da mãe ao pai e deste aos homens. Ela se apoia sobre a noção de *triângulo bissexual*, analisada por Helene Deutsch – para quem a menina não abandona a relação exclusiva com a mãe em favor do pai, mas desenvolve a partir da relação exclusiva com a mãe uma relação triangular pais/criança que persiste em alternância entre pai e mãe durante toda a vida. Daí, segundo Chodorow, é preciso concluir que o caráter das relações de objeto da menina é mais complexo e mais definido: ao lado da genitalidade heterossexual, as mulheres são capazes de outros tipos de "relações igualmente profundas e primárias, especialmente com suas crianças e, de modo importante, com outras mulheres" (Chodorow, 1989, p. 53).

Os dois modelos de formação da identidade de gênero supõem uma forma de determinismo cultural, mas não biológico. Trata-se de aprendizado, são as experiências sociais precoces e comuns que constroem a personalidade. E essa organização, afirma Chodorow, é largamente inconsciente, o que explica que a opressão de gênero se perpetue pela estrutura da personalidade que imprime no indivíduo um modo de transmissão do papel e da interação sexuais.

Essa análise permite também algumas sugestões no que diz respeito sobretudo à educação das crianças: promover a identificação pessoal com mais de um adulto e de preferência com adultos implicados em relações sociais. Convém também que os homens se ocupem mais dos meninos e que as mulheres que cuidam de meninas sejam mais do que mães. Mas Mitchell lembra que as crianças educadas por pais do mesmo sexo não se tornam homossexuais em consequência, o que significa pelo menos que a noção de identificação não pode ser a única noção em jogo na análise da transmissão das identidades de gênero. De qualquer modo, as mudanças sociais passam pela reorganização e pela reinvenção da parentalidade, sem o que a desigualdade entre os sexos continuará a se reproduzir.

A importante questão feminista sobre as raízes da submissão e da transmissão da submissão das mulheres permitiu uma espécie de retorno à psicanálise freudiana e seus desenvolvimentos, revisitada por Lacan ou desenvolvida pela escola inglesa, para esclarecer a formação da diferença sexual como hierarquia inscrita na subjetividade de homens e mulheres, assim como nas referências culturais fundamentais. Uma dezena de anos depois da publicação do livro de Chodorow, Jessica Benjamin (1988) retoma a teoria da relação de objeto para reformular por sua vez o problema da dominação masculina do ponto de vista do dominado.

Benjamin parte do conflito próprio à criança entre dependência e independência em sua relação ao outro que lhe traz alimentação e cuidados. Ela vê o prolongamento do conflito na vida adulta em termos de *power or surrender*, isto é, em termos de mestre e escravo. Daí sua análise do jogo entre amor e dominação para compreender como a dominação se enraíza no coração mesmo do dominado e resulta de uma crise na tensão entre o *self* e o outro – uma tensão cujo motor contraditório é a busca do reconhecimento e da autoafirmação, entre dependência e independência em relação ao outro. Quando a tensão se mantém equilibrada, o resultado é a autoafirmação pelo reconhecimento recíproco: na relação equilibrada os dois se encontram "como soberanos iguais" (Benjamin, 1988, p. 12).

Mas a contradição habita o coração da relação entre o *self* e o outro, pois ela é inerente a toda relação humana: é a resposta do outro que dá sentido aos sentimentos, intenções e ações do *self*, o que significa que o outro deve ser reconhecido como uma pessoa. A autoafirmação passa assim pelo outro e, na realidade, depende dele. E Benjamin não hesita em lembrar a figura hegeliana do mestre e do escravo, embora, rigorosamente falando, não se trate aqui de dialética. A dialética implica uma ultrapassagem da contradição, e não um equilíbrio sempre instável entre os dois termos em relação, uma tensão garantindo a permanência do *self* e do outro no espaço da intersubjetividade que não anula a intrasubjetividade, sem, no entanto, chegar à unificação fusional. Tudo é na tensão equilibrada e na possibilidade de sua ruptura. Em outros termos, o reconhecimento intersubjetivo é reflexivo: reconhecer é ser reconhecido. E frágil.

Segue-se que, para cada termo em relação, há renúncia de qualquer pretensão ao absoluto, embora a autoafirmação traga com ela o perigo da onipotência. Quando a tensão equilibrada entre afirmação do *self* e reconhecimento é rompido, a dominação se instala, a polarização ocupa o lugar do paradoxo, do "equilíbrio paradoxal" (Benjamin, 1988, p. 49), e o resultado é a desvalorização de um polo e a idealização do outro.

A solução aparece então claramente: que pais e mães se articulem como figuras da separação e do laço. É o desejo que está no centro da dominação. A menina quer reconhecimento e autonomia em face de alguém que é como ela, com quem ela se identifica. A mãe, como objeto do desejo masculino, tem uma capacidade limitada de reconhecimento, posto que é objeto pacificado. Daí sua dificuldade em reconhecer o desejo de autoafirmação da menina. A filha se volta então para o pai. O menino, quanto a ele, se volta para o pai para escapar à identificação com a mãe. O falo não simboliza o desejo, mas a capacidade do pai de separar a criança de sua mãe. As crianças procuram nele o reconhecimento de sua *sexual agency*, um reconhecimento que só o menino pode obter. A menina é deixada com seu desejo de ser reconhecida pelo pai, que se torna desse modo "o objeto de um amor ideal" (Wright, 1992, p. 21): a submissão feminina é feita de idealização do homem que representa poder e desejo. É assim que nasce o amor heterossexual como hierarquia entre um sujeito e um objeto, é assim que a reciprocidade cede lugar à dominação e à submissão.

Uma revisão crítica do trabalho de Benjamin (Person, 1989) lamenta que a autora não analise outras fontes da dominação além da divisão do mundo em gêneros, e que ela não leve em conta as aquisições feministas do século XX. O amor ideal resultante da educação das meninas é, segundo Person, uma realidade do século XIX. Daí também que a análise de Benjamin pareça se aplicar mais aos homens do que às mulheres.

Um elemento característico dos feminismos psicanalíticos parece diferenciá-los das teorias psicanalíticas mais gerais: trata-se da preocupação de compreender como se constitui a submissão das mulheres em suas relações com os homens para tirar daí consequências terapêuticas. Procuram-se os meios de colocar um termo à submissão. A dificuldade da teoria analítica em distinguir entre o que é e o que *deve ser* – no fundo a questão das relações complicadas entre o *patológico* e a *normalidade* – é assim colocada em suspenso: as feministas não apenas criticam a ideia de que as mulheres seriam vítimas dos homens ou do sistema social fundado sobre a hierarquia, mas também justificam, pelas suas análises da dominação, um projeto ou um programa pedagógico que concerne à organização, ao funcionamento e à forma da família. Para elas, talvez mesmo ainda mais que para as liberais e para as radicais, o pessoal tornou-se eminentemente político.

Para não concluir

> *Posso ser acusada de entusiasmo; mas tal é minha confiança no SEXO, que espero ver nossas jovens mulheres dar nascimento a uma nova era na história feminina.*
>
> Judith Sargent Murray (1798)

Em uma sequência associativa que marcou um momento importante da análise de uma jovem inquieta com seu futuro de mulher, de mãe e de profissional, após um sonho que a terrorizara e no qual uma voz masculina lhe falava do KKK, a analisanda se lembrou de uma imagem de cinema de uma negra americana queimada viva pela Klu Klux Klan. No meio das chamas, seu rosto parecia passar de um grito de dor ao "sorriso do vencedor, como o sorriso de uma *souricière....* de uma *sorcière,* quero dizer". Pouco depois lhe veio à ideia que KKK pode também significar *Kuche Kinder Kirche,* o que se acompanha imediatamente da lembrança de um outro sonho no qual ela está sentada à beira de um poço e contempla uma planície inundada, um deserto que se cobre de água. O poço, ela diz, é o "prazer vertical", como quando "experimento a profundidade de meu corpo, um corpo sem fundo no ato sexual, e para isso é preciso um homem". A inundação, ela continua, é "o prazer horizontal, para isso é preciso uma mulher". E a analisante conclui: "se os dois se encontrassem, eu seria perfeitamente feliz!". Ela passou uma série de sessões em seguida a detalhar uma rede de lembranças e fantasmas, sobretudo adolescentes, enviando às imagens dos sonhos e ao desejo que elas revelavam. Esse desejo, ela o designou daí em diante como "minha utopia pessoal".

Há provavelmente um horizonte utópico em qualquer movimento de contestação de um sistema estabelecido, e os feminismos não parecem escapar a esse horizonte, mais ou menos assumido. Tal perspectiva é igualmente uma reivindicação de algo que não pode se manifestar no sistema contestado e que exige sua reforma ou sua transformação. Ela é menos clara nos feminismos chamados liberais e mais evidente nos feminismos radicais, em razão do parentesco de análise e conceitual com o socialismo. O lesbianismo pode também significar seu horizonte utópico, por exemplo, em certas proposições ao redor do matriarcado ou de um separatismo não provisório. O separatismo provisório proposto por alguns grupos visava sobretudo uma finalidade terapêutica: levar as mulheres a compreender que a heterossexualidade é apenas uma escolha, e não um destino. O horizonte utópico é um pouco menos evidente quando o lesbianismo é considerado como uma estratégia de combate ou, como parece sugerir Valerie Soalanas, uma proposição de destruição integral dos machos.

Durante um longo período, os feminismos se confrontaram, nos Estados Unidos, entre os polos da igualdade e da diferença, mas a Segunda Onda parece pouco a pouco ter substituído ou complicado a oposição, dando lugar a uma outra: essencialismo ou construção social do gênero. Nessa mudança, é preciso constatar que os feminismos passaram do "foco sobre a mulher" aos *estudos de gênero*, abrindo uma perspectiva mais ampla de estudo da formação das identidades sexuais. Para tal mudança contribuíram largamente os feminismos psicanalíticos, assim como a crítica da maternidade como destino natural e incontornável das mulheres e meio para mantê-las enclausuradas no espaço privado. Nos Estados Unidos essa nova enquete acompanha a chegada da *French theory*, de modo que daí em diante os caminhos dos feminismos americanos e franceses se cruzam, embora não se confundam.

Essa rápida análise dos feminismos americanos dos anos 1960/1970 parece permitir a afirmação seguinte: uma das manifestações fundamentais do movimento em sua própria multiplicidade de formas é a reivindicação de relações sociais não exclusivas, a reivindicação de reconhecimento das diferenças e da diversidade das identidades sexuais pela supressão de uma hierarquia que impõe às mulheres um lugar e uma função experimentados como incompatíveis com suas potencialidades e desejos, e pela exclusão das homossexualidades. Condenadas ao espaço privado da família, oprimidas entre a casa, o marido e as crianças, as mulheres sufocam: é o que capta já em 1963, com força, Betty Friedan. Quanto às alternativas à heterossexualidade, um lugar é explicitamente recusado no espaço público.

Em certo sentido, não é exagerado afirmar que, em seguida, houve um aprofundamento, uma expansão, uma complicação do que Friedan denunciava, assim como uma busca teórica e militante de respostas. Desde o congresso de Seneca Falls até o reconhecimento do direito de voto das mulheres quase um século passou e a conquista da cidadania plena não teve por efeito o terremoto social que muitos temiam. O que não impediu a misoginia de se reforçar e de se travestir. Em comparação, a Segunda Onda produziu em duas ou três décadas uma verdadeira revolução da qual é ainda difícil avaliar os efeitos, pois ela afetou não apenas as relações visíveis, sociais e jurídicas entre mulheres e homens, mas também transformou em profundidade as subjetividades e a organização familiar. Como poderia ser de outro modo? E, se essa outra dimensão foi transformada, os progressos dos feminismos, progressos teóricos e práticos, foram eficazes no que concerne à sexualidade, à família e à relação entre pais e filhos. Isto é, lá onde funciona a transmissão, a construção e a posição das subjetividades. Foi nesse campo que a invenção da psicanálise provocou efeitos de saber, foi aí que a psicanálise se defrontou com as novas questões, talvez mesmo com novos horizontes. Se alguns psicanalistas parecem atentos a esses novos desafios para a teoria e para a prática analíticas, muitos entre eles continuam a pensar que bastam alguns arranjos menores na prática quotidiana, sem impacto maior sobre as aquisições teóricas.

Ha também o que se designa frequentemente, e não sem uma certa facilidade, de neoliberalismo, essa expansão inédita da lógica econômica a todas as dimensões da vida que produz uma espécie de mercantilização universal, uma espécie de autonomia absoluta do capital no jogo para o qual tudo e todos são apenas piões. Os efeitos sobre as relações sociais e as subjetividades não são insignificantes, eles se reconhecem abertamente na tendência à dissolução das referências e dos limites em todos os domínios de existência. Assim, se, por um lado, todas as figuras de relação parecem possíveis, respeitáveis e equivalentes – pois o que conta de verdade é a boa adequação entre o investimento e o *return of investment* –, por outro lado, os sujeitos só dispõem deles próprios como lei e referência. O neoliberalismo é uma espécie de regime da equivalência universal e horizontal, como a circulação do capital que tem só sua própria lei como referência. E sua lei parece ser a lei da expansão, bem mais do que a lei clássica da acumulação (um efeito da expansão?). Se nenhuma hierarquia parece poder perseverar, graças à ausência de um critério exterior que a torne legítima, organizando o conjunto, o que acontece com a diferença? Em outros termos, diante dos avanços significativos do neoliberalismo e da equivalência universal, há ainda lugar para a diferença que implica relação com o outro? Há uma diferença irredutível à hierarquização ou à homogeneização? Não é exatamente tal diferença que se chama singularidade? Mas, então, a psicanálise pode ainda sustentar essa dimensão da singularidade e seu interesse clínico fundamental? Pode a psicanálise, ao mesmo tempo, perder de vista o que trabalha o social, o político, o cultural?

Tais questões são complexas e talvez não se possa trazer-lhes outra coisa que um grau maior de complicação. Talvez seja mesmo o que caracteriza a *complicação* como enfoque que torna impossível uma visão totalizante dos problemas em jogo e as teses com pretensão conclusiva. Mas não tem sido esse o caminho próprio da psicanálise desde seu nascimento? E o modo próprio do funcionamento da democracia? Em outras palavras: a complicação apela à complicação e, com essa perspectiva, traça caminhos que, sem excluir outros caminhos possíveis, criticam as vias de acesso e de enfoque simples e simplificadores.[17]

17 Como se sabe, o termo *complicação* remete ao livro de Claude Lefort *La complication* (1999). Newton Bignotto (2013) observa justamente, na bela homenagem que faz ao pensamento de Lefort, que este não apenas recusava as "estreitas fronteiras da disciplina universitária", mas recusava também a prisão de seus conceitos em definições. A começar pelo conceito de democracia, por exemplo: "ninguém detém a fórmula da democracia e ela conserva sempre seu caráter selvagem" (Bignotto, comunicação pessoal).

PARTE III
Encruzilhadas

Sommes-nous voués à n'être que des débuts de vérité?

René Char (1983, p. 220)

Para além da psicanálise e dos feminismos?

I.

Parece inegável, retrospectivamente, que, a partir dos anos 1960, a vida intelectual e mais largamente cultural nos países ocidentais democráticos e ricos conheceu uma efervescência, uma impulsão inédita que não acabou ainda de produzir seus efeitos. Os ventos poderosos de uma revolta, ou de uma revolução, apresentados frequentemente como um retorno ou como uma releitura de autores ou movimentos do passado – recobertos por uma poeira que ocultava ou deformava sua força de interrogação – se manifestaram no renascimento dos feminismos, no esforço para recolocar na ordem do dia um freudismo profundamente subversivo e, sob certos aspectos, um outro marxismo, na extensão do estruturalismo para além da antropologia, assim como nas teorias e práticas políticas de esquerda.

Nas duas dimensões que nos interessam mais aqui, os feminismos e a psicanálise (e seria possível também falar de psicanálise no plural, considerando-se as diferenças e as divergências nas transformações da teoria freudiana nos Estados Unidos, na Inglaterra e na França), é impossível não reconhecer o lugar central atribuído à sexualidade sob a forma de liberação sexual para as feministas e de diferença sexual para a psicanálise. Sem deixar de lado nas relações entre feminismos e psicanálise uma elaboração francamente política e revolucionária dos problemas da sexualidade e da diferença sexual.

Muita água passou sob a ponte e hoje pode-se ler que os feminismos foram uma verdadeira revolução, e que essa revolução parece ter realizado seus objetivos, que ela acabou, que as mulheres não são mais oprimidas, pelo menos ao nível dos princípios e nos países citados, mas que elas são *mutantes*, inventando novas histórias, fazendo novos projetos e criando novas relações com os homens, com seu próprio corpo, que as identidades sexuais, no fim das contas, não são mais fixadas segundo as regras exclusivas do patriarcado edipiano e que a psicanálise deve, daqui em diante, se reinventar – embora, paradoxalmente, ela possa conservar os mesmos conceitos – para dar conta dessas profundas mudanças, pois as teses clássicas são impotentes diante da novidade do mundo. E que talvez mesmo a psicanálise tenha já feito seu tempo, ou que ela acabou se tornando o último bastião de defesa de uma certa humanidade.

Ora, é preciso examinar em detalhe o que parece sustentar esse conjunto de proposições designado às vezes com o termo impreciso e polissêmico de *pós-modernismo*, *pós-feminismo*, *pós-estruturalismo*, *pós-humanismo* etc. E que Buhle descreve com uma bela expressão: "*the age of the vanishing subject*" (1998, p. 318). Não se pode ignorar que, independentemente de questões cronológicas, tais eventos acompanham a expansão do neoliberalismo e de seu projeto de organizar o conjunto das relações humanas, em todos os níveis e dimensões, segundo a lógica financeira de perdas e ganhos.

Isso impõe uma interrogação sobre a natureza e os destinos da democracia moderna, essa democracia que desde o início viu a manifestação dos feminismos e da psicanálise, essa democracia que, alguns afirmam, nunca foi tão anunciada como ideal político, ao mesmo tempo que nunca esteve tão exposta às ameaças.

Quanto à psicanálise, instalou-se pouco a pouco entre os analistas uma tendência ao discurso apocalíptico. Charles Melman e Jean-Perre Lebrun ocupam um lugar importante nesse movimento, tanto mais que estão ligados à formação dos analistas e se colocam como herdeiros legítimos de Lacan.

Escrevendo em 2013, A.-E. Berger se pergunta se, nos Estados Unidos, as questões fundadoras do feminismo da Segunda Onda – isto é, a diferença sexual, o papel e a hierarquia dos gêneros e das sexualidades, assim como suas transformações na teoria *queer* – possuem ainda um futuro, ou se a atualidade não é a de um pós-feminismo. E, no entanto, na França, tais questões parecem estar recebendo agora um reconhecimento e são percebidas como domínios de estudo e de pesquisa enfim dignos da universidade. Tais constatações permitem a Berger o esboço de uma curiosa cronologia das relações acadêmicas entre a França e os Estados Unidos no que diz respeito aos feminismos. Nos anos 1960/1970, chegam às universidades americanas os *women's studies* ou os *female studies*. Os anos 1980 marcam o desembarque nos Estados Unidos da *French theory* e o desenvolvimento dos *gender studies*, marcado fortemente pelo pensamento francês. Uma mudança chega com os anos 1990 e a *queer theory*, que abre, em seguida, as portas do pós-feminismo. Durante essas mesmas décadas, os feminismos franceses permaneceram à margem da dignidade universitária e só começam a aceder ao espaço acadêmico no início do segundo milênio, sem dúvida sob a influência das universidades americanas. Seria preciso, no entanto, não esquecer a criação, já em 1974, em Vincennes, do primeiro doutorado francês e mesmo europeu em estudos feministas, dirigido por Hélène Cixous.

Não é aqui o lugar de uma reflexão sobre as razões possíveis desse descompasso entre a França e os Estados Unidos que alguns não hesitam em designar como um *atraso* francês devido ao conservadorismo secular da universidade francesa. A questão é complexa e Berger a formula em termos de um *momento "francês"* da universidade americana – momento de invenção da *French theory* nos Estados Unidos – e um *momento "americano"* da universidade francesa – momento de invenção dos *gender studies* na França (ou do que uma imprensa mal informada chama de *théorie du genre*). Tendo vivido os dois momentos, ela tenta "tirar as lições intelectuais e políticas" (Berger, 2013, p. 10).

De qualquer modo, é inegável que o ensaio de Judith Butler, *Gender Trouble* (1990), marca um momento decisivo nos *gender studies* e inaugura pelo menos uma certa forma de pós-feminismo e da *queer theory*. É sintomático que esse texto difícil e importante, em particular pelos efeitos que gerou, só tenha sido traduzido em francês quinze anos mais tarde, bem depois de várias traduções em outras línguas. Ele era conhecido até então somente por especialistas e sua chegada na França foi percebido pela imprensa e pelos movimentos conservadores como um autêntico *desembarque*. Salvo engano, até hoje poucos psicanalistas parecem ter se confrontado com as leituras críticas de Lacan e de Freud desenvolvidas por Butler. O fato é que os psicanalistas franceses parecem preocupar-se bem pouco com os feminismos em geral, e isso apesar do lugar central da sexualidade feminina e do *feminino* na teoria analítica. Eles parecem preocupar-se ainda menos com as dimensões sociais, políticas e culturais abertas pelas feministas americanas à leitura de Foucault, Derrida e outros, e ainda menos com as feministas ou psicanalistas francesas, como Cixous, Wittig, Kristeva ou Irigaray, mais lidas e frequentadas nos Estados Unidos do que na França. Para não citar a falta de interesse crônica dos psicanalistas franceses em geral pelas leituras americanas de Lacan, um desinteresse justificado às vezes com o mau argumento de que, de qualquer maneira, Lacan não pode ser lido nem traduzido em outra língua.

E, no entanto, *Gender Trouble* apresenta, em seu segundo capítulo, uma análise crítica de um texto lacaniano fundamental - *La signification du phallus* (1958) -, análise enriquecida e complicada pela associação a uma série de textos pertinentes, entre os quais *Le moi et le ça* (1923a), assim como *Deuil et mélancolie* (1915a), de Freud, e *Womanliness as masquerade* (1929), de Joan Riviere.

O projeto geral de Butler[1] é de submeter à interrogação e à reflexão crítica a noção de *mulheres* como sujeito dos feminismos. Nesse sentido, ela faz parte do campo de interrogação aberto por

1 Uma apresentação clara e precisa do percurso intelectual de Butler até 2007 encontra-se em Jami (2008). Redigido no momento em que os trabalhos de Butler começam a ser lidos e reconhecidos na França, Jami sugere algumas das razões responsáveis pelo atraso desse reconhecimento e do fato de que, na origem, tal reconhecimento não se faz pelas feministas *históricas*, mas, sobretudo, pelos teóricos e pelas teóricas *queer*, sociólogos, sociólogas, filósofos e filósofas. As razões seriam: o corpo e a sexualidade, temas centrais no pensamento de Butler, não mobilizam a reflexão ou a pesquisa na França (exceto pelo que concerne ao aborto, à contracepção e à violência feita às mulheres); a referência feita à psicanálise envia a um espaço pouco frequentado na França entre a psicanálise heteronormativa freudo-lacaniana e a psicanálise essencialista de Psychépo; o envio à *French theory* (Lacan, Derrida, Foucault) e ao *French feminism* (Wittig, Irigaray, Kristeva, Cixous) é estrangeiro às feministas materialistas, o movimento dominante na França; há, por fim, a teoria *queer* da qual Butler está na origem (com Teresa de Lauretis) e da qual não se sabe se ela é ainda feminista. Para não citar a dificuldade de leitura dos primeiros textos de Judith Butler, Jami parece endossar a afirmação de Fassin, para quem as condições de recepção de Butler na França apareceram com os debates sobre a paridade homens/mulheres, o casamento homossexual e a homoparentalidade, debates que reabriram os problemas da diferença sexual. Ela anota também que a tradução francesa de *Gender Trouble*, quinze anos depois de sua aparição

Foucault, embora seu método não seja o de uma arqueologia das representações: o sujeito dos feminismos, as *mulheres*, é uma formação discursiva e o efeito de uma certa versão da política representativa. Daí a dificuldade, e mesmo a contradição: o sujeito dos feminismos seria o produto do mesmo sistema que supostamente tornou possível a emancipação das mulheres, isto é, que as constituiu como sujeitos.

Trata-se então de uma crítica interna dos feminismos: "na tradição da crítica imanente que procura provocar o exame crítico do vocabulário de base do movimento de pensamento ao qual pertence" (Butler, 1990, p. VII). A questão é a da genealogia da categoria *mulheres*, podendo conduzir a uma espécie de pós-feminismo que, pela análise das construções ontológicas de identidade, pode mostrar que tais construções operam uma exclusão daqueles ou daquelas que não correspondem às exigências e ideais normativos da matriz heterossexual. O que se passa então com uma política feminista, se a política representacional (*representational*) se torna exclusiva? Quais relações de dominação e de exclusão ela está sustentando e praticando sem se dar conta?

A genealogia crítica das identidades de gênero conduzida por Butler se faz em três grandes partes: a primeira estuda o estatuto do sujeito mulheres enquanto sujeito dos feminismos e da distinção entre sexo e gênero; a segunda reconsidera o tabu do incesto no estruturalismo e na psicanálise, posto que ele reforça as identidades de gênero na estrutura heterossexual; a terceira é uma análise crítica das teses de Kristeva e da proposição de uma política subversiva de categorias fixas de corpo, sexo, gênero e sexualidade.

Relendo principalmente Lacan, Riviere e Freud, e tendo a identificação de gênero como ponto de mira, Butler se deixa guiar

---

nos Estados Unidos, contribui para o fato de que análises e desenvolvimentos propostos por Butler apareçam como descontextualizados.

pela questão de saber se as convergências e as divergências dessas narrativas dão conta da complexidade cultural das identificações, ou se toda identificação construída sobre a exclusão de uma figura da sexualidade não acaba colocando em questão a própria identificação. A questão é importante na medida em que as teorias feministas hegemônicas se apoiam sobre a noção de identificação para fundar o gênero e a feminilidade, essa última noção sendo provavelmente a contribuição mais importante da psicanálise para os feminismos, particularmente nos Estados Unidos. Ora, a identificação enquanto noção parece ganhar importância na segunda tópica freudiana, e sua elaboração permanece pouco satisfatória. Sob reserva de um estudo aprofundado, não parece que a identificação, ao lado da noção de superego, tenha avançado muito mais no pensamento de Lacan.

Apoiando-se sobre *Le moi et le ça* (1923a) e sobre *Deuil et mélancolie* (1915a), Butler interpreta a identificação de gênero, em Freud, como relacionada à melancolia. Toda identidade de gênero torna-se, assim, melancólica, isto é, implica a perda e a conservação de um objeto de amor, a tal ponto que o caráter do ego é apresentado como a soma dos objetos de amor abandonados. O que significa que o ego é o depositário da história dessas escolhas de objeto. Ora, observa Butler, o tabu do incesto assinala a perda de um objeto de amor, perda que o ego interioriza como objeto perdido e preservado ao mesmo tempo.

No entanto, a proibição do incesto pode ser interdição do incesto heterossexual ou do incesto homossexual. No primeiro caso, só o objeto desejado é recusado, mas não o desejo que se desloca sobre outros objetos. No caso da proibição do incesto homossexual, pelo contrário, o objeto do desejo e o próprio desejo são proibidos e interiorizados, segundo a estratégia de perda e de conservação da melancolia. É o que acontece na identificação do menino ao pai, que, em sua primeira forma – identificação primária é uma expressão raramente utilizada por Freud, observam Laplanche e Pontalis –, é anterior a qualquer investimento libidinal de objeto, identificação pré-edipiana, na origem do ideal do ego. Que a relação do menino ao pai e aos pais[2] não seja libidinal é uma afirmação obscura na medida em que a ambivalência do menino, a qual o introduz no Édipo, pode ser atribuída a uma sexualidade originária, e não apenas à rivalidade edipiana. Segue-se daí que o ideal do ego se origina em uma escolha que não tem nada a ver com a angústia de castração, mas, sobretudo, com a angústia de "'feminização', associada nas culturas heterossexuais à homossexualidade masculina" (Butler, 1990, p. 80). O desejo pela mãe não é proibido, mas o desejo pelo pai o é, e essa proibição obedece assim à norma da cultura heterossexual. E isso *consolida* (o termo é freudiano, retomado por Butler) a masculinidade do menino com, em consequência, uma interiorização da mãe: "um superego feminino que dissolve e desorganiza a masculinidade, consolidando em seu lugar as disposições libidinais femininas" (1990, p. 81).

É assim que a bissexualidade se manifesta como duas disposições originárias, embora Freud reconheça a dificuldade de precisar seus conteúdos específicos, mas como duas disposições heterossexuais primárias, sem homossexualidade. A formação do ideal do ego vai funcionar como regulação e determinação da identidade masculina ou feminina. O que supõe que a identificação melancólica preserva as relações de objeto não resolvidas e que elas são de natureza homossexual. A identidade de gênero se revela desse modo como uma interiorização da proibição. Mais ainda, se a entrada no Édipo é precedida pelo tabu da homossexualidade, as

2 Freud observa em nota que seria melhor falar de identificação aos pais, pois ela opera antes mesmo que a criança tome conhecimento da diferença de sexos, isto é, da presença ou ausência do pênis, razão pela qual ela não distingue entre pai e mãe em termos de valor relativo.

disposições bissexuais primárias são já o efeito de uma lei que produz a heterossexualidade. A lei produz assim a sexualidade sob a forma de "disposições naturais" que se transformam em "estruturas culturalmente aceitas de parentesco exogâmico" (1990, p. 88). Na cultura, o desejo se torna uma série de deslocamentos e a lei que exclui torna-se uma lei do discurso que separa o legítimo do ilegítimo, que separa o que se pode falar do que se pode fazer.

É a segunda parte que interessa mais aqui.[3] Pois em sua análise de *La signification du phallus* (1958), de Lacan, na perspectiva da identidade de gênero, Butler mostra e critica o caráter religioso da narrativa lacaniana sobre o lugar e a função do simbólico. As injunções do simbólico conduzem inexoravelmente ao fracasso e há, em Lacan, uma espécie de idealização religiosa do "'fracasso', da humildade e da limitação diante da Lei, o que torna a narrativa lacaniana ideologicamente suspeita". E Butler acrescenta:"A dialética

---

3 Contextualizar o ensaio de Butler, segundo Anne-Emmanuelle Berger, implica em lê-lo tomando em consideração que a força de seus propósitos vem de uma "recapitulação crítica de vinte anos de diálogo frutuoso entre o pensamento francês e a teoria feminista anglo-americana" (Jami, 2008, p. 85). Esses vinte anos de diálogo e de debate se resumem rapidamente, para Berger, com três termos que marcam a reconfiguração universitária dos feminismos americanos: *woman's studies, gender studies, sexualities*. Berger observa igualmente que o reconhecimento institucional dos *gender studies* na França intervém quando, nos Estados Unidos e na Inglaterra, eles conhecem um certo declínio. A legitimação institucional desse campo de estudos e de pesquisa deve-se na França à entrada de suas universidades na lógica da competição internacional, mas também ao fato de que, com o desaparecimento de boa parte dos grandes intelectuais e pensadores franceses, a França não exporta mais suas ideias, mas torna-se uma importadora. A chegada dos *gender studies* na universidade francesa só pode ser positiva, primeiramente porque, nos Estados Unidos, eles contribuíram ao desenvolvimento de uma cultura igualitária no seio da universidade, certamente bem-vinda na França. Mas também porque tais estudos trazem com eles uma exigência de interdisciplinaridade mal aceita na universidade francesa, embora seja o futuro do saber, particularmente no domínio das humanidades.

entre um imperativo jurídico que não pode ser satisfeito e um fracasso inevitável 'diante da Lei' lembra a relação tortuosa entre o Deus do Velho Testamento e os servos humilhados que oferecem sua obediência sem recompensa" (1990, p. 76).

Nesse sentido, o simbólico lacaniano opera como uma divindade tanto inacessível como onipotente que, como o Deus do Velho testamento, comanda não para que os humanos realizem um objetivo ou uma missão, mas para reforçar, por intermediário da obediência e do sofrimento, os limites constitutivos dos sujeitos humanos. Segue-se daí, para Butler, que a teoria lacaniana pode ser compreendida como uma "moral de escravo" no sentido nietzscheano da expressão: "A construção da Lei que garante o fracasso é sintomático de uma moralidade de escravo que denega os verdadeiros poderes generativos que utiliza para construir a Lei como impossibilidade permanente" (1990, p. 77).

Essas conclusões mostram bem a preocupação de Butler de investigar a importância política das identificações de gênero e as possibilidades politicamente subversivas abertas por uma crítica radical das categorias de identidade. E primeiramente subversão de qualquer teoria, política ou estratégia que tenha por fundamento a *representação*, pois como representar o que não existe como sujeito ou que só existe sob a modalidade do efêmero ou da multiplicidade?

No entanto, a associação do simbólico lacaniano ao Deus do Velho Testamento surpreende e, embora seja rápida, não desenvolvida e provavelmente pouco decisiva na argumentação geral, ela parece dar acesso às posições de Butler diante da psicanálise e esclarecer suas posições políticas. A chave de leitura proposta por Butler de *La signification du phallus* se encontra na apropriação que opera Lacan da interdição do incesto e da regra de exogamia na reprodução da cultura. Esta é concebida por Lacan como estruturas de linguagem (o simbólico) dispondo de uma "integridade ontológica" (1990, p. 53), independentemente dos indivíduos sobre o quais ela opera como determinação: a Lei se afirma e se impõe a cada introdução de criança na cultura.

A interdição do incesto aparece assim como a garantia do sistema de parentesco graças ao qual se engendram as relações entre os homens que trocam as mulheres. A implicação é clara: a cultura garantida pela interdição do incesto na base do sistema de parentesco constrói o gênero – os homens são sujeitos, as mulheres, objetos de troca. Em oposição ao sexo, que, sendo natural, é apenas a matéria bruta sobre a qual age a determinação cultural. Há em consequência uma hierarquia: natureza – o dado – e cultura – o construído, o qual se reproduz igualmente como hierarquia no sistema de parentesco garantido pela tabu do incesto: as mulheres, a sexualidade feminina e a sexualidade lésbica são excluídas do sistema cujo funcionamento pressupõe e justifica o que ele próprio institui como heterossexualidade.

A análise de Butler interroga o que, sendo excluído do simbólico, revela a vontade deste como totalizante ou hegemônica. Em outros termos, a questão é de saber se a Lei pode produzir as sexualidades que a contestam. Tal questão pode receber uma formulação psicanalítica em termos de laço entre a repressão e o retorno do reprimido, e da Lei que produz tanto uma como o outro. Mas a formulação de Butler tem evidentemente uma dimensão política que não parece necessária, à primeira vista, no discurso psicanalítico (sobretudo quando se consideram, sem razão, como menos importantes os textos freudianos ditos "culturais").

Lévi-Strauss[4] afirma que o tabu do incesto e o sistema de parentesco que ele produz podem construir uma ponte entre a

4 Em ensaio esclarecedor sobre o que é um mito e o melhor método de interpretá-lo, Lévi-Strauss explica que não há versão verdadeira de um mito, mas que

antropologia cultural e a psicanálise, uma ponte que Lacan se esforçou para consolidar. A narrativa freudiana fundadora, *Totem et tabou*, não corresponde, segundo Lévi-Strauss, a fatos históricos, "mas traduz talvez, sob uma forma simbólica, um sonho ao mesmo tempo durável e antigo" (1949, p. 563), um fantasma nascido da interdição universal do incesto entre mãe e filho, nunca realizado "porque a cultura se opôs sempre e em todos os lugares". Para Butler, a questão do incesto mãe/filho se reformula em termos de como ele se torna a matéria pré-artificial do desejo e que, assim, o desejo se torna uma prerrogativa masculina heterossexual.

A proibição do incesto mãe/filho, comenta Melman, é a condição do acesso à genitalidade para o filho. Este deve renunciar ao objeto que lhe é mais precioso: "ele não tem escolha, porque é assim" (2004), o que implica que "ao mesmo tempo . . . a vida inteira é um fracasso". E a constatação clínica se segue: se os incestos mãe/filho são raros, e se as relações sexuais entre os outros membros da família não são excepcionais, é que o primeiro tem por efeito quase sempre a psicose. O "incesto" pai/filha parece sempre colocar uma dúvida: fato ou fantasma? (Um fantasma do pai, da filha ou inerente à relação pai/filha?) E, mesmo se os efeitos podem ser importantes, o "incesto" pai/filha não parece conduzir à psicose. Quanto ao "incesto" irmão/irmã, mais frequente, "não se pode dizer que ele seja necessariamente mal tolerado".

---

cada um é "um conjunto de todas as suas versões" (1955, p. 240). Segue-se daí que, como para a técnica freudiana da interpretação dos sonhos, há sempre uma pluralidade de símbolos cuja significação só poderá encontrar-se em suas relações: "sua significação não existe no absoluto, ela é apenas 'de posição'" (1955, p. 258). Apesar das ambiguidades e das hesitações, Freud se serve da regra de transformação que permite a interpretação de mitos e sonhos, pois "sua grandeza (de Freud) deve-se, por um lado, a um dom que ele possui ao mais elevado nível: o de pensar à maneira dos mitos" (1955, p. 249). As relações estabelecidas entre os símbolos formam, para o estruturalista, uma "disciplina gramatical" universal que é a única que pode esperar uma significação global.

É difícil avaliar a pertinência clínica (e teórica) desse quadro dos incestos, mas é impossível não observar que o incesto, com ou sem aspas, parece só poder ser heterossexual, como se a clínica não apresentasse casos factuais ou fantasmas homossexuais entre os membros da família. E não apenas ao nível das reconstruções edipianas. A menos que não se possa considerá-los como incestos.

A proibição do incesto abre também para a criança o acesso à linguagem, a qual é um produto da insatisfação. Essa repressão primária, segundo Lacan, funda o sujeito e lhe dá em lugar do gozo perdido (e desejado para sempre) um significante, isto é, a promessa de recuperação de um gozo irrecuperável – o que Lacan chama propriamente de desejo, distinguindo-o da necessidade e da demanda. A linguagem aparece então, sublinha Butler, como "a realização residual e alternativa do desejo insatisfeito, a produção cultural variada de uma sublimação que não satisfaz nunca realmente" (1990, p. 58). Com a psicanálise não se está longe de captar o sentido do que Foucault chama de *hipótese repressiva* e as questões que ele coloca em vistas de um outro enfoque da sexualidade.

Em *La signification du phallus*, a preocupação de Lacan é de descrever a estrutura fálica enquanto ligada à própria condição dos humanos, pois ela está marcada pela linguagem. É o sentido do que Freud, segundo Lacan, descreveu como fase fálica, na qual vai se manifestar o complexo de castração e seu destino. Mas não é tanto o Édipo e as possibilidades de sua dissolução que interessam principalmente Lacan, mas as estruturas nas quais ele pode se manifestar – sua gramática universal, como diz Lévi-Strauss – e que vão determinar as relações futuras entre os sexos. Tais estruturas e possibilidades futuras são possíveis graças à lei paterna, isto é, graças à interdição do incesto. Em outros termos, as relações entre os sexos, assim como as posições de identidade sexual, são constituídas pela lei do pai que proíbe o gozo da mãe. Essa proibição institui o falo como *significante*, como promessa e impossibilidade, ao mesmo tempo, de satisfação.

Compreendido assim o complexo de castração, isto é, como instituição do significante fálico, Lacan pode descrever as estruturas determinantes das possibilidades de relações entre os sexos, qualquer que seja o destino e a resolução do édipo. Vê-se aí com clareza que o enfoque lacaniano do complexo de castração se faz na mais estreita obediência estruturalista: quaisquer que sejam os fatos e as histórias clínicas, qualquer que seja o sexo implicado, as regras determinantes se dão em termos de relação ao significante fálico.

Em outros termos, tudo se desenvolve na dialética do *ser* e do *ter*; é essa dialética que determina – como condição de possibilidade – as relações, a posições recíprocas dos sexos. Convém insistir sobre a determinação em termos de condição de possibilidade na medida em que não se trata simplesmente da relação lógica de causa a efeito, mas de regras que tornam possíveis certos efeitos e, em consequência, que excluem outros. O que dá pleno sentido à interrogação de Butler: tais regras não pressupõem já, para poder se enunciar como regras, o que elas excluem?[5]

Lacan explica que, em relação ao falo, os polos do *ser* e do *ter* dão realidade ao sujeito, por um lado, pois eles o representam e o determinam, mas que, por outro lado, eles deixam de realizar o significável, isto é, as relações a significar, pois o falo é apenas o significante. Desse modo, se o sujeito encontra no *ser* e no *ter* uma

5 "Que diremos pois? E a lei pecado? De modo nenhum: mas eu não conheci o pecado senão pela lei . . . porquanto sem a lei estava morto o pecado. E eu, n'algum tempo, vivia sem a lei, mas, vindo o mandamento, reviveu o pecado, e eu morri" (Aos Romanos, 7: 7-10). Um comentário da interpretação dada por Lacan a essa passagem bíblica – e que reforça a leitura de Butler – encontra-se em Causse (2012).

posição de sujeito, sua relação ao outro torna-se um campo (delimitado!) de significações possíveis ou a realizar.

Tais efeitos contraditórios resultam da intervenção de um terceiro termo - *aparecer* - que opera do lado do *ter*, em que tem a dupla função de proteger o falo ou de ocultar sua ausência: como ele aparece sobre o corpo, o falo está protegido contra a ameaça de castração; mas, como ele aparece como significante do desejo *do*[6] outro, oculta aquele no qual ele falta. O *aparecer* faz com que as relações e os comportamentos dos dois sexos ganhem o caráter de uma *mascarada*, ou de um jogo de mentirosos. Mas esse jogo não funciona da mesma maneira para os homens e para as mulheres.

Antes de abordar as diferenças engendradas pela dialética do *ser* e do *ter*, sob efeito do *aparecer*, nas relações entre os sexos, convém saber qual é o motor dessas relações que Lacan analisa em termos de *necessidade*, *demanda* e *desejo* para o sujeito que fala. Em uma experiência de amor, cada parceiro não encontra sua satisfação enquanto é sujeito da *necessidade* - pois há retorno da *demanda* - nem como objeto de amor - pois o outro está implicado. Mas *necessidade* e *demanda* devem ocupar o lugar de causa do desejo. Cada um é para o outro um significante com os efeitos contraditórios que se seguem. O *desejo* marca a relação do sujeito ao significante, para além da demanda que anula a particularidade da *demanda*, enquanto *demanda* de amor aquém da satisfação das *necessidades*. A particularidade própria às *necessidades* - a necessidade é necessidade de um objeto específico - retorna ao sujeito marcado pelo incondicionado da demanda de amor, e o desejo emerge assim como resto das necessidades que não podem se articular na demanda:

6 Esse *de* deve ser lido no sentido objetivo e subjetivo ao mesmo tempo. Ou melhor, como ida e volta dialéticas.

> *É assim que o desejo não é nem o apetite da satisfação [das necessidades], ou a demanda de amor [endereçada ao outro privilegiado aquém das necessidades], mas a diferença que resulta da subtração da primeira à segunda, fenômeno próprio da divisão (Spaltung). (Lacan, 1958, p. 691).*

Reformulando em outros termos: se as necessidades concernem às particularidades ("estou com fome") e a demanda um incondicionado universal aquém da necessidade ("*me ame*"), o desejo se apresenta como síntese e ultrapassagem dos dois como relação a um significante que anuncia ou promete um universal condicionado para além da demanda, como um campo de possibilidades ou de significações particulares. O significante aparece então como a lei do desejo que institui o sujeito como sujeito das significações impossíveis a esgotar, pois a lei o envia sempre para além. Kafka não dizia outra coisa: o fracasso é constitutivo. Do lado do sujeito, que não completa jamais sua instituição, do lado do objeto, sempre além. Mas o significante permanece sempre idêntico a ele mesmo.

A escolha do falo como significante, explica Lacan, isto é, o falo como marca na qual se reúne a palavra e o advento do desejo, marca significando o conjunto dos efeitos de significações condicionadas pela presença imutável do significante – a escolha se justifica por sua visibilidade no real da copulação, por seu caráter simbólico de cópula unindo dois termos da proposição lógica e por sua imagem de fluxo vital na cultura. Como significante, o falo tece relações entre o real (sua visibilidade), o simbólico (o laço lógico) e o imaginário (a cultura), sem esquecer que, como signo do significável latente, o falo só exerce seu papel como recoberto por um véu. Mas então é preciso reconhecer que o que institui o significante como campo latente de significações possíveis é o objeto do desejo, e que este é sempre desejo do outro, que é ele próprio um sujeito dividido, marcado pelo significante. A relação sexual determinada pela dialética da necessidade, da demanda e do desejo é uma relação impossível, na medida em que, sendo relação entre dois sujeitos de desejo, marcados pela lei do significante, cada um dos polos não encontra nunca no outro a realização da promessa do significante e permanece, assim, dividido, fundamentalmente insatisfeito e faltando a si mesmo como efeito de um significante que, ao mesmo tempo, o põe como sujeito e lhe proíbe de esgotar o sentido.

A comédia das relações entre os sexos não é a mesma para mulheres e homens. Do lado da mulher, a dialética do *ser* e do *ter* determina uma contradição entre o que ela *parece* ser como significante do *desejo* do homem - como falo, portanto - e o que ela encontra como significante pendurado no corpo do homem - um significante que ganha para ela valor e função de fetiche. Isto é, a experiência do amor para a mulher é a experiência de uma convergência sobre o mesmo objeto da falta do que ele oferece e o significante de seu desejo: ela é o que ela não tem. O que implica, sempre acompanhando Lacan, que ao nível da satisfação da *necessidade* a mulher tolera bem sua falta (frigidez), enquanto seu *desejo* é menos reprimido, razão pela qual sua *demanda* de amor é mais forte.

A mascarada está aí: a mulher "rejeita uma parte essencial da feminilidade" (Lacan, 1958, p. 694) - qual?, se interroga Butler - para ser o significante do desejo masculino, ela é desejada e amada pelo que ela não tem - é o que ela não tem que ela rejeita, isto é, sua falta? Por que o que falta seria uma parte essencial da feminilidade? Por outro lado, o significante de seu próprio desejo se encontra no corpo do homem. Assim, ela dá o que ela não tem a alguém que não o quer. O duplo movimento contraditório - dar o que ela não tem e encontrar o que lhe falta em quem lhe faz a demanda – coloca em jogo o mesmo objeto, primeiro como aquilo da qual ela é privada, embora parecendo sê-lo, o significante, em seguida como significante de seu próprio desejo. O que ela dá ela demanda, de onde a força de seu desejo vai para além da demanda e da necessidade.

Para o homem, a demanda de amor se satisfaz na relação à mulher como significante do falo, isto é, enquanto ela dá o que não tem ou aquilo do que ela é apenas uma promessa. Mas, ao mesmo tempo, é inevitável que seu desejo faça aparecer o significante do falo "em uma outra mulher" (1958, p. 95), uma mulher outra a vários títulos, virgem ou prostituta. Daí que o homem viva mal sua impotência: para citar o título de um filme francês, o homem está sempre à procura "centrífuga" de *Celles qu'on n'a pas eues*,[7] embora reprimindo ao mesmo tempo e fortemente seu desejo.

É preciso então reconhecer que a mascarada funciona sobretudo do lado das mulheres, pois é a mulher que aparece como sendo o que ela não tem, oferecendo assim uma identidade ao homem, enquanto este vê nela o significante que o envia a uma infinidade de mulheres (substituições) – pois o próprio do significante é de se diferenciar de si mesmo. A verdade do homem aparece nessa dimensão como um destino de caçador eterno, enquanto a mulher procura sempre o mesmo homem recoberto por aquele em quem ela encontrou o significante fetichizado, isto é, o falo como presente e ausente ao mesmo tempo.

O eterno feminino é uma invenção masculina, um objeto impossível. A mulher procura um homem para sempre já perdido, objeto igualmente impossível. Mas ela permanece ligada àquele que lhe endereçou seu desejo de significante do falo e que ela enganou, pelo menos por um momento, parecendo ser esse significante.

7 Filme composto de *sketches* de Pascal Thomas, de 1981, no qual seis homens contam suas histórias de fracasso amoroso.

Se os dois se enganam e se a relação entre os dois é impossível, pois a identidade deles se autodiferencia, é a mulher que pratica o jogo da mascarada.

A diferença dos efeitos da dialética do *ser* e do *ter* sobre o homem e a mulher se manifesta igualmente no que caracteriza a homossexualidade, pois a homossexualidade masculina se constitui em conformidade com o significante fálico – isto é, do lado do desejo –, e a homossexualidade feminina, marcada pela decepção, se inscreve do lado da demanda. O que é o mesmo que dizer que o homossexual persegue o objeto para sempre já perdido do qual o falo é o representante, enquanto a homossexual persiste em sua dependência ao outro, em sua demanda de reconhecimento e de amor. Nos dois casos, a dialética do *ser* e do *ter* está paralisada, mas não exatamente no mesmo momento. O homossexual toma aquele que *tem* por aquele que *é* e que se torna, então, objeto causa de seu desejo. A homossexual permanece prisioneira da dependência em relação ao objeto e não se põe como sujeito de um significante fálico. O primeiro continua sua procura para além da imagem especular, a outra permanece presa, colada, excluída, portanto, do campo do desejo.

É aqui que Butler sugere uma inversão possível da afirmação de Lacan a respeito da homossexualidade feminina: se ela é o efeito de uma heterossexualidade decepcionada, "não seria igualmente claro para o observador que a heterossexualidade resulta de uma homossexualidade desapontada?" (Butler, 1990, p. 68). E, posto que a lésbica não está na dimensão do desejo, "Lacan está talvez sugerindo que o que é claro é o estatuto dessexualizado da lésbica" (1990, p. 67).

Nesse texto lacaniano, o que não está esclarecido é: quem recusa quem? É a lésbica que recusa a heterossexualidade ou é o observador heterossexual que recusa a lésbica? De qualquer modo, observa

Butler, essa recusa flutuante está em relação com a máscara, com a mascarada cuja função é de dominar as identificações resultantes da recusa da demanda. A máscara oculta a perda e ao mesmo tempo a preserva, ocultando-a. Dupla função, portanto, da máscara: esconder e revelar que algo está escondido. A lésbica encontra na máscara o refúgio para sua feminilidade, ocultada e revelada. Um processo que Butler associa à melancolia: "a máscara é assumida graças ao processo de incorporação que é o meio de inscrever e, em seguida, de utilizar a identificação melancólica no e sobre o corpo" (1990, p. 67). O que reforça a ideia de que, para Lacan, a mascarada é essencialmente feminina, o que confirma a homossexual.

É preciso aqui a intervenção do texto de Joan Riviere, *Womanliness as a mascarade* (1929), no qual, para Butler, é questão de mostrar que a homossexual ocupa "uma posição assexual como, de fato, uma posição que recusa a sexualidade" (1990, p. 71). Pois a analisante de Riviere é homossexual apenas em termos de identificação masculina, uma identificação desprovida de orientação e de desejo sexuais. O que ela procura é o reconhecimento como masculina pelos homens, evitando ao mesmo tempo a vingança contra uma tal pretensão. É a razão pela qual, em seguida às performances masculinas, ela interpreta a comédia de sedução feminina supostamente para ocultar e pedir perdão pela sua masculinidade. Não há para ela nenhuma atração pelas mulheres, tudo se dá no interior das relações com os homens, e a máscara da feminilidade funciona apenas para revelar e ocultar sua própria masculinidade.

E Riviere não hesita em ampliar esse jogo da mascarada à feminilidade, sem procurar distingui-la de uma "feminilidade genuína", o que permite a Heath concluir que a feminilidade seria apenas o desejo da libido considerada como masculina: "ser uma mulher é dissimular uma masculinidade fundamental, a feminilidade é uma dissimulação" (Heath, 1986, p.49).

Mas então, comenta Butler, a feminilidade torna-se a máscara de uma identificação masculina que, na matriz heterossexual, implica o desejo reprimido por uma mulher, um desejo contra o qual a máscara pode funcionar. E a ideia da libido como exclusivamente masculina retorna como única fonte de qualquer sexualidade possível. Uma questão se impõe: nessas condições, como são construídos culturalmente os gêneros?

A analisante de Riviere dá prioridade à agressividade (desejo de castração e de tomar o lugar do sujeito masculino) sobre a sexualidade (ela não compete com os homens pelas mulheres). No seu caso, masculinidade e feminilidade são construídos sobre investimentos homossexuais. Daí que: "a recusa/dominação melancólica da homossexualidade culmina na incorporação do objeto de desejo do mesmo sexo e reemerge na construção de 'naturezas' sexuais discretas que exige e institui os opostos graças à exclusão" (1990, p. 73).

É assim que a bissexualidade aparece como matéria de inteligibilidade pela qual se obtém a própria bissexualidade originária. A narrativa produz assim uma bissexualidade fundadora (natural?) anterior à narrativa, e que será reprimida mais tarde. Está em jogo globalmente uma heterossexualidade normativa, com seu conjunto de práticas obrigatórias e exclusivas.

Em Lacan, o sujeito é dividido e tal divisão resulta da relação ao significante e sua lei. Essa divisão é contestada pela identidade de gênero resultante da repressão da dualidade de sexos. Mas, segundo Lacan, não há realidade pré-discursiva, anterior à relação ao significante. De modo que a Lei aparece ao mesmo tempo como interdição e como produção do que ela interdita, como a lei cristã. No entanto, antes mesmo de proibir e de produzir, ela já excluiu o gozo, "a parte pré-jurídica do gozo" (Butler, 1990, p. 76) que é inacessível à linguagem. O que não quer dizer que não exista, lembra Butler, remetendo à realidade numenal de Kant: que não se possa representá-la não implica sua inexistência, mas apenas sua não representatividade. Vê-se bem por aí as questões abertas sobre a sexualidade lésbica: que ela não se deixe representar na matriz heterossexual remete à sua não representatividade ou aos efeitos de proibição e de produção dessa matriz?

Impõe-se desse modo uma interrogação sobre a lei, mais precisamente a respeito do que ela põe e determina no campo do que pode ou deve ser realizado. Segundo Butler (1990), é aí que há uma idealização lacaniana do fracasso, como o que experimentam os adoradores do Deus do Velho Testamento, cuja obediência não é recompensada. Não se poderia falar também de uma espécie de idealização do pecador no cristianismo? A sexualidade tem o mesmo destino, pelo menos a sexualidade feminina: demanda absoluta de amor que não é nem necessidade nem desejo, mas busca de uma divindade inacessível no jogo da ausência e da presença do pênis da mãe fetichizado. Não pode haver política cultural alternativa, e a psicanálise lacaniana se reformula em termos de tragédia religiosa.

II.

Com Butler encontramos uma crítica interna das teorias feministas que se estende igualmente à psicanálise – o que não surpreende, na medida em que muitas feministas americanas e francesas veem em Lacan a possibilidade de ultrapassar a misoginia freudiana e as dificuldades da noção, central para Freud, de *inveja do pênis*. Segundo Butler (1990), o discurso que pressupõe a existência de um sujeito, o discurso fundacionalista que afirma a existência de um sujeito identificável, é um discurso de exclusão de outras identidades possíveis e, nesse sentido, ele funciona como reforço do que quer combater e transformar. A importância dessa crítica fundamental e dos pressupostos metafísicos que a sustentam faz aparecer uma multiplicidade de sujeitos, mas também, e sobretudo, seu caráter de *efeitos* de atos e palavras alegremente dispersos e dispersantes.

O que não vai no sentido de esclarecer o sentido das estratégias do combate feminista, embora a teoria possa talvez encontrar uma via mais lúcida, menos ingênua. Com efeito, a "modernidade tardia" se caracteriza pela reflexão sobre as multiplicidades de forças que produzem as normas "que nos constroem como sujeitos", uma diversidade de poderes, de micropoderes que modelam o mundo e os sujeitos – nos termos de Wendy Brown (2009, p. 69s). Ora, se a democracia põe como norma a autolegislação, mostrar à luz do dia as modalidades múltiplas de poder para além da lei e da ordem significa abandonar "o monopólio do liberalismo sobre o termo de democracia" (2009, p. 71). É o fim do sujeito moral a priori kantiano, isto é, é preciso aceitar a ideia de que os ocidentais não têm mais como ideal a "autolegislação", mas que "entre as seduções do mercado, as normas do poder disciplinar e a insegurança ... a maioria dos ocidentais está preferindo moralizar, consumir, fazer amor e lutar, esperando que alguém lhe diga o que é preciso ser, pensar e fazer para dirigir a própria vida" (2009, p. 71). Diante dessa situação, a pergunta: "o que fazer?" ganha mais do que nunca atualidade. E, se o trabalho de análise e crítica dos poderes que a democracia liberal nunca tentou resta por fazer, as estratégias contra os poderes não democratizantes são inteiramente a inventar. Não é exagerado dizer que é nessa perspectiva que se inscrevem Butler e Brown, isto é, no campo da *democracia radical.*

Curiosamente, o que tais questões não parecem estar preparadas a enfrentar é o fato de que a dissolução da noção de sujeito, a exposição crítica de uma multiplicidade de poderes que o constituem como efeito fragmentário, como propõe a teoria, acompanha a transformação, e mesmo a mutação, que conhecem as sociedades ocidentais sob o nome de *neoliberalismo*. Estranha contemporaneidade, sem dúvida! Elas não parecem colocar uma série de interrogações pertinentes: as teorias sobre a dissolução, sobre a morte ou sobre o fim do sujeito estão propondo, no plano teórico, uma espécie de verdade das práticas neoliberais? Elas estão abdicando de qualquer forma de contestação ou de resistência? A exposição à luz do dia de poderes até então invisíveis ou ocultos – a tarefa do que Freud chamava de intelectual específico em oposição ao intelectual universal – basta para revelar os espaços de contestação no interior da lógica neoliberal? O que pensar da representação e da democracia? Como pensar a democracia sem a representação?

Por outro lado, certo número de psicanalistas afirma que as transformações em nossas sociedades ocidentais estão colocando em movimento forças destrutoras de nossa humanidade. Eles se perguntam então se a psicanálise pode ainda dar conta dessas novas figuras da subjetividade e do laço social. Não se trata, no mais das vezes, de propor um retorno ao passado, embora o tom seja frequentemente nostálgico (melancólico?), e as perspectivas por vir, terríveis, mas de lançar as bases de uma nova clínica para uma nova economia psíquica. Curiosamente, tal tarefa não parece exigir novos conceitos: as estruturas analisadas por Lacan na sua ordenação da invenção freudiana não teriam perdido seu poder de análise e de subversão. Evidentemente, a questão se coloca aqui a respeito do primado da clínica sobre a teoria.

A propósito dessas transformações, entende-se, às vezes, do lado do diagnóstico ou da etiologia das mudanças, a ideia de que elas seriam o efeito, ou mesmo a causa, de uma prevalência do materno ou do feminino em nossas sociedades. Está implícito nessa afirmação o papel exercido pelos avanços do feminismo contemporâneo, avanços que os psicanalistas parecem tranquilamente ignorar ou afogar em afirmações vagas demais para serem operacionais. Embora alguns efeitos de tais avanços sejam considerados como sintomas mais visíveis do novo mal-estar na cultura, por exemplo, o apagamento progressivo da diferença sexual e as implicações subjetivas e sociais que se seguem.

Se a insuficiência do aparelho conceitual da psicanálise é às vezes reconhecido – da psicanálise freudiana sobretudo, felizmente retomada por Lacan –, não há um esforço particular de crítica interna das formulações teóricas e práticas da psicanálise. Trata-se sobretudo de afinar conceitos, propor outras estratégias capazes de responder às novas exigências clínicas, sem jamais interrogar a própria constituição do campo psicanalítico, em particular suas implicações, seus enfoques e seus impasses políticos e culturais. E, no entanto, essa dimensão está bastante presente em Freud, particularmente no que se chama a segunda tópica.

Ora, uma consideração aprofundada dos feminismos modernos deve permitir a abertura de novos horizontes para a psicanálise: se os feminismos contemporâneos fizeram apelo à psicanálise para analisar, pensar e propor suas interrogações, o movimento inverso não tem nem amplitude nem profundidade, no mais das vezes. O que explica em parte pelo menos o pouco de interesse que o trabalho crítico de Butler despertou entre os psicanalistas. É verdade que sua crítica da noção de sujeito atinge diretamente um dos polos centrais da psicanálise, mesmo quando este se apresenta como sujeito lacaniano do inconsciente.

As precauções de Freud são conhecidas, assim como as advertências de Lacan a respeito dos projetos de transformação política. O trabalho clínico supõe a singularidade de uma história que torna problemática, talvez mesmo impossível, qualquer pretensão à síntese teórica. Nesse sentido, convém lembrar que a teoria psicanalítica, como aliás a análise, é sem fim, isto é, está sempre comprometida com o exame do que lhe escapa. Mas, justamente por essa razão, não é ela capaz de mostrar sua especificidade na análise e na exposição dos micropoderes que constituem o sujeito? Por exemplo, tentando compreender os modos da subjetivação? O que supõe, por um lado, o abandono crítico dos registros liberais de público/privado, subjetivo/objetivo, individual/social, pois eles supõem sempre aquilo que supostamente explicam – e, por outro lado, confrontar-se a outras dimensões, sem tentar construir uma síntese. Talvez se possa abrir então para os psicanalistas a dimensão eminentemente política de invenção das Zonas a Defender (ZAD), zonas de resistência que devem ser defendidas antes que a organização prevista se concretize.

Os feminismos e a psicanálise têm que enfrentar uma questão complexa: nesses tempos de dissolução dos conceitos, das narrativas e das práticas relacionadas ao conceito de sujeito, como agir e pensar no sentido da igualdade entre homens e mulheres, no sentido da liberdade e para o bem-estar geral dos humanos? Os feminismos e a psicanálise podem sobreviver à morte do sujeito (após a morte de Deus)? O que está em jogo nas mutações da vida e do *mitsein* nas democracias modernas? O neoliberalismo é a doença de velhice da democracia, a doença da qual ela corre o risco de morrer?

É também a preocupação elaborada por um texto de Marcel Gauchet sobre a personalidade neoliberal e a nova tarefa da psicanálise. Em meados dos anos 1990, com efeito, Marcel Gauchet propõe uma compreensão e tenta medir as implicações, para a psicanálise, de uma nova época da personalidade: *Essai de psychologie contemporaine* (1998). Gauchet descreve as transformações da própria natureza do indivíduo liberal que se manifestam a partir dos anos 1970. Deixamos de lado as razões que contribuem para tais transformações para sublinhar a característica desse novo individualismo que exige uma reforma da psicanálise: essas transformações concernem "aos papéis sociais ligados à reprodução, não da sociedade, mas da espécie" (1998, p. 236).

A primeira mudança na dinâmica individualista é a "desinstitucionalização da família" sob a ação da lógica igualitária: novo estatuto da mulher e da criança, fim da dependência da esposa ao marido, a autoridade parental substitui a autoridade paterna etc. Em relação à função tradicional da comunidade familiar que distribuía os papeis sociais na reprodução da espécie, a dissolução da instituição familiar tem efeitos sobre a sociabilidade, mas também efeitos sobre a identidade. Por *desinstitucionalização*, é preciso compreender que a família se tornou coisa *privada* e não funciona mais como "uma engrenagem da ordem social" (1998, p. 239). Como a família não ordena mais o laço social, a consequência é que agora o estado capta o laço social (um movimento de captação próprio ao estado desde suas origens) e consagra sua separação com a sociedade civil. Mais ainda, a desinstitucionalização da família coloca um ponto final à troca simbólica que obrigava os indivíduos a passar alianças com os outros, as alianças que justamente formavam o laço social. Ora, com a emancipação feminina e a destituição do representante da lei, o pai, a família torna-se o lugar dos caprichos e dos desejos privados; o modo milenar de constituição do laço social se desfez e foi substituído por um engajamento não simbólico, posto que só engaja os parceiros, o laço social sendo instituído noutro lugar. Daí, com certeza, uma família reconciliada, pouco conflituosa (?), mas completamente "incerta" (1998, p. 242; a expressão fornece o título do ensaio de Louis Pascal *La famille incertaine*, 1989).

Uma primeira questão pode ser formulada aqui e diz respeito à afirmação de Gauchet, para quem a dissolução da família hierárquica instituidora do laço social pela troca simbólica das mulheres se faz em proveito do projeto do Estado de apropriação do laço social, isto é, do projeto do Estado de ocupar, em relação à sociedade civil, uma posição de dominação e de superioridade. Que o poder procure aumentar seu poder é uma evidência, mas a tese de um projeto de captação do laço social presente desde o nascimento do Estado moderno, e que encontra sua realização plena na dissolução dos laços familiares tradicionais, parece um pouco massiva demais. Supondo-se a aceitação da tese de um conflito entre o Estado e a sociedade civil, conflito que ganharia formas diferentes a partir do século XVII, não seria preciso igualmente levar em conta as transformações sofridas pela figura do Estado? Assim, por exemplo, se o Estado tradicionalmente garantia e regulava a instituição e o fundamento da família, a dissolução dessa última não pode ser considerada também como manifestação de uma resistência ao controle e à dominação exercidas pelo Estado pela intermediação de formas preestabelecidas do laço social? Mas nesse conflito há também a exigência de que o Estado se limite ao papel de instância de reconhecimento e de legitimação das novas figuras da família, que o Estado permaneça aberto à possibilidade de emergência na sociedade civil de novas figuras do laço social. Nessa exigência de um Estado que reconheça as escolhas que ele não institui, nessa exigência que o Estado exerça um poder quase formal, sem conteúdo prévio, se manifesta então, igualmente, a exigência de um Estado não opressor, mas sobretudo funcionando como garantia das diferenças presentes ou por vir na sociedade civil. Há certamente efeitos sobre a natureza e a forma do laço social, mas sua potência inventiva não parece diminuída, menos ainda o espaço de seus conflitos. Então, como imaginar que a desinstitucionalização da família significa uma espécie de vitória final do Estado contra a sociedade civil? Não é o caso de se pensar que o próprio Estado se tornou incerto? Ou pelo menos que ele deva se contentar do reconhecimento das novas figuras da família, da identidade sexual e das relações sociais, sem se perguntar se elas correspondem ou não a um interesse geral que supostamente ele incarna, enuncia e representa – um interesse geral que se confunde no mais das vezes com os interesses dos dominantes?

Parece inegável que, pelo menos na França, a desinstitucionalização da família teve como um de seus efeitos a transferência para a escola da função de socializar as crianças, acrescentada à função tradicional de instruir. A socialização tradicional, explica Gauchet, implicava um aprendizado cognitivo-simbólico "da abstração de si que cria o sentido do público, da objetividade, da universalidade" (1998, p. 244). Enquanto, agora, a questão é apenas de uma "aderência a si mesmo" de um apagamento progressivo da dimensão pública e da repartição entre público e privado. Os processos de individualização exigiam anteriormente "ser si mesmo", definindo-se pelas adesões escolhidas. Não havia dúvidas sobre o lugar ou sobre o engajamento. Agora, "no ultracontemporâneo", predomina o desenlace e o desengajamento: se as adesões são paroxísticas ou sectárias, indo até mesmo à despersonalização, as rupturas o são igualmente: "afirmar-se é romper" (1998, p. 246).

O laço social já está posto, e não precisa mais ser instaurado, pois ele é monopólio do Estado. Ele não é mais uma responsabilidade, como antes, mas um "efeito global de agregação de ações em que cada um visa apenas suas vantagens e interesses" (1998, p. 246): um modelo importado da economia se estende sobre os outros domínios e apaga a tradição, a cultura da tradição que coexistia com o modelo econômico anteriormente, uma coexistência – e ainda preciso lembrar? – que o liberalismo clássico tomava como a melhor forma de sociedade democrática organizada como coexistência de duas esferas, o público e o privado, cujas fronteiras não deviam ser dissolvidas. Na cultura da tradição, o laço social precede e preexiste, ele transforma cada indivíduo em um herdeiro.

Daqui em diante predomina a individualidade e o jurídico com suas regras explícitas que permitem somente *après coup* a negociação da coexistência.

E Gauchet propõe um esquema heurístico de três épocas da personalidade: (a) a personalidade tradicional, anterior ao individualismo, ordenada pela incorporação das normas coletivas. O indivíduo se identifica ao social e contém nele próprio o social. Trata-se de um mundo sem inconsciente, pois o simbólico organiza explicitamente os processos individuais e coletivos; (b) a personalidade moderna, "o indivíduo clássico" burguês, instalado durante os séculos XVIII e XIX. É a personalidade do compromisso entre o reconhecimento da precedência do social e a liberdade de escolha em direito, no interior dessa precedência. "É a idade de ouro da *consciência* e da *responsabilidade*" (1998, p. 252): no inconsciente se refugia a parte do simbólico que não funciona mais coletivamente, pois o direito ocupa agora o lugar do costume e da religião. Há *interiorização* da norma social, isto é, apropriação consciente da tradição sem questionamento da inscrição social. O que explica a noção de *dever* e de *responsabilidade*, pois o conflito existe entre a inscrição psíquica da norma social e o desejo individual. De onde a questão central da *cidadania* é a apropriação refletida do coletivo; (c) a personalidade contemporânea, na qual se apaga a adesão, onde o indivíduo é desconectado simbolicamente e cognitivamente, na qual ele é o não cidadão, pois incapaz de se colocar do ponto de vista público ao exterior de seu ego. "Vai-se ver sem surpresa a esfera pública invadida pela afirmação das identidades privadas" (1998, p. 254). Os contemporâneos não se preocupam com seu inconsciente, pouco importa de onde venham as impulsões, o importante é ser si mesmo, isto é, não ser impedido de aproveitar das oportunidades que se apresentam. Daí a importância das redes. Essa nova personalidade – a expressão não aparece no texto, mas é possível utilizá-la – *neoliberal* apresenta novas patologias e impõe, em consequência, a revisão da psicanálise, que, no estado atual, não parece capaz de tratar as patologias da personalidade contemporânea.

Justamente essas patologias contemporâneas podem ser reagrupadas, segundo Gauchet (1998), ao redor de três polos: a identidade, a relação ao outro e a ação. As patologias da identidade ou do *vazio* interior estão relacionadas à experiência da incerteza sobre a continuidade e a consistência de si mesmo: experiência do tempo que não se totaliza, pois feito de mudanças sem relações entre elas. "Eu sou eu mesmo na medida em que posso me separar de qualquer modelo ou adesão que seja" (1998, p. 257). O risco, analisa Gauchet, é de não ser outra coisa senão a possibilidade de ser outra coisa que si mesmo, o que o leva a interrogar a pertinência da noção de *identificação*, tão importante já para Freud, pois ligada à construção de um ideal, do ideal do ego. Ora, a identificação não tem mais nenhum sentido, o ideal tampouco. Em uma sociedade onde reina o "espetáculo", os personagens não são mais modelos, e os modos de construção da identidade - anteriormente relacionada aos processos de se colocar no lugar do outro - mudaram radicalmente. Se a vantagem existe que as novas identidades "não sejam mais habitadas pela paixão da adesão à autoridade" (1998, p. 259) - com o que se manifesta algo de profundamente democrático -, à nova personalidade falta consistência, o que a constrói é um "não ser como".

Marcel Gauchet reconhece, por outro lado, que há ainda matéria para a identificação, mas que ela funciona de outra maneira, em todo caso, sem dar lugar à *vergonha* e à *culpabilidade*. Assim, seria preciso pensar que as identificações tendem a não ser mais de tipo vertical - uma verticalidade que está na raiz da transmissão das hierarquias -, que elas tendem, sobretudo, a se desenvolver horizontalmente. Se isso perturba a construção de uma identidade que assuma e esteja em conflito com uma "autoridade", a horizontalidade abre, no entanto, sem limite o campo das adesões e das solidariedades. Não parece que, formulados nesses termos, tais processos recusem a dimensão da transcendência, mas esta muda na medida em que não pode mais ser representada ou representável. Ela é vazia, esse vazio sendo também um vazio a preencher, de onde se possa também preenchê-lo pelo consumo ansioso de *gadgets* ou de *Ersatzes*.[8]

Compreende-se então mais claramente as novas patologias da relação ao outro que se instalam entre a angústia de ter perdido os outros – uma experiência de solidão radical – e o medo dos outros – uma experiência da ameaça que outros podem representar. O que falta aqui, assinala Gauchet (1998), é a regra do simbólico que institui a distância, sempre longe ou perto demais. Quanto ao terceiro grupo das patologias, as patologias da ação, Gauchet fala de um deslocamento do "ato expressivo (de si mesmo) para o ato de ruptura (consigo mesmo)", atos que, em lugar de expressar uma subjetividade conflituosa, manifestam sobretudo o desejo de se afastar de si mesmo. A dificuldade que a personalidade contemporânea tem com os outros, ela vive com ela própria.

Essas patologias contemporâneas da subjetividade levantam questões que a psicanálise não é ainda capaz de responder. Freud ou Lacan não as responderam. O sentido geral das mudanças na "base antropológica" é uma perturbação profunda "da inscrição psíquica do ser-en-sociedade" (1998, p. 263): a inscrição psíquica é dirigida por "uma exteriorização completa". A teoria tradicional não pode dar conta dessa transformação, as novas experiências colocam em jogo os limites internos contra os quais se bate hoje a

8 Uma jovem que se queixava de nunca ter amado de verdade concluía que, "se o Homem da Minha Vida não existe, quero todos os homens, mas não ao mesmo tempo, quero uns depois dos outros. Isso me enche e isso me esvazia".

psicanálise. Gauchet avança a questão da psicose, a questão da articulação entre o afetivo e o cognitivo e as carências da perspectiva genética adotada.

Se Freud construiu sobretudo uma teoria das neuroses que não permite o acesso aos mecanismos da psicose, Lacan, por sua vez, tem o mérito de colocar no centro da teoria o acesso ao simbólico "cuja chave seria o complexo edipiano e cujo disfuncionamento por excelência seria a psicose" (1998, p. 266). O critério da forclusão do Nome-do-pai, no entanto, não explica os equívocos da constituição do sujeito, nem as falhas do sujeito, no sentido de que essa noção não dispõe de potência explicativa. Quaisquer que sejam os avanços nessa direção, será preciso considerar que a construção do sujeito é um processo permanente entre dois polos: *ser tudo* e *não ser nada*. Se a psicanálise afirmou que o conflito é constitutivo, daqui em diante é preciso considerar mais em profundidade a dimensão constitutiva da contradição, por exemplo, entre as polaridades tais que *estar ausente do mundo* (fundamento da objetividade) e *estar no centro do mundo* (fundamento da subjetividade). Entre esses dois polos da loucura, igualmente insustentáveis, se mantém o sujeito: a psicose seria a desarticulação desses dois extremos. Mas isso significa que a "loucura" pertence à definição do humano e da "normalidade", e a articulação estável não é nunca adquirida, de uma vez por todas, entre os dois polos loucos. A importância da noção de psicose para a psicanálise se deve ao que ela pode revelar do sujeito "no espelho de sua loucura" (1998, p. 269). Em outros termos, a psicanálise apta a responder aos desafios da personalidade ultracontemporânea deverá ser uma psicanálise capaz de descrever os mecanismos da constituição do sujeito e de sua instabilidade, de sua necessidade e de suas falhas.

A outra dificuldade da psicanálise é a articulação entre o cognitivo e o afetivo, posto que o inconsciente freudiano é essencialmente afetivo, ou melhor, "afetivo-representativo". Mas a questão do conhecimento enquanto tal lhe é estrangeira.

Quanto à perspectiva genética da psicanálise, será necessário levar em conta os avanços mais recentes da observação e repensar os processos de individuação psíquica, "a entrada em humanidade", como as escansões da consciência histórica, a escansão ao redor de 1800 que faz emergir a história, sua reorientação ao redor de 1900, assim como as novidades contemporâneas. O esquema seguido pela ortodoxia analítica é o da passagem de uma indiferenciação à diferenciação individual. Ora, em lugar de uma gênese linear, será preciso pensar "uma dialética com duas dimensões" (1998, p. 273), a abertura e o fechamento. A entrada na linguagem pode ilustrar essa nova exigência: a criança está *dentro* e não *fora* da linguagem, ela passa de um não controle que a concerne a um controle limitado, pois o mundo existia antes de nós e pode perfeitamente continuar sem nós.

Aí estão os limites que a teoria analítica deve ultrapassar, mas é preciso também levar em consideração os fatores externos à teoria e que exigem sua reconstrução. Pois a teoria freudiana propôs uma síntese de vários domínios de problemas – organização do campo psicopatológico, domínio da psicoterapia e domínio da experiência da alteridade –, uma síntese que, hoje, está em questão. O campo do psicopatológico tornou-se caótico a partir dos anos 1980: não há mais verdadeiramente neuroses, dissociação dos elementos que a compunham, como a histeria convulsiva, a crise de pânico, as obsessões, as fobias etc. Em outros termos, ocorreu um apagamento da distinção clássica entre neurose e psicose.

No domínio terapêutico, a confusão não é menor: retorno à hipnose e ao tratamento moral retomado pelas teorias cognitivas. Resulta daí que a questão terapêutica deve ser reaberta.

A experiência da alteridade é pensada, na ortodoxia, como alteridade a si. Essa experiência se inscrevia no interior da experiência de uma alteridade religiosa: "a alteridade definida pela dívida e pela dependência dos homens em relação aos deuses, pela prevalência cultural do invisível sobre o visível" (1998, p. 285). A experiência ultracontemporânea, pelo contrário, envia a uma alteridade exclusivamente de si mesmo, após a redistribuição do religioso fora da religião (ao redor de 1900) graças à "instalação de um religioso sem religião" (1998, p. 284). É a mesma coisa que dizer que a dimensão religiosa está sempre presente, ancorada antropologicamente além do funcionamento social, como o que faz de nós "seres do outro, divididos em nós mesmos e inexoravelmente levados a separar o sensível do suprassensível" (1998, p. 295).

III.

A questão do sujeito – do sujeito democrático em particular, de sua constituição, de sua estabilidade, de suas ambiguidades e de suas dificuldades e falhas – parece fornecer o eixo para as análises e reflexões de M. Gauchet.[9] Aliás, não parece exagerado afirmar que a

9 Já em seu primeiro livro (*La pratique de l'esprit humain*, 1980), com Gladys Swain, Gauchet lembra seu projeto de inscrever "o avanço freudiano no interior de uma história moderna do princípio de subjetividade" (1980, p. 25). Ele procura mostrar, contra a tese "romântica de Foucault de uma exclusão da loucura, as relações complexas entre instituição asilar e advento da democracia" (ver Gauchet & Swain, 2003). Pode-se resumir rapidamente sua tese liminar: o indivíduo moderno emerge de um longo processo de autonomia que rompe com a hierarquia religiosa do mundo e institui a democracia, antes de ser colocado em questão pela descoberta do inconsciente freudiano do indivíduo *burguês*, dúvida que restaura de algum modo uma transcendência. Esta tende a ser apagada no ultracontemporâneo, e o sujeito, liberado daqui em diante de qualquer referência exterior, tende a ser substituído por um fluxo contínuo e múltiplo de subjetividades.

questão do sujeito, de sua identidade, de seu fundamento e de sua constituição está no coração das múltiplas formas, figuras e caminhos do pensamento moderno e contemporâneo e que, direta ou indiretamente, a psicanálise faz parte de tal orientação. Ao longo do século XX, e, particularmente, após a Segunda Guerra, a psicanálise deu provas, em seu próprio campo ou como interlocutora, de uma grande potência inventiva social e cultural. Ela revelou seu parentesco íntimo com a democracia – não há psicanálise sob o totalitarismo – e com o movimento cultural de erosão da noção de sujeito autônomo, kantiano ou cartesiano, participando igualmente do esforço de deslegitimização de uma espécie de ideal humano (um ideal cultural do ego?) que parece se alimentar ou dar sentido ao declínio da transcendência religiosa. Daqui em diante com os pés sobre a terra, trazendo em si mesmo o inferno, habitante de um espaço humano atravessado pela vontade ou pelo desejo, o para-além do homem parece ter se tornado um espaço controlável pela potência humana de um sujeito presente em si mesmo, capaz de atravessar os obstáculos e as fraquezas da dimensão humana. Obstáculos que cederiam diante da força da razão ou da consciência. Esse sujeito triunfante, verdadeiro deus sobre a terra, vai ser submetido à prova do exercício da democracia moderna e da invenção da psicanálise, à prova do que lhe escapa sem lhe ser exterior nas relações com os outros, com o mundo e consigo mesmo.

E a contemporaneidade trouxe consigo uma nova etapa do processo de autonomia, observa Gauchet, uma etapa que varre o que ainda subsistia de heteronomia, produzindo uma "acomodação geológica", um "terremoto estrutural" pós-1968, marcado pelo "afastamento do político, pela ascensão do direito, pela tomada do poder pela economia" (Gauchet, 2017, p. 192), que cedem o lugar a uma nova economia psíquica, acrescentam alguns psicanalistas, insistindo sobre as relações entre neoliberalismo e desamparo das subjetividades.

A maioria dos psicanalistas franceses atuais parece se contentar com o trabalho de afinar teoricamente as proposições lacanianas no campo da subjetividade e fazem apenas referências massivas ao peso determinante do social ou do cultural. Interpreta-se e reinterpreta-se os textos lacanianos como textos sagrados, expõem-se suas próprias práticas clínicas para tirar lições técnicas, ataca-se de longe as pistas medicamentosas ou classificatórias da psiquiatria, denuncia-se ainda de mais longe o comportamentalismo e as terapias baseadas sobre a sugestão – e não se trata aqui de diminuir a importância dessas contribuições para o aprofundamento das bases do campo psicanalítico. Mas como não observar que a grande dificuldade epistemológica ou clínica dos psicanalistas para abordar o que se designa, não sem uma certa desconfiança, de *psicologia social.* Apesar dos textos ditos "culturais" de Freud, apesar da afirmação de Lacan para quem o inconsciente é o social, a ideia implícita parece ter se imposto de que o social é uma extensão ao coletivo dos mecanismos individuais (Freud o afirmava, mas também o problematizava) ou que a dimensão social ou cultural é apenas uma dimensão do indivíduo, e não um fator constitutivo da individualidade.

A hipótese que se apresenta aqui é que os herdeiros de Lacan receberam uma noção-chave (ou se deveria falar de um método?), a noção de *estrutura* (ou se deveria falar de estrutura dinâmica?), que não é nem individual nem coletiva, mas antes transindividual (e trans-histórica?), abrindo potencialmente o espaço para a análise dos mecanismos subjetivos e coletivos os quais, nesse nível estrutural, não se diferenciam mais. Pois a estrutura não é outra coisa senão uma forma, um sistema de relações formalmente imutáveis das possibilidades que ele capta, limita e exclui. As estruturas são universais esvaziados de seus conteúdos particulares ou sociais que, apesar de suas diferenças, obedecem à mesma lógica das relações.

Ora, isso não pode se dar sem suscitar uma série de perguntas tanto teóricas como clínicas, a começar pela questão sobre o que deve a noção de estrutura à noção, tradicional e ainda mais problemática, de natureza humana, que é um dos fundamentos do sujeito em processo de autonomia. Claro, a estrutura não tem conteúdo, enquanto a natureza humana é afirmada como conteúdo, por exemplo, os direitos humanos, a razão ou a compaixão. Esses conteúdos permitiram à noção de natureza humana funcionar como fundamento de um projeto ético e de um projeto político, respondendo à questão: o que fazer? A estrutura, quanto a ela, não parece dar lugar a uma ética ou a uma política: ela mostra ou descreve o que é e não pode ser de outro modo, para além das aparências. Uma psicanálise estruturalista não saberia como educar, governar e, levando ao extremo, não poderia nem mesmo curar. Ela só pode esclarecer a parte da heteronomia constitutiva do sujeito, o que, obviamente, acaba revelando ao mesmo tempo um espaço necessariamente limitado de liberdade – é o sentido do processo de autonomia do ponto de vista da psicanálise. Nesse sentido, pode-se afirmar que a psicanálise traz à luz do dia a *condição humana*, compreendida aqui como o conjunto das condições de possibilidade da humanização. Assim como ela permite captar como e por que a humanização pode falhar: o que implica que tais estruturas podem facilmente tornar-se *normativas*.

Mas, justamente aí, quais são o lugar e a importância do social e do cultural? Pode-se fazer a economia dessas perspectivas? Passar do individual ao coletivo não exige um exame clínico e teórico da pretensão à universalidade e à imutabilidade das estruturas? O que poderia implicar a análise dos processos coletivos, como Freud tentou mostrar no estudo sobre a formação das massas e de um ideal de ego coletivo. Em lugar de uma lógica única e unificadora, trans e supraindividual, o terremoto antropológico de que fala Gauchet não vem sugerir uma multiplicidade de lógicas que se cruzam, se superpõem, se determinam ou se anulam de maneira irredutível a uma lógica dominante? Daí também a necessidade de desenvolver as bases de uma psicologia coletiva que não seria a amplificação de processos individuais, mas que pudesse captar a interação complexa e recíproca dos dois. Há lugar aqui para se perguntar se o modo de teorização da psicanálise inspirado (e invejado) das ciências não ganharia uma nova importância aproximando-se da invenção poética. O objeto da psicanálise não seria tal que somente a narrativa, uma multiplicidade de narrativas poderia abordar? Pois, afinal, Freud é também o autor de *Totem e tabu*.

Não é o que fazem Charles Melman e Jean-Pierre Lebrun, dois psicanalistas cujas interrogações, análises e tentativas de resposta encontram as de Marcel Gauchet. Pois, para eles, os instrumentos conceituais lacanianos parecem continuar a ser operacionais. Pode-se demonstrá-lo a partir do texto que inaugurou um novo momento na psicanálise francesa: *L'homme sans gravité*.[10]

Há, sem dúvida, vários pontos em comum entre esses psicanalistas e os caminhos trilhados por Gauchet. *La nouvelle economie psychique* - dando conta dos novos modos e pensar e de gozar contemporâneos - parece, sobre um plano individual abrindo sobre um plano coletivo, encontrar o novo mundo descrito em *L'avénement da la démocratie* (volume IV), no qual Gauchet analisa a mutação do modo de funcionamento do coletivo abrindo sobre o individual. O traço que permite um tal encontro depende da similaridade das teses defendidas, isto é, que as mutações

10 A primeira edição data de 2002. Trata-se de uma série de entrevistas entre Melman e Lebrun, entre julho de 2001 e julho de 2002. O livro foi lido por um público exterior aos psicanalistas, o que não é comum e sugere que ele encontrou ou deu expressão a preocupações amplamente partilhadas. Não se ignora que ele tenha alimentado o arsenal argumentativo dos grupos que se opuseram (e se opõem) ao reconhecimento legal das novas figuras do casal e da família.

contemporâneas são efeitos da perda de referências, referências religiosas ou transcendentes para Gauchet, referências dando forma a um desejo submetido às regras da linguagem, ao Nome-do-pai, para os dois analistas. Nesse segundo enfoque, os indivíduos perdem sua gravidade, seu centro de gravidade, e gravitam como planetas perdidos ao redor do objeto que lhes promete o gozo. O psicanalista vê aí, como efeito da perda das referências, a constituição das massas, isto é, do conjunto não organizado de indivíduos tendo perdido as referências. Parece então a Melman inevitável que a massa se organize como tal pelo estabelecimento de ditaduras e da figura do inimigo. Marcel Gauchet prefere falar de *atomização*, isto é, liquidação dos chefes, o que implica uma reivindicação de identidade sem referência a uma autoridade superior. Por enquanto, os processos parecem indicar sobretudo o esfacelamento do laço social em marcha para o totalitarismo, razão pela qual ele recusa o diagnóstico de psicose social avançado por Melman: não há, propriamente falando, ruptura. A contradição é sempre operante no espaço da relação à realidade: assim, por exemplo, a contradição entre o processo de individuação e o aumento da dependência ocultada em relação ao Estado, uma contradição que engendra um indivíduo autocontraditório. Um outro exemplo é a contradição da liberdade do mercado que não pode existir sem o Estado que garante as condições de seu funcionamento.

Retenhamos aqui esse ponto de desacordo aparente entre Melman e Gauchet a propósito do diagnóstico de psicose social aplicado à sociedade contemporânea. Há acordo sobre a importância da encruzilhada entre o psíquico e o social nesse momento em que a economia de mercado toma o lugar do simbólico. Daí a conclusão de *L'homme sans gravité*: vivemos em uma sociedade de dessimbolização, desinstitucionalização, na qual o sujeito é referido não a um ideal, a uma neurose que lhe escapa, mas a objetos sucessivos de gozo (bulímicos, anxiogênicos etc.). A possibilidade nova é oferecida ao indivíduo de ter múltiplas vidas, de se constituir como "polissubjetividade" (Melman, 2002b, p. 117). O homem ultracontemporâneo não é ainda psicótico, mas está bem perto: a esse "homem liberal", a essa subjetividade flutuante, sem centro de gravidade, só resta a *perversão* como referência e bússola, a perversão como única defesa contra a "desrealização" total que o ameaça.

Diante dessa nova economia, o papel do analista não é o de educar, nem o de governar os indivíduos que recebe, mas ele deve esclarecer a significação de seus gestos. Em outros termos, sua tarefa não mudou, trata-se sempre de "confrontar um sujeito à significação de suas condutas" (Melman, 2002b, p. 162). Ele não pode nem deve tentar outra coisa, como colocar um pai abusivo diante de sua responsabilidade: "o papel do psicanalista não é o de salvar o pai enquanto representante da linguagem" (2002b, p. 79). E pode-se acrescentar, nem de salvar ou de sustentar de qualquer maneira que seja o patriarcado enquanto sistema do laço social. É o mesmo que dizer que, se a psicanálise não precisa de novos conceitos, se o analista conserva seu papel, como se pode evitar as novas questões relacionadas à nova economia psíquica, por exemplo, no que diz respeito à *transferência*, sem a qual a análise não pode funcionar? Em resumo, se as análises e generalizações de Melman e de Lebrun não parecem ser orientadas por uma nostalgia do patriarcado e das relações sociais marcadas pela hierarquia, elas são, no entanto, caracterizadas por uma espécie de "pessimismo" quanto ao futuro do sujeito contemporâneo e às possibilidades da cura psicanalítica. Parece evidente que tal "pessimismo", que se aproxima frequentemente do "catastrofismo" e ganha tons "apocalípticos", está relacionado à impossibilidade dos dois analistas de pensar para além da referência às estruturas lacanianas supostamente imutáveis e normativas na constituição do sujeito humano. Daí o sentimento de uma marcha inelutável no sentido da decadência da subjetividade e, em consequência, do laço social, decadência diante da qual a psicanálise só pode se contentar de esclarecer os mecanismos. Esclarecimento em termos do que *falta* ou se desfaz na construção da subjetividade contemporânea. Mesmo se parece claro que o esclarecimento dos mecanismos afetivos da construção do sujeito torna visível um espaço novo de possibilidades, tal dimensão liberadora, marcada, no entanto, pela ausência, a cura analítica parece inoperante quando a singularidade individual é colocada na perspectiva do coletivo. Mais ainda, ela ganha a postura equivocada do que *deve ser*, sem, no entanto, dar conta do que *é* analisado em termos do que falta.

Marcel Gauchet tem como projeto a compreensão da história sem recurso ao marxismo e ao estruturalismo, mas também fora de um enfoque fenomenológico que ele atribui, com razão, a Claude Lefort: "Com efeito sou kantiano, mas no interior da história" (Gauchet & Swain, 2003, p. 30). O que implica que não são os mandamentos da razão que guiam o saber das coisas, menos ainda o que convém fazer, mas as lições da história. Daí o esforço para construir uma narrativa histórica que dê sentido ao passado, esclareça o presente e o que fazer no futuro. Daí também sua atenção às contradições ou ambiguidades diante das quais os psicanalistas parecem pouco sensíveis, provavelmente por falta de sensibilidade histórica. Um exemplo deve bastar como ilustração.

Na ocasião de um diálogo entre Gauchet e Melman, o primeiro dirige aos analistas a questão da identificação a propósito das transformações nos modos de socialização. Em lugar do perigo do totalitarismo (que denuncia Melman), Gauchet prefere falar de atomização e de apagamento no indivíduo contemporâneo da capacidade de identificação. Para ilustrar seu argumento e afirmar que a identificação não somente não desapareceu, mas que tal mecanismo é bastante ativo na criação contemporânea de grupos à procura de um chefe absoluto, Melman lembra que nenhuma escola francesa ousaria hoje impor o uniforme a seus alunos. Ora, espontaneamente os jovens, rapazes e moças, acabaram se impondo um uniforme unissex. No grupo, caracterizado pelo efeito especular, a força aumenta segundo a quantidade de aderentes: "esses grupos fraternais acabam sempre, apesar do igualitarismo, da paridade, da igualdade sexual dos participantes, por se organizar em torno de um irmão mais velho que tem a função de chefe, de chefe absoluto e que é amado por essa razão" (Melman, 2009, p. 158). Ao que responde Gauchet que o analista peca por ausência de afinamento de sua análise, pois o uniforme unissex não é representado como tal pelos jovens que estão convencidos de sua diferença: "o uniforme é procurado e negado, os dois funcionam ao mesmo tempo" (Gauchet, 2002, p. 164). Uma análise fina dos modos de socialização e de construção da identidade contemporânea deve dar conta desses paradoxos. Há aí uma espécie de denegação coletiva que engaja a sociedade em um processo de autodestruição: "uma sociedade que quer ignorar o que lhe permite de funcionar" (Gauchet, 2002, p. 135).

Ora, se os jovens não representam como uniforme sua maneira de se vestir, é porque a uniformidade acompanha de perto a procura inventiva das diferenças e da singularidade, perceptíveis apenas ao olhar experimentado. Claro, há o signo de diferenças importantes dado pelas marcas e preços correspondentes, mas também há os detalhes às vezes ínfimos, mas procurados com tenacidade e imaginação inventiva, que qualquer jovem é capaz de produzir para se singularizar. As coisas podem passar pela barra das calças, por um modo particular de rasgar as calças, por um corte do cabelo, uma cor de maquiagem etc. Sobre um fundo de igualdade que tende a apagar as diferenças de sexo se inscreve a procura teimosa da diferenciação que a observação atenta de uma classe de jovens fornece como espetáculo instrutivo. A diferenciação não é apenas representada, ela é efetivamente produzida, exposta, pode-se dizer que ela é mesmo produzida continuamente em relação aos outros e a si mesmo.

A análise de Melman comporta uma outra dificuldade, dessa vez de natureza conceitual. Pois, para ele, o desejo de igualdade é interpretado como desejo de se desembaraçar do desejo, na medida em que o apagamento das diferenças ou das desigualdades implica apagamento dos princípios organizadores do desejo. Resulta daí, para Melman, que "a igualdade é um desejo de morte" (2009, p. 91), pois a alteridade tende a desaparecer. Ora, há aí uma confusão resultante, curiosamente, da pouca atenção dada às potencialidades de significação das palavras e, em consequência, ao que elas enviam. De fato, um ponto cego intelectual com consequências importantes. Pois *igualdade* não se opõe a *diferença*, nem esta àquela. Pode existir entre as duas palavras um *différend*, mas trata-se de uma outra história. No entanto, os dois termos se opõem à *hierarquia*, apesar da forte tendência cultural a confundir *diferença* e *hierarquia*. Ora, a *diferença* é hierarquizante se entre coisas diferentes ou entre as características que distinguem uma coisa da outra (por exemplo, uma mulher de um homem) supõe-se um princípio *sagrado* de ordenação de uma sobre o outro. *Sagrado* aqui significa exterior à natureza e à função dos caracteres distintivos, mas atingindo-os. No caso da relação hierárquica mulheres/homens, supõe-se que a hierarquia se funda sobre a lei transcendente e imutável da natureza ou uma origem divina. Ora, se a referência organizadora da hierarquia é abandonada, as diferenças não desaparecem ao mesmo tempo – apenas desaparece a hierarquia entre elas – e podem ser concebidas sob a forma de uma distribuição horizontal sobre o plano da igualdade. Elas não deixam de ser diferenças, mas seu jogo está liberado do princípio hierárquico. As identidades e os lugares tornam-se flutuantes, é claro, isto é, submetidos à incerteza. Resta saber se esses átomos flutuam e se inventam sem sofrer a ação de outras forças exteriores à sua individualidade evanescente ou se, pelo contrário, eles aparecem no cruzamento de forças múltiplas e dinâmicas.

IV.

É aqui que os caminhos se cruzam: o da crítica interna da noção de sujeito feminino para Butler e a análise da personalidade ultracontemporânea ou da nova economia psíquica de Gauchet, Melman e Lebrun. Não se trata certamente do mesmo projeto intelectual, nem da mesma estratégia discursiva, o cruzamento não permite imaginar um futuro comum. Mas eles encontraram ou chegaram a se confrontar com a mesma questão sobre o futuro, sobre as possibilidades e limites que seus desenvolvimentos independentes anunciam: o que fazer?

Para a psicanálise: há ainda um lugar para a análise? O que pode fazer o analista que experimenta uma clínica individual ou coletiva nova? Como conceber uma clínica do coletivo? As ferramentas conceituais tradicionais são ainda capazes de guiar o trabalho clínico ou dar coerência à teoria? O enfoque estrutural que supõe invariâncias fundamentais pode ainda manter sua promessa científica de fundação da teoria, de sua transmissão e de formação dos analistas?

Para os feminismos: como conduzir uma política de emancipação sem sujeito a emancipar? As feministas podem pretender ainda elaborar temas que não remetem mais a um referente dado ou estável? Uma política "feminista" é ainda possível com exclusão de outras figuras e formas da dominação? Que lugar e que papel ocuparam e exerceram os movimentos feministas na história das democracias modernas? Um lugar periférico e um papel marginal, mas cujos efeitos manifestam e revelam os próprios fundamentos da democracia?

Para a política: se a democracia é "o emblema dominante da sociedade contemporânea" (Badiou, 2009, p. 15), suas contradições, suas ambiguidades, suas promessas e os perigos que a ameaçam até mesmo de decomposição ou de inversão em seu contrário interrogam e exigem respostas quanto à direção a tomar, às instituições a sustentar ou a reformar, às possibilidades e limites de seu desenvolvimento. O que fazer? Mais do que nunca uma questão urgente, tanto no plano teórico como no plano das ações políticas. O que fazer diante das novidades e das exigências de transformação dos laços sociais? O que fazer diante da dissolução mundial das fronteiras reais ou imaginárias e diante das reações radicais que ela suscita? O que fazer diante do que parece inexorável na extensão da lógica econômica a todos os domínios da vida e da coexistência?

Se as teorias políticas não ignoram a novidade dos feminismos e de seu alcance como um dado a interpretar e a integrar na compreensão do ultracontemporâneo, a psicanálise, quanto a ela, tende a ignorá-los ou a considerá-los apenas na abstração englobada em termos de feminino, de materno, de matriarcado etc. Uma maneira de valorizar antes de tudo as estruturas e de não se deixar interrogar pela emergência, pela persistência e pelos efeitos dos feminismos na aventura democrática moderna.

Mas há exceções sobre as quais se pode meditar. Assim, para Marie-Laure Susini, o combate contra o patriarcado não está mais na ordem do dia: "hoje, trata-se mais de tomar a medida da mutação pela qual passam as mulheres" (2014, p. 10). Não sem uma certa simplificação, a mutação é pensada em termos de efeito da intervenção da ciência no real da procriação, intervenção que transformou os fundamentos das sociedades humanas, pois a função do

Pai cedeu seu lugar à lei da Mãe. Há certamente oposição das religiões, mas as mutantes, caso tomem consciência do que está acontecendo e assumam as consequências, ganharão rapidamente todo o poder. A figura ultracontemporânea da mutante se manifesta na presidência do Yahoo, Marissa Meyer,[11] escolhida em 2012, grávida de seis meses; a figura de um modelo de mutante inspirado das revistas femininas entre 2012 e 2013; a figura de Lisbeth Salander, personagem da trilogia *Millenium*, apresentada como uma amazona. Com lirismo, Susini descreve os fatos e as ações de Lisbeth e faz associações que lembram de perto certos clichês psicanalíticos: ela vinga as mulheres (sobretudo sua mãe) pelo mal que os homens (em particular seu pai) lhes fizeram, ela faz parte de uma comunidade de *hackers* em que não existe diferença sexual, ela cruza o caminho de bons pais de substituição e se apaixona por um homem novo, um macho sem poder, que não se toma pelo proprietário das mulheres que ama. O desembarque da mutante seria, segundo a autora, o ponto de chegada de uma via aberta pelas pioneiras: George Sand, Gabrielle Chanel e Margareth Mitchell.

O que é curioso nesse texto redigido por uma psicanalista é a predominância da descrição sobre a análise, uma descrição de imagens ligadas a associações que não aprofundam a compreensão clínica, teórica ou histórica. Poderia se dizer que as imagens fascinam. Mais ainda: nenhum esforço é feito para estabelecer uma relação entre as pioneiras e as figuras atuais aos desenvolvimentos dos feminismos, como se as figuras descritas flutuassem em uma espécie de vazio político, social e cultural, seus fatos e ações dependendo apenas da subjetividade. Talvez seja a razão pela qual a mutação e seu futuro são – em uma afirmação dada como evidente, sem precisar de análise ou de aprofundamento – consideradas

---

11 Marissa Meyer, presidente do Yahoo de 2012 a 2017, quando foi demitida em razão da baixa nos lucros da empresa.

como resultando de uma invenção científica: a pílula ou outros meios contemporâneos de contracepção. Teria sido possível, pelo menos, se perguntar se o esforço de conhecimento dos mecanismos da reprodução humana não tem suas raízes mais profundas na insatisfação das mulheres limitadas à tarefa de perpetuar a espécie. Uma insatisfação que vem de longe, que tem sua história, suas transformações e suas significações, que não são nunca independentes do que se manifesta social e culturalmente. Enfim, não parece que se possa simplesmente reduzir o sentido da mutação, politicamente falando, a uma inversão nas relações de poder: o matriarcado no lugar do patriarcado, a mulher inteligente, esperta e poderosa diante do homem privado de poder. Essa tese foi sustentada por alguns grupos feministas radicais, certamente. Mas como não perceber que a relação de dominação permanece então idêntica, apesar da mudança dos atores. Lisbeth, aliás, ilustra bem essa inversão: ela derrota os homens, pouco importa se são fortes ou espertos. Marissa Meyer dirigiu sua empresa de maneira diferente do que qualquer outro presidente teria feito? Seu fracasso tem uma relação qualquer com seu sexo ou com a maternidade? As regras de funcionamento e de avaliação da gestão no capitalismo neoliberal não mudam, mesmo se os atores mudam.

Em uma outra perspectiva, mais universal – cultural ou antropológica –, Gérard Pommier (2014) redigiu um belo ensaio que estabelece corajosamente relações entre a questão psicanalítica do feminino, as transformações dos feminismos desde o fim do século XVIII, a interrogação sobre a função paterna e o patriarcado, assim como a tendência contemporânea, entre os analistas de diferentes orientações, de falar da crise atual como relacionada ao declínio do pai, da lei, da autoridade, das referências etc. Ele não hesita em mostrar como e por que Lacan está implicado nessa tendência (particularmente sob a influência de Durkheim e antes do encontro com Lévi-Strauss) e em sublinhar toda a riqueza que se pode extrair das ambiguidades de Freud a propósito da feminilidade. Uma tal complexificação do problema é um convite à reflexão. Na "declinomania" ambiente, Pommier detecta uma nova manifestação do "desejo de pai", uma dimensão que é pouco ou jamais explorada do mito psicanalítico fundador da sociedade formulado em *Totem e tabu*.

Resulta de suas análises a elevação do feminino, objeto causa do desejo, à posição de um princípio desorganizador da sociedade, contra o qual se erigiu o patriarcado e que guia, ainda hoje, os que analisam a crise como resultando de um declínio da autoridade paterna que a linguagem representa. O "desejo de pai" é desejo de manter a ordem se protegendo contra as gerações que estão chegando. Nesse sentido, tal desejo mostra sua cegueira e revela a culpabilidade que o persegue: ele tornou-se pai matando seu próprio pai. Daí seu medo de ter o mesmo destino inexorável diante de seus filhos. Daí a condenação sem apelo das novas gerações – os "declinomaníacos" falam bastante das crianças e dos jovens – que, sob o efeito da desordem em ação na cultura, procuram alargar o campo do gozo. Os pais querem conservar a ordem estabelecida pelo poder adquirido quando se tornaram pais. É seu desejo: "e como esse desejo é orientado pelo e para o feminino, são os movimentos feministas ou de liberação das minorias sexuais que são acusados de destruir as bases simbólicas da sociedade" (Pommier, 2014, p. 250s). Se o feminino é o objeto causa universal do desejo, sempre reprimido pois produtor de desordem, e se ele se manifesta na atualidade pela e na transformação das relações entre homens e mulheres, nas transformações em profundidade da família e das relações com a sexualidade, tudo isso traz à luz do dia algo que os psicanalistas tendem a ignorar, isto é, que a queda do pai não é uma novidade, pois faz parte do acontecimento fundador da sociedade: o pai morto é o motor da história. Por outro lado, o poder das mulheres, o poder que tiram do feminino, elas o ignoram, razão provável pela qual, quando o feminismo se articula como "tomada do poder", ele serve apenas para reforçar o poder patriarcal. Fazer do feminino o objeto eterno do desejo e princípio de desordem não implica procurar que, na atualidade, se manifestem novas figuras e formas de poder.

Gérard Pommier e Markos Zafiropoulos são praticamente os dois únicos psicanalistas franceses contemporâneos a aceitar a interrogação colocada pelos feminismos e a não recuar diante do esforço para medir seus efeitos sobre a clínica e sobre a teoria psicanalíticas. O segundo insiste particularmente sobre uma reformulação do mal-estar na cultura, para fundar uma antropologia psicanalítica, o primeiro sobre os efeitos de uma outra compreensão da sexualidade feminina sobre a teoria psicanalítica. O que surpreende um pouco nesse esforço raro é a ausência de uma preocupação mais explícita, mais elaborada, da dimensão política da questão, mais particularmente em relação com a democracia moderna. Ora, os feminismos em suas diferentes versões e a invenção psicanalítica – nunca se insistirá demais – são inseparáveis do advento da democracia moderna, e não se trata simplesmente de coincidência no tempo: as questões, as transformações, os destinos são entremeados e merecem um esforço para esclarecer pelo menos alguns de seus aspectos mais importantes. Talvez se possa assim obter uma percepção mais lúcida do que convém fazer e das respostas possíveis.

É nessa perspectiva que se inscreve o ensaio de Camille Froidevaux-Metterie, *La révolution du féminin*, fortemente marcado pelo pensamento de Marcel Gauchet a propósito do processo de autonomia e de individualização que ocupa o centro do nascimento da democracia moderna. Gauchet, com efeito, elaborou uma espécie de matriz hermenêutica da modernidade, isto é, do esforço moderno dos humanos para compreender e controlar sua condição

– um esforço marcado pelo fato de que um avanço implica sempre a emergência de um novo ponto cego, de novas questões, de novas heteronomias – matriz que Froidveaux-Metterie utiliza para compreender os movimentos feministas modernos e melhor demarcar um novo campo de investigação. A ambição desse ensaio merece uma análise exaustiva dos diferentes aspectos desenvolvidos. A qual não tem lugar aqui. Basta abordar a passagem em que a autora propõe uma síntese em três grandes momentos da história dos feminismos para conduzir o leitor à atualidade e assinalar um novo ponto cego.

Esse momento nos conduz à tese do ensaio de Butler. A partir de 1990, com Butler e o apagamento do sujeito feminino, Froidevaux-Metterie assinala a ocultação ou um esquecimento, a saber, que as mulheres são também sujeitos concretos sexuados. A história dos feminismos aparece então como um longo esforço para ocultar ou esquecer a *invariante antropológica*: há dois sexos, o individualismo não pode ignorá-lo, os sujeitos são encarnados e sexuados. Então, por que a corporeidade foi desvalorizada durante a história dos feminismos?

Essa história do combate das mulheres contra a exclusão pode ser narrada em três ondas: as sufragistas (mais ou menos até 1949), a busca de emancipação (Segunda Onda, a partir de 1949 e sobretudo de 1960, completada pelos estudos de gênero, ao redor dos anos 1980), para chegar até os ativistas LBGT e à teoria *queer* nos anos 1990, data da publicação do livro de Butler nos Estados Unidos. Sempre segundo Froidevaux-Metterie, o fio condutor desses três momentos é a diferença sexual, a começar por aquela entre homens e mulheres. Antes da revolução da procriação, as feministas afirmavam a função social da maternidade no interior do quadro hierárquico que as limitava a um destino de reprodução da espécie. Com *Le deuxième sexe*, Simone de Beauvoir se eleva contra o destino que a conduz a *ser*, proibindo-a de *fazer*. Nos anos 1960, é contra a prisão doméstica e a exclusão do espaço público que se organizam as feministas, a mulher se constituindo então como um grupo homogêneo, um sujeito coletivo formado pelas mesmas condições de exclusão. A maternidade e a heterossexualidade não são sempre consideradas como formas de dominação, mas são sempre *fazer*, escolhas livres. Ao mesmo tempo os estudos de gênero começam a recusar toda diferença de ordem natural ou essencialista nos jogos da dominação. Segue-se a desconstrução do gênero que conclui esse movimento por uma crítica interna do princípio de identidade e pela afirmação das minorias perturbadoras: "Tudo se desenvolve como se, na diversidade de configurações de gênero, a opção 'mulher heterossexual' não fosse mais digna de interesse, suspeita de inautenticidade, culpada de conformidade com o mundo da dominação masculina" (Froidevaux-Metterie, 2015, p. 214).

O resultado dessa crítica radical de qualquer definição é o desaparecimento das mulheres, ou melhor, sua inclusão no espaço largo dos oprimidos. O que está em jogo agora não é mais a emancipação das mulheres, mas um combate que abrange todas as relações de dominação. E a questão se coloca: "Mas o que é um feminismo sem mulheres?" (2015, p. 249).

Aproxima-se aqui do paradoxo contemporâneo da condição feminina, segundo Froidevaux-Metterie: a revolução feminista obteve satisfação, pelo menos ao nível dos princípios, de suas reivindicações, ela está obtendo satisfação pelo menos na esfera ocidental do planeta. Mas essa vitória trouxe com ela o desaparecimento das mulheres, isto é, a homogeneização que transformou nossas sociedades em sociedades neutras e mistas, nas quais a zona iluminada se reduz ao indivíduo portador de direitos, deixando na sombra que os sujeitos são também, inexoravelmente, concretos e sexuados. Antes havia duas ordens de existência, o público e o privado. A revolução do feminino teve por efeito uma mutação antropológica dessa distribuição: daqui em diante é questão de público-político, privado-social e íntimo. Justamente aí se abre, mais uma vez, a interrogação esquecida quando se consideram as mulheres como indivíduos de direitos. E não se trata absolutamente de recusar o que já se obteve, mas de restabelecer um equilíbrio, de recuperar um esquecimento: "pois é bem juntos que se trata de considerar as dimensões do íntimo, do privado e do público", pois "ser um homem ou uma mulher é também ser um sujeito de sexo feminino ou masculino experimentando em sua relação consigo próprio, com os outros e com o mundo uma experiência singular relativa à dimensão sexuada da existência" (2015, p. 251).

Não parece assegurado que a autora tenha tomada a medida exata da crítica de Butler à noção de gênero: o que está em jogo para Butler não é a "mulher heterossexual", mas a "matriz heterossexual" no fundamento das identidades.

V.

No fim desse percurso, e mesmo se ele conduziu apenas a uma espécie de encruzilhada a partir da qual se multiplicam os caminhos da análise e do questionamento, é possível pelo menos perceber a geografia. Os feminismos foram e são uma força poderosa, crescente e ativa no interior da democracia moderna, desde meados do século XIX, e produziu ou contribuiu para a produção de efeitos decisivos sobre os laços sociais e a construção das subjetividades. A possibilidade dos totalitarismos nasceu igualmente com a democracia moderna, mas como sua negação, como recusa radical da incerteza engendrada pela aventura democrática moderna e a institucionalização do conflito, da dúvida e da contestação.

Os feminismos submeteram a democracia a uma prova, mas também revelaram assim sua potência criativa e sua importância: seu inacabamento constitutivo.

Nesse sentido, parece apropriado afirmar que a novidade introduzida pelas revoluções democráticas na vida-em-comum é a ativação de um princípio multiplicador de recusa de qualquer forma de dominação. Esse princípio multiplicador – no sentido em que traz à luz novas figuras da dominação e multiplica os conflitos – parece ter um efeito paradoxal: ele promove a igualdade (ou a *égaliberté*, neologismo criado por Etienne Balibar) ao mesmo tempo que a individualização. Considerando-se assim as coisas, o totalitarismo aparece como uma tentativa de realizar uma organização do social orientada pelo fantasma de uma síntese entre duas impulsões contraditórias. Mas, então, o neoliberalismo não é o oposto do totalitarismo, na medida em que se alimenta e alimenta ele mesmo as duas impulsões ao mesmo tempo? Esse movimento, que nada parece poder perturbar, faz do neoliberalismo a figura final da democracia moderna?

Não há dúvida que os feminismos não se constituíram como força de contestação independente e autônoma, sem relação com outras instâncias da vida em comum, por exemplo, com as mutações econômicas e do mercado de trabalho, os progressos da tecnociência ou outros espaços de contestação e de luta contra as desigualdades, as injustiças, as discriminações e outras formas de dominação e de exclusão. Nesses encontros, as divergências e as convergências são de ordem local – por exemplo, nos Estados Unidos, a associação das feministas ao combate pela temperança ou a abolição da escravidão; ou, na França, a associação entre os feminismos e os primeiros passos da Revolução Francesa, os feminismos e o desenvolvimento do socialismo. Tais encontros merecem certamente os esforços dos historiadores e das historiadoras para estabelecer ou restabelecer os fatos, avaliar sua importância e seus efeitos.

Privilegiamos aqui a análise das relações complexas e múltiplas entre os feminismos e a psicanálise. A descoberta do inconsciente, a importância revolucionária dada à sexualidade, os caminhos que tais descobertas abriram para o saber da constituição da subjetividade e de seus efeitos sobre a relação a si mesmo, aos outros e ao mundo, conduziram Freud a interrogar as origens da cultura e da sociedade, assim como seu modo próprio de funcionamento em uma perspectiva psíquica. Tal revolução é parte integrante da aventura democrática, uma aventura da qual a psicanálise esclareceu novas dimensões e novas interrogações, em particular a propósito da autonomia do indivíduo racional, transparente e mestre de sua vontade. Não surpreende então que os feminismos tenham encontrado na psicanálise matéria permitindo a elaboração de suas próprias questões, análises e reivindicações, mesmo quando o resultado foi o processo da misoginia implícita ou explícita na clínica e na teoria psicanalíticas. A história das relações entre os feminismos e a psicanálise nos Estados Unidos ilustra bem as dificuldades: a psicanálise forneceu as ferramentas para um combate pela liberação das mulheres e sua clausura no maternidade e no familiar, assim como para um combate visando excluí-las do espaço público e cultural, visando sua condenação à invisibilidade do doméstico. O futuro pós-freudiano da psicanálise foi diferente na Inglaterra e na França, mas as relações com os feminismos são igualmente ambíguas. Permanece o fato de que na Inglaterra, na França ou nos Estados Unidos, poucos psicanalistas parecem ter sido sensíveis às interrogações colocadas pelos avanços, pelas reivindicações, pelas teses ou pelas práticas feministas, seja no plano da construção da subjetividade, seja no plano da psicologia social. Sob reserva de uma pesquisa mais extensa na bibliografia psicanalítica, pode-se afirmar que são raros os esforços de levar em conta os feminismos para uma (re)avaliação ou (re)formulação das teorias e práticas psicanalíticas. Mas seria preciso analisar mais de perto as psicanalistas francesas – Antoinette Fouque, Luce Irigaray e Julia Kristeva, pelo menos.

E, no entanto, se se considera o livro de Butler de 1990 como uma viravolta no movimento feminista e o esforço teórico dos "declinomaníacos" franceses como um signo da necessidade de refundar a psicanálise, é preciso reconhecer que um e outro, por caminhos diferentes, se confrontam a novos desafios subjetivos, políticos, sociais e culturais colocados ou reforçados pelo neoliberalismo invasor. A questão se põe de saber se esses novos desafios não exigem, para ser formulados e elaborados, um para-além crítico e prático dos feminismos e da psicanálise, um para-além que não pode se abrir sem a tentativa de compreender o que os tornou inaptos a perceber a novidade, assim como o espaço de interrogação (re)aberto por ela. Esse espaço parece inegavelmente ser um espaço político, espaço de cruzamento e de complicação da multiplicidade de dimensões da subjetividade ao coletivo, do social ao cultural, do psicológico ao antropológico. E isso esclarece pelo menos parcialmente o que os feminismos, mas sobretudo a psicanálise, não puderam perceber, a saber, que na democracia moderna as fronteiras entre os domínios do poder, do saber e da lei não são fixos e que é apenas quando se é sensível à incerteza, à força de inversão e de complicação das coisas humanas que se pode esperar formular alguns traços de um sentido.

É na terceira parte de seu livro que Froidevaux-Metterie desenvolve a dimensão analítica de sua tese, tendo consagrado as duas primeiras à crítica: a revolução do feminino ocorreu nas sociedades ocidentais modernas obedecendo a uma lógica da igualdade que tende a dessexualizar os papéis sociais, a engendrar uma sociedade neutra e mista. Ora, ao redor dos anos 2000 cresce um desinteresse notável pela causa feminista. Alguns autores designam esse movimento como *Terceira Onda*, mas a autora explica que, como agora as mulheres são indivíduos de direitos, indivíduos puramente abstratos, esqueceu-se que as mulheres são, ao mesmo tempo, sujeitos concretos possuindo um corpo que permite a mediação da relação a si, ao mundo e aos outros. Trata-se aqui do ponto cego dos feminismos, segundo Froidevaux-Metterie, particularmente das teses universalistas que dominam os feminismos franceses contra as teses essencialistas ou diferencialistas. O feminino tem uma longa história de clausura de lado do corporal-imanente ligado às capacidades reprodutivas da espécie, enquanto o masculino afirmou-se do lado do racional-transcendente. Os feminismos rejeitaram a associação das mulheres à natureza no combate pela igualdade de direitos e, desse modo, permitiram a emergência do indivíduo abstrato, o que tem por efeito a repetição da desvalorização tradicional da corpo feminino, no momento em que as mulheres se liberam da obrigação sexual da reprodução e seu corpo pode tornar-se vetor de uma liberdade inédita na história.

Tal contradição interna aos feminismos pode ser esclarecida, segundo Froidevaux-Metterie, que propõe seu ultrapassamento na terceira parte de seu ensaio. Ela se serve da descrição fenomenológica para interrogar o sentido da dimensão corporal das mulheres na situação contemporânea. Pois, no quadro do desprezo do corpo próprio à tradição do pensamento ocidental, a tradição fenomenológica é uma exceção, ela é a única a reabilitar a dimensão encarnada da existência.

Não há lugar aqui para a análise e discussão do enfoque fenomenológico do corpo feminino como "corpo vivido" (Froidevaux-Metterie, 2015, p. 274). Ele poderá ser examinado em outro lugar juntamente com o projeto de um feminismo fenomenológico, suas prováveis relações com o que se designa como *Terceira Onda* dos feminismos, ou em paralelo com outras considerações da corporeidade. Um ponto importante desse enfoque deve bastar para ilustrar a intenção da autora: a maternidade.

Segundo Froidevaux-Metterie, de Simone de Beauvoir a Elisabeth Badinter, há um discurso social de depreciação da maternidade. É um fato, a maternidade tornou-se uma opção e isso a caracterizou como ponto máximo da emancipação na revolução do feminino. Mas o autor detecta aqui uma contradição, a saber, que a desvalorização social da maternidade ou a injunção, ela também social, de uma realização individual liberada da maternidade não implica o desaparecimento da perspectiva materna, sempre valorizada coletiva e individualmente. Sendo daqui em diante uma escolha livre, coloca-se a questão da significação subjetiva da maternidade: "a procriação sendo uma escolha livre, ela aparece como a mais sublime entre todas" (2015, p. 337). E isso faz com que a maternidade adquira uma significação subjetiva de idealização social do materno, o materno tornando-se assim um modelo "para todas as relações sociais" (2015, p. 33): o ideal de empatia e de reconciliação entre "desejos internos e aspirações sociais" (2015, p. 340). Antes os homens tinham por modelo ideal o sacrifício de si e a implicação social total, e as mulheres se limitavam ao materno e ao conjugal. A revolução do feminino, "sobre fundo de radicalização neoliberal do individualismo" (2015, p. 340), abriu o caminho e inventou um "matriarcado cultural" (2015, p. 338). Esta é a lição que aprenderam as filhas de 1968: a dualidade antropológica da qual não se deve excluir a maternidade como possibilidade de desejo de uma realização. Se, para a autora, a psicanálise diferencialista de Antoinette Fouque exagera quando concentra exclusivamente sobre a gestação a expressão democrática moderna, é com Kristeva que ela encontra matéria de reflexão sobre o sentido da gestação, da pós-gestação como algo "de singular, talvez mesmo de singularmente feminino" (2015, p. 352). Essa é a hipótese que deve ser formulada e que estende tal possibilidade "a qualquer pessoa maternante, pouco importa seu sexo" (2015, p. 352). E há ainda uma outra extensão possível da hipótese que esclarece ainda mais por que o feminino tornou-se um modelo da relação social: "dotadas de uma disposição para se projetar fora delas mesmas para se preocupar com os mais vulneráveis e, em primeiro lugar, com as crianças que transportam e das quais se ocupam, a mulheres vivem segundo uma postura eminentemente *relacional*. Em uma palavra, são indivíduos anti-individualistas" (2015, p. 355). E a autora encontra as palavras de Saint-Exupéry com as quais Merleau-Ponty conclui a *Phenoménologie de la perception* (1939), deixando a palavra ao herói: "o homem é apenas um nó de relações, só as relações contam para o homem" (2015, p. 520). O que significa reconhecer às mulheres herdeiras da revolução do feminino o papel de heroínas, de modelos, de novas figuras ideais da sociabilidade. Elas são o *ser humana*.

O acesso a essa nova posição das mulheres tornou-se possível com o advento do *íntimo* como domínio da livre escolha, marca da subjetividade controlada. Isso impõe igualmente aos homens que integrem ao estatuto social rígido as dimensões do *íntimo*, essa aspiração feminina nova de harmonização entre o público e o privado que, a partir da experiência quotidiana, tornou-se um ideal a realizar para todos os sexos. Claro, isso pode ser ressentido como uma ameaça para os homens confrontados à necessidade de assumir a *intimização* da existência, a feminizá-la de algum modo. Mas cabe às mulheres mostrar qual é o caminho a seguir: "Por terem sido, durante séculos, apenas corpos ou quase, elas são capazes de ensinar aos homens o que significa essa nova condição humana que faz de cada um de nós sujeitos concretos assim como indivíduos abstratos" (2015, p. 366).

Essas teses têm a intenção de se opor e de superar as teses do feminismo universalista e do feminismo diferencialista. Esse ultrapassamento é da ordem de uma síntese, mas de uma síntese que não é normativa na medida em que não diz qual é a norma de uma boa reconciliação entre o privado e o público, entre o indivíduo abstrato de direitos e o sujeito concreto. Elas apenas afirmam a necessidade contemporânea de uma harmonia entre eles, que cada um deve inventar. Tal esforço conduz uma feminista convicta a propor uma espécie de pós-feminismo produzido menos pela evanescência ou pela falta de sujeito feminino do que pela realização dos fins últimos do feminismo moderno, concebidos em termos de fim da submissão das mulheres ao espaço doméstico e privado. As mulheres são daqui em diante livres em suas escolhas – uma liberdade vertiginosa – e não devem mais se submeter às injunções normativas. A igualdade progrediu e as relações sociais tendem desse modo a se neutralizarem, o que, mais uma vez, abre o espaço da interrogação a propósito do sujeito concreto mulher, esquecido pelos feminismos da Segunda Onda. Mais importante ainda, esse novo espaço ligado à corporeidade feminina mostra bem que o projeto de individualização, do indivíduo como lugar da liberdade, está avançando e que, mais que os homens, são as mulheres que o exprimem. Ele se confunde assim com o próprio projeto da democracia moderna. Daí que as mulheres se tornem modelos a seguir em seus esforços para conciliar, reconciliar ou harmonizar – *individualmente* – o cidadão moderno deslocado entre as exigências contraditórias dos direitos universais e as exigências de sua intimidade liberada, no exercício de uma nova liberdade.

No entanto, que tudo isso se dê sobre *um fundo* de neoliberalismo não é um aspecto interrogado mais em detalhe. Pode-se perguntar se o íntimo pode pretender simplesmente ao estatuto de espaço descoberto ou conquistado de uma "liberdade vertiginosa, um espaço enfim liberado das injunções normativas". Não se manifesta aqui uma ignorância ou um desconhecimento dos esforços feitos pelos feminismos para compreender *também* como a submissão das mulheres se transmite, como as próprias mulheres contribuem para tanto e por que elas não são apenas vítimas? A dimensão do inconsciente parece ser deixada de lado e a história das subjetividades se resume à conquista da livre escolha. É quase o mesmo que dizer que, assim, o indivíduo reencontrou sua pureza original e que a pluralidade, o nó das relações que o constituem não produziu uma pluralidade de efeitos.

Um outro aspecto problemático concerne ao que a autora chama de "decuplagem do feminino e do materno" ou então "desmaternização da condição feminina" (2015, p. 328) provocada pelas feministas, a começar por Simone de Beauvoir, e prolongado, por exemplo, por Elisabeth Badinter. Mas o que dizer então dos psicanalistas que consideram a prevalência do feminino na contemporaneidade justamente como um vetor das dificuldades, talvez mesmo da impossibilidade de constituição da subjetividade em proveito do objeto, da constituição do desejo em proveito do gozo, da emergência da humanização em proveito da desumanização? A partir mesmo das genealogias propostas do feminino - antropologia, psicanálise e feminismos - não se impõe a crítica das teses apocalípticas que, mais do que proteger o patriarcado, procuram salvar o projeto psicanalítico de se tornar ciência das estruturas do subjetivo e do coletivo? Um projeto que não deixou de adquirir um caráter normativo francamente conservador? O que eles parecem ignorar - ou seria apenas um mau reconhecimento de um traço fundamental da psicanálise - é o primado da clínica sobre a teoria e a ideia subversiva de que o que se manifesta na clínica é portador em si mesmo de sua interpretação. Daí deveria seguir que os conceitos não são imortais, mas que nascem, crescem e morrem ou ressuscitam na confrontação com o que tentam captar. Rigorosamente falando, não há aquisição conceitual para o psicanalista confrontado à singularidade: uma nova economia psíquica exige uma nova economia conceitual, o que não quer dizer, como atestam os escritos de Freud e de Lacan, que não há entre elas laços profundos e múltiplos. Pois como dar conta de uma mutação, dos efeitos de uma ordenação subjetiva e social inédita, senão em comparação com o que parece estar já lá anteriormente? Se as ferramentas conceituais de apreensão são sempre as mesmas, se elas pretendem dispor sempre da mesma capacidade explicativa, a consequência não seria que se acabe por perceber o novo como destruição, declínio ou decadência do que estava lá, e que corre o risco de se erigir em paradigma?

Não se trata de simples coincidência se as posições mais conservadoras, na França, a respeito da família, da filiação e da homossexualidade vão no mesmo sentido das análises da contemporaneidade fornecidas por um grupo de psicanalistas lacanianos. Se as primeiras se apresentam como defensores declarados da família e da heterossexualidade patriarcais, assim como da misoginia implicada, os psicanalistas afirmam que não propõem um retorno ao passado, mas que defendem a invariância das estruturas que podem, exclusivamente, favorecer a humanização: os dois parecem igualmente cegos e se protegem assim das incertezas constitutivas e da força de invenção da democracia.

Essa força de invenção não se revela em suas instituições, mas antes nas formas múltiplas de resistência à dominação que não se esgotam na institucionalização, na crítica e nas práticas que se pode dirigir aos discursos e práticas de emancipação que esquecem que as transformações operam de diferentes maneiras e não podem ser totalizadas. Não se pode talvez nem mesmo afirmar que haveria "efeitos de totalização". É o sentido geral do trabalho de Butler que ela inscreve na "tradição do marxismo que era preciso e que é preciso reatualizar para nossa época ... a da democracia radical" (Butler, 2014, p. 14).

Pode-se perguntar se o pensamento da democracia radical – seu eixo dominante sobre as regras do funcionamento democrático, sua insistência sobre a impossibilidade de um conceito unificado, sua oposição ao totalitarismo, ao liberalismo e ao populismo, seu ideal da ação política como conflitualidade sem termo – não mostra uma certa analogia com a cura psicanalítica e entrada do sujeito em uma zona de complexidade à qual somente suas escolhas podem dar um sentido provisório e não exclusivo de outras possibilidades.

Pode-se também perguntar se o pensamento da democracia radical que se desenvolve como crítica e alternativa à esquerda marxista ou socialista não deve sua emergência à pluralidade de conflitos que caracterizou desde o início os feminismos modernos.

Já Claude Lefort não hesitava em falar de "democracia selvagem" para significar uma ordem social em busca permanente de seus próprios fundamentos. Os feminismos e a psicanálise são dimensões significativas dessa busca.

Referências

Abraham, K. (1921). Manifestations du complexe de castration chez la femme. Trad. I. Barante & E. Grin. In *Œuvres Complètes II (1915-1925)*. Paris: Payot, 1965.

Adler, K. (2007). Ida Bauer, la Dora de Freud. *Psychanalyse*, *3*(10).

Allouch, J. (2004). *Ombre de ton chien*. Discours, psychanalyse, discours lesbien. Paris: Epel.

Andrade, O. de (1928). Manifesto antropofágico. In *Revista de Antropofagia*, n. 1. São Paulo: Círculo do Livro, 1975. Edição fac-símile.

Anônimo (1789). Pétition des femmes du tiers-état du 1er janvier. In *Femmes dans la Révolution Française* (vol. I). Partis: EDHIS, 1982.

Arendt, H. (1961). *Between Past and Future*. London: Penguin Books, 1977.

Atkinson, K. (2010). *Started Early, Took my Dog*. London: Doubleday.

Badiou, A. (2009). L'emblème démocratique. In *Démocratie, dans quel état?* Paris: La Fabrique.

Baudelaire, Charles. (1975). *Œuvres complètes*, 2 vols. Paris: Gallimard.

Beauvoir, S. de (1949). *Le deuxième sexe*, 2 vols. Paris: Gallimard, 1976.

Benjamin, J. (1988). *The Bonds of Love*. Psychoanalysis, Feminism, and the Problem of Domination. New York: Pantheon.

Berger, A.-E. (2013). *Le grand théâtre du genre*. Identités, sexualités et féminisme en « Amérique ». Paris: Belin.

Berheimer, C., & Kahane, C. (1983). *Dora's case*. Freud, hysteria, feminism. New York: Columbia University Press.

Bernheim, C. (1983). *Perturbation, ma sœur*: naissance d'un mouvement de femmes. Paris: Editions du Félin, 2010.

Bignotto, N. (2013). Lefort and Machiavelli. In M. Plot, *Claude Lefort*. Thinker of the Political. London: Palgrave Macmillan.

Brown, W. (1999). Resisting left melancholy. *Boundary 2*, *26*(3).

Brown, W. (2005). Neoliberalism and the end of libéral democracy. In *Edgework*. Critical essays on knowledge and politics. New York: Princeton University Press.

Brown, W. (2009). Nous sommes tous démocrates à présent. In *Démocratie, dans quel État?* Paris: La Fabrique Édition.

Buhle, M. J. (1998). *Feminism and its discontents. A century of struggle with psychoanalysis*. Harvard University Press.

Bulletin de l'A.L.I. (2007). *Résurgence du Matriarcat*, (2).

Bunch, C. (1972). Lesbian in Revolt: Male Supremacy Quakes and Quivers. In B. A. Grow (Ed.), *Radical Feminism*. A Documentary Reader. New York: New York University Press.

Butler, J. (1990). *Gender Trouble.* Feminism and the Subversion of Identity. New York/London: Routledge, 1999.

Butler, J. (2012). *Qu'est-ce qu'une vie bonne?* Trad. M. Rueff. Paris: Payot.

Butler, J. (2014). Démocratie radicale. *Chimères*, *2*(83).

Cady Stanton, E. (1869). Gerrit Smith on petitions. In E. C. Dubois (Ed.), *The Elizabeth Cady Stanton and Susan B. Anthony Reader.* Correspondence, Writings, Speeches. Boston: Northwestern University Press, 1992.

Cady Stanton, E., & Anthony, S. B., site apoiado por Rutgers, State University of New Jersey University, New Brunswick, sob a direção de Ann D. Gordon: *ecssba-rutgers.edu*

Causse, J.-D. (2012). Lacan avec Saint Paul: loi, désir et grâce. *Laval Théologique et Philosophique*, *68*(3).

Chaperon, S. (2014). Antoinette Fouque (1936-2014). Une féminologue. *Hermes, la Revue*, (70).

Char, R. (1983). *Œuvres Complètes.* Paris: Gallimard.

Charrier, T. (2007). 'Saudade' ou la jeune homosexuelle. *Psychanalyse*, (8).

Chodorow, N. (1978). *The Reproduction of Mothering.* Psychoanalysis and the Sociology of Gender. Berkeley: University of California Press.

Chodorow, N. (1989). *Feminism and Psychoanalytic Theory.* New Haven: Yale University Press.

Christine de Pizan (1405). *La Cité des Dames.* Trad. T. Moreau & E. Hicks. Paris: Stock, 1986.

Cixous, H. (1975a). Sorties. In C. Clément & H. Cixous, *La jeune née.* Paris: 10/18.

Cixous, H. (1975b). Le rire de la Méduse. In *Le rire de la Méduse et autres ironies*. Paris: Galilée, 2010.

Cixous, H. (1976). *Portrait de Dora*. Paris: Éd. des Femmes.

Cixous, H. (1983). Portrait of Dora. Trad. S. Burd. In *Diacritics*, *13*(2).

Clément, C., & Cixous, H. (1975). *La jeune née*. Paris: 10/18.

Collectif Mauvaise Troupe (2014). *Constellations*. Trajectoires révolutionnaires du jeune XXIe siècle. Coll. Premiers Secours. S.l.: Éd. de l'Éclat.

Collin, F. (1992). Différence et différend. La question des femmes en philosophie. In *Histoire des femmes* (vol. V : *Le XXe siècle*). Paris: Plon.

Coppola, S. (Diretor). (2013). *Bling Ring*. (1:30:00).

Cott, N. (1987). *The Groundings of Modern Feminism*. New York: Yale University Press.

Crow, B. A. (Ed.) (2000). *Radical Feminism*. A Documentary Reader. New York: New York University Press.

Delphy, C. (2004). Retrouver l'élan du féminisme. *Le Monde Diplomatique*, mai.

Delphy, C. (2008). Beauvoir, l'héritage oublié. *Travail, Genre et Sociétés*, (2).

Delphy, C. (2014). L'économie féministe. Propos recueillis par D. Skandalis. *Regards croisés sur l'économie*, *2*(15).

Deutsch, H. (1925). *Psychanalyse des fonctions sexuelles de la femme*. Trad. P.-E. Dauzat. Paris: PUF, 1994.

Deutsch, H. (1928). George Sand: a Woman's Destiny. *Int. Review of Psycho-analysis*, (9), 1982.

Deutsch, H. (1932). On Female Sexuality. In R. Fliess (Ed.), *The Psychoanalytical Reader*. An Anthology of Essential Papers with Critical Introduction. London: Hogarth Press, 1950.

Deutsch, F. (1957). A footnote to Freud's 'Fragment of an Analysis of a Case of Hysteria'. In C. Bernheim & C. Kahane (Eds.), *Dora's case*. Freud, Hysteria, Feminism. New York: Columbia University Press, 1985.

Devance, L. (1977). Le féminisme pendant la Révolution Française. *Annales Historiques de la Révolution Française*, 229.

Dinnerstein, D. (1987). *The Rocking of the Cradle and the Ruling of the World*. London: The Mimesis Press. (Publicado originalmente como *The Mermaid and the Minotaur*. Sexual arrangement and the ruling of the world. New York: Harper Row, 1976.)

Donne, J. (1669). Elegy: To his Mistress going to Bed. In H. Gardner (Ed.), *The Metaphysical Poets*. London: Penguin Books, 1986.

Douglas, C. A. (1990). *Love and Politics*. Radical Feminist and Lesbian Theories. San Francisco: Ism press.

Duby, G. & Perrot, M. (1992). *Histoire des femmes en Occident*, 5 vols. Paris: Plon.

Duhet, P.-M. (1971). *Les femmes et la révolution, 1789-1804*. Paris: Gallimard/Julliard.

Durieux, C. (2003). Charlotte Perkins Gilman. Utopiste féministe radicale? *Cercles*, (7).

Easton Ellis, B. (1985). *Less than Zero*. New York: Simon & Schuster.

Easton Ellis, B. (1991). *American Psycho*. London: Picador.

Esquirol, J.-E.-D. (1838). *Des maladies mentalesc sous ler médical, hygiénique et médico-légal*, 2 vols. Paris: Frénésie Éditions, 1989. Edição fac-símile.

Fahs, B. (2014). *Valerie Solanas*. The Defiant Life of the Woman who Wrote Scum (and Shot Andy Warhol). New York: The Feminist Press.

Falzeder, E. (2012). 'A Fat Wad of Dirty Pieces of Paper.' Freud in America, Freud on America, Freud and America. In John Burnham (Ed.), *After Freud Left*. A Century of Psycho-Analysis in America. Chicago: University of Chicago Press.

Feldman, J. (2009). Du FMA au MLF. Un témoignage sur les débats du mouvement de libération des femmes. *Clio*, (29).

Feldman, M. (1990). Le troc des femmes ou la révolte de Dora. *French Studies*, *8*.

Firestone, S. (1970). *The Dialectic of Sex*. The Case for Feminist Revolution. London: Vero, 2015.

Fougeyrollas-Schwebel, D. (2005). Controverses et anathèmes au sein du féminisme français des années 1970. *Cahiers du Genre*, *2*(39).

Fouque, A. (1970). D'une .... *Le Torchon Brûle*, (3).

Fouque, A. (1990). Il y a deux sexes. In *Il y a deux sexes*. Essais de féminologie. Paris: Gallimard, 1995.

Fouque, A. (2000). Entretien à Catherine Rodgers. In Elle et Elle: Antoinette Fouque et Simone de Beauvoir. *MLN*, *115*(4).

Fouque, A. (2008). Lettre au journal *Le Monde*, 12 nov. 2008.

Fourest, C. (2008). Le féminisme pour les nuls. *Le Monde*, 10 out. 2008.

Fourier, Ch. (1808). *Théorie des quatre mouvements et des destinées générales*. Paris: J.-J. Pauvert, 1967.

Fraisse, G. (1989). *Muse de la raison*. La démocratie exclusive et la différence des sexes. Aix-en-Provence: Alinea.

Freud, A. (1922). Fantasme d'«être battu» et rêverie. Trad. de C. Christien. In M.-C. Hamon (Éd.), *Féminité Mascarade*. Paris: Seuil, 1994.

Freud, S. (1953-1974). *The Standard Edition* of the Complete Psychological works, 24 vols. London: Hogarth Press, 1953-1974.

Freud, S. (1988-2019). *Œuvres complètes*, 21 vols. Paris: PUF.

Freud, S. (1895). *Etudes sur l'hystérie*. Trad. A. Berman. Paris: PUF, 1956.

Freud, S. (1905a). *Trois essais sur la théorie sexuelle*. Trad. P. Koeppel. Paris: Gallimard, 1987.

Freud, S. (1905b). *Fragment d'une analyse d'hystérie*. Trad. F. Kahn & F. Robert. Paris: PUF, 2006.

Freud, S. (1908). Théories sexuelles infantiles. In *La Vie Sexuelle*. Trad. div. Paris: PUF, 1969.

Freud, S. (1909) Remarques sur une névrose de contrainte. In *Œuvres Complètes* (vol. IX : *1908-1909*). Paris: PUF, 1998.

Freud, S. (1912). *Totem et tabou*. Trad. D. Tassel. Paris: Seuil, 2010.

Freud, S. (1914a). Pour introduire le narcissisme. In *La Vie Sexuelle*. Trad. div. Paris: PUF, 1969.

Freud, S. (1914b). On the History of the Psychoanalytic Movement. *S.E.*, vol. XIV. London: Hogarth Press, 2001.

Freud, S. (1915a). Deuil et mélancolie. In *Métapsychologie*. Trad. J. Laplanche & J.-B. Pontalis. Paris: Gallimard, 1968.

Freud, S. (1915b). Communication d'un cas de paranoïa en contradiction avec la théorie psychanalytique. In *Névrose, Psychose, Perversion*. Paris: PUF, 1973.

Freud, S. (1916). Quelques caractères dégagés par la psychanalyse. In *Essais de Psychanalyse Appliquée*. Trad. M. Bonaparte & E. Marty. Paris: Gallimard, 1933.

Freud, S. (1917a). Tabou de la virginité. In *La Vie Sexuelle*. Trad. div. Paris: PUF, 1969.

Freud, S. (1917b). Sur les transpositions de pulsions plus particulièrement dans l'érotisme anal. In La Vie Sexuelle Trad. div. Paris: PUF, 1969

Freud, S. (1919). 'Un enfant est battu.' Contribution à la genèse des perversions sexuelles. In *Névrose, psychose, perversion*. Trad. div. Paris: PUF, 1973.

Freud, S. (1920a). Sur la psychogénèse d'un cas d'homosexualité feminine. In *Névrose, psychose, perversion*. Trad. div. Paris: PUF, 1973.

Freud, S. (1920b). Au-delà du principe de plaisir. In *Essais de psychanalyse*. Trad. J. Laplanche & J.-B. Pontalis. Paris: 1981.

Freud, S. (1921). Psychologie des foules et analyse du moi. In *Essais de Psychanalyse*. Trad. div. Paris: Payot, 1981.

Freud, S. (1923a). Le moi et le ça. In *Essais de Psychanalyse*. Trad. div. Paris: Payot, 1981.

Freud, S. (1923b). L'organisation génitale infantile. In *La vie sexuelle*. Trad. div. Paris: PUF, 1969.

Freud, S. (1923c). La disparition du complexe d'Œdipe. In *La vie sexuelle*. Trad. div. Paris: PUF, 1969.

Freud, S. (1925). Quelques conséquences psychiques de la différence anatomique entre les sexes. In *La vie sexuelle*. Trad. div. Paris: PUF, 1969.

Freud, S. (1926). *La question de l'analyse profane*. Trad. div. Paris: Gallimard, 1985.

Freud, S. (1928a). *Sigmund Freud présenté par lui-même*. Trad. F. Cambon. Paris: Gallimard, 1984.

Freud, S. (1928b). *Le malaise dans la culture*. Trad. div. Paris: PUF, 1995.

Freud, S. (1930). Introduction to the Special Psychopathology Number of The Medical Review of Reviews. *S.E.*, vol. XXI. London: Hogarth Press, 2001.

Freud, S. (1931). Sur la sexualité féminine. In *La vie sexuelle*. Trad. div. Paris: PUF, 1969.

Freud, S. (1932). Conférence XXXIII. A féminité. In *Nouvelles Conférences d'introduction à la psychanalyse*. Trad. R.-M. Zeitlin. Paris: Gallimard, 1984.

Freud, S. (1933). *Essais de Psychanalyse Appliquée*. Trad. M. Bonaparte et E. Marly. Paris: Gallimard, 1933.

Freud, S. (1937). L'analyse avec fin et l'analyse sans fin. In *Résultats, edées, problèmes* (vol. II). Trad. div. Paris: PUF, 1985.

Freud, S. (1939). *L'homme Moïse et la religion monothéiste*. Trad. C. Heim. Paris: Gallimard, 1986.

Freud, S. (1956). *La naissance de la psychanalyse*. Trad. A. Berman. Paris: PUF.

Freud, S. (1969). *La vie sexuelle*. Paris: PUF.

Freud, S. (1973). *Névrose, psychose, perversion*. Paris: PUF.

Freud, S. (1981). *Essais de psychanalyse*. Paris: Payot.

Friedan, B. (1963). *The Feminine Mystique*. London: Penguin Books, 2010.

Froidevaux-Metterie, C. (2015). *La révolution du féminin*. Paris: Gallimard.

Gallop, J. (1982). Keys to Dora. In C. Bernheim & C. Kahane (Eds.), *Dora's Case*. Freud, hysteria, feminism. New York: Columbia University Press.

Gauchet, M. (1998). Essai de psychologie contemporaine (vol. I). In *La Démocratie contre Elle-même*. Paris: Gallimard, 2002.

Gauchet, M. (2017). Pourquoi l'avènement de la démocratie. *Le Débat*, (193).

Gauchet, M. & Swain, G. (1980). *La pratique de l'esprit humain*. L'institution asilaire et la révolution démocratique. Paris: Gallimard, 2007.

Gauchet, M. & Swain, G. (2003). Entretien à L. Ferré & N. Poirier. *Le Philosophore*, *1*(19).

Gauchet, M., Swain, G., & Melman, C. (2014). Quel pouvoir voulons-nous ? *La Célibataire*, (28).

Gerhard, J. (2000). 'The myth of vaginal orgasm.' The female orgasm in American sexual thought and second wave feminism. *Feminist Studies*, *26*(2).

Gilman, C. P. (1999). The Yellow Wallpaper. In *Herland, and Selected Writings*. London: Penguins Books.

Glover, E. (1950). Review of Fliess, R. (Ed.), The psychoanalytical reader. *British Medical Journal*, 4 nov. 1950.

Goldman, E. (1910). The Hypocrisy of Puritanism. In *Anarchism and Other Essays*. S.l.: CreateSpace Independent Publishing platform.

Guillaumin, C. (1978a). Pratique du pouvoir et idée de nature, I. L'appropriation des femmes. *Questions Féministes*, (2).

Guillaumin, C. (1978b). Pratique du pouvoir et idée de nature, II. Le discours de la nature. *Questions Féministes*, (3).

Hale Jr., N. G. (1995). *The Rise and Crisis of Psychoanalysis in the United States*. Freud and the Americans. 1917-1985. Oxford: Oxford University Press.

Hall, R. (1928). *The Well of Loneliness*. London: Virago, 1982.

Heath, S. (1986). Joan Riviere and the Masquerade. In V. Burgin, J. Donald & C. Kaplan (Eds.), *Formation of Fantasy*. London: Methuen.

Héritier, F. (1996). *Masculin/Féminin*, I. La pensée de la différence. Paris: Odile Jacob.

Héritier, F. (2002). *Masculin/Féminin*, II. Dissoudre la hiérarchie. Paris: Odile Jacob.

Hervieu, P. (1902). *Théroigne de Méricourt*, pièce en 6 actes. Paris: Alphonse Lemerre.

Holmhust, C. (1989). I Love Luce: the Lesbian, Mimesis and Masquerade. In Irigaray, Freud, and Mainstream Film. *New Formations*, (9).

Horney, K. (1923). Genesis of castration complex in women. In *Feminine Psychology*. New York: Norton, 1967.

Horney, K. (1926). The flight of Womanhood. In *Feminine Psychology*. New York: Norton, 1967.

Horney, K. (1931). Culture and aggression. *American Journal of Psychoanalysis*, *20*, 1960.

Huston, N. (1996). *Instruments de ténèbres*. Paris: Actes Sud.

Iglesias, J. (1979). Pauvres diables. In *A Vous Les Femmes* [Disco]. Europe: CBS.

Irigaray, L. (1974). *Speculum de l'autre femme*. Paris: Minuit.

Irigaray, L. (1977). *Ce sexe qui n'en pas un*. Paris: Minuit.

Irigaray, L. (1996). 'Je-Luce Irigaray.' A meeting with Luce Irigaray. Interview donnée à E. Hirsch & G. A. Olsen. *JAC, a Journal of Rhetoric, Culture, and Politics, 16*(3).

Jadin, J.-M. & Ritter, M. (Eds.) (2009). *La jouissance au fil de l'enseignement de Lacan*. Toulouse: Eres.

Jami, I. (2008). Judith Butler, théoricienne du genre. *Cahiers du Genre*, (44).

Jones, E. (1969). *Théorie et pratique de la psychanalyse*. Trad. H. Stronck. Paris: Payot.

Jones, E. (1926). The origin and structure of the super-ego. *The International Journal of Psychoanalysis, 1*.

Jones, E. (1935). Sexualité féminine primitive. In *Théorie et pratique de la psychanalyse*. Trad. A. Stronck. Paris: Payot, 1969.

Jones, E. (1947). L'origine du surmoi. Trad. A Stronck. In *Théorie et pratique de la psychanalyse*. Paris: Payot.

Jones, E. (1961). *La vie et l'oeuvre de Freud*, II. Les années de la maturité: 1901-1919. Trad. A. Berman. Paris: PUF.

Jullien, F. (2011). L'écart et l'entre. Ou comment penser l'altérité. *Fondation Maison Sciences de l'Homme*, mar. 2012.

Jung, C. G. (1963). *Memories, Dreams, Reflections*. Recorded by A. Jaffe. Trad. R. & C. Winston. London: Collins, Routledge & Keagan.

Kehl, M. R. (2007). *Deslocamentos do feminino*. Rio de Janeiro: Imago.

Key, H. (1911). *The Woman of the Future*. Chicago: The Ralph Fletcher Seymour Co.

Klaich, D. (1976). *Femme et Femme*. Attitudes envers l'homosexualité féminine. Trad. de M. Laroche. Paris: Des Femmes.

Klein, M. (1928). The Early Stages of the Œdipus Conflict. In *Contributions in Psycho-analysis* (1921-1949). London: Hogarth Press, 1950.

Klein, M. (1945). Le complexe d'Œdipe éclairé par les angoisses précoces. Trad. M. Derrida. In M. Klein, *Le Complexe d'Œdipe*. Paris: Payot, 1968.

Koedt, A. (1968). The Myth of the Vaginal Orgasm. In B. A. Crow, *Radical Feminism*. A Documentary Reader. New York: New York University Press, 2000.

Koedt, A. (2010). Le mythe de l'orgasme vaginal. *Nouvelles Questions Féministes, 29.*

Lacan, J. (1966). *Écrits*. Paris: Seuil.

Lacan, J. (1951). Intervention sur le transfert. In *Écrits*. Paris: Seuil, 1966.

Lacan, J. (1954). *Les écrits techniques de Freud*. Séminaire I. Paris: Seuil, 1975.

Lacan, J. (1957-1958). *Les formations de l'Inconscient*. Séminaire V. Paris: Seuil, 1998.

Lacan, J. (1958). La signification du phallus. In *Ecrits*. Paris: Seuil, 1966.

Lacan, J. (1962-1963). *L'angoisse*. Séminaire X. Paris: Seuil, 1973.

Lacan, J. (1964). *Les quatre concepts fondamentaux de la psychanalyse*. Séminaire XI. Paris: Seuil, 1973.

Lacour, L. (1900). *Les origines du féminisme français*. Trois femmes de la Révolution, Olympe de Gouges, Théroigne de Méricourt, Claire Lacombe. Paris: Pion.

Lampl de Groot, J. (1927). The evolution of the Œdipus complex in women. In R. Fliess (Ed.), *The Psycho-analytic Reader*. An anthology of essential papers with critical introduction. London: Hogarth Press, 1950.

Laplanche, J., & Pontalis, J.-B. (1964). *Fantasme originaire*. Fantasme des origines, origines du fantasm. Paris: Hachette.

Larsson, S. (2006-2007). *Millénium* I, II, III. Trad. L. Grumbach et M. de Gouvenan. Paris: Actes Sud.

Lebrun, J.-P. (1987). *Rien n'est plus secret qu'une existence féminine*. Toulouse: Erès.

Lebrun, J.-P. (1997). *Un monde sans limite*. Toulouse: Erès, 2009.

Lebrun, J.-P. (2007). *La perversion ordinaire*. Vivre-ensemble sans autrui. Paris: Denoël.

Lebrun, J.-P. (2011). *L'avenir de la haine*. Bruxelles: Fabert.

Lebrun, J.-P. (2013). *Les couleurs de l'Inceste*. Se déprendre du maternel. Paris: Denoël.

Lefort, C. (1968). Le désordre nouveau. In *Mai 1968: la Brèche*. Premières réflexions sur les événements. Paris: Fayard.

Lefort, C. (1986). *Essais sur le politique*. XIXe-XXe siècles. Paris: Seuil.

Lefort, C. (1999). *La complication*. Retour sur le communisme. Paris: Fayard.

Lévi-Strauss, C. (1947). *Les structures élémentaires de la parenté*. Paris/La Haye: Mouton & Co.

Lévi-Strauss, C. (1955). The Structural Study of Myth. In *Anthropologie Structurale* (cap. XI). Paris: Plon, 1958.

Lévi-Strauss, C. (1955). *La potière jalouse*. Paris: Plon, 1985.

Loraux, N. (2002). Qu'est-ce qu'une déesse? In G. Duby & M. Perrot, *Histoire des Femmes en Occident* (tomo 1: *L'Antiquité*). Paris: Perrin.

Mahony, P. (1996). *Freud's Dora*. A psychoanalytical, historical, and textual study. New York: Yale University Press.

Marcuse, H. (1955). *Eros et civilisation*. Contribution à Freud. Trad. J.-G. Nény & B. Fraenkel. Paris: Minuit, 1963.

Mathieu, G.-N. & Quimual, C. (1995). Un hommage critique à Lévi-Strauss et Freud: Gayle Robin. *J. d'Anthropologie, 82-83*.

McInnerney, J. (1984). *Bright Lights, Big City*. New York: Random House.

Melman, C. (2002a). Que peut nous apprendre aujourd'hui le cas de la jeune homosexuelle ? *La Clinique Méditerranéenne*, (65).

Melman, C. (2002b). *L'homme sans gravité*. Jouir à tout prix. Paris: Denoël.

Melman, C. (2004). A propos de l'inceste. Recuperado do site de l'ALI: freud-lacan.com

Melman, C. (2008). Conférence sur le matriarcat. In *La Nouvelle Economie Psychique*. La façon de penser et de jouir aujourd'hui. Toulouse: Eres, 2009.

Melman, C. (2009). *La nouvelle économie psychique*. La façon de penser et de jouir aujourd'hui. Toulouse: Eres, 2009.

Michaud, G. (1983). Portrait de Dora. *Jeu*: revue de théâtre, *27*(2).

Michelet, J. (1854). Les femmes dans la Révolution. In *Œuvres Complètes* (vol. XVI : *1851-1854*). Paris: Flammarion, 1989.

Millet, K. (1970). *Sexual Politics*. La politique du mâle. Trad. E. Gille. Paris: Des Femmes, 2007.

Mitchell, J. (1974). *Psychoanalysis and Feminism*. A radical reassessment of freudian psycho-analysis. London: Basic Books, 2000.

Moi, T. (1985). Representation of Patriarchy: Sexuality and Epistemology in Freud's Dora. In C. Bernheim & C. Kahane (Eds.), *Dora's Case*: Freud, Hysteria, Feminism. New York: Columbia University Press.

Müller, J. (1926). A contribution to the problem of libidinal development of the genital phase in girls. *The Int. J. of Psychology*, (1), 1932.

Murray, J. S. (1798). Observations of female abilities. In S. M. Harris (Ed.), *Women's Early American Historical Narratives*. London: Penguin Books, 2003.

Offen, K. (1987). Sur l'origine des mots 'féminisme' et 'féminité.' *Revue d'Histoire Moderne et Contemporaine*, *34*(3).

Offenbach, J. (1864). *La Belle Hélène*. Livreto de H. Meilhac & L. Halévy.

Olympe de Gouges (1791). *Femme, Réveille-toi!* Paris: Gallimard, 2014.

Persone, S. (1989). Why it's so Sweet to Surrender. *The New York Times*, 26 fev. 1989.

Phillips, A. (2014). *Becoming Freud*. The Making of a Psychoanalyst. New York: Yale University Press.

Pickmann, C.-N. (2010). Le cas de Freud dit 'La jeune homosexuelle.' *Figures de la Psychanalyse*, *1*(19).

Picq, F. (1993). *Libération des Femmes*. Les années-mouvement. Paris: Seuil.

Picq, F. (2008). MLF: 1970, année zéro. *Libération*, 7 out. 2008.

Pinel, P. (1800). *Traité Médico-philosophique sur l'aliénation mentale, ou la manie*. Paris: L'Harmattan, 2006. Edição fac-símile.

Platon (1994). *Lettres*. Trad. L. Brisson. Paris: GF-Flammarion.

Platon (2002). *La République*. Trad. G. Leroux. Paris: GF-Flammarion.

Pommier, G. (2014) Apocalypse now ! Remarques à partir du livre de Markos Zafiropoulos, *Du Père mort au Déclin du Père de Famille*. Où va la psychanalyse? *La Clinique Lacanienne*, (25).

Ragoucy, C. (2008). Dora avant et après Freud. *Psychanalyse*, (12).

Reid, M. (2010). A propos du *Rire de la Méduse*. Recuperado de www.e-sorbonne.fr

Reid, M. (2013). En corps, brèves observations sur le manifeste d'Hélène Cixous. *Tangences*, (103).

Rendall, J. (1985). *The Origins of Modern Feminism*. Women in Britain, France and the United States. London: Macmillan.

Rieder, I., & Voigt, D. (2003). *Sidonie Cillag*. Homosexuelle chez Freud, lesbienne dans le siècle. Trad. T. Guidele. Paris: Epel.

Riviere, J. (1929). Womanliness as masquerade. *Int. J. of Psychoanalysis*, *7*.

Rose, J. (1983). Dora: Fragment of an Analysis. In C. Bernheim & C. Kahane (Eds.), *Dora's Case*. Freud, Hysteria, Feminism. New York: Columbia University Press.

Roudinesco, E. (1993). *Jacques Lacan*. Esquisse d'une vie, histoire d'un système de pensée. Paris: La Pochothèque.

Roudinesco, E. (2002). *La famille en désordre*. Paris: Fayard

Roudinesco, E. (2010). *Théroigne de Méricourt.* Une femme mélancolique sous la Révolution. Paris: Albin Michel.

Roudinesco, E., & Derrida, J. (2001). *De quoi demain....* Dialogue. Paris: Flammarion.

Roudinesco, E., & Plon M. (1997). *Dictionnaire de la psychanalyse.* Paris: Fayard.

Rubin, G. (1975). The Traffic in Women: Notes on the 'Political Economy' of Sex. In R. Rayna (Ed.), *Toward an anthropology of Women.* New York: Monthly Review Press.

Rubin, G. (1984). Thinking Sex: Notes for a Radical Theory of the Politics of Sexuality. In C. Vance (Ed.), *Pleasure and Danger*: exploring female sexuality. Boston: Routledge.

Rubin, G., & Butler, J. (1998). Sexual Traffic: an Interview. *Difference*: a journal of feminist cultural studies, *6*(2-3).

Safouan, M. (1976). *La sexualité féminine dans la doctrine freudienne.* Paris: Seuil.

Sanger, M. (1922). *The Pivot of Civilisation.* Project Gutenberg eBooks, 2008.

Scott, J. W. (2012). Christina Delphy, un universalisme si particulier. *Travail, Genre et Sociétés*, (28).

Siegel, D. (2007). *Sisterhood Interrupted.* From Radical Women to Grrls Gone Wild. New York: Macmillan.

Singh, S. (2011). Emancipation in the heart of darkness: an interview with Juliet Mitchell. *The Playtime Review*, (38).

Solanas, V. (1968). SCUM. In Brown, B. (Ed.), *Radical Feminism*: a Documentary Reader. New York: New York University Press, 2000.

Strom-Ravelsberg, F. (1892). *Les confessions de Théroigne de Méricourt, la Belle Liégeoise*. Paris: Louis Westhauser.

Susini, M.-L. (2014). *La Mutante*. La nouvelle femme, le pouvoir et les hommes. Paris: Albin Michel.

Théroigne de Méricourt (1801). *La lettre-mélancolie*. Présentation de J. Pigeaud. Paris: Verdier, l'Ether Vague, 2005.

Thompson, C. P. (1959). The new left. *The New Reasonner*, (9).

Veloso, C. (1984). Lingua. In *Velô* [Disco]. Brasil: Philips.

Vincent, D. (2007). Assistons-nous à la réémergence du matriarcat? Figures de la mère aujourd'hui. *Le Bulletin*, (2).

Vovelle, M. (1985). *La mentalité révolutionnaire*. Société et mentalités sous la Révolution. Paris: Ed. Sociales.

Wallace, G. (1957). *Interview with Philip Wylie*. Digital collection of the Harry Ravson Center. Austin: University of Texas.

Welter, B. (1966). The Cult of True Womanhood: 1820-1860. *American Quarterly*, *18*(2).

Wittig, M. (1967). *Les guerrillères*. Paris: Minuit.

Wittig, M. (2001). *La pensée straight*. Paris: Ed. Amsterdam, 2007.

Wollstonecraft, M. (1792). *A Vindication of the Rights of Woman*. Oxford: Oxford University Press, 1994.

Wright, E. (1992). *Feminism and Psychoanalysis*. A Critical Dictionary. Oxford: Blackwell.

Wright Mill, W. (1960). Letters to the New Left. *The New Left Review*, (5).

Wylie, P. (1942). *Generation of Vipers*. e-book. New York: Farrar & Rinehart.

Yourcenar, M. (1963). *Alexis ou le Traité du Vain Combat*. Paris: Gallimard, 1971.

Zafiropoulos, M. (2006). L'axiome moderne de la fin du névrosé: enjeux sociocliniques. In C. Boukabza (Ed.), *La Psychanalyse Encore!* Ramonville-Saint-Agne: Eres.

Zafiropoulos, M. (2010). *La question féminine de Freud à Lacan*: la femme contre la mère. Paris: PUF.

Zafiropoulos, M. (2014). *Du père mort au déclin du père de famille*. Où va la psychanalyse? Essais d'anthropologie psychanalytique, I. Clinique de la culture. Paris: PUF.